Érudition, humanisme et savoir

CULTURE FRANÇAISE D'AMÉRIQUE

La collection « Culture française d'Amérique » est publiée sous l'égide de la Chaire pour le développement de la recherche sur la culture d'expression française en Amérique du Nord (CEFAN). Conçue comme lieu d'échanges, elle rassemble les études et les travaux issus des séminaires et des colloques organisés par la CEFAN. À ce titre, elle répond à l'un des objectifs définis par le Comité scientifique de la Chaire : faire état de l'avancement des connaissances dans le champ culturel et stimuler la recherche sur diverses facettes de la francophonie nord-américaine.

TITRES PARUS

Les dynamismes de la recherche au Québec,
sous la direction de Jacques Mathieu

Le Québec et les francophones de la Nouvelle-Angleterre,
sous la direction de Dean Louder

Les métaphores de la culture,
sous la direction de Joseph Melançon

La construction d'une culture. Le Québec et l'Amérique française,
sous la direction de Gérard Bouchard
avec la collaboration de Serge Courville

La question identitaire au Canada francophone. Récits, parcours, enjeux, hors-lieux,
sous la direction de Jocelyn Létourneau
avec la collaboration de Roger Bernard

Langue, espace, société : Les variétés du français en Amérique du Nord,
sous la direction de Claude Poirier
avec la collaboration d'Aurélien Boivin, de Cécyle Trépanier et de Claude Verreault

Identité et cultures nationales. L'Amérique française en mutation,
sous la direction de Simon Langlois

La mémoire dans la culture,
sous la direction de Jacques Mathieu

Religion, sécularisation, modernité. Les expériences francophones en Amérique du Nord,
sous la direction de Brigitte Caulier

Érudition, humanisme et savoir. Actes du colloque en l'honneur de Jean Hamelin,
sous la direction d'Yves Roby et de Nive Voisine

OUVRAGES EN PRÉPARATION

Anglicisme et identité québécoise,
sous la direction de Claude Poirier

Culture, institution et savoir,
sous la direction d'André Turmel

Érudition, humanisme et savoir

Actes du colloque en l'honneur de Jean Hamelin

Sous la direction d'Yves Roby et de Nive Voisine

Les Presses de l'Université Laval reçoivent chaque année du Conseil des Arts du Canada et de la Société de développement des entreprises culturelles du Québec une aide financière pour l'ensemble de leur programme de publications.

Données de catalogage avant publication (Canada)

Vedette principale au titre :

Érudition, humanisme et savoir : actes du colloque en l'honneur de Jean Hamelin

(Culture française d'Amérique)
Textes présentés lors d'un colloque tenu en nov. 1994. Comprend des réf. bibliogr.
ISBN 2-7637-7474-1

1. Québec (Province) – Histoire – 1867-   – Congrès. 2. Québec (Province) – Civilisation – Congrès. 3. Presse – Québec (Province) – Histoire – Congrès. 4. Syndicalisme – Québec (Province) – Histoire – Congrès. 5. Professeurs (Enseignement supérieur) – Québec (Province) – Charge de travail – Congrès. 6. Hamelin, Jean, 1931-   – Congrès. I. Roby, Yves, 1939-   . II. Voisine, Nive. III. Collection.

FC2922.E78   1996   971.4'03   C96-940516-2

F1053.E78   1996

Conception graphique
   Norman Dupuis

Infographie
   Folio infographie

Révision du manuscrit et corrections d'épreuves
   Jacqueline Roy

Les Presses de l'Université Laval
Cité universitaire
Sainte-Foy (Québec)
Canada G1K 7P4

La mission de l'historien me semble être de redire le mystère de l'homme, d'être le chantre du hasard et de la liberté [...] L'historien devrait peindre un monde où, à travers et en dépit des structures et des conditionnements, la vie fraye son chemin dans une incessante créativité et originalité.

JEAN HAMELIN

Table des sigles

ANQ — Archives nationales du Québec

CÉLAT — Centre d'études sur la langue, les arts et les traditions populaires des francophones en Amérique du Nord

CHR — Canadian Historical Review

CIEQ — Centre interuniversitaire d'études québécoises

HÉC — Hautes Études commerciales

IQRC — Institut québécois de recherche sur la culture

PUF — Presses universitaires de France

PUL — Presses de l'Université Laval

PUM — Presses de l'Université de Montréal

PUQ — Presses de l'Université du Québec

RHAF — Revue d'histoire de l'Amérique française

UQAM — Université du Québec à Montréal

UQTR — Université du Québec à Trois-Rivières

Remerciements

Plusieurs personnes ont aimablement accepté de participer à cet hommage. Nous remercions tout d'abord les professeurs Réal Bélanger, Brigitte Caulier, Serge Courville, Jean de Bonville, René Hardy, Richard Jones, Gérard Laurence, Joseph-Claude Poulin et Marc Vallières, responsables de l'organisation scientifique du colloque « Érudition, humanisme et savoir », tenu à l'Université Laval en novembre 1994, de même que les 25 universitaires qui y ont présenté des communications, lesquelles forment la matière de ce livre. Beaucoup d'autres collègues, anciens étudiants et amis de Jean Hamelin auraient volontiers accepté d'y présenter une étude. Nous regrettons de n'avoir pu leur donner l'occasion de témoigner ainsi leur admiration et leur reconnaissance.

Nos remerciements vont également et de façon toute spéciale à la Chaire pour le développement de la recherche sur la culture d'expression française en Amérique du Nord (CEFAN), à son titulaire Joseph Melançon et à son adjointe Jeanne Valois, pour leur rôle essentiel dans la préparation et le financement du colloque et du manuscrit. En hommage à Jean Hamelin, premier titulaire de la CEFAN, Joseph Melançon a accepté avec empressement d'intégrer ce volume à la collection « Culture française d'Amérique » publiée sous l'égide de la Chaire.

Nous soulignons l'excellente collaboration du personnel des Presses de l'Université Laval et de Jacqueline Roy qui a corrigé la version finale de cet ouvrage.

Le Département d'histoire et la Faculté des lettres de l'Université Laval ont participé financièrement à la tenue du colloque « Érudition, humanisme et savoir ». Le Conseil de recherche en sciences humaines du Canada a en outre contribué à la publication des actes du colloque. Qu'ils en soient remerciés.

Y. R. et N.V.

Présentation

C'est avec admiration et reconnaissance que nous présentons à Jean Hamelin cet ouvrage *Érudition, humanisme et savoir*. Il contient les actes d'un colloque organisé en son honneur et tenu en novembre 1994, de même qu'un portrait éclairant, rédigé par Nive Voisine.

Les différentes études rassemblées dans cet hommage rappellent la contribution exceptionnelle de Jean Hamelin et de ses étudiants à la connaissance du passé québécois ; elles saluent l'érudit, l'humaniste, le savant. Elles prennent la forme de bilans historiographiques qui portent sur les champs de recherche qu'Hamelin a lui-même cultivés ou, le plus souvent, simplement défrichés, ou d'études thématiques prolongeant l'un ou l'autre des sujets qu'il a abordés dans ses ouvrages. Certains textes témoignent des luttes acharnées qu'il a menées pour la défense et la promotion d'une notion humaniste de l'Université ; plusieurs témoignages enfin permettent de mieux comprendre l'homme et l'œuvre.

Le colloque « Érudition, humanisme et savoir », tenu à l'Université Laval, n'avait pas pour but de faire le panégyrique d'un chercheur, si important soit-il, mais de partir de son expérience et de son œuvre pour apporter une contribution au renouvellement de l'histoire. Des exposés, se dégagent un ensemble d'idées qui nourriront sans aucun doute la réflexion historienne dans les années à venir.

Le lecteur reconnaîtra d'emblée l'ampleur, la diversité et la richesse de l'œuvre scientifique de Jean Hamelin. Ses travaux – il est l'auteur ou le coauteur de 47 livres et d'au moins 75 articles de périodiques, de dictionnaires et de chapitres d'ouvrages – et ceux des 76 étudiants qu'il a dirigés à la maîtrise et au doctorat couvrent une large partie de l'historiographie canadienne depuis 1960 et constituent un acquis incontournable pour la vie culturelle du Québec, de la Révolution tranquille à nos jours. Il a abordé tour à tour l'histoire politique, économique, sociale, culturelle et religieuse du Québec. Il a donné à la communauté historienne quantité d'outils indispensables à la recherche, des synthèses éblouissantes et une œuvre de très grande envergure.

Le lecteur trouvera aussi dans cet ouvrage le reflet d'une carrière hors de l'ordinaire. Jean Hamelin a toujours eu une conception exigeante et exaltante de son métier. Il s'est défini comme un professeur, « un universitaire qui, au moyen de l'histoire, s'efforce de former des têtes bien faites, des esprits cultivés et critiques capables tout autant d'enseigner, d'effectuer des recherches savantes que d'assumer dans la société l'une ou l'autre de ces centaines de fonctions sociales qui exigent critique, créativité, innovation » (Jean Hamelin, Allocution de clôture du colloque).

Pendant 34 ans, Jean Hamelin a exercé ses fonctions professorales avec une compétence et une excellence incomparables. Bien qu'il excelle au premier cycle, c'est aux études avancées qu'il donne toute sa mesure. Il possède les qualités du directeur de thèse idéal : une formation scientifique poussée, une vaste expérience de la recherche, une érudition étendue, un esprit original et critique, une habilité à communiquer sa science et son enthousiasme. Il invite au dépassement et sait donner confiance aux jeunes.

De ce livre, enfin, se dégage un modèle attachant de l'homme historien. Pour Jean Hamelin, l'histoire – toute sa carrière en témoigne – est à la fois érudition, fruit d'un labeur précis et patient au service de la connaissance, humanisme, au centre des préoccupations et des problèmes humains, et savoir, comme compréhension et interprétation du passé. Elle permet d'assumer sa destinée les yeux ouverts. En se consacrant à l'une « des plus hautes vocations auxquelles puisse se consacrer un homme » (Henri-Irénée Marrou), notre collègue et ami, Jean Hamelin, a incarné par sa vie et ses œuvres l'évolution d'une science qu'il a illustrée mieux que tout autre.

Yves Roby et Nive Voisine

Jean Hamelin

Naissance à Saint-Narcisse (Champlain) le 13 juillet 1931.

Baccalauréat ès arts, séminaire Saint-Joseph de Trois-Rivières, 1952. Licence ès lettres (histoire), Institut d'histoire et de géographie, Université Laval, 1954. Diplôme de 3ᵉ cycle, École pratique des hautes études, Paris, 1957. Doctorat *honoris causa* de l'Université de Sudbury, 1980.

Professeur à l'Université Laval, Département d'histoire, 1957-1993. Professeur assistant, 1957-1959. Professeur auxiliaire, 1959-1966. Professeur agrégé, 1966-1968. Professeur titulaire, 1968-1993. Professeur associé, 1993. Professeur émérite, 1994.

Membre du Comité de direction du Centre d'histoire économique, École des hautes études commerciales, Montréal, 1967-1970. Directeur adjoint du Centre d'étude du Québec, Sir George Williams University, 1967-1970. Vice-doyen à la recherche, Faculté des lettres, Université Laval, 1969-1971. Directeur, Département d'histoire, Université Laval, 1971-1974. Directeur général adjoint du *Dictionnaire biographique du Canada/Dictionary of Canadian Biography*, depuis 1973. Directeur-fondateur du Centre d'études sur la langue, les arts et la tradition populaires des francophones en Amérique du Nord (CÉLAT), Université Laval, 1975-1976. Premier titulaire de la Chaire pour le développement de la recherche sur la culture d'expression française en Amérique du Nord (CEFAN), Université Laval, 1989-1992.

Délégué de la Faculté des lettres à l'Association des professeurs de l'Université Laval, 1965-1966. Membre du Comité de la réforme de l'Institut d'histoire, 1968. Président de la Commission des études avancées et de la recherche, Faculté des lettres, Université Laval, 1969-1971. Membre de la Commission de la recherche, Université Laval, 1970-1971. Membre du Comité de promotion, Faculté des lettres, 1970-1971. Membre du bureau de l'Institut supérieur des sciences humaines, Université Laval, 1972-1974. Membre du Comité spécial de la Commission des études sur l'anthropologie, Université Laval, 1973. Membre du comité *ad hoc* pour la présentation et l'évaluation des thèses, École des gradués, Université Laval, 1975-1976. Membre du Comité consultatif du budget de recherche, Université Laval, 1975-1977. Membre du Comité international du Trésor de la langue française, 1977-1984. Membre du Comité de création d'un doctorat en histoire de l'art, Département d'histoire, Université Laval, 1978. Membre du Comité des brevets et des droits d'auteur, Université Laval, 1984-1990. Membre du Comité scientifique de l'Institut québécois de la recherche sur la culture, 1986-1990. Membre du Comité de révision des programmes de premier cycle en philosophie, Université Laval, 1986-1987. Président du Comité d'élaboration d'un programme en archivistique, Université Laval, 1986. Membre du Conseil d'administration des Presses de l'Université Laval, 1994. Membre du Comité conseil de Grosse-Île, ministère du Patrimoine, Ottawa, 1994-1995.

Médaille Tyrrell, 1972. Prix littéraire du Gouverneur général du Canada, 1972. Médaille de l'ACFAS, 1980. Prix littéraire du Gouverneur général du Canada, 1985. Prix Esdras-Minville (*Bene Merenti de Patria*), 1990. Médaille du 125e anniversaire de la Confédération canadienne, 1992. Membre de l'Ordre du Canada, 1995. Médaille Gloire de l'Escolle, Université Laval, 1995.

Décès : 15 mai 1998

Jean Hamelin : un portrait

Nive Voisine
Département d'histoire
Université Laval

Il n'est pas facile d'esquisser le portrait d'un collègue, surtout quand ce collègue est, de surcroît, un ami. À l'évidence, j'ai dû puiser de l'information dans le flot de confidences qu'au cours des ans Jean Hamelin m'a faites. Il ne pouvait en être autrement, puisque sa personnalité, davantage peut-être que la mise en contexte, fait comprendre son œuvre et la pratique de son métier. Ce faisant, j'ai bien pris garde de ne pas trahir la confiance qu'il avait mise en moi.

LA CARRIÈRE DE JEAN HAMELIN

Au pays de *Vézine*

Jean Hamelin est né le 13 juillet 1931 à Saint-Narcisse (comté de Champlain), localité située à une trentaine de kilomètres au nord-ouest de Trois-Rivières. Originaire du même patelin, l'historien Marcel Trudel en a célébré les beautés et les mœurs anciennes dans son roman *Vézine* (Fides, 1946). On reconnaît, dans ces pages, les lieux fréquentés par le jeune Hamelin : la rivière Batiscan qui « repose à travers les champs sa longue taille sinueuse », mais dont, plus loin, les eaux tumultueuses ont permis l'érection d'un « pouvoir » (usine électrique), « le premier dans l'Empire britannique à répandre au loin l'énergie électrique » à haute tension ; la forêt « qui descend de partout » ; le village « où les maisons s'entassent parmi les arbres » et où les commérages vont bon train. La nature – rivière, bois, montagne – de même que la fréquentation des « habitants » marquent profondément la jeunesse de Jean Hamelin. Il en gardera toujours la nostalgie, notamment au collège où il sera malheureux, se sentant comme dans une cage. Il n'a jamais renié ses racines, bien au contraire, et il a longtemps rêvé d'écrire, aux jours de sa retraite, une monographie de sa paroisse en y appliquant toutes les ressources méthodologiques de son métier. En attendant ce moment, il en a jeté les premiers jalons, en 1954, dans le mémoire qu'il rédige pour l'obtention de son certificat de géographie.

Aujourd'hui, Jean Hamelin qualifie sa famille de conservatrice et d'ultramontaine, comme il y en avait beaucoup dans le Québec d'alors. Elle compte huit enfants : une fille (l'aînée) et sept garçons, dont Jean est le plus vieux. Son père, Roméo, est un artisan du cuir, habile et créatif. Cordonnier de son métier, il passe la journée à faire des réparations en tous genres ; il gagne ainsi sa vie. Cependant, le soir venu, il regagne l'atelier pour s'adonner à la création, c'est-à-dire pour confectionner, selon ses propres patrons, des bottes et des chaussures pour dames. Il est toujours à la maison puisque son lieu de travail débouche sur la cuisine ; c'est ce qui lui permet sans doute de faire lui-même la comptabilité et de contrôler le porte-feuille. Effacé et humble, c'est un silencieux qui se permet parfois un humour noir et décapant.

La mère d'Hamelin, Rachel Baril, est une maîtresse d'école qui a étudié chez les ursulines de Trois-Rivières. Elle est brillante et douée d'un esprit philosophique qui se plaît dans les grandes vues globales. C'est une intellectuelle dans l'âme qui aurait pu poursuivre ses études dans un contexte plus propice. En compensation, elle voit à procurer la meilleure instruction à ses enfants et, endossant tou-jours le rôle de la maîtresse d'école, elle surveille de près les devoirs et les leçons de chacun. Dans ce contexte, et le talent aidant, le jeune Jean monopolise facilement la première place en classe, sauf aux examens de septième année où il se classe dans les derniers.

Catholiques pratiquants, les parents d'Hamelin sont membres du Tiers-Ordre de saint François et sont profondément marqués par le père Frédéric Janssoone, que Roméo a d'ailleurs connu. Le foyer baigne dans la spiritualité franciscaine : les prières quotidiennes et la bibliothèque des tertiaires, dont la mère a la responsabilité et dont Jean dévore tous les bouquins. La religion imprègne tôt sa vie : dès qu'il le peut, il aide le bedeau à sonner l'*Angelus*, il est enfant de chœur et il sert régulièrement la messe.

À partir de 1937, Jean Hamelin fréquente le couvent des Filles de Jésus à Saint-Narcisse. Il est instruit par des religieuses jusqu'à la fin de la cinquième année du primaire ; deux maîtres laïques, des anciens frères, lui enseignent en sixième et en septième. Il se souvient que l'un d'eux, homme de vaste culture et bon pédagogue, est plutôt brutal et distribue des « claques » d'une manière industrielle. Jean s'en sauve à cause de ses succès scolaires.

Des douze premières années de sa vie, Jean Hamelin garde de bons souvenirs, particulièrement de son initiation à certaines techniques du cuir et du contact avec la clientèle de l'atelier. Un seul point « noir » à ce tableau, il manque de la couleur. À la maison, comme à l'école, règne alors la grisaille que rien ou presque ne vient agrémenter. Hamelin en souffre au point qu'une de ses premières actions en arrivant au collège est de s'acheter toute une gamme de crayons de couleur avec lesquels il orne ses copies, à la grande surprise de ses professeurs.

La formation franciscaine

De 1944 à 1950, Jean Hamelin fréquente le Collège séraphique de Trois-Rivières, juvénat franciscain qui forme les futurs moines jusqu'en rhétorique, avant de les envoyer au noviciat de Sherbrooke. Marcel Trudel, qui y a étudié de 1930 à 1936, en a bien décrit la vie dans ses *Mémoires d'un autre siècle* (Boréal, 1987). Vingt ans après, rien, pour ainsi dire, n'a changé. Le petit nombre d'étudiants (à peu près 120), les activités parascolaires et sportives obligatoires permettent de recréer une atmosphère familiale.

La spiritualité franciscaine est au centre de la vie des étudiants. Le culte de saint François d'Assise, son originalité et son charisme, y tient une place d'honneur, mais, plus encore, la nécessité de travailler le vieil homme pour faire naître l'homme nouveau, priant et fraternel. Au collège, cependant, il n'y a pas d'œuvres sociales proprement dites ou même de mouvements d'action catholique ; c'est tout le règlement et toute la vie écolière qui tendent vers cette formation des futurs franciscains.

Au point de vue profane, l'enseignement des langues est particulièrement soigné. Jean Hamelin se souvient encore de quelques excellents professeurs de grec et de latin. Mais le point fort est l'enseignement du français, particulièrement de la littérature, qui se fait sous la gouverne d'un enseignant compétent, le père Odorice Bouffard. Une très bonne bibliothèque permet de compléter les cours et, avec la connivence du père Bouffard, de s'initier à la littérature contemporaine. L'écriture de l'historien puisera toujours dans ce terreau littéraire. En revanche, les mathématiques sont plutôt négligées.

En 1950, Hamelin termine sa rhétorique et, en août, il se présente au noviciat de Sherbrooke. Il n'y demeure que dix jours ; son esprit critique et son désir de changer les choses s'accommodent mal de ce milieu, encore moins souple que le collège. Il sort assez tôt pour demander et obtenir son admission au séminaire de Trois-Rivières.

Dans ce nouveau milieu, où il fera ses deux classes de philosophie, il se considère comme un « rapporté ». Il y découvre un système de classes : les fils de professionnels se démarquant des petites gens et les professeurs privilégiant les élèves de la maison au détriment des nouveaux venus. On y recherche le bien paraître et l'équipe professorale, d'une compétence exceptionnelle, s'enorgueillit de trois prix récents du prince de Galles. Le sport lui-même est réservé à une élite. L'atmosphère y est encore empreinte de l'ultramontanisme intransigeant de Mgr Louis-François Laflèche. Les bibliothèques étant nulles, et lui-même peu familier avec les prêtres de la maison, Jean Hamelin doit abandonner la littérature, ce qui s'avère, pour lui, un drame. D'autre part, il souffre beaucoup de ne pas pouvoir suivre l'actualité ni même de pratiquer les sports comme au Collège séraphique. À ces peines, s'ajoute aussi le manque d'argent : si son père gagne suffisamment pour faire vivre sa famille, les dépenses sont plus grandes au séminaire et Hamelin n'a pas de quoi s'acheter les manuels de chimie et de physique qu'un élève d'une classe plus avancée lui prêtera.

Il est bien accepté par ses camarades de classe et il s'y fait de grands amis. Ses résultats scolaires, toujours exceptionnels en philosophie et en apologétique, mais misérables en sciences, et son esprit frondeur lui attirent des sympathies. Il peut ainsi fonder le *STR Junior* qui organise même des expositions.

À la fin de son cours classique en 1952, au moment de s'engager pour l'avenir, il oublie son penchant naturel pour la philosophie, qui ne pourrait lui assurer l'existence matérielle, et il choisit le « ruban » des Lettres, étant bien entendu qu'il se dirige vers l'histoire.

Les études universitaires

Ce choix de l'histoire est indirectement influencé par Marcel Trudel. Jean Hamelin connaît bien ce coparoissien qui venait faire réparer ses chaussures par son père et qui, pendant ses vacances étudiantes, s'occupait, avec le futur cardiologue Pierre Grondin, des enfants du village qu'il menait à la rivière ou dont il surveillait le travail dans le parc ceinturant l'église. À l'occasion de recherches à Saint-Narcisse, Trudel visite les Hamelin et invite Jean à faire des études en histoire. Connaissant bien la situation financière du futur universitaire, il lui suggère de condenser en deux ans des études qui prennent normalement trois ans. Également, grâce à ses relations, il lui ouvre les portes de la résidence étudiante de la rue Saint-Joachim où Hamelin est logé et nourri gratuitement, n'ayant en retour qu'à assurer le service aux tables et à servir la messe des prêtres. Pour les autres dépenses, Hamelin reçoit, la première année, 100 $ de « son » député Maurice Bellemare et, la deuxième année, 300 $ de Maurice Duplessis lui-même, après qu'il eut fait le siège de son bureau pendant trois ou quatre semaines.

La licence ès lettres-histoire qu'il convoite comprend alors quatre certificats : histoire du Canada, histoire européenne, géographie, littérature canadienne-française et folklore. Aujourd'hui, Jean Hamelin assure que le caractère multidisciplinaire de ce programme l'a beaucoup plus marqué que la fréquentation des pontifes de l'école des *Annales*.

Parmi le corps professoral, l'historien Marcel Trudel et le géographe Louis-Edmond Hamelin sont particulièrement prisés, de même que les visiteurs français André Latreille, Raoul Blanchard et Pierre Deffontaines. Dans l'ensemble, les cours conduisent tout au plus à une initiation à l'histoire positiviste, mais dans un climat d'ouverture d'esprit envers d'autres disciplines comme la géographie et la culture matérielle. Peu nombreux, les étudiants nouent avec les professeurs des relations serrées : Jean Hamelin, par exemple, garde les enfants de Marcel Trudel et travaille à l'occasion dans le secrétariat du département, ce qui lui permet de s'initier par l'intérieur à la vie de l'université; il entretient également avec Louis-Edmond Hamelin des relations privilégiées.

À la fin de la deuxième année, Jean Hamelin présente un mémoire de licence sur *Les Canadiens et la Chambre d'assemblée*, mais c'est en histoire du Régime français et en Europe qu'il veut se spécialiser. Sur les conseils d'André Latreille, qui veut éviter aux jeunes Canadiens les difficultés d'adaptation au milieu parisien, il s'installe à Lyon où il suit des cours à l'automne de 1954. Bien reçu par Latreille, qui met à sa disposition sa riche bibliothèque (ce qu'il ne fait pour aucun Français), il déchante bientôt et considère comme une perte de temps les cours ennuyeux donnés sur des sujets pointus. Dégoûté, il s'initie lui-même, par la lecture, à l'histoire économique. La découverte d'Ernest Labrousse et de son *Esquisse du mouvement des prix et des revenus en France au XVIIIe siècle* est déterminante. Ce disciple de François Simiand, qui a lui-même été influencé par le sociologue Lucien Lévy-Bruhl, exerce un véritable magistère sur l'histoire économique : il s'impose par des règles rigoureuses de méthodes et d'interprétation et il lie inséparablement l'histoire des prix à l'histoire sociale. Jean Hamelin est fortement marqué par cette lecture de Labrousse et il décide de monter à Paris pour rencontrer ce maître.

Il quitte Lyon en avril 1955 et il s'inscrit à l'École pratique des hautes études, VIe section, de Paris. Après avoir flirté un moment avec l'idée d'une histoire du sentiment religieux, qu'il abandonne à cause du manque de documentation idoine, il décide de faire une histoire des prix en Nouvelle-France, à partir des livres de comptes du séminaire de Québec microfilmés pour l'occasion. Labrousse est alors absent et, quand il revient pour l'ouverture des cours en novembre 1955, il charge sa secrétaire de donner rendez-vous à Hamelin en mai ou juin 1956. Dans ces circonstances, Hamelin se rabat, pour diriger sa thèse, sur Charles Morazé, conseiller de Pierre Mendès France, qui accepte aussitôt, l'invite chez lui et, même s'il le dirige peu, garde un contact intime avec lui (il faut entendre Hamelin raconter les petits levers du maître !). Les séminaires qu'il suit ne l'emballent pas : le « pape » Braudel attire une foule de m'as-tu-vu et s'y trouve à l'aise ; Ernest Labrousse, alors vieillissant, s'enfonce dans l'hyperspécialisation... En revanche, Hamelin profite à plein des contacts personnels avec les maîtres et certains élèves et il se complaît dans le contexte intellectuel et artistique exceptionnel du milieu. Mais ses journées sont surtout consacrées au travail de recherche dans les archives et les bibliothèques et à la rédaction de son mémoire intitulé *Économie et société en Nouvelle-France*. Son acharnement au travail lui permet de présenter son texte au printemps de 1957 et de recevoir l'attestation de son diplôme de troisième cycle avant son retour au Canada.

Il revient à Québec à la tête d'une jeune famille (il s'était marié avant son départ pour l'Europe) et il est écrasé de dettes. S'il a obtenu, pour son séjour en Europe, quelques bourses, dont celle de la Société royale du Canada, il a été obligé d'emprunter des sommes considérables pour l'époque, dont 5 000 $ au séminaire de Québec. Seule consolation, il a un poste assuré à l'Université Laval.

Le professeur d'université

C'est un jeune homme de 26 ans qui se présente comme professeur à l'Institut d'histoire de l'Université Laval en septembre 1957. Il a l'ambition des néophytes : devenir un grand historien, comme plusieurs maîtres qu'il a connus, et produire une synthèse de l'histoire socio-économique du Canada français (comme on disait à l'époque), vaste fresque d'histoire globale qui amènerait les lecteurs du début du Régime français au milieu du XXe siècle. « C'est un projet de recherche pour des générations d'historiens », assure le professeur Georges Duby, consulté sur la énième esquisse. Avec la complicité de Fernand Ouellet, qui l'initie au XIXe siècle et qu'il décrira plus tard comme « taillé à la hache dans une pièce de bois équarri », Hamelin poursuit encore pendant quelques années ce rêve de jeunesse d'être un historien qui enseignerait l'histoire à l'Université Laval. On pourrait même considérer la publication, en 1960, de sa thèse *Économie et société en Nouvelle-France* comme une introduction à l'œuvre en gestation. Innovateur tant dans le renouvellement des sources que dans les approches (ce qui en fera une œuvre de référence jusqu'à aujourd'hui), l'ouvrage appelle un prolongement que pourrait être tout naturellement l'*opus* en chantier. Mais la vie en décide autrement.

En 1957, l'Institut d'histoire n'a que dix ans et, compte tenu de la matière à couvrir, il est pauvre en ressources professorales. Il n'y a que deux canadianistes à plein temps : Marcel Trudel, qui enseigne le Régime français et la méthodologie, et Hamelin, qui se charge du reste, c'est-à-dire l'histoire politique, sociale, économique... du Canada et du Québec. Que de cours à bâtir et de recherches à faire ! D'autre part, c'est un professeur passionnant qui attire les étudiants. Il a du panache et du style : un langage imagé (je me souviens de la première phrase de son premier cours où il empruntait à Jean Cocteau des images pour décrire la géographie du Canada), mais qui ne répugne pas à la précision scientifique ; une pédagogie active qui mobilise les étudiants ; un souci constant d'être à l'écoute des autres ; enfin, un humour qui déride et peut même dénouer certaines crises. Accessible en tout temps, même à la maison, il dialogue avec les étudiants, les accompagne au café, les dépanne de toutes les manières possibles. Ils sont de plus en plus nombreux et leurs besoins, multiples. Les préoccupations pédagogiques obligent Hamelin à mettre en veilleuse son grand projet personnel et à créer des instruments de travail : « C'est le cas, dira-t-il lui-même, de ces catalogues et de ces répertoires compilés pour donner aux étudiants des outils indispensables à la recherche, de ces cours hâtivement préparés sur des périodes récentes et dont les thématiques, tour à tour politiques, religieuses, sociales, s'harmonisent aux sensibilités et aux préoccupations des étudiants. » Son rêve bascule : plutôt qu'un historien qui enseigne, il devient un professeur qui enseigne l'histoire, mutation si bien réussie qu'en 1987 la Faculté des lettres de l'Université Laval le proclame, après un sondage auprès de ses collègues, LE professeur par excellence de ses 50 premières années d'existence.

Le projet original ne disparaît pas pour autant. Plus réaliste, il se confine au XIXᵉ siècle ; au lieu d'une histoire globale, il vise une histoire économique : une histoire qui est moins analytique que synthétique et qui prend appui sur des sources imprimées et des monographies. L'œuvre, qui a mobilisé plusieurs étudiants et la collaboration du professeur Yves Roby, paraît en 1971 sous le titre de *Histoire économique du Québec, 1851-1896* et mérite, outre les meilleurs éloges, le prix du Gouverneur général du Canada. Par la suite, cependant, la production scientifique de Jean Hamelin sera plus diversifiée, le plus souvent au gré des urgences du moment.

Le professeur engagé

L'arrière-plan de toute la carrière professorale de Jean Hamelin est marqué par les mutations profondes de la société québécoise et de l'Université Laval elle-même. Pendant plusieurs années, il travaille dans une université pontificale, propriété du séminaire de Québec qui la finance en grande partie et lui fournit ses administrateurs (recteur, économe, secrétaire...). C'est encore une collectivité qui permet des rapports face à face, des relations de bon voisinage. Mais graduellement, à partir de la Révolution tranquille, l'université se transforme en une collectivité plus vaste qui nécessite des relations autorité/collectivité passant par la médiation d'une administration. Jean Hamelin perçoit instinctivement les dangers de cette mutation et, à la suite de son ami André Côté et avec plusieurs collègues, il entreprend la défense d'une notion humaniste de l'université. Membre actif de l'Association des professeurs de l'Université Laval, il participe aux nombreux colloques, forums et tables rondes de l'association et publie plusieurs textes dans le *Forum universitaire*. Son action s'exerce tout autant auprès de ses collègues de la Faculté des lettres et de l'Institut d'histoire, où les conversations du midi et de la pause-café entre Jean Hamelin, André Côté, Bruno Lafleur, etc. contribuent à l'initiation et à l'intégration de plusieurs nouveaux professeurs. Cette lutte pour une certaine idée de l'université, il la poursuit comme administrateur quand, appelé au poste de vice-doyen de la Faculté des lettres (1969-1971) et de directeur du Département d'histoire (1971-1974), il participe à la conception et à la mise en place d'une réorganisation globale de la vie facultaire. Le texte, même révisé, de son *Histoire de l'Université Laval : les péripéties d'une idée*, traduit bien la conception qu'a toujours défendue Jean Hamelin.

En même temps qu'il réfléchit sur la nature de l'université et les règles de la collégialité, Jean Hamelin pratique une histoire fortement amarrée au temps présent. C'est là qu'apparaissent les conséquences de l'expérience acquise à l'École pratique des hautes études de Paris et l'influence de l'école des *Annales* qui y loge. Ces maîtres préconisent alors, comme Hamelin le rappelle lui-même, « une conception de l'histoire axée sur la résolution d'un problème, sur des pratiques empruntées aux sciences sociales et sur des préoccupations résolument tournées vers les problèmes concrets du présent. » Cette vision s'accorde bien à la conjoncture québécoise où les débats de la fin du régime Duplessis et les bouleversements de la Révolution tranquille créent un immense besoin d'histoire et incitent les historiens à l'engagement social.

Celui-ci, pour ce qui est de Jean Hamelin, commence par des commentaires sur les événements faits à la radio et à la télévision et par la participation aux colloques et aux tables rondes qui se multiplient. De là vient la nécessité de faire des recherches rapides sur des sujets inédits. D'autre part, les étudiants, considérablement plus nombreux, sont très différents de la clientèle homogène des défunts collèges classiques. Venus d'horizons différents, ils sont « imprégnés de la rationalité scientifique, assez étrangers à l'histoire, sensibilisés aux problèmes sociaux, tiraillés par divers courants idéologiques, fascinés par les technologies en émergence et fortement politisés ». Plusieurs d'entre eux poursuivent des études de deuxième et troisième cycle. À lui seul, Jean Hamelin en a dirigé 42 à la maîtrise et 34 au doctorat.

Ce sera le grand mérite de Jean Hamelin de percevoir leurs besoins et d'y répondre dans la mesure de ses capacités, tout en demeurant fidèle à sa conception de l'histoire (un récit qui est « l'une des manières par lesquelles l'homme s'approprie lui-même et s'approprie l'univers ») et à sa spécificité. C'est pourquoi on peut suivre Hamelin quand, dans les bilans qu'il fait de sa carrière, il rattache les champs d'étude qu'il a explorés à la conjoncture socio-politique du Québec. Ainsi, l'opposition à Duplessis et les prises de position de Gérard Dion et de Louis O'Neil l'incitent à étudier les mœurs et la géographie électorales, une étude qui sert de toile de fond aux conférences qu'il prononce à la demande du Département d'action sociale de la Conférence catholique canadienne. L'arrivée massive des étudiants lui fait prendre conscience du manque flagrant d'instruments de travail adéquats ; il se lance donc dans l'érudition et produit des guides. Les tensions sociales des années 1960 intro-duisent des recherches sur les grèves, l'histoire économique, l'histoire des travailleurs. L'après-concile et les travaux de la Com-mission Dumont contribuent à une réévaluation de l'héritage reli-gieux dont le sommet sera la publication des deux tomes, consacrés au XXe siècle, de l'*Histoire du catholicisme québécois* (1984). Enfin, dans les années 1970, sa collaboration avec Fernand Dumont aux études multidisciplinaires sur les idéologies au Canada français l'incite plus que jamais à réfléchir à l'identité de l'historien et à publier, avec Nicole Gagnon, un manifeste au titre évocateur, *L'homme historien* (1979).

Cependant, cette contextualisation ne dit pas tout, ni même l'essentiel. C'est dans sa personnalité, voire son âme franciscaine, qu'il faut chercher la clef de sa carrière et de sa réussite. Sa vaste culture lui a permis d'ouvrir un grand nombre de chantiers nou-veaux et d'y conduire avec succès ses étudiants. Son esprit com-munautaire lui a fait faire de l'enseignement et même de la dis-cipline historique une entreprise collective qu'il dirigeait de main de maître. Entrepreneur hors pair, il a un don particulier pour trouver de l'argent, particulièrement pour les autres. Il ne garde rien pour lui : que de livres et brochures (parfois introuvables et de grande valeur) ont reçus ses amis et ses étudiants, soi-disant pour décongestionner sa bibliothèque ; que de coups de pouce en tout genre donnés à des étudiants en difficultés ; que d'heures passées à écouter les autres. Cette générosité est particulièrement évidente dans le domaine scientifique : il donne volontiers documents et fiches qu'il croit utiles aux recherches d'un collègue ou d'un étudiant; dans les travaux conjoints, il fait spontanément la plus grande partie du boulot

(l'*onus*), mais il s'en attribue le moins de mérite possible (l'*honor*);
des nombreuses offres de contrats qu'il reçoit, il refile à ses amis les
plus intéressantes aux points de vue de l'argent ou de la carrière.
L'immense besogne qu'il abat, malgré ses souffrances tels un mal de
dos qui dure plusieurs années, la longue maladie et le décès de son
épouse, Huguette, essouffle ses collaborateurs, même les plus cos-
tauds, mais il sait évacuer les nouveaux chantiers pour en confier la
maîtrise à des collègues ou à des étudiants doués. Chez lui, la
formation de la relève et l'insertion des jeunes chercheurs dans la
communauté scientifique ne sont pas de vains mots. Lui-même se
définit comme un rassembleur plutôt que comme un producteur
d'idées ; on peut acquiescer pour autant qu'on se souvienne que cet
artisan (autre mot qu'il affectionne) est en même temps un penseur
profond.

C'est ce qu'ont voulu reconnaître la communauté scientifique
et les organismes gouvernementaux en lui attribuant plusieurs prix et
distinctions : médaille Tyrrell de la Société royale du Canada (1972),
prix littéraire du Gouverneur général du Canada (1972 et 1985),
médaille de l'ACFAS (1980), professeur par excellence de la Faculté
des Lettres (1987), prix Esdras-Minville (*Bene Merenti de Patria*)
(1990), professeur émérite de l'Université Laval (1994), médaille
Gloire de l'Escolle (1995). Ce colloque, dont les actes constituent
pour ainsi dire des mélanges offerts à Jean Hamelin, s'est voulu une
espèce de couronnement à tous ces hommages.

Aujourd'hui retraité (?) – il demeure toujours directeur général
adjoint du *Dictionnaire biographique du Canada* –, Jean Hamelin
fait figure de sage à qui on demande bilans et perspectives. C'est à
mon sens prématuré, même s'il aime parler lui-même de testament.
Il a encore beaucoup à nous apprendre, particulièrement sur la
nature de l'histoire. C'est pourquoi, en guise de conclusion, je laisse
à la méditation des lecteurs ce beau texte qu'il a écrit avec Nicole
Gagnon et qui me semble être, si j'en crois l'introduction de son
Histoire de l'Université Laval, son testament d'historien.

> L'historien se meut dans l'univers du sens, des significations et des
> intentions. Les intuitions qui le guident dans sa démarche portent
> l'empreinte des équivoques, des incertitudes, de l'indétermination tant de
> la culture ambiante que de celle des acteurs qu'il étudie. Il est sensible

aux déterminations, mais bien davantage aux indéterminations. Il croit aux possibles, donc au hasard, à la liberté, aux potentialités insoupçonnées de l'homme et aux événements qui parfois sont des avènements qui rendent toute chose nouvelle. Il pressent que l'expérience qu'il raconte – l'évolution des hommes – n'a de réalité consistante que totalisée dans l'expérience vécue. Pour lui, l'hier comme l'aujourd'hui et le lendemain ne se comprennent que dans la contingence et la nécessité. D'autre part, cette quête du sens, l'historien la poursuit certes pour lui-même, sans doute aussi pour ses collègues des autres spécialités, mais bien davantage pour la communauté. Il ne vise pas à aménager directement le temps présent et futur. L'histoire n'est pas une idéologie tournée vers l'action. L'historien ne tend qu'à garder un dialogue avec sa communauté – celle d'hier et celle d'aujourd'hui – pour fertiliser et enrichir la culture. Selon la belle expression de Dumont, l'histoire est une pratique de la solidarité (Hamelin, 1992 : 71).

N'est-ce pas ce qu'a toujours fait Jean Hamelin ?

■

Bibliographie

Hamelin, Jean (1992), « L'histoire des historiens : entre la reconstruction d'une mémoire collective et la recherche d'une identité », dans Jacques Dagneau et Sylvie Pelletier (dir.), *Mémoires et histoires dans les sociétés francophones*, Sainte-Foy, CÉLAT, p. 59-71.

Il est mort le 15 mai 1998 dans la plus grande sérénité. Il laisse dans le deuil tous ceux qu'il a touchés par sa grande humanité.

L'ŒUVRE DE JEAN HAMELIN

Livres

1960 *Économie et société en Nouvelle-France*, Québec, PUL (coll. Cahiers de l'Institut d'histoire, 3), 137 p.

1960 *Les élections provinciales dans le Québec*, Québec, PUL (coll. Cahiers de géographie), 230 p. (en collaboration avec Marcel Hamelin et Jacques Letarte).

1962 *Les mœurs électorales dans le Québec, de 1791 à nos jours*, Montréal, Éditions du Jour, 124 p. (en collaboration avec Marcel Hamelin).

1965 *Aperçu de la politique canadienne au XIXᵉ siècle*, Québec, Culture, 154 p. (en collaboration avec John Huot et Marcel Hamelin).

1965 *Guide de l'étudiant en histoire du Canada*, Québec, PUL, 274 p. (en collaboration avec André Beaulieu).

1965 *Les journaux du Québec de 1764 à 1964*, Québec/Paris, PUL/ Armand Colin, 329 p. (en collaboration avec André Beaulieu).

1967 *Le Canada français : son évolution historique*, Trois-Rivières, Boréal Express, 80 p.

1967 *Les premières années de la Confédération*, Ottawa, Commission du centenaire (Brochure historique du centenaire, 3), 23 p.

1968 *Canada : unité et diversité*, Montréal, Holt, Rinehart et Winston, 578 p. (en collaboration avec Fernand Ouellet, Marcel Trudel et Paul G. Cornell).

1968 *Répertoire des publications gouvernementales du Québec,1867-1964*, Québec, Imprimeur du Québec, 554 p. (en collaboration avec André Beaulieu et Jean-Charles Bonenfant).

1969 *Guide d'histoire du Canada*, Québec, PUL (coll. Les cahiers de l'Institut d'histoire, 13), 540 p. (en collaboration avec André Beaulieu).

1970 *Répertoire des publications gouvernementales du Québec, 1965-1968*. Québec, Éditeur officiel du Québec, 388 p. (en collaboration avec André Beaulieu).

1970 *Répertoire des grèves dans la province de Québec au XIXe siècle*, Montréal, Presses de l'École des HÉC, 168 p. (en collaboration avec Paul Larocque et Jacques Rouillard).

1971 *Histoire économique du Québec, 1851-1896*, Montréal, Fides (coll. Histoire économique et sociale du Canada français), 436 p. (en collaboration avec Yves Roby).

1971 *Histoire de l'Église catholique au Québec, 1608-1970*, Montréal, Fides, 112 p. (en collaboration avec Nive Voisine et André Beaulieu).

1973 *Idéologies au Canada français, 1850-1900*, tome I, Québec, PUL, 328 p. (codirection en collaboration avec Fernand Dumont et Jean-Paul Montminy).

1973 *La presse québécoise, des origines à nos jours*, tome I : *1764-1859*, Québec, PUL, 375 p. (en collaboration).

1973 *Les travailleurs québécois, 1851-1896*, Montréal, PUQ (coll. Histoire des travailleurs québécois), 221 p.

1974 *Analyse du contenu des mémoires présentés à la Commission Gendron*, Québec, Éditeur officiel du Québec, 162 p. (en collaboration avec André Côté).

1974 *Idéologies au Canada français, 1900-1929*, tome II, Québec, PUL, 377 p. (codirection en collaboration avec Fernand Dumont et Jean-Paul Montminy).

1975 *La presse québécoise, des origines à nos jours*, tome II : *1860-1879*, Québec, PUL, 380 p. (en collaboration).

1976 *Histoire du Québec*, Toulouse/Saint-Hyacinthe, Privat/Edisem, 500 p. (en collaboration).

1976 *Les travailleurs québécois, 1941-1971 ; dossier*. Québec, Institut supérieur des sciences humaines de l'Université Laval, 547 p. (codirection en collaboration avec Fernand Harvey).

1977 *La presse québécoise, des origines à nos jours*, tome III :
1880-1899, Québec, PUL, 400 p. (en collaboration).

1978 *Idéologies au Canada français, 1930-1939*, tome III, Québec,
PUL, 361 p. (codirection en collaboration avec Fernand
Dumont et Jean-Paul Montminy).

1979 *L'homme historien*, Saint-Hyacinthe, Edisem, 119 p. (en collaboration avec Nicole Gagnon).

1979 *La presse québécoise, des origines à nos jours*, tome IV :
1900-1909, Québec, PUL, 417 p. (en collaboration).

1981 *Brochures québécoises, 1764-1972*, Québec, Ministère des
Communications. (en collaboration avec André Beaulieu et
Gilles Galichan).

1981 *Brève histoire du Québec*, Montréal, Boréal Express, 169 p.
(2ᵉ édition, 1983) (en collaboration avec Jean Provencher).

1982 *Idéologies au Canada français, 1940-1976*, tome IV, Québec,
PUL, 3 vol. (codirection de Fernand Dumont, Jean-Paul Montminy et Jean Hamelin).

1982 *La presse québécoise, des origines à nos jours*, tome V : *1910-
1919*, Québec, PUL, 348 p. (en collaboration).

1984 *Histoire du catholicisme québécois*, vol III : *Le XXᵉ siècle*,
tome 1 : *1898-1940*, Montréal, Boréal Express, 504 p. (en
collaboration avec Nicole Gagnon).

1984 *Histoire du catholicisme québécois*, vol III : *Le XXᵉ siècle*,
tome 2 : *1940 à nos jours*, Montréal, Boréal Express, 425 p.

1984 *La presse québécoise, des origines à nos jours*, tome VI :
1920-1934, Québec, PUL, 379 p. (en collaboration).

1985 *La presse québécoise, des origines à nos jours*, tome VII :
1935-1944, Québec, PUL, 374 p. (en collaboration).

1985 *Les ultramontains canadiens-français*, Montréal, Boréal
Express (codirection en collaboration avec Nive Voisine).

1986 *Guide du chercheur en histoire canadienne*, Québec, PUL,
808 p. (en collaboration).

1987 *La presse québécoise, des origines à nos jours*, tome VIII :
1945-1954, Québec, PUL, 390 p. (en collaboration).

1987 *La presse québécoise, des origines à nos jours, index cumulatif*, Québec, PUL, 400 p. (en collaboration).

1989 *La presse québécoise, des origines à nos jours*, tome IX :
1955-1963, Québec, PUL, 425 p. (en collaboration).

1989 *Chrétiens et chrétiennes au Québec*, Paris, Fleurus, 45 p. (en collaboration).

1989 *Québec 1626 ; un comptoir au bord du Saint-Laurent*,
Rennes, Éditions Ouest-France, [80 p.] (en collaboration).

1990 *Vita Degli Insiani Lugo Il Fiume. Québec Nel 1626*, Milan,
Jaco Book, [80 p.] (en collaboration).

1990 *La presse québécoise, des origines à nos jours*, tome X : *1964-1975*, Québec, PUL, 400 p. (en collaboration).

1990 *Les franciscains au Canada, 1890-1990*, Sillery, Septentrion,
438 p. (en collaboration).

1995 *Histoire de l'Université Laval : les péripéties d'une idée*,
Sainte-Foy, PUL, 341 p.

1995 *Les catholiques d'expression française en Amérique du Nord*,
Belgique, Brepols, 207-25 p. (en collaboration).

Articles de périodiques et chapitres d'ouvrages

1961 « À la recherche d'un cours monétaire canadien : 1760-1777 », *RHAF*, 15, 1 (juin), p. 24-34.

1962 « La crise agricole dans le Bas-Canada, 1802-1837 », *Études rurales*, 7 (octobre-décembre), p. 36-57. Publié aussi dans *The Canadian Historical Association Report*, 1962, p. 17-33 (en collaboration avec Fernand Ouellet).

1964 « Commentaires », dans Jean-Louis Gagnon *et al.*, *Nos hommes politiques*, Montréal, Éditions du Jour, p. 28-31.

1966 « Aperçu du journalisme québécois d'expression française »,
Recherches sociographiques , VII, 3 (septembre-décembre),
p. 305-348 (en collaboration avec André Beaulieu).

1966   « Le mouvement des prix agricoles dans la province de Québec, 1760-1851 », dans Claude Galarneau et Elzéar Lavoie (dir.), *France et Canada français du XVIe au XXe siècle*, Québec, PUL (coll. Cahiers de l'Institut d'histoire, 7), p. 35-48 (en collaboration avec Fernand Ouellet).

1966   « Les rendements agricoles dans les seigneuries et les cantons du Québec, 1700-1850 », dans Claude Galarneau et Elzéar Lavoie (dir.), *France et Canada français du XVIe au XXe siècle*, Québec, PUL (coll Cahiers de l'Institut d'histoire, 7), p. 81-120 (en collaboration avec Fernand Ouellet).

1967   « La vie de relations sur le Saint-Laurent, entre Québec et Montréal, au milieu du XVIIIe siècle », *Cahiers de géographie de Québec*, 11, 3 (septembre), p. 243-252. (en collaboration avec Jean Provencher).

1967   « Un catalogue des périodiques au Canada français », *Recherches sociographiques*, VIII, 2 (mai-août), p. 211-213.

1967   « Les cabinets provinciaux, 1867-1967 », *Recherches sociographiques*, VIII, 3 (septembre-décembre), p. 299-318 (en collaboration avec Louise Beaudoin).

1967   « Le Canada français : son évolution historique », *Annuaire du Québec*, 48 (1966-1967), p. 1-49.

1967   « The Historic Development of French Canada », *Annuaire du Québec*, 48 (1966-1967), p. 50-79.

1969   « L'évolution économique et sociale du Québec, 1867-1896 », *Recherches sociographiques*, X, 2-3 (mai-décembre), p. 157-171 (en collaboration avec Yves Roby).

1969   « Un cas récent de conflit : une question », *Forum universitaire*, 5 (avril), p. 7-13.

1969   « La vie politique au Québec de 1956 à 1966 », dans Vincent Lemieux (dir.), *Quatre élections provinciales au Québec, 1956-1966*, Québec, PUL, p. 3-26.

1969   « La place des professeurs dans l'université », *Forum universitaire*, numéro spécial (septembre), p. 7-12.

1969 « Québec et le monde extérieur : 1867-1967», *Annuaire du Québec*, 49 (1968-1969), p. 2-36.

1969 « Quebec and the Outside World, 1867-1967 », *Annuaire du Québec*, 49 (1968-1969), p. 37-60.

1970 « À propos de la réforme en cours à l'Université Laval », *Forum universitaire*, 7 (avril), p. 50-65 (en collaboration avec André Côté).

1974 « Québec 1896-1929 : une deuxième phase d'industrialisation », dans *Idéologies au Canada français, 1900-1929*, tome II, Québec, PUL, p. 15-28 (sous la direction de Jean-Paul Montminy et Jean Hamelin).

1978 « La crise », dans *Idéologies au Canada français, 1930-1939*, tome III, Québec, PUL, p. 21-28 (sous la direction de Jean-Paul Montminy et Jean Hamelin).

1980 « Être citoyen aujourd'hui », *Communauté chrétienne*, 19, 110 (mars-avril), p. 118-124.

1982 « Les prix agricoles dans les villes et les campagnes du Québec avant 1850 : aperçus quantitatifs », *Histoire sociale/Social History*, 15, 29 (mai), p. 83-127 (en collaboration avec Fernand Ouellet et Richard Chabot).

1982 « La mutation de la société québécoise, 1939-1976 : temps, ruptures, continuités », dans *Idéologies au Canada français, 1940-1976*, tome IV, vol. 1, Québec, PUL, p. 33-72 (sous la direction de Jean-Paul Montminy et Jean Hamelin).

1985 « Philippe Sylvain et son œuvre », dans *Les ultramontains canadiens-français*, Montréal, Boréal Express, p. 9-55 (en collaboration avec Nive Voisine).

1987 « Société en mutation/Église en redéfinition. Le catholicisme québécois contemporain, de 1940 à nos jours », dans Guy-Marie Oury, *La croix et le Nouveau-Monde*, Chambray/Montréal, CLD/CMD, p. 217-237.

1988 « Regards sur l'édition savante », dans Patricia Demers (dir.), *Scholarly Publishing in Canada/L'Édition savante au Canada*, Ottawa, Presses de l'Université d'Ottawa, p. 4-18.

1990   « La revalorisation de l'enseignement universitaire », dans
       Fernand Dumont et Yves Martin (dir.), *L'Éducation, 25 ans
       plus tard ! Et après ?*, Québec, IQRC, p. 353-369.

1990   « Survol historique », dans *Les franciscains au Canada, 1890-
       1990*, Sillery, Septentrion, p. 11-95.

1990   « Les missions extérieures », dans *Les franciscains au Canada,
       1890-1990*, Sillery, Septentrion, p. 123-155.

1990   « Prédication et retraites », dans *Les franciscains au Canada,
       1890-1990*, Sillery, Septentrion, p. 181-208.

1992   « L'histoire des historiens : entre la reconstruction d'une
       mémoire collective et la recherche d'une identité », dans
       Jacques Dagneau et Sylvie Pelletier (dir.), *Mémoires et his-
       toires dans les sociétés francophones*, Sainte-Foy, CÉLAT,
       p. 59-71.

1995   « Histoire », dans *Les catholiques d'expression française en
       Amérique du Nord*, Belgique, Brepols, p. 7-35.

Articles de dictionnaires

Le *Dictionnaire biographique du Canada*

• 1966-Tome I

« Charles Amiot », p. 59-60.

« Jean Bourdon », p. 115-117.

« Jacques Bourdon d'Autray », p. 117.

« Jean-François Bourdon de Dombourg », p. 117-118.

« Mathurin Gagnon », p. 328.

« Charles Huault de Montmagny », p. 383-384.

« Pierre Legardeur de Repentigny », p. 457-458.

« Charles Legardeur de Tilly », p. 458-459.

« Jean Nicollet de Belleborne », p. 527-529.

« Étienne Pézard de La Tousche Champlain », p. 555-556.

« François Viennay-Pachot », p. 677-678.

• 1972-Tome X

« Médéric Lanctot », p. 461-467.

• 1977-Tome IX

« Ludger Labelle », p. 482-483 (en collaboration avec Huguette Filteau).

« Joseph Montferrand, dit Favre », p. 620-623 (en collaboration avec Gérard Goyer).

• 1980-Tome IV

« François-Pierre de Rigaud de Vaudreuil », p. 715-716 (en collaboration avec Jacqueline Roy).

• 1982-Tome XI

« Pierre-Joseph-Olivier Chauveau », p. 194-203 (en collaboration avec Pierre Poulin).

« Guillaume-Eugène Chinic », p. 207-209 (en collaboration avec Huguette Filteau).

« Jean-Baptiste Renaud », p. 806-807 (en collaboration).

« Louis-Adélard Senécal », p. 894-904 (en collaboration avec John Keyes et Hélène Filteau).

« François Vézina », p. 998-1000 (en collaboration).

• 1983-Tome V

« Pierre Denaut », p. 269-272 (en collaboration avec Michel Paquin).

« Pierre de Sales Laterrière », p. 808-811 (en collaboration avec Pierre Dufour)

• 1988-Tome VII

« Mathew Bell», p. 70-75 (en collaboration avec Michel Bédard et André Bérubé).

- 1990-Tome XII

« Sir Narcisse-Fortunat Belleau », p. 93-95 (en collaboration avec Michèle Brassard).

« Alexander Buntin », p. 147-149 (en collaboration avec Michel Paquin).

« Télesphore Fournier », p. 353-354 (en collaboration avec Michèle Brassard).

« George Irvine », p. 505-506 (en collaboration avec Michel Paquin).

« Thomas McGreevy », p. 682-686 (en collaboration avec Michèle Brassard).

« Félix-Gabriel Marchand », p. 754-759 (en collaboration avec Michèle Brassard).

« Honoré Mercier », p. 783-793 (en collaboration avec Pierre Dufour).

« Alexandre-Antonin Taché », p. 1093-1103.

« Ulric-Joseph Tessier », p. 1216-1217 (en collaboration avec Michèle Brassard).

« William John Withall », p. 1216-1217 (en collaboration avec Michèle Brassard).

- 1994-Tome XIII

« Pierre-Léon Ayotte », p. 27-28 (en collaboration avec Michèle Brassard).

« Louis-François-Georges Baby », p. 28-30 (en collaboration avec Michèle Brassard).

« Sir George Alexander Drummond », p. 306-308 (en collaboration avec Michèle Brassard).

« Charles-Polycarpe Hébert », p. 498-499 (en collaboration avec Michèle Brassard).

« Alexander Walker Ogilvie », p. 851-853 (en collaboration avec Michèle Brassard).

« Gédéon Ouimet », p. 867-870 (en collaboration avec Michèle Brassard).

« Ernest (Philippe-Olivier) Pacaud », p. 873-877 (en collaboration avec Michèle Brassard).

« Raymond Préfontaine », p. 915-919 (en collaboration avec Michèle Brassard).

« Joseph-Israël Tarte », p. 1101-1108 (en collaboration avec Michèle Brassard).

« Joseph-Octave Villeneuve », p. 1149-1150 (en collaboration avec Michèle Brassard).

Rapports

1962 *Étude préliminaire à la révision de la carte électorale de la province de Québec*, Québec (janvier), 67 p. (en collaboration).

1969 *Rapport du Comité spécial des études avancées et de la recherche de la Faculté des lettres*, Québec, Faculté des lettres (juillet), 33 p. (en collaboration).

1972 *Le conflit syndical au Pavillon Saint-Dominique*, Québec, Laboratoire d'histoire religieuse (décembre) (en collaboration).

1972 Comité des Cinq : *Le prêtre et l'engagement politique*, Montréal, Secrétariat de l'Assemblée des évêques du Québec (septembre), 45 p. (en collaboration).

1975 *Rapport du groupe de travail de l'Université Laval soumis à la Commission sur les études avancées dans les humanités et les sciences sociales*, Québec (février), 93 p. (en collaboration).

1976 *Rapport du groupe de travail sur la création d'un Institut québécois de la culture*, Québec (décembre), 200 p. (en collaboration).

1979 *Rapport du comité sur l'édition et la publication savante à l'Université Laval*, Québec (mars-juin), 140 p.

Direction de publications sériées

Depuis 1973, *Dictionnaire biographique du Canada*, Québec, PUL.

IX : *De 1861 à 1870*, 1977, 1 057 p.

IV : *De 1771 à 1800*, 1980, 980 p.

XI : *De 1881 à 1890*, 1982, 1 192 p.

V : *De 1801 à 1820*, 1983, 1 136 p.

VIII : *De 1851 à 1860*, 1985, 1 243 p.

VI : *De 1821 à 1835*, 1987, 1 031 p.

VII : *De 1836 à 1850*, 1988, 1 166 p.

XII : *De 1891 à 1900*, 1990, 1 300 p.

XIII : *De 1901 à 1910*, 1994, 1 396 p.

1978-1983　*Méthodes des sciences humaines*, Saint-Hyacinthe, Edisem (Collection dirigée en collaboration avec Nicole Gagnon).

1978　Jean, Bruno, David Mellar et Marcel Juneau, *L'histoire orale*, 95 p.

1979　Hamelin, Jean, et Nicole Gagnon, *L'homme historien*, 127 p.

1980　Laurence, Gérard, *Le contenu des médias électroniques*, 135 p.

1981　Massicotte, Guy, *L'histoire problème*, 121 p.

1982　Lemieux, Vincent, *Réseaux et appareils*, 125 p.

Formation de chercheurs

Direction de mémoires de Diplôme d'études supérieures et de maîtrise

1964　Désilets, Andrée, « Une figure politique du 19ᵉ siècle, François-Xavier Lemieux ».

1965　Allard, Joseph Alexandre Yves, « The Province of Saskatchewan in the Spring of 1964 ».

1965 Chassé, Béatrice, « L'affaire Casault-Langevin ».

1967 Vaugeois, Denis, « Les Juifs et la Guerre de Sept Ans (1756-1763) ».

1967 Paradis, Jean-Marc, « Le lieu de l'hivernement de l'expédition de Dollier-Galinée en 1669-1670 ».

1967 Mathieu, Jacques, « La construction navale royale, 1739-1759 ».

1967 Gagnon, Rodolphe, « Le chemin de fer de Québec au Lac Saint-Jean (1854-1900) ».

1968 Genest, Jean-Guy, « L'élection provinciale de 1939 ».

1968 Quinn, Majella, « Les capitaux français et le Québec, 1855-1900 ».

1968 Voisine, Nive, « Jules-A. Brillant et le Bas-Saint-Laurent ».

1969 Mathieu, Jacques, « La condition ouvrière dans l'industrie du cuir à Québec de 1900 à 1930 d'après les procès-verbaux d'un syndicat ».

1969 Provencher, Jean, « Joseph-Ernest Grégoire, quatre années de vie politique ».

1969 Ruddell, David Terence, « Apprenticeship in early nineteenth century ».

1970 Bélanger, Noël, « L'idéologie du *Montreal Daily Star* ».

1970 Larocque, Paul, « La condition socio-économique des travailleurs de la ville de Québec (1896-1914) ».

1970 Renaud, Laurier, « La fondation de l'A.C.J.C. ».

1971 Tessier, Yves, « La carte ancienne et l'automation ».

1971 Bernier, Jacques, « La condition ouvrière à Montréal, à la fin du XIXe siècle, 1874-1896 ».

1971 Plouffe, Marcel, « Quelques particularités sociales et politiques de la charte, du système administratif et du personnel politique de la cité de Québec, 1833-1867 ».

1972 Lampron, Réal, « Le scrutin du 28 juillet 1930 dans la région de Montréal ».

1974 Foucart, Éric, « La Société Saint-Jean-Baptiste de Québec de sa fondation à 1903 ».

1974 Beaudoin, Louise, « Les relations France-Québec : deux époques, 1855-1910 et 1960-1972 ».

1974 Saint-Pierre, Jocelyn, « Le quartier Saint-Roch de Québec : l'environnement socio-économique des travailleurs, 1941-1971 ».

1975 Chouinard, Denis, « Alfred Charpentier face au gouvernement du Québec, 1935-1946 ».

1976 Boucher, Jean, « Histoire des travailleurs québécois : la CSN et la FTQ de 1939 à 1970 ».

1976 Gosselin, Francine Barry, « L'évolution du travail de la femme au Québec de 1940 à 1970 ».

1976 Saint-Amant, Jean-Claude, « L'École sociale populaire et le syndicalisme catholique, 1911-1949 ».

1978 Ouellet, Richard, « La morphologie des grèves au Québec, 1940-1970. Une analyse quantitative ».

1978 Charland, Jean-Pierre, « Le syndicalisme chez les cordonniers du Québec : 1900-1930 ».

1979 Thivierge, Nicole, « La condition sociale des ouvriers de l'industrie de la chaussure à Québec, 1900-1940 ».

1979 Bluteau, Marc-André, « L'industrie de la chaussure à Québec, 1896-1940 ».

1979 Lapointe, Camille, « Étude d'un atelier de finition et d'assemblage de poêles et contenants de fonte aux Forges du Saint-Maurice ».

1979 Perreault, Louis, « L'habitation et l'évolution de l'urbanisme à Montréal, de la grande dépression à la création de la Société d'habitation du Québec, 1935-1968 ».

1979 Saint-Laurent, Engelbert, « La naissance du syndicalisme catholique dans l'Est du Québec, 1941-1950 ».

1981 Desjardins, Marc, « La Gaspésie, 1760-1850 ».

1984 Ringuet, Martin, « Les travailleurs de Chicoutimi durant la crise des années 1930 ».

1985 Hébert, Yves, « Un missionnaire-colonisateur, l'abbé Ivanhoe Caron ».

1986 Bouchard, Hélène, « La syndicalisation à l'Hôtel-Dieu de Chicoutimi, 1945-1950 ».

1989 Tremblay, Annette, « Paul Sauvé ».

1989 Tremblay, Yves, « La participation de l'élite locale au développement économique de Rimouski, 1890-1960 ».

1989 Chabot, Denis, « Exploration de la presse hebdomadaire québécoise ; de l'apostolat à l'entreprise de presse ».

1990 Saint-Pierre, Diane, « Les archives paroissiales de la Côte du Sud ».

Direction de thèses de doctorat

1967 Désilets, Andrée, « Hector Langevin ».

1967 Nish, Cameron, « The Canadian Bourgeoisie, 1729-1748 : Character, Composition and Functions ».

1969 Best, Henry B.M, « George-Étienne Cartier ».

1969 Lalonde, André N., « Settlement in the North-West Territories by Colonization Companies, 1881-1891 ».

1970 Gravel, Jean-Yves, « Les Voltigeurs de Québec dans la milice canadienne (1862-1898) ».

1972 Jones, Richard, « L'idéologie de l'Action catholique (1917-1939) ».

1974 Chassé, Béatrice, « Le notaire Girouard, patriote et rebelle ».

1975 Mathieu, Jacques, « Le commerce Nouvelle-France - Antilles, au XVIIIe siècle ».

1976 Thwaites, James Douglass, « The Origins and the Development of the « Fédération des Commissions scolaires catholiques du Québec », 1936-1967 ».

1977 Genest, Jean-Guy, « Adélard Godbout ».

1978 Doyon, Michel, « Opération survie. Le parti conservateur à la recherche d'une nouvelle identité (1942-1948) ».

1978 Laurence, Gérard, « Histoire des programmes de télévision. Essai méthodologique appliqué aux cinq premières années de CBFT-Montréal ».

1980 Vallières, Marc, « La gestion des opérations financières du gouvernement québécois, 1867-1920 ».

1981 Charland, Jean-Pierre, « L'enseignement spécialisé au Québec, 1865 à 1967 ».

1981 Thivierge, Nicole, « L'enseignement ménager-familial au Canada, 1880-1970 ».

1981 Houndjahoue, Michel, « Une étude de la coopération bilatérale entre le Canada et les pays francophones de l'Afrique de l'Ouest, 1960-1975 ».

1981 Ruddel, David T., « Quebec City, 1765-1831 : the Evolution of a Colonial Town ».

1981 Thivierge, Marise, « Les institutrices laïques à l'école primaire catholique, au Québec, de 1900 à 1964 ».

1984 Roussel, Luc, « Les relations culturelles entre le Québec et la France, 1920-1965 ».

1985 Roy, Huguette, « Histoire sociale de Montréal, 1831-1871. L'assistance aux pauvres ».

1985 Parent, Reynald, « Histoire des Amérindiens du Saint-Maurice jusqu'au Labrador. De la préhistoire à 1760 ».

1985 Gagnon, Jean-Pierre, « Le 22e Bataillon (canadien-français), 1914-1919, une étude sociopolitique ».

1987 Southam, Pierre, « Analyse du discours élitaire sur la modernisation, 1930-1960 ».

1987 Ryerson, Stanley, « Le puzzle Canada-Québec ».

1987 Marcil, Eileen, « La construction navale à Québec, 1760-1900 ».

1988 Keyes, John, « La famille Dunn, commerce du bois au XIXe siècle ».

1989 Paradis, Jean-Marc, « Augustin-Norbert Morin, 1803-1865 ».

1990 Stairs, William J., « Political Corruption and Public Opinion : the Evolution of Political Ethics in Canada, 1840-1896 ».

1990 Poulin, Pierre, « Alphonse Desjardins et la naissance des Caisses populaires, 1900-1920 ».

1991 Ouellet, Danièle, « L'émergence de deux disciplines scientifiques à l'Université Laval entre 1920 et 1960 : la chimie et la physique ».

1992 Bois, Hélène, « Les aumôniers et la déconfessionnalisation des institutions économico-sociales québécoises ».

1993 Tremblay, Donald, « Mgr Pellegrino Francesco Stagni, o.s.m., et l'Église canadienne, 1910-1918 ».

1993 Tremblay, Yves, « Histoire sociale et technique de l'électrification du Bas-Saint-Laurent, 1888-1963 ».

1993 Saint-Pierre, Jocelyn, « Les chroniqueurs parlementaires, membres de la tribune de la presse de l'Assemblée législative de Québec, 1871-1921 ».

L'idée d'université et
le métier d'universitaire

La vie associative des professeurs d'université : collégialité ou syndicalisme ?

André Côté
Faculté de philosophie
Université Laval

Je suis particulièrement heureux et très flatté de participer à ce collectif en l'honneur de mon ancien collègue et toujours ami, Jean Hamelin. Cela dit, je dois immédiatement préciser que le titre de mon article laisse espérer beaucoup plus qu'il n'est apte à contenir. Je m'empresse donc d'en définir les limites.

Tout d'abord, je n'essaierai pas de faire l'histoire de la vie associative des professeurs d'université au Québec, ni même à la seule Université Laval. J'ai beaucoup trop de respect pour le métier d'historien pour en revendiquer ne fût-ce que l'apparence. Je n'essaierai pas non plus de faire l'analyse de la pensée de Jean Hamelin sur le sujet de peur de lui attribuer trop de ma propre pensée, bien que je le citerai assez longuement et que je ferai référence à plusieurs circonstances et événements dont lui et moi avons été témoins et auxquels j'ai souvent été personnellement mêlé. Mais, à partir de ce témoignage, forcément incomplet et peu objectif, je tenterai de vous livrer le fruit de mes réflexions personnelles sur ces mêmes circonstances et événements. Ce petit essai comprendra trois parties.

Dans la première partie, je tenterai de tracer, en m'appuyant principalement sur la lecture que je fais des textes parus dans *Forum universitaire* (1967-1973), la position des professeurs de Laval vis-à-vis de leur association dans la période précédant immédiatement l'acquisition d'une nouvelle charte par leur université.

Dans la deuxième partie, je retracerai à grands traits l'évolution de l'Université et de ses effets sur la vie associative de ses professeurs.

Enfin, dans la troisième et dernière partie, je risquerai quelques prédictions sur l'avenir plus ou moins rapproché.

* * *

Les professeurs de Laval se sont dotés pour la première fois d'une association au début des années 1950 : l'Association des professeurs de carrière de l'Université Laval (l'APCUL devenue plus tard l'APUL), affiliée d'abord à la Fédération des associations de professeurs d'université du Québec (la FAPUQ). Cette association s'est ensuite transformée au milieu des années 1970 en un syndicat accrédité au sens du Code du travail de Québec (le SPUL) aujourd'hui affilié à une nouvelle fédération québécoise indépendante (la FQPPU), mais qui ne joue pas elle-même, du moins pas encore, le rôle d'une véritable centrale syndicale. S'agit-il là d'une progression linéaire allant de la collégialité au syndicalisme ? Il me semble que la question mérite une réponse un peu plus nuancée et circonstanciée qu'un simple oui.

Tel qu'il est employé ici, le mot « collégialité » réfère à l'exercice, sous une forme ou sous une autre, d'un pouvoir collégial, c'est-à-dire d'un pouvoir exercé collectivement par un groupe d'individus unis par des fonctions communes. Il est clair que la formation d'une association affiliée à la FAPUQ marquait, tout au moins pour une bonne partie du corps professoral, une certaine insatisfaction avec le *statu quo* et le désir, au moins larvé, d'un pouvoir plus étendu et exercé de façon différente au sein de l'université. La vieille charte royale et les premiers statuts prévoyaient bien une certaine participation des professeurs à l'administration de l'Université et de ses facultés, mais uniquement à titre personnel par le truchement de titulaires. La refonte des statuts au milieu des années 1960 améliora quelque peu la situation, mais il s'agissait tout au plus d'une action provisoire annonçant le besoin d'une profonde réforme qui devait essayer de répondre aux attentes de la société en même temps qu'aux aspirations des professeurs, sans la collaboration desquels, en effet, toute réforme risquait de demeurer lettre morte.

Ces aspirations cependant — il est important de le noter — demeuraient très confuses et sans grande cohérence au sein du corps professoral alors même que l'Université se préparait à se séparer définitivement du Séminaire de Québec, à obtenir une nouvelle charte et à mettre en place de nouveaux statuts. C'est qu'avec le Séminaire responsable de l'Université les professeurs de Laval n'avaient guère pu développer de tradition tant soit peu collégiale et démocratique, ne fût-ce que du genre de celle que l'on pouvait trouver ici et là dans les sénats des universités anglophones du Canada, par exemple, et dont l'ACPU véhiculait le modèle. Ce modèle leur demeurait presque étranger. Par ailleurs, l'Université était très morcelée. La vie à l'intérieur des diverses facultés variant considérablement de l'une à l'autre, le degré de satisfaction ou d'insatisfaction des professeurs correspondait assez exactement à l'expérience vécue par chacun et au degré d'accommodement pratique prévu par chaque unité. Bref, les mêmes mots, à commencer par celui d'université, étaient loin de signifier la même chose pour tous. C'était là, on en conviendra aisément, une situation très peu prometteuse pour le renouvellement de l'Université.

Réagissant à la situation, l'APUL patronna entre 1967 et 1973, à raison de une ou même deux par année, des rencontres sous les vocables de colloque, forum ou table ronde dont elle publia les actes, avec ceux de deux autres colloques organisés par la FAPUQ, dans les pages de sa propre revue, *Forum universitaire*.

La liste des sujets débattus lors de ces rencontres, qui réunissaient à l'occasion, en plus des professeurs, des administrateurs, des étudiants et des représentants des pouvoirs publics et de la société en général, semble suggérer que l'APUL y poursuivait un double but. Le premier en importance était sans doute celui de renforcer le pouvoir collectif des professeurs en suscitant un consensus parmi eux quant à la formule d'association la plus appropriée à adopter éventuellement. Le second, concomitant au premier, était de tenter d'influencer les études institutionnelles en cours pour préparer la réforme à venir de l'Université en définissant le rôle que le corps professoral devrait idéalement y jouer.

En théorie, en effet, si la direction d'une université prend une forme plus ou moins collégiale, sur le modèle anglophone par exemple, le rôle de l'association des professeurs est forcément réduit à un rôle de collaboration et de soutien à l'administration. Par contre, si l'université collégiale adopte en plus un fonctionnement démocratique, on peut imaginer que l'association puisse assumer un rôle utile de surveillance critique. Mais si l'administration, au contraire, exerce seule tous les pouvoirs d'un patron, l'association ne peut guère qu'adopter le rôle d'adversaire d'un syndicalisme accrédité d'employés.

Voilà pour la théorie, mais en pratique les choses ne sont jamais aussi claires. Les professeurs, en effet, sont toujours mêlés de quelque façon à la gestion de leur université et y possèdent un pouvoir réel, quand ce ne serait que le pouvoir de résistance passive. C'est ainsi que l'on trouve un peu partout dans les universités des formes ambiguës de collégialité et de démocratie qui sont aptes à susciter des formes tout aussi ambiguës d'association. Il n'est donc pas étonnant, par exemple, de lire dans les pages de *Forum universitaire* que les professeurs de Laval, qui n'étaient même pas familiarisés avec la collégialité relative des universités anglophones, aient pu, durant cette période, privilégier la recherche d'un syndicalisme dit « universitaire », c'est-à-dire adapté à la vie universitaire, ou, en d'autres mots, un syndicalisme qui ne s'opposerait pas à la collégialité.

Car, au fond, les professeurs n'ont jamais cessé durant toute cette période de rêver de la possibilité de voir naître à Laval une université collégiale, même si la plupart d'entre eux n'avaient pas d'idée précise sur ce que devait être cette université ni sur ce que comportait comme responsabilité collective la collégialité désirée. Jean Hamelin (1969 : 7-12), pour un, tenait sur le sujet un discours assez radical. Je me permets de le citer ici assez longuement :

> le professeur incarne la fonction de l'université. C'est donc le personnage central dans une université. Investi d'une fonction très lourde et très vaste, il a besoin d'un milieu taillé à sa mesure pour exercer ses responsabilités [...]

Ni maître [d'apprentis], ni employé [d'une entreprise], ni fonctionnaire [de l'État] [...] Sur le plan social, il nous faut donc situer le professeur dans une collectivité organiquement indissoluble dont il est la composante principale. Les étudiants et les professeurs remplissent une fonction sociale dont ils ont ensemble la responsabilité collective.

L'expression « responsabilité collective » est lourde de signification [...]

L'impossibilité d'exercer autrement que collectivement leur profession oblige les professeurs à penser leur travail et à l'organiser de façon collective [...] Elle les oblige encore à se regrouper dans une association professionnelle dont la fonction essentielle est de susciter une prise de conscience de cette responsabilité collective, de prolonger cette prise de conscience par une réflexion continue sur ses implications, de créer un climat et des structures qui permettent aux professeurs d'occuper toute la place qui leur revient dans l'université, et, partant, d'exercer avec efficacité, dans la paix et l'harmonie, leur fonction.

Et encore (Côté et Hamelin, 1970 : 50-54) :

Certes, elle [l'Université] n'est pas la seule à s'intéresser au savoir. D'autres institutions de la société ont aussi pour utilité de conserver, de faire progresser ou de transmettre le savoir, mais aucune autre ne réunit comme elle ces trois fonctions dans le but précis de former et d'assurer la relève scientifique dont l'humanité a un besoin toujours croissant pour sa propre survie [... lui conférant] dans leur inséparabilité même sa spécificité propre [...]

Un droit confère la faculté de remplir un devoir qui découle d'une responsabilité donnée [...] Distinguons au départ deux groupes de responsabilités pour le professeur ; ses responsabilités de groupe ou collectives [...] Un argument qui vaut sur le double plan scientifique et professionnel, semble militer fortement en faveur d'une plus grande participation collective des professeurs à la chose universitaire [...] Poursuivre l'universalité des connaissances dans l'unité de la science, former les cadres nombreux et divers dont la société moderne a besoin exigent un travail collectif qui confèrent aux professeurs d'université une nouvelle identité collective non seulement au plan de l'emploi mais aussi au plan de la profession, puisqu'aucun d'entre eux ne peut vraiment s'en tenir à sa spécialité ou à sa profession d'origine dans son travail universitaire. À cette profession commune parce qu'exercée collectivement, correspondent des responsabilités collectives.

[...] il faut déplorer que lors de la préparation du texte d'une nouvelle charte pour l'Université Laval, on n'ait pas jugé bon de saisir cette occasion pour demander à l'État de mandater formellement et véritablement la collectivité universitaire comme telle des responsabilités sociales de l'institution. Il est plus malheureux encore de constater que peu de professeurs ont protesté contre cette omission. C'est là le signe d'une mentalité et le présage de structures d'ensemble qui rendront bien difficile la réforme des universités québécoises.

Les colloques, les forums et les tables rondes de l'APUL ont-ils atteint les buts recherchés ? Le dernier paragraphe de Jean Hamelin que je viens de citer est plutôt pessimiste à ce sujet. Mais il ne faudrait pas oublier que le modèle d'université et de collégialité qu'il proposait, même s'il avait été partagé par l'ensemble des professeurs et des administrateurs de l'Université, ce qui n'était manifestement pas le cas, n'avait aucune chance d'être agréé par le législateur. La société québécoise n'était vraisemblablement pas prête à accepter une réforme aussi radicale de ses universités.

Ceci ne veut nullement dire, cependant, que les rencontres instaurées par l'APUL furent inutiles. Bien au contraire, elles permirent de créer au sein du corps professoral une solidarité qui se manifesta finalement lors de la grève de septembre 1976. Mais peut-être plus important encore, elles eurent une influence certaine sur les travaux des comités institutionnels formés pour préparer la réforme de l'Université. Pour preuve, je vous conseille de relire les pages du *Rapport Roy* (1968 : 35-41)[1], dont je cite quelques extraits fort significatifs :

> À la suite de cet examen critique de la situation actuelle, il est important de fixer les critères qui doivent guider toute réforme des structures. Nous les ramènerons à trois : intégration de l'Université, démocratisation des organismes, différenciation des processus.
>
> Intégration de l'Université
>
> [...] Il ne s'agit pas de prôner une centralisation bureaucratique, mais d'en arriver à une plus grande souplesse de l'ensemble pour une meilleure intégration des centres de décision.
>
> L'intégration de l'Université doit viser à faire l'unité de notre institution de façon à susciter le développement d'une plus authentique communauté des professeurs et des étudiants unis dans une même recherche de la vérité. Chaque professeur devrait se considérer d'abord comme un membre de l'Université et non comme professeur d'un certain

---

1. Projet de réforme pour l'Université Laval.

département [...] il faut que les grandes fonctions de l'Université, l'enseignement et la recherche, soient assurées par des organismes conçus pour l'ensemble de l'institution [...]

Démocratisation des organismes

On parle volontiers de *démocratisation* de l'Université. Il n'est pas inutile de préciser le sens de l'expression. Pour nous, dans le contexte du présent chapitre, elle signifie d'abord que professeurs et étudiants sont représentés aux divers niveaux de la consultation et de la décision et que les titulaires des diverses fonctions sont *responsables* de leur administration devant les organismes représentatifs des professeurs et des étudiants. Nous ne confondons donc pas la démocratie avec l'élection à tous les postes [...] les procédures électives n'épuisent pas les institutions démocratiques ; celles-ci exigent une participation constante des intéressés et selon des modalités très variées [...]

Différenciation des processus : consultation, décision, exécution

Au niveau de la consultation s'élaborent les politiques de l'Université [...] En confiant aux professeurs et aux étudiants une part importante des responsabilités dans ces questions, on contribuera à maintenir l'unité de l'Université malgré les forces centrifuges qu'exercent les départements.

Ainsi les membres des *commissions, sous-commissions* et *comités* seront des professeurs élus pour un temps limité, par le collège des professeurs de l'Université d'après une liste de candidats préparée par un comité des candidatures. Les candidats seront choisis parmi les professeurs qui n'occupent pas un poste administratif [...] Des étudiants, élus par leurs confrères, feront partie des organismes consultatifs [...]

Au niveau de la décision, l'organisme responsable, en dernier ressort, est le Conseil de l'Université [...]

Les organismes d'exécution [dont les membres sont nommés par le Conseil] sont responsables de l'application des décisions qui se rapportent à l'enseignement et à la recherche [...].

Comme on peut le constater par ces citations, le *Rapport Roy*, tout comme Jean Hamelin et à peu de différence près, décrit un idéal d'université collégiale. Selon cet idéal, l'Université est une communauté de professeurs et d'étudiants avec les professeurs comme composante principale. Les professeurs y remplissent, conjointement avec les étudiants, une fonction sociale qui leur est propre et dont ils ont ensemble la responsabilité collective devant la société, à condition bien entendu que cette responsabilité leur soit reconnue dans la charte de l'institution et que les statuts de cette dernière leur permettent de l'assumer dans des structures appropriées. C'est ainsi qu'on trouve dans cette université rêvée, un « collège » de professeurs qui exercent au sein des organismes de consultation et de décision, c'est-à-dire au niveau législatif, un « pouvoir » réel et prépondérant par l'intermédiaire des représentants qu'il y élit et qui demeurent responsables de leurs actions devant lui.

Dans un tel contexte, que devient l'association des professeurs ? Demeure-t-elle distincte du collège ? Quel serait alors le rôle de l'une et de l'autre ou de l'organisme unique ?

Pratiquement parlant, la question ne s'est jamais posée car l'université collégiale n'a pas vu le jour. Soumises à la consultation générale et aux décisions du Conseil de l'Université alors en place, les recommandations de la Commission de la réforme créée pour donner suite au *Rapport Roy*, victimes de la résistance passive au changement motivée par les intérêts particuliers des personnes et des groupes, n'auront finalement réussi à instaurer que la lettre et non l'esprit, l'apparence et non la substance de la réforme préconisée par le rapport, c'est-à-dire à instaurer au mieux une collégialité et une démocratie factices.

* * *

Et c'était tout à fait à prévoir. Au su ou à l'insu des professeurs de Laval, la direction qu'allait prendre l'évolution de leur Université et, par conséquent, le rôle qu'ils étaient appelés à y jouer, avaient déjà été prédéterminés pratiquement par la réforme du système d'éducation du Québec à la suite du *Rapport Parent* (1963-1966). Ils n'avaient plus désormais qu'à essayer de s'y adapter le plus harmonieusement possible.

En effet, en assumant désormais pleinement la responsabilité du financement des universités, l'État québécois achevait d'en prendre le contrôle effectif, même s'il en déléguait l'administration à des corporations sans but lucratif à caractère public ou parapublic, plutôt que d'en faire tout simplement des universités d'État. Pour ce qui est de l'Université Laval, cela voulait dire que l'État remplaçait, en droit comme en fait, le Séminaire de Québec auquel la reine avait jadis octroyé une charte d'université vu, entre autres choses, que ladite corporation est amplement dotée, et pourvue de moyens suffisants pour atteindre ses fins sans assistance de la législature provinciale. Mais les fins qu'envisageait l'État pour les universités québécoises en 1971 n'étaient plus celles que poursuivait l'Église en 1852. Cette dernière, toujours inspirée par l'université du Moyen Âge, voyait son rôle beaucoup plus en fonction de la formation supérieure des personnes au moyen de la faculté des arts et du réseau de petits séminaires et de collèges classiques qui s'y rattachaient qu'en fonction de la formation professionnelle offerte dans ses facultés de théologie, médecine et droit. Du reste, c'est quand elle a dû peu à peu fonder de nouvelles facultés, tout d'abord dans une École normale supérieure pour former le personnel enseignant des collèges classiques, puis la relève de son propre personnel ainsi que les divers nouveaux professionnels et scientifiques dont la société avait un besoin toujours de plus en plus grand et pressant, qu'elle s'est vue dans l'obligation, faute de moyens suffisants, de renoncer à sa charte.

Or, en prenant la relève, l'État trouva utile de modifier considérablement le rôle des universités en les libérant de l'obligation de se charger de la formation générale dont s'occupait jadis l'ancienne faculté des arts, pour la confier aux nouveaux cégeps. Dès lors, l'université commençait à prendre l'allure d'une entreprise de service public qui devait fournir à son propriétaire et véritable client, l'État, un triple produit : d'abord, la formation d'une main-d'œuvre hautement spécialisée, mais aussi subsidiairement la création de connaissances nouvelles et les services de consultants experts.

Dans cette nouvelle université, la relation professeur-étudiant se trouvait radicalement transformée. L'étudiant devenait comme la matière première de la main-d'œuvre à former et, aux deuxième et troisième cycles, pour les trois produits de l'entreprise, un cotravailleur potentiel, à très bon compte, du professeur.

En contrepartie, ce dernier voyait l'institution, pour des raisons de financement et de prestige, valoriser davantage sa fonction de chercheur que sa fonction d'enseignant, et même survaloriser son habileté à attirer des subventions et des contrats et à faire fonctionner une entreprise de recherche, ce qui a eu pour effet de modifier progressivement la courbe générale de carrière des professeurs vers des intérêts professionnels particuliers plutôt que vers des responsabilités collectives envers l'institution. Leur intérêt pour la collégialité s'en trouva diminuée pour autant et les pouvoirs conférés par l'accréditation syndicale commencèrent à leur paraître, sinon préférables en soi, du moins plus efficaces et rentables dans les circonstances, attitude qui se concrétisa définitivement en 1975 avec la naissance du SPUL.

Mais l'État, sous prétexte de sauvegarder la liberté universitaire des professeurs et des étudiants, accordait à la nouvelle université son autonomie administrative en se contentant d'une très faible représentation au sein du Conseil de l'Université, les autres sièges étant presque exclusivement occupés par des membres de la communauté universitaire maintenant entendue comme englobant administrateurs, personnel enseignant, personnel non enseignant et étudiants. Parmi eux, on trouvait donc des représentants des professeurs. Mais même si ceux-ci, siégeant toujours en leur qualité personnelle, se trouvaient en importance relative diminuée devant une majorité d'occupants de postes administratifs – situation qui fut accentuée récemment par l'instauration du bicaméralisme et l'inclusion à ce niveau d'un plus grand nombre de représentants socio-économiques de l'extérieur – le fait que les professeurs élisaient eux-mêmes leurs représentants de même que nombre d'administrateurs continuait de créer à leurs yeux l'illusion d'une certaine démocratie doublée de collégialité. Cette illusion se traduisit dans la négociation des premières conventions collectives par la recherche d'un syndicalisme encore soucieux des valeurs véhiculées par l'ACPU, comme la permanence d'emploi à titre de rempart pour la liberté universitaire, elle-même motivant une autonomie institutionnelle laissée largement aux mains des professeurs-administrateurs. Les conventions collectives qui ont suivi semblent montrer que l'illusion s'estompe et que les professeurs considèrent de plus en plus leurs collègues-administrateurs comme de véritables patrons – qu'ils n'éliront plus bientôt, semble-t-il – et que, étant eux-mêmes considérés au sein du personnel de l'Université comme une simple main-d'œuvre spécialisée de moins en moins associée au destin de l'institution, ils se préoccupent beaucoup plus aujourd'hui d'assurer leur liberté de professionnel que leur liberté d'universitaire. C'est peut-être malheureux, mais tout à fait compréhensible.

D'ailleurs, lu en renversant la prescription qu'il propose, le *Rapport Roy* devient rien de moins que prophétique. Faute de démocratiser véritablement les organismes et de différencier significativement les processus de consultation, de décision et d'exécution, dirait-il, l'intégration de l'Université risque fort de verser dans la centralisation bureaucratique. C'est ce qui a commencé et qui continue de se produire à la suite de la réforme ratée de 1971. De confédération de facultés qu'elle était, même en conservant la structure facultaire qu'aurait fait disparaître le *Rapport Roy*, elle est peu à peu devenue une organisation de plus en plus centralisée, le pouvoir y circulant dans une seule direction : du haut en bas de la pyramide.

Or, si rien ne vient contrebalancer ce pouvoir, l'organisation pyramidale attrape rapidement une sorte de cancer qui lui est propre : elle devient bureaucratique. La maladie se manifeste quand les intérêts de carrière prennent le pas sur le bien de l'institution et elle présente deux symptômes principaux. Le premier est de produire une obésité qui rappelle une fausse grossesse : comme il y a moins de place en haut qu'en bas de la pyramide, un moyen d'avancer dans la carrière est de grossir artificiellement le nombre de personnes sous soi quelle que soit la somme de travail à accomplir. Le deuxième est encore plus pernicieux que le premier. Il consiste à éviter les responsabilités. Ainsi, pour écarter le danger de rétrograder dans la carrière, on s'arrange pour attribuer les décisions à plus haut que soi et à attribuer les blâmes à plus bas que soi. Ceci a pour effet général de créer, au grand préjudice de l'institution, un climat dans lequel seules comptent les apparences... jusqu'à ce qu'on s'aperçoive « que le roi est nu » comme semble en faire foi, pour un, l'exemple de l'ancienne Union soviétique.

Je ne sais pas si beaucoup de professeurs à Laval regrettent l'université collégiale et démocratique qu'ils n'ont jamais connue et qu'auraient voulue, pour eux, Jean Hamelin et le *Rapport Roy*. Quoi qu'il en soit, il me semble qu'ils ont pu assez bien s'adapter à l'université bureaucratique et, comme l'indiquent les pages qui précèdent, faire évoluer leur syndicalisme à mesure que se bureaucratisait leur université. Que leur réserve l'avenir ?

* * *

Si jamais l'État québécois devenait insatisfait de la « production » de ses universités, il pourrait en théorie, ce qui me paraît cependant tout à fait improbable, faire ce que les États-Unis ont récemment commencé à faire pour un certain nombre d'écoles publiques aux niveaux primaire et secondaire, soit en confier l'entière responsabilité, par contrat à terme limité et contre une somme globale donnée, au secteur privé, c'est-à-dire à des corporations à but lucratif. Il est bien sûr que les intérêts pécuniaires des investisseurs ou des actionnaires contribueraient fortement à faire disparaître, ou tout au moins à limiter, le caractère bureaucratique du système, mais aussi sans doute à opposer aux syndicats des divers personnels de chaque institution, y compris celui des professeurs, un patron beaucoup plus fort et exigeant.

Une autre solution pour l'État, moins improbable celle-là, serait de rattacher directement ses universités au ministère approprié et d'en faire des universités d'État. En nommant lui-même les dirigeants, il serait alors en mesure de contrôler l'administration des investissements publics en cause. Cela ne ferait pas disparaître la bureaucratie locale, mais, en la rattachant à la grande bureaucratie gouvernementale, il en limiterait les pouvoirs en la soumettant à la surveillance éventuelle du ministre responsable et, par lui, à celle de l'Assemblée nationale. Dans cette éventualité, les professeurs québécois, devenus de simples fonctionnaires de l'État, rejoindraient sans doute le syndicat des professionnels du gouvernement.

Enfin, une troisième solution, plus vraisemblable peut-être, serait pour l'État de se borner à nommer les membres des conseils d'administration de toutes ses universités, comme elle le fait déjà pour l'Université du Québec, afin d'en arriver à une meilleure coordination du système et à une surveillance plus efficace des investissements publics en cause, mais sans s'immiscer directement dans l'aspect pédagogique de l'administration de chaque institution. Ceci aurait pour effet, entre autres choses, de tendre à uniformiser les conditions de travail des divers personnels des diverses universités. Dans ce contexte, les professeurs de la province auraient sans doute un plus grand besoin d'une fédération, comme agent accrédité de négociation auprès du gouvernement comme patron unique de fait, que d'un simple instrument de lobbying, comme c'est le cas présentement.

Pour ma part, je pense que, pour l'avenir prévisible, les choses vont demeurer ce qu'elles sont du côté de l'État et que, par conséquent, l'Université Laval continuera d'évoluer dans la direction décrite dans les pages qui précèdent, c'est-à-dire devenir une université de moins en moins collégiale et démocratique et de plus en plus bureaucratique. Ses professeurs n'auront donc pas d'autre choix que de pratiquer un syndicalisme de moins en moins « universitaire » et de plus en plus « syndical ».

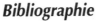

Bibliographie

Côté, André, et Jean Hamelin (1970), « À propos de la réforme en cours à l'Université Laval », *Forum universitaire*, 7 (avril), p. 50-64.

Forum universitaire (1967-1973), Revue de l'Association des professeurs de l'Université Laval (APUL), nᵒˢ 1 à 12, plus un numéro spécial, septembre 1969, FAPUQ, Québec.

Hamelin, Jean (1969), « La place des professeurs dans l'université », *Forum universitaire*, numéro spécial (septembre), p. 7-12.

Rapport Parent (1963-1966), Rapport de la Commission royale d'enquête sur l'enseignement dans la province de Québec.

Un projet de réforme pour l'Université Laval (Rapport Roy) (1968), Rapport préparé pour le Conseil de l'Université par le Comité de développement et de planification de l'enseignement et de la recherche, Université Laval, Québec, septembre.

La participation des professeurs et des professeures à la gestion des universités est-elle encore possible et souhaitable ?

Christine Piette
Département d'histoire
Université Laval

Il m'apparaît utile de faire précéder mon article par un court préambule qui en explique la nature et les intentions. Je suis parfaitement consciente que les professeurs et les professeures disposent pour leur action collective de lieux particuliers, spécialement de la tribune syndicale. Le cadre de ce colloque n'est pas un de ces lieux.

Cependant, le thème que l'on m'a demandé de traiter, soit la participation professorale à la gestion de l'université, se trouve au programme parce que Jean Hamelin, parallèlement à son travail scientifique, a défendu par son discours et sa pratique, tout au long de sa carrière, une conception de la participation professorale. Ce volet de son activité, inséparable des autres, a certes été une forme d'engagement et une prise de position éminemment politique. Mon propos sera donc également politique par la nature même du sujet analysé qui a toujours représenté un enjeu institutionnel important.

Je tiens d'ailleurs à féliciter le comité organisateur de ce colloque qui, en proposant ce thème et en mettant ainsi l'accent sur l'ensemble de la contribution du professeur Hamelin, permet de faire ressortir jusqu'à quel point l'accomplissement du travail professoral est indissociable d'une conception de l'université.

* * *

Au tournant des années 1970, le monde universitaire au Québec vit une période de transformation et d'effervescence avec, en particulier, de fortes augmentations des effectifs étudiants, la formation du réseau de l'Université du Québec et la création du Conseil des universités. L'Université Laval elle-même est à l'heure de la « révolution », car elle envisage sérieusement la possibilité de troquer sa charte pontificale contre des structures mieux adaptées à la réalité du jour. Dans la foulée – ou plutôt devrais-je dire à l'avant-garde – de la réflexion entourant la nécessité de changements en profondeur, des professeurs et des professeures d'ici consacrent une partie importante de leurs énergies à penser l'Université. Regroupés depuis peu en association – l'Association des professeurs de l'Université Laval (APUL) –, ils organisent des débats et des colloques et publient une revue – *Forum universitaire* – pour diffuser leurs idées et animer le milieu. Jean Hamelin est de ceux-là, André Côté aussi. Ils ont déjà une expérience de la vie universitaire et une conception de la place que le corps professoral doit y occuper. Cette conception a marqué profondément plusieurs d'entre nous, particulièrement au Département d'histoire, mais bien au-delà. Elle rejoint d'ailleurs celle qui a prévalu et prévaut encore de façon prépondérante chez les professeurs et professeures d'université, principalement à l'intérieur du syndicalisme[1].

Deux principes interreliés fondent la vision de l'Université du groupe de l'APUL : la responsabilité collective et la collégialité, compris de la façon suivante : puisque le développement du savoir et sa transmission par la relation professeur-professeure/étudiant-étudiante constituent le cœur de la mission universitaire, les professeurs, hommes et femmes, ont une responsabilité de premier plan dans la définition de la finalité de l'institution et des moyens de l'atteindre. Les professeurs et les professeures n'exercent cependant pas leur métier strictement à titre individuel comme d'autres

---

1. Cette tendance est manifeste dans les exposés de professeurs provenant de plusieurs universités du Québec présentés lors d'une journée d'étude organisée par la Fédération québécoise des professeures et professeurs d'université (FQPPU), le 16 avril 1993, sur le rôle du professeur dans la gestion des universités.

professionnels. La fonction sociale qu'ils remplissent nécessite un travail collectif, que l'on pense, par exemple, à la définition des objectifs de formation et des programmes de cours. C'est en conséquence collectivement ou collégialement qu'ils doivent assumer leur responsabilité à l'intérieur de l'Université. La collégialité n'est donc pas un privilège ou une concession. Elle est structurellement inhérente à la nature même de l'institution universitaire et au travail professoral. Elle est à la fois un droit et un devoir. Par la responsabilité collective qui la caractérise, la collégialité déborde ainsi la simple participation, la participation sans la collégialité s'avérant un trompe-l'œil.

Toujours selon le groupe de l'APUL, des implications juridiques et organisationnelles découlent de cette conception. La charte de l'Université devrait d'abord rendre l'ensemble de la collectivité universitaire, et non seulement la direction, responsable devant le gouvernement et la société. L'imputabilité, si à la mode aujourd'hui, revêtait alors un sens plus large que celui auquel il est actuellement réduit. En second lieu, il faut ramener les centres de décision vers la base. C'est de cette base que les politiques doivent émaner pour monter vers le haut de la pyramide pour la coordination et la planification. En langage de science administrative, c'est ce que l'on appelle le *bottom up management* plutôt que le *top bottom management*. Un texte de Jean Hamelin, paru en 1969, exprime très clairement comment les deux principes fondamentaux évoqués doivent s'incarner dans des structures et des modes de fonctionnement.

> L'organigramme de l'université nouvelle devrait établir nettement la distinction entre les pouvoirs consultatif, législatif et exécutif. Le professeur se situe sur la ligne du pouvoir consultatif et sur celle du pouvoir législatif, c'est-à-dire sur les coordonnées où s'élabore et se décide la politique à suivre. Les administrateurs professionnels se situent sur la ligne où s'exécute cette politique. Des administrateurs devraient donc continuer d'incarner l'autorité. Cependant, l'autorité ne serait plus perçue comme quelque chose d'extérieur, d'étranger aux composantes de la collectivité universitaire, mais comme une structure et un personnel au service de la collectivité et mis en place par la collectivité (Hamelin, 1969 : 10-11).

Responsabilité collective et collégialité ont donc deux corollaires : une contribution déterminante des professeurs et des professeures à l'élaboration des politiques et le droit de la collectivité universitaire de choisir les administrateurs et les administratrices chargés de les appliquer afin que l'autorité qu'ils exercent procède de la volonté collective.

La charte adoptée par l'Assemblée nationale le 8 décembre 1970 et le nouvel organigramme de l'Université n'ont pas répondu à ces vœux. Il serait cependant inexact d'en conclure que nos collègues de l'Association des professeurs étaient décrochés de la réalité dans laquelle ils vivaient quotidiennement et que leurs propos n'ont pas eu d'écho. Leur position, défendue dans les années 1969-1970, même si elle ne s'est jamais concrétisée par l'implantation d'une administration au service de l'enseignement et de la recherche, a influencé l'esprit du fonctionnement universitaire et les pratiques liées à la collégialité professorale.

Dans les années qui ont suivi, soit entre 1970 et 1976, l'Université s'est transformée en profondeur : qu'il suffise d'évoquer la nouvelle charte ; les nouveaux statuts consacrant, au moins aux niveaux inférieurs, le droit démocratique de choisir ses dirigeants ; la multiplication des programmes ; l'adoption de ce que l'on a alors appelé la « bidimensionnalité », c'est-à-dire la structure programme en parallèle avec la structure départementale et la syndicalisation du corps professoral. Sans que l'on puisse dire que le pouvoir décisionnel reposait alors juridiquement et structurellement entre les mains des professeurs et des professeures, je crois que nous pouvons malgré tout affirmer qu'à bien des égards, à cause d'une décentralisation importante du processus d'établissement des règles du jeu, le contrôle des politiques régissant les pratiques quotidiennes étaient de leur ressort.

À partir de l'expérience du Département d'histoire, dirigé à cette époque par Jean Hamelin – mais ce Département n'était pas un cas isolé –, je puis témoigner de ce que la participation des professeurs et des professeures à la gestion de l'établissement, même si elle était exigeante, permettait au corps professoral d'avoir une prise et une influence directes sur les politiques institutionnelles, sur les conditions du travail professoral et de la formation des étudiantes et étudiants. Peut-être suis-je déjà à l'âge où l'on idéalise le passé, mais il m'apparaît, à l'analyse, qu'une identification à l'institution et une motivation collective stimulantes en découlaient. De plus, ces années ont marqué, sans contredit, une période de développement spectaculaire de l'Université.

Depuis le début des années 1980, une nouvelle tendance se dessine, parallèlement à un environnement en mutation. L'Université par sa taille actuelle – 38 000 étudiants et étudiantes, 2 400 employés et employées, 1 600 professeurs et professeures, 650 chargés et chargées de cours – est devenue une ville dans la ville. Les proportions entre le personnel professoral et le personnel administratif se sont modifiées, cette dernière catégorie s'étant multipliée beaucoup plus rapidement que la première. Dans ce nouveau contexte, que devient la participation professorale à la gestion de l'Université ?

Alors que la conception à laquelle je me référais précédemment voulait que les professeurs et les professeures conçoivent des politiques et que les administrateurs et les administratrices les mettent en application, il apparaît maintenant que les premiers se trouvent de plus en plus en marge des processus décisionnels, tout en étant lourdement sollicités pour l'opérationalisation mécanique des décisions. De nombreux indices permettent d'émettre l'hypothèse que nous assistons, depuis une dizaine d'années, à un déplacement de l'axe du pouvoir de décision vers le haut de la pyramide et que le tassement que subit la collégialité en est l'expression. Un exemple permettra de concrétiser cette analyse : la gestion du budget spécial de la recherche, communément appelé BSR (devenu depuis peu le budget du développement de la recherche).

Une somme était (je parle ici du début des années 1980) attribuée au Département qui décidait de son affectation. Il avait le choix d'en réserver une part à un centre de recherche lié au Département, d'en utiliser une autre pour l'aide à la recherche sous forme de frais de voyage, de participation à des congrès, d'assistanat, de libération de cours ou d'achat d'équipement. Tous les professeurs et les professeures – subventionnés ou pas – ayant un projet de recherche inscrit dans la banque de projets du Département y étaient admissibles selon des règles qui, tout en respectant certaines normes très générales édictées par l'Université, étaient élaborées par les membres du Département et adoptées par son conseil.

Les politiques de l'Université ont subséquemment et progressivement restreint le BSR aux professeurs et aux professeures subventionnés. Sa gestion a, par la suite, échappé au Département pour
être administrée par la Faculté avec des règles de plus en plus
bureaucratiques et, à l'heure actuelle, la marge de manœuvre des
membres du corps professoral de la Faculté qui le gèrent est bien
mince : la part réservée aux centres est quasi totalement prédéter-
minée ; l'aide à la recherche est réservée aux chercheurs et chercheuses subventionnés à des fins très précises ou aux nouveaux
professeurs et professeures pour préparer des demandes de subventions. Et l'enveloppe discrétionnaire du vice-recteur s'est considérablement accrue. Je constate que les politiques sont établies en haut
et que les professeurs et les professeures font, à la base, un travail
d'exécution. Le contexte de raréfaction des ressources alourdit
encore ce dernier. En septembre 1994, avec quatre collègues, nous
avons consacré cinq heures chacun (au total 25 heures) pour
distribuer 40 000 $ à huit personnes... Cet exemple n'en est qu'un
qui représente le nouveau fonctionnement. Au conseil du Département en 1993, deux groupes de collègues ont dû interrompre leur
travail d'élaboration de politiques sur des sujets précis parce qu'en
cours de route des directives sont parvenues d'autres échelons de la
hiérarchie rendant leur travail caduc.

Par glissements successifs, la nature de la participation professorale à la gestion de l'Université s'est donc transformée. Il est
important, si l'on veut comprendre le processus en cours, d'en
déterminer les causes. Est-il un effet de la nouvelle taille de l'Université ou encore des compressions budgétaires gouvernementales
récurrentes qui ont un impact centralisateur[2] ? Résulte-t-il de l'élargissement d'une bureaucratie qui s'autorise de la fonction et de la
science administrative pour s'approprier, de façon exclusive, la
définition de l'Université ? Faut-il y voir l'application de directives

---

2. Guy Rocher affirmait le 27 octobre 1994, lors d'une conférence prononcée au
   colloque *L'université à l'heure des compressions budgétaires : crise ou transformation* organisé par la FQPPU que : « moins il y a d'argent, plus il y a de
   contrôles. Le gouvernement, le ministère de l'Éducation, l'entreprise privée et les
   réseaux internationaux exercent plus d'influence que ne le faisait le clergé au temps
   où l'université était catholique » *Forum* (novembre) : 3.

contraignantes de pouvoirs extérieurs tels les gouvernements ou les organismes subventionnaires[3] ? Ou encore les retombées de la nouvelle structure bicamérale de l'Université qui, en introduisant au conseil d'administration de nombreux membres socio-économiques y a introduit, en même temps, une logique d'entreprise difficilement conciliable avec la notion de collégialité ?

Il est probable que tous ces facteurs à la fois ont contribué, dans des proportions variables, à l'évolution. Cette probabilité est d'autant plus forte qu'elle correspond à une tendance observée de façon générale dans les établissements universitaires québécois et canadiens, comme le constatent en 1993 les participants à une journée d'étude organisée par la FQPPU et le groupe d'étude indépendant sur la direction des universités formé par l'ACPU. On peut lire dans le rapport de ce dernier groupe les propos suivants :

> On nous a régulièrement indiqué, durant nos audiences, que le contrôle de l'université est passé aux mains d'un groupe de cadres supérieurs de l'administration (recteur, vice-recteur(s), doyens) qui dirige en pratique l'université sans avoir vraiment de compte à rendre à personne. [...] Au fur et à mesure que l'état-major administratif de l'université s'est alourdi, plus de cadres ont revendiqué une place d'office au conseil d'université, avec droit de vote, réduisant ainsi le pouvoir relatif des membres élus (ACPU, 1993 : 13).

La question importante devient alors : sommes-nous en présence d'une sorte de dérive, non souhaitée, mais obtenue progressivement par la conjonction de pressions multiples ?

Des indices lourds conduisent à penser que la tendance actuelle vers la centralisation n'est pas le résultat d'un malencontreux concours de circonstances. Je voudrais développer trois de ces indices. Le premier est la critique faite par la direction de l'Université depuis quelques années du processus collégial de prise de décision. Le plan directeur 1992-1997 la résume bien :

---

3. La nouvelle culture de la recherche, axée essentiellement sur la productivité et liée en partie à ses modes de financement externes, a été fortement dénoncée par le rapport de H.W. Arthurs intitulé *L'intégrité dans la quête du savoir : rapport présenté à l'Université Concordia par le Comité d'enquête indépendant sur l'intégrité intellectuelle et scientifique* (non daté mais remis au printemps 1994), 80 p.

> Dans le mode de gestion collégiale qui la [l'Université] caractérise, les décisions sont longuement débattues et ne sont mises en vigueur que si elles font l'objet d'un large consensus. Dans ce long processus, plus d'une initiative, plus d'un projet audacieux s'éteignent avant d'avoir vu le jour (Université Laval, 1992 : 16).

Encore ici, il est intéressant de constater que les administrations d'ailleurs au Québec et au Canada formulent exactement les mêmes griefs et souhaitent également pouvoir substituer au consensus un autre processus de prise de décision :

> Du côté de l'administration, on a l'impression que le processus [collégial] ne peut tout simplement pas répondre aux besoins réels auxquels doit faire face la structure décisionnelle de l'établissement. Les dossiers s'enlisent dans la multiplication infinie des comités ; [...] en général, on a le sentiment que le résultat pratique du processus collégial est de permettre à certains de se cramponner aux traditions établies et de résister aux changements et aux initiatives que la situation de l'heure rendrait souhaitables ou même nécessaires (ACPU, 1993 : 10).

Il ressort clairement de ces deux citations que la collégialité est perçue comme un obstacle au bon développement des établissements. Il y aurait certes matière à l'ouverture d'une enquête à ce sujet, car comment explique-t-on qu'un développement innovateur et créatif ait pu avoir cours dans un environnement collégial pendant les années 1970 alors que ce même environnement serait devenu par la suite stérilisant ?

Le second indice est le constat que, parallèlement au recul de la participation professorale au processus décisionnel, premier volet de la collégialité, son second volet, soit le choix par les professeurs et les professeures de leurs administrateurs et administratrices, est sérieusement compromis, cette fois, par des mesures consciemment proposées par la direction de l'Université.

On peut rappeler l'adoption, en 1990, d'un système bicaméral dans lequel les quelques professeurs et professeures au Conseil d'administration ne peuvent plus être élus par leurs collègues, alors que toutes les autres catégories choisissent leurs représentants ; on peut également citer la très récente révision des procédures de nomination des doyens et doyennes et directeurs et directrices de département, qui ne permet plus leur élection au profit d'un comité de nomination dans lequel les professeurs et les professeures de l'unité se trouvent largement minoritaires (*Fil des événements*, 1993).

Le contexte d'ensemble dans lequel se situe le recul de la collégialité sous ses deux formes, contexte qui constitue le troisième indice, n'autorise pas non plus à penser qu'il s'agit là d'une tendance non planifiée. Tout comme au tournant des années 1970, l'Université est aujourd'hui à l'heure d'un virage majeur. La dernière vague de compressions budgétaires gouvernementales a entraîné dans l'ensemble du réseau universitaire des opérations de « restructuration » ou de « rationalisation » d'envergure, accompagnées partout de mesures centralisatrices.

Depuis le début de cette « restructuration » à l'Université Laval, soit depuis environ un an et demi, il semble bien que le monde de l'administration devient de plus en plus imperméable et extérieur à celui des professeurs et des professeures. Si ces deux univers ont toujours coexisté de façon parallèle, une certaine interaction entre les deux assurait une forme d'autorégulation du système. Est-ce encore le cas ?

On invoquera, en hauts lieux, le fait que des professeurs et des professeures sont présents partout dans les instances consultatives et décisionnelles, ce qui démontre que la collégialité est toujours bien vivante. Une analyse purement structurelle de ces instances, de leurs pouvoirs et du pourcentage de membres du corps professoral qu'on y trouve ne nous permet pas de comprendre la place qu'ils y occupent réellement. La dynamique du fonctionnement de ces instances s'avère plus révélatrice, car elle crée un scepticisme de plus en plus répandu quant à la capacité des professeurs et des professeures d'infléchir le cours des choses et de renverser un projet soutenu par la direction de l'Université. Une participation sans responsabilité et sans pouvoir n'est pas la collégialité. La présence des pairs sert alors d'alibi commode.

L'impression assez généralisée voulant qu'on recherche, par la présence des professeurs et des professeures aux différents comités, conseils et commissions, plus leur caution que leur opinion n'incite certes pas à une participation enthousiaste. D'autant plus qu'elle s'ajoute à une augmentation incontestable de la charge professorale, avec l'accent mis ces dernières années, à la faveur d'une valeur à la mode, sur la productivité. Le temps manque et, avec le climat de concurrence qui existe maintenant pour toutes sortes de raisons, la tentation de l'individualisme s'accentue.

L'Université ne peut pourtant pas se redéfinir en faisant l'économie de la participation active, intéressée, significative et responsable de son corps professoral. Rappeler, dans le contexte actuel, la conception défendue par l'APUL n'est pas de l'ordre de la nostalgie. Cette conception fournit, au contraire, une grille d'analyse de premier ordre pour comprendre l'évolution en cours et l'influencer.

Depuis 25 ans, l'Université est certes devenue une institution complexe, son financement implique une reddition publique de comptes, ses responsabilités sociales la placent en concertation souhaitable avec des partenaires extérieurs. Il n'en apparaît pas moins particulièrement opportun de rappeler que la finalité première de l'Université demeure le développement du savoir et sa transmission dans le rapport professeur-professeure/étudiant-étudiante. Tout ce qui est structuré, planifié et réorganisé à l'intérieur de l'institution doit permettre de faciliter cette finalité, d'en améliorer les conditions de réalisation et d'en réduire les obstacles.

Une des raisons d'être de la collégialité professorale est de le rappeler. Il y a un message à livrer, il est simple, il ne relève pas du langage de la « réingénierie » (appellation donnée à une partie de l'opération « restructuration », *Fil des événements*, 1994 : 1, 4). Qui mieux que les professeurs et les professeures, comme collectivité, peuvent le transmettre avec la conviction requise pour infléchir des pratiques et des politiques qui donnent souvent l'impression d'être conçues pour aller à l'encontre de ce message.

Pour s'adapter sainement aux pressions normales qui lui viennent de l'extérieur, pour rejeter celles qui lui paraissent aller contre sa responsabilité sociale, pour le maintien même de son autonomie, l'Université a-t-elle d'autre choix que de revenir à une collégialité véritable, source d'identification de ses membres et de motivation collective ? À l'heure où le recteur d'une université québécoise – Concordia pour ne pas la nommer – a pu être cavalièrement remercié de ses services par quatre membres socio-économiques du

Conseil d'administration, où ces membres n'ont, après six mois, fourni encore aucune explication publique à cette initiative malgré les demandes en ce sens et les très fortes protestations de la Conférence des recteurs et principaux des universités du Québec (CREPUQ), de l'Association des universités et collèges du Canada (AUCC) et de la FQPPU[4], il ne relève pas de la paranoïa de penser que l'autonomie et la liberté universitaires sont fragiles. Les administrations universitaires devraient assumer, sur ce front, un leadership de premier plan. Leur meilleure garantie de force face aux défis actuels des universités réside dans l'appui de leurs corps professoraux. Les marginaliser pourrait n'être que le premier pas vers leur propre marginalisation.

Qu'il s'agisse de la qualité du fonctionnement interne de l'Université ou de la préservation de son autonomie, une véritable collégialité professorale est non seulement souhaitable mais nécessaire. Il y va de l'intérêt des universités de la rendre encore possible. En ce sens, les efforts de réflexion d'il y a 25 ans sur la nature de l'Université me paraissent encore d'une étonnante actualité.

---

4. Le communiqué de la CREPUQ a paru dans *Le Devoir* du 13 juin 1994 sous le titre « Un geste lourd de conséquences », p. A7. Il stipule que « les chefs d'établissements universitaires tiennent d'abord à souligner le caractère troublant des circonstances qui ont entouré cette affaire et, notamment, le rôle obscur d'un sous-groupe de quatre membres du conseil qui se seraient arrogé des pouvoirs, à l'encontre des statuts de l'Université ». Il ajoute qu'« en exerçant leurs responsabilités dans le respect des règles d'usage, les membres des conseils sont également garants de l'autonomie des établissements. Quand ils agissent à l'encontre de ces règles, et en particulier sur des matières aussi graves que le renvoi d'un recteur dans des circonstances qui, jusqu'à preuve du contraire, ne le justifiaient manifestement pas, c'est l'institution elle-même qu'ils mettent en péril. Et, par sa valeur de précédent, ce sont tous les établissements qui se sentent visés ». La lettre de Michel Gervais, président de l'AUCC à Réginald Groome, président du Conseil d'administration de Concordia, et l'un des quatre membres visés, et dont la FQPPU a reçu copie, manifeste aussi fermement la même inquiétude (lettre datée du 20 juin 1994). La FQPPU, pour sa part, a émis deux communiqués (les 2 et 29 juin 1994) dénonçant l'initiative prise, le silence qui l'a suivie et s'inquiétant du précédent créé relativement à l'autonomie des universités.

Bibliographie

ACPU (1993), *Autonomie universitaire et responsabilité publique des universités, Rapport du groupe d'étude indépendant sur la direction des universités*, janvier.

Fil des événements (1993), 25 novembre.

Fil des événements (1994), 27 octobre.

Hamelin, Jean (1969), « La place des professeurs dans l'université », *Forum universitaire*, numéro spécial (septembre), p. 7-12.

Université Laval (1992), *Plan directeur 1992-1997. Volet institutionnel*, octobre.

Rapports enseignement recherche : équilibre rompu ?

Yves Roby
Département d'histoire
Université Laval

« L'université Laval, affirme le recteur Larkin Kerwin, le 8 décembre 1971, au colloque organisé par l'APUL sur la charge professorale, demeure une université essentiellement du premier cycle » (1972 : 35). Les professeurs Léon Dion et Jean-Guy Paquet soulignent pour leur part que, « dans les faits, elle considère avant tout le professeur comme un faiseur de cours » (Dion, 1971 : 96) et la recherche comme une activité marginale (Paquet, 1972 : 29). Sur les 1 100 professeurs de l'Université, poursuit le recteur Kerwin, il n'y en a environ que 400 qui dirigent des thèses de deuxième et troisième cycles, en plus de leur tâche normale au premier cycle ; cette situation est injuste. Pour en arriver à une répartition plus équitable des tâches, il faut briser « cette tradition du premier cycle » (Kerwin, 1972 : 35). Pour éviter la démotivation des professeurs les plus actifs en recherche, certains suggèrent qu'on comptabilise les activités de recherche et de direction de thèse et qu'on en tienne compte lors de l'attribution annuelle des tâches, d'autres demandent qu'on crée un véritable statut de « professeur-chercheur » équivalant à celui de « professeur-enseignant ». Ces professeurs-chercheurs devraient, pendant une certaine période, « se consacrer avant tout à la recherche, ... participer à l'enseignement aux 2ième et 3ième cycles uniquement et éviter le plus possible les travaux d'administration, d'encadrement d'étudiants du 1er cycle et de comités » (Paquet, 1971 : 54). Certaines rumeurs laissent enfin croire à la volonté des autorités de récompenser le « mérite » de ceux qui travaillent plus que les autres en augmentant leurs traitements ou d'accroître à sept heures par semaine la tâche d'enseignement au premier cycle de ceux qui sont peu ou pas actifs en recherche.

Ces opinions ne manquent pas d'inquiéter des professeurs qui, tout en souhaitant que l'Université accorde une place plus importante à la recherche et aux études de deuxième et de troisième cycles, veulent éviter que cela ne se fasse au détriment de la qualité des études de premier cycle. À leurs yeux, même l'enseignement de premier cycle doit s'appuyer sur une intense activité de recherche. « En raison du type de formation intellectuelle qui doit être dispensé à l'Université, les professeurs Réal Tremblay et André Côté (1973 : 16) allèguent en effet, qu'aucun enseignement universitaire digne de ce nom ne peut exister sans recherche ». Pour que l'Université Laval puisse prétendre à l'excellence, ces professeurs reconnaissent qu'elle doit valoriser davantage la fonction recherche. Elle doit s'engager résolument dans cette voie, mais avec prudence, afin que la revalorisation de la recherche n'entraîne pas une dévalorisation de l'enseignement.

En m'appuyant sur l'exemple de la Faculté des lettres, j'entends montrer que, 25 ans plus tard, les efforts consentis pour assurer le développement de la recherche et des études de deuxième et de troisième cycles se soldent par un très grand succès. Tous les indicateurs le confirment. Mais l'équilibre atteint entre les fonctions recherche et enseignement reste fragile. Déjà, croient certains, la priorité accordée aux activités de recherche et aux études avancées a engendré une dévalorisation de l'enseignement du premier cycle.

Aujourd'hui comme hier toutefois, il semblerait que la surcharge, la fatigue ou la démotivation guettent les professeurs les plus actifs (Université Laval, 1992 : 13). Même si des progrès ont été réalisés, le problème de l'équité dans la répartition des tâches n'est pas résolu. Il est peut-être même plus sérieux qu'il y a 25 ans. Il est inquiétant de constater par ailleurs que certaines des mesures envisagées pour régler la question pourraient amener une rupture de l'équilibre fragile atteint entre les fonctions recherche et enseignement évoqué plus haut.

UN BRIN D'HISTOIRE

Au début des années 1970, les études de deuxième et de troisième cycles occupent une place marginale à la Faculté des lettres. Certes, elle offre des programmes de maîtrise et de doctorat dans plusieurs domaines, mais les exigences se limitent le plus souvent à la rédaction d'une thèse. Si certains de ses professeurs sont des savants de grande réputation, il faut bien reconnaître que beaucoup d'autres n'ont pas la préparation voulue pour encadrer des étudiants de deuxième et de troisième cycles. En 1971, seulement 71 des 154 professeurs rattachés à la Faculté ont un doctorat ; 15 sur 25 dans le cas des titulaires (CÉAR, 1975 : 2). Certains des professeurs recrutés pour faire face à l'arrivée massive des étudiants de premier cycle ont fait carrière au niveau collégial, et plusieurs, parmi les plus jeunes, ont été embauchés avant d'avoir terminé leurs études de doctorat.

Tous les professeurs reconnaissent que la recherche est nécessaire et personne n'ose affirmer qu'il n'en fait pas. Il faut pourtant admettre – aucune mesure n'est possible – que plusieurs en font peu ou pas. Certains prétendent ne pas avoir le temps, d'autres sont bien prêts d'avouer qu'ils n'en ont pas le goût. En dehors de leur thèse, ceux qui ont été embauchés avant d'avoir terminé leurs études n'ont aucun moment à consacrer à la recherche.

Pour briser « cette tradition du premier cycle », pour reprendre l'expression du recteur Kerwin, une tâche colossale attend les autorités de la Faculté. Elles s'y attaquent avec beaucoup d'enthousiasme.

Le vice-décanat à la recherche, dont Jean Hamelin fut titulaire de 1969 à 1971, renommé le vice-décanat aux études avancées et à la recherche après la réforme de 1971, est l'artisan principal de cette transformation. Le vice-doyen s'appuie sur la Commission des études avancées et de la recherche (CÉAR) qui joue un rôle remarquable de réflexion, d'animation et d'action. Durant toutes ces années, par ailleurs, la Faculté des lettres profite des travaux créateurs de la Commission de la recherche établie en 1969, des initiatives éclairées du vice-rectorat à la recherche, du dynamisme de l'École des gradués réorganisée en une direction générale des programmes de deuxième et de troisième cycles après 1971 et du rôle d'animation exceptionnel que jouent les colloques de l'APUL entre 1967 et 1973 ainsi que le Comité de développement de la planification de l'enseignement et de la recherche, présidé par le vice-recteur Lorenzo Roy.

Toute la réforme est centrée sur l'étudiant. Pour attirer les meilleurs et leur donner une formation de qualité supérieure, deux choses paraissent essentielles : des programmes rénovés et un corps professoral de grande qualité. Sans vouloir minimiser le rôle joué par la CÉAR et les comités de programme dans l'élaboration de nouveaux programmes, l'évaluation et la réforme de ceux qui existent déjà, j'insisterai sur les efforts pour transformer le corps professoral.

La Faculté des lettres, pense-t-on, n'atteindra l'excellence aux deuxième et troisième cycles que si ses professeurs sont des maîtres reconnus dans leur discipline respective. « Les qualités idéales du directeur de thèse, lit-on dans un document préparé par la CÉAR et publié dans *Recherche – Information*, le 12 février 1971, sont : une formation scientifique poussée, une vaste expérience de la recherche, une érudition étendue, un esprit original et critique, une habileté à communiquer sa science et son enthousiasme »[1]. Force nous est de reconnaître que plusieurs des professeurs de la Faculté des lettres d'alors ne correspondent pas à cet idéal. D'après la liste des professeurs habilités à enseigner et à diriger des étudiants aux deuxième et troisième cycles, dressée par la Faculté à la demande de l'École des gradués, en 1975, 128 professeurs sur 172 sont habilités à travailler à la maîtrise et 94 au doctorat. Dans l'octroi de l'habilitation, la Faculté tient compte notamment du doctorat ou de son équivalent. Afin d'améliorer la situation, les autorités de la Faculté incitent les professeurs embauchés avant d'avoir obtenu leur doctorat à terminer la rédaction de leur thèse dans les meilleurs délais. À cette fin, elles invitent les départements à les aider par des aménagements d'horaire, l'allègement des tâches administratives et autres moyens jugés utiles. Dès 1975, par ailleurs, la Faculté presse ses départements d'appliquer avec empressement les recomman-

---

1. Reproduit dans CÉAR, 1975 : 5.

dations concernant l'organisation de la recherche à l'Université, approuvées par le Conseil universitaire en mars de la même année. En particulier, elle demande que la création et l'attribution des postes de professeur soient faites en tenant compte de façon prioritaire des activités de recherche prévues dans les plans de développement des unités et que les professeurs recrutés soient des chercheurs ayant aussi des aptitudes pour assurer un enseignement de qualité à tous les cycles. Les résultats sont impressionnants et rapides. Dès l'année universitaire 1975-1976, 96 professeurs sur 161 ont leur doctorat, une augmentation de 13,1 % par rapport à l'année 1971-1972. Ce pourcentage ne fera qu'augmenter par la suite.

Les statistiques concernant la direction de recherche ne doivent pas faire illusion. Que 128 professeurs sur 172 soient habilités à diriger des thèses de maîtrise et 94 de doctorat, cela peut sembler beaucoup. Mais dans les faits, plusieurs professeurs n'encadrent aucun étudiant tandis que quelques-uns en dirigent 10, 15 et 20. La Faculté des lettres aimerait bien que les étudiants se répartissent plus équitablement entre les professeurs habilités ; la relation professeur-étudiant n'en serait que plus profitable. Elle prend certaines initiatives pour améliorer la situation. À tous les professeurs, elle rappelle que l'habilitation comporte des responsabilités et qu'en conséquence ils doivent préparer des projets de recherche dans le ou les domaines dont ils ont la responsabilité, des projets qui pourraient encadrer des étudiants et engendrer des thèses. Pour éviter, par ailleurs, que les nouveaux professeurs ne se consacrent tout entier aux tâches parfois écrasantes du premier cycle et pour les amener à accroître leurs activités de recherche et d'enseignement aux deuxième et troisième cycles, elle adopte diverses mesures comme l'allègement de la tâche d'enseignement au premier cycle, l'octroi de fonds de recherche du Budget spécial de la recherche (BSR), etc. Afin que tous les professeurs s'engagent plus à fond dans les études avancées et par souci d'équité envers les professeurs qui dirigent un grand nombre d'étudiants à la maîtrise et au doctorat, en décembre 1975, le Conseil de la Faculté invite les départements à comptabiliser dans les plus brefs délais la direction de thèse dans la tâche professorale.

Avant tout, la Faculté des lettres croit que la promotion des études avancées passe par la valorisation de la recherche. Elle soutient que des professeurs qui ne sont pas activement engagés dans des activités de recherche et qui ne sont pas à la fine pointe de leur discipline font de piètres directeurs de thèse.

Si l'on se fie au *Rapport du groupe de travail de l'Université Laval soumis à la Commission sur les études avancées dans les humanités et les sciences sociales* [Commission Healy] (Hamelin *et al.*, 1975) , la recherche dans les sciences humaines est surtout « une entreprise individuelle », peu ou pas subventionnée. « La recherche dans les sciences humaines, y lit-on, est comme un iceberg : les projets subventionnés qui en sont les parties visibles sont beaucoup moins nombreux que les projets non subventionnés qui en constituent la partie submergée » (p. 35, 32). On peut présumer que telle était aussi la situation à la Faculté des lettres au début des années 1970. Le regroupement des chercheurs apparaît comme une voie plus prometteuse et la Faculté en prend résolument le parti. « Il stimule l'activité créatrice des chercheurs [...], il facilite la gestion de la recherche et permet à des chercheurs de bénéficier à des coûts raisonnables d'un équipement et de services de meilleure qualité. Il encadre les étudiants en les mettant à même de profiter de la compétence de plusieurs professeurs [...] et en les introduisant dans un carrefour d'échanges » (p. 63). Les équipes de chercheurs ont besoin d'une infrastructure de recherche, c'est-à-dire de locaux aptes à créer des « milieux scientifiques susceptibles d'encadrer des étudiants, de les inciter au travail et de les stimuler » (p. 71), d'appareils, de personnel de soutien et de professionnels. La Faculté investit des sommes et des énergies considérables pour permettre l'émergence de tels groupes de recherche et les doter d'une infrastructure adéquate. Au fil des ans, tous les postes budgétaires du BSR sont utilisés pour permettre leur développement et le rayonnement de leurs activités scientifiques.

La Faculté ne saurait assumer tous les coûts de la recherche. Elle invite donc instamment les professeurs – elle aimerait que tous le fassent – à faire appel aux organismes subventionnaires. C'est qu'elle attribue à la recherche subventionnée des vertus très grandes. Elle permet des projets susceptibles d'encadrer des étudiants et d'engendrer des thèses, fournit des ressources financières aux étudiants pour la poursuite de leurs travaux, facilite aux chercheurs l'accès aux réseaux scientifiques nationaux et internationaux et assure ainsi le rayonnement de l'institution. Ici encore, le BSR fut constamment mis à contribution.

En quelque 25 ans, le choix en faveur des études avancées et de la recherche et les investissements dans une infrastructure se traduisent par un remarquable succès. Certains indices, retenus à titre d'exemples, le confirment. En 1994, 88,2 % des professeurs rattachés à la Faculté des lettres ont un doctorat (157 sur 178) comparativement à 46,1 % (71 sur 154) en 1971. Ce pourcentage atteint 100 % quant aux professeurs adjoints. De 1969 à 1991, le montant total des subventions et des contrats est passé d'environ 500 000 $ à 4 569 113 $. Cette progression est due en grande partie aux chercheurs regroupés dans des équipes, laboratoires et centres de recherche. Les publications de livres ou d'articles de fond témoignent, par ailleurs, du dynamisme en recherche des professeurs qui font de la recherche individuelle, dite peu ou pas subventionnée. On peut dire sans exagérer que les professeurs qui font peu ou pas de recherche apparaissent de plus en plus comme des exceptions. Tous ces progrès ont des retombées directes sur la qualité de l'encadrement des étudiants et des étudiantes de deuxième et de troisième cycles. Les statistiques sur la diplomation en témoignent. En 1990, 141 étudiants obtenaient leur maîtrise et 43, leur doctorat contre respectivement 29 et 15 en 1970.

À quel prix ces progrès ont-ils été réalisés ? Certains estiment que la priorité accordée aux activités de recherche et aux études avancées a engendré une dévalorisation de l'enseignement du premier cycle, tandis que d'autres croient qu'elle impose un régime de travail exténuant à l'ensemble des professeurs. Qu'en est-il exactement ? Il est temps après 25 ans de s'interroger sur les conséquences de nos choix.

CONSÉQUENCES NON VOULUES, IMPRÉVUES, PRÉVISIBLES

Démotivation et perte d'intérêt pour l'enseignement

Tous les intervenants reconnaissent que, dans une université comme la nôtre, l'enseignement et la recherche ne sauraient être dissociés. « L'Université, lit-on dans le *Plan directeur 1992-1997. Volet institutionnel* (Université Laval, 1992 : 36), n'est pas une organisation où certains se consacrent uniquement à la recherche, d'autres à l'enseignement et d'autres au service à la collectivité. Le rôle et la tâche du professeur doivent plutôt se concevoir comme ceux d'un formateur par la recherche. L'osmose entre l'enseignement et la recherche fait du professeur d'université un type de professionnel unique dont on ne trouve l'équivalent dans aucune autre organisation. » Voilà pourquoi on parle toujours de l'équilibre entre les fonctions d'enseignement et de recherche comme d'un idéal à atteindre. Cet idéal existe-t-il, a-t-il jamais existé ?

En 1971, le professeur Léon Dion, selon qui, l'Université, dans les faits, considérait avant tout le professeur comme un faiseur de cours, plaidait pour une modification des normes de recrutement et de promotion (Paquet, 1971 : 53-54). Il a été entendu. Quelque 25 ans plus tard, la situation paraît radicalement transformée. Un grand nombre de professeurs sont convaincus que l'Université valorise dorénavant beaucoup plus la recherche que l'enseignement. L'Université reconnaît qu'il y a un malaise. La priorité accordée à la recherche et aux études avancées au cours des dernières années, qui s'explique par le rattrapage important qu'il fallait et qu'il faut encore effectuer en ce domaine, a engendré chez certains « la perception d'une certaine dévalorisation de l'enseignement » (Université Laval, 1992 : 13). Cette perception, car il s'agit effectivement d'une perception, démotive bien des professeurs chevronnés et pourrait conduire les plus jeunes à négliger l'enseignement.

Il y a de la frustration chez certains professeurs qui, sans renoncer à la recherche, ont investi considérablement dans la formation des étudiants de premier cycle. Ils déplorent que le fait d'enseigner année après année à des classes de plus de 200 étudiants passe quasi inaperçu, alors que l'obtention d'un prix littéraire ou d'une subvention importante, la publication d'un livre attendu fassent la une au *Fil des événements* et soient soulignées avec chaleur par les autorités. Si la recherche, avec l'administration peut-être, reste la voie royale qui mène au prestige, aux honneurs et au pouvoir, il ne faudra pas s'étonner de voir l'enseignement perdre quelques-uns de ses plus ardents serviteurs.

La survalorisation de la recherche pourrait avoir sur le comportement des jeunes professeurs des conséquences autrement plus sérieuses. On lit dans le *Plan directeur 1992-1997* de la Faculté des lettres (1992 : 17) que « dans la carrière du professeur la fonction enseignement n'est pas suffisamment reconnue dans les critères de promotion ». Le nouveau professeur ne met guère de temps à s'en convaincre. Dans le processus de sélection qu'il a franchi avec succès, il a bien vu que l'on a scruté ses qualités de chercheur avec plus de soin que son aptitude à enseigner. Pour faciliter son démarrage en recherche, l'Université lui offre un budget spécial et dans certaines unités – c'est le cas en histoire – on diminue sa tâche d'enseignement la première année. Il lui est impossible de se méprendre sur l'insistance avec laquelle on l'invite à présenter des demandes de subvention auprès des grands organismes subventionnaires. Enfin, il apprend que c'est principalement par ses activités de recherche qu'il se verra accorder la permanence. Faut-il s'étonner dès lors que, pour étoffer son curriculum vitæ, il ait la tentation d'accorder plus d'importance à la fonction recherche qu'à la fonction enseignement.

Pour participer activement à la course aux subventions, pour publier vite et beaucoup et pénétrer les réseaux scientifiques, il aura tendance – ses journées n'ayant que 24 heures – à fuir les tâches administratives un peu lourdes, à éviter l'enseignement aux grands groupes et, ce qui est infiniment plus grave, à consacrer moins de temps à la préparation de ses cours, à leur mise à jour et à l'encadrement des étudiants. Inévitablement, ce comportement amènera la rupture de l'équilibre nécessaire entre les fonctions recherche et enseignement.

Surcharge, fatigue et démotivation

La tâche du professeur d'université – la plupart d'entre nous en conviendront facilement – est emballante mais exténuante. J'ajouterai pour ma part que cette tâche est beaucoup plus lourde aujourd'hui qu'il y a 25 ou 30 ans. Tout d'abord parce que notre besogne au premier cycle s'est accrue sensiblement. Ainsi, il y a 30 ans, on me demandait 5 heures de présence hebdomadaire en classe pendant 13 semaines contre 6 heures par semaine aujourd'hui, mais durant 15 semaines. La préparation de plans de cours élaborés, l'évaluation continue, donc multiple, l'augmentation du nombre d'étudiants ont accru ma charge. Surtout l'évolution rapide de la discipline historique, l'éclatement du discours scientifique ont rendu la préparation de mes cours et leur mise à jour beaucoup plus onéreuse. Si la tâche des professeurs est plus écrasante, c'est ensuite parce que la plupart d'entre eux font maintenant de la recherche. Comme je l'écrivais plus haut, le nombre de professeurs qui, aujourd'hui, font peu ou pas de recherche diminue progressivement et, avant longtemps, ils seront l'exception.

L'Université semble reconnaître ce fait. Ainsi, après avoir rappelé que le développement accéléré de la fonction recherche « survient en même temps qu'une forte croissance et une diversification des populations étudiantes et dans le contexte d'une croissance trop lente des ressources professorales disponibles, tant pour l'enseignement que pour la recherche », les auteurs du *Plan directeur 1992-1997* concluent qu'on « assiste à une surcharge, à une fatigue ou à une démotivation des professeurs » (Université Laval, 1992 : 13). Toutefois, si je décode correctement le discours que tient l'Université dans son *Plan directeur*, il y aurait surcharge et fatigue des professeurs les plus actifs en recherche, puisqu'ils doivent réaliser leurs activités de recherche une fois satisfaites les exigences de l'enseignement et de l'administration ; il y aurait démotivation pour « ceux que leurs aptitudes et leurs goûts portent à consacrer plus de temps à la gestion des programmes de formation, au développement de la pédagogie ou à la mise sur pied de nouveaux enseignements », parce qu'ils perçoivent dans la priorité accordée à la recherche « une certaine dévalorisation de l'enseignement »

(p. 13). Pour atténuer la surcharge et la fatigue des uns, l'Université envisage un partage plus équitable des tâches en s'inspirant notamment d'une approche de modulation des tâches ; elle croit contrer la démotivation des autres en valorisant la fonction enseignement.

Cette analyse sous-tend les choix de l'administration – certains ne sont encore qu'annoncés – et alimente des discours qui divisent profondément les professeurs entre eux. Je m'explique.

Hiérarchisation des professeurs

Rechercher l'osmose entre la recherche et l'enseignement ne signifie pas qu'on veuille diviser la tâche du professeur en trois parties égales. Personne ne le demande. Mais cela signifie qu'il faut tenir mordicus à ce que chaque professeur consacre une part appréciable de son temps à chacune de ces fonctions. Est-ce le cas ?

Pour des raisons éminemment valables, l'Université a, depuis nombre d'années, opté en faveur du regroupement des chercheurs et privilégié la recherche subventionnée. Il faut avoir l'honnêteté de reconnaître que ce choix a généré des résultats impressionnants tant en ce qui concerne la recherche que les études de deuxième et de troisième cycles. Dans leurs plans directeurs 1992-1997, l'Université (1992 : 29-30) et la Faculté des lettres (1992 : 27) ont décidé de maintenir le cap. Même si cette dernière reconnaît qu'elle doit, pour une part, son dynamisme remarquable en recherche aux chercheurs individuels, subventionnés ou non, tous les postes budgétaires du BSR seront, en 1994-1995, exclusivement utilisés pour consolider ses centres de recherche et appuyer la recherche subventionnée.

Ici comme ailleurs dans le monde universitaire, cela crée un malaise et nourrit une perception que d'aucuns jugeront sans doute exagérée. Benoît Beaucage (1994 : 14), professeur d'histoire à l'Université du Québec à Rimouski, soulignant que nous sommes peut-être en train d'assister à la dévalorisation de la recherche individuelle et du concept de recherche dite « libre », écrit : « On voudrait nous convaincre que le véritable chercheur aujourd'hui, pour ne pas dire le seul, c'est le chef d'une équipe, de préférence interdisciplinaire, largement subventionnée, œuvrant dans des secteurs dits « stratégiques » et dont les résultats de recherche voyagent internationalement dans des circuits particulièrements réservés. » N'est-on pas en voie de convaincre certains collègues, qui se reconnaissent dans ce portrait, qu'ils appartiennent à une sorte d'élite ? Le discours que plusieurs nous tiennent pourrait le laisser croire.

Les chercheurs, membres d'équipes, qui sont engagés dans des projets de grande envergure, régulièrement et largement subventionnés, se glorifient, à juste titre, du montant de leurs subventions, de leurs activités de recherche et de leur engagement dans l'encadrement des étudiants de maîtrise et de doctorat. Plusieurs soutiennent que l'Université leur demande trop, les exploite, en exigeant d'eux qu'ils consacrent une part trop importante de leurs énergies à l'enseignement au premier cycle. Certains croient même qu'on exploite mal leur talent et qu'on risque d'émousser leur enthousiasme pour la recherche en les affectant à la formation d'étudiants de premier cycle trop nombreux, mal préparés et qui progressent péniblement. Ces chercheurs allèguent, par ailleurs, que l'Université favorise indûment les professeurs qui font de la recherche individuelle et non subventionnée en faisant preuve de laxisme dans l'évaluation de leurs activités de recherche. Ils déplorent que ces derniers ne soient pas soumis à une procédure d'évaluation formelle alors qu'eux-mêmes sont évalués plusieurs fois par année à l'occasion de leurs demandes de subvention et de la présentation de leurs manuscrits.

Si l'université évaluait avec plus de rigueur la performance en recherche de ces professeurs, elle découvrirait peut-être, laissent-ils entendre, que bon nombre parmi eux font peu ou pas de recherche. Par contre, elle constaterait que la majorité d'entre eux, en raison de leurs goûts et de leurs aptitudes, investissent un temps considérable dans l'enseignement. Elle se rendrait compte aussi que la démotivation les guette. Frustrés par un discours officiel qui met l'accent sur la recherche, ajoute-t-on, « les professeurs les plus performants et les plus dévoués auprès des étudiants ont peine à faire reconnaître leurs mérites publiquement tandis que les enseignants les moins bons et les moins disponibles sont le plus souvent à l'abri de toute sanction » (Commission de la recherche, 1992 : 18). Pour contrer cette frustration et cette démotivation ne faut-il pas valoriser davantage leur contribution à l'enseignement ?

Ce discours ressemble grandement à celui que tiennent les autorités. Tout en reconnaissant que dans la tâche du professeur il ne saurait être question de dissocier l'enseignement de la recherche, elles affirment que cela « n'exclut pas la possibilité de spécialisation ou d'évolution de cette tâche en fonction des circonstances et des aptitudes... Il importe avant tout d'assurer que chacun donne sa pleine mesure dans la réalisation de la mission de l'Université » (Université Laval, 1992 : 36). « Il ne devrait pas vraiment y avoir d'opposition entre le professeur qui veut consacrer plus de temps à la recherche et celui qui veut en consacrer davantage à l'enseignement » (p. 13).

J'ai ici l'impression – je reconnais pouvoir me tromper – que la valorisation de l'enseignement préconisée par l'Université n'a pas pour but de réaliser un équilibre entre les fonctions universitaires, mais de créer les conditions nécessaires à un nouveau partage des tâches. Je m'explique. Ce partage, croient à juste titre les autorités, présuppose une évaluation beaucoup plus rigoureuse des activités de recherche d'abord, d'enseignement ensuite. Au terme de l'opé-ration évaluation, pense-t-on, tous se rendront compte que certains professeurs sont plus actifs en recherche que leurs collègues, qu'ils dirigent plus d'étudiants de deuxième et de troisième cycles, et qu'exiger d'eux qu'ils collaborent autant que les autres au premier cycle est injuste. Ne serait-ce pas justice que d'alléger, voire d'éliminer, leur tâche d'enseignement au premier cycle ? Nous entrons ici dans le domaine du non-dit. Tous découvriront aussi, croit-on, que certains professeurs, tout en faisant passablement de recherche sont plus performants que les précédents comme ensei-gnants. Autre non-dit : la tâche qu'ils réalisent deviendra la norme. Enfin, on s'apercevra que des professeurs parmi les plus performants et les plus dévoués auprès des étudiants font peu de recherche. C'est de ces derniers dont il faudra valoriser davantage la fonction ensei-gnement. Il faudra le faire notamment en reformulant les critères de promotion « de façon à ce qu'il soit possible d'agréger et de titulariser un excellent enseignant, principalement sur la foi de ses activités d'enseignement ». Il faudra le faire aussi en encourageant

« des professeurs et des professeures à élaborer des projets de congé sabbatique destinés à améliorer leur compétence et leurs habiletés en enseignement, ou leurs outils pédagogiques comme le fait le chercheur pour ses habiletés et ses outils de recherche » (p. 38). Dernier non-dit : ces professeurs-enseignants, tout méritants qu'ils soient, n'accomplissent-ils pas une tâche moins lourde que celle des précédents ? Ne serait-il pas convenable de leur demander une contribution accrue au premier cycle, disons un cours ou deux de plus ? En période de compressions budgétaires, cela ne créerait-il pas la marge de manœuvre nécessaire pour alléger la tâche d'enseignement des professeurs les plus actifs en recherche ?

Ce scénario m'amène à me poser la question suivante. S'il s'avérait exact que, à la lumière d'une procédure d'évaluation plus rigoureuse, plusieurs professeurs font peu ou pas de recherche, valoriser leur seule contribution à l'enseignement constituerait-elle une mesure suffisante, satisfaisante ? Si l'on est convaincu qu'il y a osmose entre les fonctions recherche et enseignement, qu'aucun enseignement universitaire digne de ce nom ne peut exister sans recherche, qu'il doit exister un nécessaire équilibre entre les deux fonctions, ne conviendrait-il pas mieux d'inviter ces professeurs à améliorer leur performance en recherche et d'imaginer des moyens pour les y aider ? En tout cas, augmenter la tâche d'enseignement de ces professeurs m'apparaît contre-indiqué. Dans un numéro récent du *Forum universitaire*, le journal de l'Université de Montréal, le recteur René Simard (dans Denis, 1994 : 1) écrit, et sa réflexion me semble convenir à mon propos : « augmenter la charge de cours signifierait nécessairement une baisse de la qualité et de la quantité de la recherche, entraînant ainsi une baisse de la qualité de la formation dispensée, tout particulièrement aux cycles supérieurs ». Toute mesure visant à éloigner certains professeurs de l'enseignement au premier cycle et d'autres de la recherche aboutit à créer des catégories de professeurs, des professeurs-chercheurs et des professeurs-enseignants, et à une hiérarchisation des professeurs qui ne me semble pas souhaitable.

Il y a donc des professeurs qui, regroupés dans des équipes officiellement reconnues, font de la recherche régulièrement et largement subventionnée. Il y en a d'autres qui font de la recherche peu ou pas subventionnée[2]. Entre les deux, il y a ceux qui, bien que régulièrement subventionnés, travaillent seuls ou en petites équipes informelles. Le discours officiel a tendance à les assimiler aux premiers ; eux-mêmes s'identifient tantôt aux uns, tantôt aux autres.

Les professeurs qui appartiennent au second groupe ont moins de visibilité comme chercheur que leurs collègues du premier groupe. Ils disposent de tribunes moins nombreuses pour présenter leurs projets et discuter des résultats préliminaires de leurs travaux ; il n'existe aucun bulletin de liaison qui rende compte de la moindre de leurs activités. Ces professeurs se sentent dévalorisés par le discours officiel ou ce qu'ils croient être le discours officiel. S'ils ne demandent pas de subventions, s'ils ne cherchent pas à s'intégrer à des centres ou à des groupes formels de recherche, laissent entendre certains, ne serait-ce pas dû au fait qu'ils sont peu actifs en recherche, qu'ils y connaissent peu de succès ? S'ils ne font que peu ou pas de recherche – à l'exception de la préparation et de la mise à jour de leurs cours –, ne serait-ce pas, concède-t-on « généreusement », parce qu'ils ont fait le choix de se consacrer davantage à l'enseignement du premier cycle ? Dès lors, ne convient-il pas de valoriser l'enseignement de façon à reconnaître leurs mérites et à les distinguer des enseignants moins bons et moins disponibles ? Ces professeurs qui, je le répète, sont, dans une majorité des cas, des enseignants et des chercheurs ont l'impression que la valorisation de l'enseignement pourrait s'avérer un cadeau empoisonné. Reconnaître qu'ils jouent un rôle majeur dans l'enseignement pourrait, en effet, laisser croire qu'ils s'engagent moins dans la recherche ou le font avec moins de succès. Ces professeurs soutiennent que ce n'est pas tant leur participation à l'enseignement – en quantité et en qualité – qu'il leur est difficile de faire reconnaître, mais leur qualité de chercheur.

Parce que, comme leurs collègues du premier groupe, ils sont actifs et productifs en recherche et encadrent des étudiants de deuxième et de troisième cycles, ils ressentent comme une injustice d'être exclus de tous les programmes du BSR. Ils reprochent à

---

2. Le nombre des uns et des autres varie selon les disciplines et les départements.

l'Université de pratiquer une politique de « je ne prête qu'aux riches » et voient volontiers dans les chercheurs subventionnés des privilégiés du système. Lorsqu'ils entendent parler de modulation des tâches, ils craignent d'en faire les frais. Ils croient y voir l'expression du vieux rêve de créer à l'Université un véritable statut de professeur-chercheur équivalant à celui de professeur-enseignant. Les premiers se consacreraient avant tout à la recherche et à l'enseignement aux deuxième et troisième cycles, les seconds seraient de plus en plus cantonnés au premier cycle. Les uns feraient de plus en plus de recherche et de moins en moins d'enseignement, les autres vivraient la situation inverse. Et ils craignent que cette situation, une fois créée, ne devienne permanente. Serait-il encore possible alors de parler d'équilibre entre les fonctions de recherche et d'enseignement ?

Le choix que fait l'Université en faveur de la recherche de groupe et subventionnée, on le voit, irrite et inquiète un nombre important de ses professeurs. Cela explique l'agressivité avec laquelle quelques-uns d'entre eux dénoncent ce type de recherche. « En premier lieu, écrit Gilles Marcotte (1994 : 13), il favorise tout ce qui dans les études littéraires, peut se conformer ou paraître se conformer au modèle scientifique. Par exemple, ce qui peut s'accumuler, les listes, les bibliographies, les dictionnaires, les compilations de toutes sortes. » Le modèle de la recherche subventionnée, poursuit-il, pousse à la quantité. « Là où l'argent parle, le premier mot qui vient à l'esprit est celui de rendement, on appelle ça, parfois, l'excellence [...] Il faut publier, donc : vite [...] ; beaucoup, dans des revues diverses et le plus éloignées possible du port d'attache, pour démontrer qu'on a un bon rayon d'action ; longtemps – puisque la non-publication est synonyne d'inaction intellectuelle. » Il conclut : « Il est généralement admis que la recherche amène des progrès intellectuels. On peut penser que dans certaines conditions qui sont trop souvent les nôtres, c'est exactement le contraire qui se produit[3]. » Ces propos sont durs et frisent la caricature.

---

3. Dans un beau texte intitulé : « Éloge du loisir », Robert Melançon (1993) écrit : « Je plains mes jeunes collègues qui entrent dans la carrière car la valorisation brutale de la quantité n'a fait que s'accentuer depuis vingt ans. Aussitôt recrutés, ils doivent

Ils révèlent toutefois que les professeurs qui font de la recherche peu ou pas subventionnée n'accepteront pas facilement que l'on nie leur qualité de chercheur et combattront toute mesure qui voudrait les reléguer au statut de simple professeur-enseignant.

Ce type de professeur existe, il n'est pas question de le nier. Il est délicat d'en parler. Ayons la décence de reconnaître qu'à de très rares exceptions près, ils ne sont ni des paresseux ni des incompétents notoires. Ce sont des professeurs que les circonstances ont conduits à investir considérablement dans l'enseignement, plus encore dans l'administration, et qui après plusieurs années ont fini par perdre pied sur le plan scientifique. Mais je maintiens qu'en raison des critères d'embauche et de promotion, leur nombre diminue progressivement et qu'ils seront un jour l'exception. L'Université doit avoir l'élégance de reconnaître les services éminents que nombre de ces professeurs ont rendu à la collectivité, mais aussi la prudence d'éviter toute mesure qui pourrait en accroître le nombre.

REGARD SUR L'AVENIR

En moins de 30 ans, l'Université a fait des progrès considérables. Elle a cessé d'être « une université essentiellement du premier cycle ». Peu d'observateurs oseraient affirmer, comme le faisaient hier les professeurs Dion et Paquet, qu'on y considère avant tout le professeur comme un faiseur de cours et la recherche comme une activité marginale. Par la priorité accordée au développement de la recherche et des études avancées, par ses politiques de recrutement et de promotion, l'Université a radicalement transformé le corps professoral. Il est possible d'affirmer sans exagérer que la

---

multiplier les articles, se faire voir dans les colloques, obtenir des subventions. Ce régime produit indéniablement des résultats : dans mon département, l'activité de recherche est beaucoup plus intense aujourd'hui qu'il y a vingt ans [...] Mais cette surchauffe comporte un coût sur lequel nous fermons les yeux, qui menace l'université en tant que lieu de recherche, de réflexion et de culture. En dépit de tant de publications, des travaux fondamentaux, qui exigeraient qu'on s'y consacre exclusivement et qui ne pourraient aboutir qu'à long terme, restent en jachère. On en devine la raison : nul n'a plus le loisir de s'y consacrer... (p. 12 et 10).

majorité des professeurs sont aujourd'hui des « formateurs de niveau supérieur qui font de la recherche, des formateurs par la recherche ». Presque tous reconnaissent que le professeur doit être à tous les niveaux, même au premier cycle, un véritable maître de sa discipline, quelqu'un qui a sans doute beaucoup lu, mais qui est aussi à la fine pointe du progrès de cette discipline.

Au fil des ans, l'Université a réalisé un équilibrage satisfaisant des fonctions universitaires d'enseignement et de recherche. C'est l'une de ses plus belles réussites et l'un des moyens les plus sûrs d'atteindre l'excellence dans sa mission éducative. Toutefois, pour maintenir l'enthousiasme des professeurs, notamment des plus jeunes, à l'égard de l'enseignement au premier cycle, elle ferait bien de tenir compte de façon plus explicite de la fonction enseignement dans les critères de promotion, de la valoriser dans son discours et les ressources qu'elle y consacre. Elle devrait, par ailleurs, renoncer à tout ce qui, même sous le noble prétexte d'assurer un partage plus équitable des tâches, pourrait éloigner les uns de l'enseignement, les autres de la recherche.

Pour en arriver à un partage plus équitable des tâches, le recteur Larkin Kerwin soutenait qu'il fallait briser « cette tradition du premier cycle ». Cela a été fait, mais sans que ne soit entièrement résolu l'épineux problème de l'équité. Les solutions envisagées pour contrer la démotivation et la fatigue des professeurs « les plus actifs en recherche » n'ont guère varié depuis 30 ans. L'approche de la modulation des tâches me semble s'apparenter aux tentatives d'imposer le statut de professeur-chercheur et l'idée d'accroître la tâche d'enseignement de ceux qui seraient peu ou pas actifs en recherche demeure une rumeur alimentée par des intentions non équivoques. Il existe des solutions viables et efficaces ; elles requièrent la comptabilisation de toutes les tâches de recherche, d'encadrement d'étudiants et de participation à l'administration accomplies par le professeur. Pour illustrer mon propos, j'invoquerai la politique suivie en cette matière par le Département d'histoire.

Ce dernier considère qu'une tâche correspond au travail moyen d'un cours. La charge de travail comporte sept tâches : normalement quatre cours, dont une majorité de premier cycle correspondant à la fonction enseignement de la tâche professorale, deux tâches de recherche et une tâche de participation, rayonnement et service à la collectivité. Toute activité reconnue comme excédant la tâche normale d'enseignement d'un professeur peut donner droit à des unités comptabilisées, permettant une compensation raisonnable, le plus tôt possible. Entrent dans cette catégorie les directions, les codirections et les évaluations de mémoires et de thèses. Ainsi, sur la base d'une tâche de cours valant 1.00 unité, une direction de mémoire de maîtrise ayant mené au diplôme vaut 0.25 unité ; une direction de thèse de doctorat 0.50 unité ; une codirection et lecture préalable d'une thèse de doctorat 0.20 unité. Chaque fois qu'il atteint une unité pour ces activités, le professeur peut réclamer un allègement d'une tâche d'enseignement.

Ce système est efficace. Est-il équitable ? Il l'est aux conditions suivantes :

– toute activité reconnue comme excédant la tâche normale doit être comptabilisée et effectivement compensée. Il ne saurait être question de bénévolat pour les professeurs qui encadrent plus d'étudiants des deuxième et troisième cycles que leurs collègues ;

– personne ne peut, de son propre chef, modifier l'une ou l'autre des composantes de sa tâche puisque cela mènerait inévitablement à la rupture de l'équilibre souhaité entre les fonctions enseignement et recherche. Aucun professeur ne demande de donner un ou deux cours de plus au premier cycle en contrepartie d'une diminution équivalente de sa tâche de recherche. L'inverse me semble aller de soi ;

– toutes les activités d'enseignement et de recherche doivent être rigoureusement évaluées. Il est plus facile d'évaluer l'accomplissement des premières que des secondes et cela est parfois source de récriminations. Les chercheurs subventionnés allèguent, souvent avec raison, que l'Université favorise indûment leurs collègues qui font de la recherche individuelle et non subventionnée en ne les soumettant pas à une procédure d'évaluation officielle ;

– la direction doit faire preuve de jugement dans l'attribution des tâches de premier cycle en répartissant équitablement l'enseignement aux grands groupes.

Ce système comporte des coûts relativement peu élevés. Surtout, il permet un partage plus équitable des tâches sans toucher aux acquis précieux de l'équilibre entre les fonctions universitaires. L'alternative est connue : ce sont les diverses mesures mises de l'avant depuis 30 ans sous une forme ou une autre et qui ont pour conséquence d'entraîner la hiérarchisation du corps professoral.

Bibliographie

Beaucage, Benoît (1994), « Comme un renard libre dans un poulailler vide », *Université*, 3, 5-6 (juin-juillet), p. 14-15.

CÉAR (Commission des études avancées et de la recherche) (1975), *Procès-verbal de la réunion tenue le 5 décembre*.

Commission de la recherche (1992), *Avis de la Commission de la recherche sur le volet institutionnel du plan directeur 1992-1997*, Université Laval.

Denis, Rock (1994), « Le mot du président. La productivité des professeurs », *Université*, 3, 3 (février), p.1.

Dion, Léon (1971), « Pourquoi la réforme de l'université », *Forum universitaire*, 8 (avril), p. 83-106.

Faculté des lettres (1992), *Plan directeur 1992-1997. Pour le développement du capital Lettres*, Université Laval (décembre).

Hamelin, Jean, *et al.* (1975), *Rapport du groupe de travail de l'Université Laval soumis à la Commission sur les études avancées dans les humanités et les sciences sociales* (février).

Kerwin, Larkin (1972), « Interventions de la salle », *Forum universitaire*, 10 (avril), p. 33-38.

Marcotte, Gilles (1994) « Quand le système de la recherche empêche le travail de la pensée », *Université*, 3, 5-6 (juin-juillet), p. 13.

Melançon, Robert (1993), « Éloge du loisir », *Université*, 3, 1 (novembre), p. 12 et 10.

Paquet, Jean-Guy (1971), « L'organisation de la recherche à l'Université », *Forum universitaire*, 9 (octobre), p. 43-68.

Paquet, Jean-Guy (1972), « Incidence des niveaux d'études et des formules pédagogiques », *Forum universitaire*, 10 (avril), p. 27-32.

Tremblay, Réal, et André Côté (1973), « La recherche universitaire », *Forum universitaire*, 11 (avril), p. 7-31.

Université Laval (1992), *Plan directeur 1992-1997. Volet institutionnel* (octobre).

État, partis et individus :
bilan en histoire
politique

L'individu marquant

Kenneth Munro
Département d'histoire
Université d'Alberta

La façon d'écrire l'histoire changea radicalement après la Seconde Guerre mondiale et Jean Hamelin a contribué au renouvellement, et ce, dans plusieurs domaines. Son apport à l'histoire politique et biographique notamment a laissé sa marque au Canada français aussi bien qu'au Canada anglais. Ainsi, en 1980, lors de son discours, le président de la Société historique du Canada, Robert Craig Brown, fit remarquer que, lorsqu'il s'agissait de biographies politiques, les historiens avaient tendance à se conformer aux mêmes façons de faire que dans les autres domaines de l'écriture historique. Il insista de plus sur le fait que « c'est lorsqu'on voit comment fut écrite l'histoire du Canada français que la quête d'une redéfinition du rôle de l'individu dans l'histoire, et de celle des relations entre biographie et histoire est la plus évidente » (Brown, 1980 : 2). Par le passé, on convenait que l'histoire ne devait traiter que de sujets politiques, tout comme on admettait qu'un historien écrive sur un mode essentiellement narratif (Himmelfarb, 1987 : 1). Or, les historiens comme Marcel Trudel, dans *Chiniquy*, et Guy Frégault, dans *François Bigot*, s'éloignèrent de la tradition de l'hagiographie pour s'orienter vers des recherches soignées et une analyse méticuleuse des sources. Après la publication, à la fin des années 1950, du *Frontenac* de W.J. Eccles, Fernand Ouellet se fit l'écho de l'école des *Annales* et de Namier en soutenant que la vie d'un individu pouvait faciliter «la découverte des structures de la société et [...] l'analyse des mouvements qui accompagnent ou précèdent les changements sociaux » (Ouellet, [1970] 1972 : 17, 29).

Suivant les conseils de Robert Mandrou (1970 : 11) et de Fernand Ouellet, qui prétendaient qu'une biographie devait informer et enrichir l'étude de l'histoire de la société, d'autres biographes politiques, comme Andrée Désilets, *Hector-Louis Langevin*, et Réal Bélanger, *Wilfrid Laurier,* enracinent le sujet de leurs études respectives dans le contexte économique et social de l'époque.

Alors que la nature, les méthodes, les conjectures et les desseins de la biographie politique ont changé considérablement dans les 50 dernières années, les historiens professionnels répugnent toujours à aborder ce domaine de l'histoire. Bien que d'éminents historiens de l'Université Laval et de l'Université du Québec, à Montréal en particulier, continuent de travailler à des biographies politiques, bien que plusieurs historiens aient participé à l'élaboration du prestigieux *Dictionnaire biographique du Canada* et en dépit du retour de la biographie comme digne champ d'étude en France, en Grande-Bretagne et aux États-Unis, ce domaine suscite peu d'intérêt parmi les historiens (Bélanger, 1992 : 184). Rejetée à la périphérie de la profession d'historien au Québec, la biographie politique persiste et ce sont des politicologues ou des journalistes qui s'en sont emparés pour assouvir la soif du public pour des études semblables.

Pour promouvoir l'utilisation de la « nouvelle histoire » dans le domaine de la biographie politique, Fernand Ouellet, dès 1970, dans son discours de président de la Société historique du Canada, prétend que les biographies « si propices aux exercices narratifs, aux brillantes envolées, à la mise au singulier des expériences collectives, ne pourront résister à ce changement de perspective » (Ouellet, [1970] 1972 : 28). Malheureusement, dans le cadre de la « nouvelle histoire » qui se veut totale, la « fièvre liée au drame des événements, au pouvoir des idées et à la dignité des individus » est souvent perdue (Himmelfarb, 1987 : 12). En fait, la « nouvelle histoire » rejette la conception aristotélicienne prédominante dans le monde occidental, celle de l'homme en tant qu'animal politique, rationnel et doué de libre arbitre. Selon Gertrude Himmelfarb (1987 : 23, 25, 31), en perdant la conception aristotélicienne, nous avons perdu quelque chose de précieux parce que la rationalité est la condition nécessaire à la liberté, à la libre pratique de la volonté individuelle. L'alternative est d'oublier l'expérience humaine et d'aboutir à un régime tyrannique. Le biographe politique ne peut jamais oublier que dans ce domaine, en particulier, tout comme dans toute histoire, il étudie l'homme dans la société, dans le passé, confronté à un problème particulier, entouré d'un groupe d'acteurs particuliers et enraciné dans une époque et un lieu particuliers (Stone, 1981 : 31).

À partir de là, trois axes s'ouvrent à l'historien de la biographie politique. D'abord, comme pour l'historien social, qui «se préoccupe surtout de la représentativité des hommes engagés dans le processus politique... » (Ouellet, [1970] 1972 : 29), l'examen de la carrière politique d'individus peut contribuer à expliquer le fonctionnement des institutions auxquelles ces individus appartenaient, les objectifs véritables cachés derrière le flot de l'éloquence politique. C'est aussi une façon de mieux comprendre leurs succès et d'interpréter les documents sur lesquels ils ont réfléchi (Stone, 1981 : 52). La vie de l'ancien premier ministre du Québec, Charles-Eugène Boucher de Boucherville, qui appartenait à une vieille famille seigneuriale respectée, pourrait être un très bon exemple de cet aspect de la biographie politique. Ensuite, selon Donald Creighton, l'essentiel de la biographie politique donne la place de l'individu dans la conjoncture politique. En effet, la biographie explique le rôle du libre arbitre en interaction avec les forces qui l'entourent (Stone, 1981 : 31; Creighton, 1972 : 19). La carrière politique de Joseph-Adolphe Chapleau, qui fut aussi premier ministre du Québec, illustre particulièrement bien cette facette. Enfin, la biographie politique répond aussi à la curiosité humaine (Halpenny, 1992 : 4-5), elle révèle l'esprit même de l'humain (Gittings, 1978 : 14). Les méandres dans la vie politique du sénateur François-Xavier-Anselme Trudel offrent un bon exemple de ce dernier aspect de la biographie.

Il serait fascinant d'étudier la carrière politique de Charles-Eugène Boucher de Boucherville si l'on entreprenait d'utiliser les suggestions proposées par Fernand Ouellet lors de son discours. Selon lui, il faudra écrire plus de biographies de gens influents au Québec, en utilisant, de façon plus systématique, l'approche biographique pour déceler les caractéristiques des individus engagés à tous les échelons de la politique, leurs valeurs et leur comportement

(Ouellet, [1970] 1972 : 31). À mon avis, Charles-Eugène Boucher de Boucherville fournirait un sujet d'étude idéal pour comprendre l'ancienne classe seigneuriale du Canada français, classe qui disparaissait dans la dernière partie du XIXe siècle.

Il est ironique de constater que les historiens ne se sont pas arrêtés au cas de Charles-Eugène Boucher de Boucherville, lui qui adorait l'histoire. Près du centre du pouvoir pendant plus de 50 ans, il représentait une classe d'individus tendant à disparaître. Il considérait les fonctions officielles comme une charge qu'il fallait accepter par devoir, pour le bénéfice de la communauté dans son ensemble. Il était en désaccord avec la nouvelle génération de politiciens professionnels qui recherchaient le pouvoir afin de diviser entre amis le butin des fonctions officielles. Catholique pratiquant, il était convaincu que la religion avait un rôle à jouer dans la communauté, contrairement à ceux qui étaient les partisans d'une séparation de l'Église et de l'État. En général, Boucher de Boucherville usait de son influence dans les coulisses de la politique. Travailleur infatigable, il estimait que seul le Parti conservateur pouvait travailler au bénéfice des Canadiens français au Québec.

Originaire d'une vieille famille seigneuriale, dont l'histoire était très liée à celle du Québec, Charles-Eugène Boucher de Boucherville fit ses études classiques chez les sulpiciens du Collège de Montréal avant de s'inscrire en médecine à l'Université McGill (Lalande, 1890 : 90 ; Turcotte, 1933 : 250). Comme tant de gens aisés de sa génération, il fit son internat à Paris, où il obtint son diplôme de médecin (Achintre, 1871 : 8). À son retour, il participa très activement à la vie de sa paroisse, joignant les rangs de la milice ; il développa et supporta financièrement et par ses conseils des œuvres de piété, de charité et d'autres, liées à l'éducation. Tout comme d'autres membres de famille seigneuriale et d'autres médecins, il se tourna vers la politique et s'y donna complètement. Comme beaucoup d'autres de sa classe, il fut élu à l'Assemblée et, au moment de la Confédération, fut nommé au Conseil législatif du Québec, où il resta jusqu'à sa mort en 1915 (Desjardins, 1902 : 72). Il exerça la fonction de président de la Chambre haute et devint donc automatiquement membre du gouvernement. Bien qu'il ait été éduqué chez les sulpiciens, Boucher de Boucherville se rangea du côté de l'évêque dogmatique de Montréal, Mgr Bourget, qui tentait de dégager l'Église de l'autorité civile quant à l'établissement des paroisses, l'éducation, le mariage et les services sociaux (Hamelin, 1974 : 135).

Boucher de Boucherville était perçu comme un homme qui s'intéressait principalement aux meilleurs intérêts de sa province plutôt qu'aux siens. Lorsque des politiciens « professionnels » causèrent des scandales, en particulier au sujet de l'affaire des Tanneries en 1874, le Parti conservateur se mit à la recherche de quelqu'un qui serait un exemple d'intégrité et se tourna donc vers la vieille élite dirigeante du Québec (Hamelin, 1974 : 150, 223). Boucher de Boucherville devint ainsi premier ministre du Québec, donnant l'occasion à ceux de sa classe de prouver leur valeur. Il y avait de quoi être intimidé par la tâche : il devait restaurer la confiance envers le Parti conservateur et en un bon gouvernement pour le Québec. Il avait le soutien de la majorité du Parti conservateur, celui de la hiérarchie catholique et du bas clergé, ainsi que celui de la communauté anglophone. Boucher de Boucherville parvint finalement à sortir les conservateurs du scandale des Tanneries et fit bien plus encore. Il assainit en partie la politique grâce à des réformes électorales comme le vote à bulletin secret, des élections organisées le même jour dans toutes les circonscriptions, de nouvelles qualifications des biens nécessaires pour voter et de nouvelles conditions d'éligibilité pour se présenter aux élections (Linteau et al., 1979 : 284 ; Hamelin, 1974 : 305-308). Ces nouveaux règlements électoraux représentaient une vague générale de réformes qui balayait les démocraties occidentales à cette époque. Dans le même esprit, Boucher de Boucherville abolit le ministère de l'Instruction publique, essayant ainsi d'empêcher toute ingérence politique dans le système éducatif (Wilson et al., 1970 : 186). En fait, les politiciens cédèrent le contrôle de l'éducation aux évêques de l'Église catholique et aux dirigeants protestants, chacun à la tête de leur comité respectif sous l'égide du conseil de l'Instruction publique (Linteau et al., 1979 : 285). L'éducation était maintenant censée être protégée de ce que beaucoup considéraient comme les influences néfastes du patronage politique.

Alors que la récession des années 1870 paralysait les initiatives individuelles et celles des entreprises, Boucher de Boucherville changea la politique ferroviaire provinciale : la construction du chemin de fer ne serait plus confiée au privé, mais serait nationalisée. Sous son mandat, le gouvernement reprit la construction des deux voies ferrées importantes le long de la rive nord du Saint-Laurent et de l'Outaouais – la North Shore, qui allait de Québec à Montréal, et la Montreal Northern Colonization Railway, de Montréal à Ottawa avec un raccordement à Saint-Jérôme. Cette nouvelle ligne de chemin de fer, créée par l'État, fut bientôt connue sous le nom de QMO&O (Young, 1978 : 83-89). Il y eut cependant des controverses qui finirent par précipiter la chute du premier ministre. Le lieutenant-gouverneur, Luc Letellier de Saint-Just, estimant que Boucher de Boucherville avait eu tort de forcer les municipalités à payer afin d'être en mesure de tenir la promesse de son parti de construire la voie ferrée, renvoya le premier ministre (Bonenfant, 1963 : 18 ; David, 1909 : 175-176). Boucher de Boucherville demeura à l'écart de cette querelle, mais il perdit la direction du Parti conservateur au Québec, ce dont il se consola en devenant sénateur à Ottawa quand Macdonald revint au pouvoir en 1878 (Munro, 1992 : 49).

De sa position à la Chambre haute à Ottawa et à Québec, Boucher de Boucherville continua ses attaques contre la corruption au sein du gouvernement. Il fut ainsi amené à dénoncer le dirigeant charismatique qui l'avait remplacé au Québec, Joseph-Adolphe Chapleau. Une fois élu premier ministre en 1879, celui-ci avait décidé de faire la fortune de ses amis en vendant le QMO&O ainsi que divers autres projets. Boucher de Boucherville s'éleva en particulier contre la tentative de Chapleau de créer une classe bourgeoise de Canadiens français en distribuant des hauts postes et autres avantages à ses amis proches et à ses alliés politiques. Le plus illustre de ces individus fut le chef d'entreprise de Montréal Louis-Adélard Senécal, à qui l'on permit d'acquérir le tronçon est du QMO&O et de le revendre avec profit en moins de six mois, bien qu'il en ait été nommé administrateur (Canada, Senate, *Debates*, 1883 : 436-437). En tant que membre de la classe seigneuriale, Boucher de Boucherville voyait d'un très mauvais œil les désirs et les manœuvres des nouveaux riches comme Senécal.

Parce qu'il s'opposait à la corruption, Boucher de Boucherville accepta l'offre que lui fit le lieutenant-gouverneur, Auguste-Réal Angers, de devenir de nouveau premier ministre du Québec en 1891, après qu'il eut démis de ses fonctions Honoré Mercier pour usage abusif des fonds publics de la Compagnie du chemin de fer de la baie des Chaleurs. Ensuite, lorsque Chapleau fut nommé lieutenant-gouverneur du Québec en 1892, Boucher de Boucherville s'empressa de démissionner du poste de premier ministre, ne voulant pas servir sous les ordres de quiconque qu'il jugeait indigne de cette haute fonction à cause de ses pratiques frauduleuses et corrompues (Waite, 1985 : 353). Boucher de Boucherville était parmi les très rares individus qui, à cause de son statut dans la société et de sa sécurité financière, pouvait faire passer ses principes avant tout le reste.

Sa carrière se poursuivit au sénat à Ottawa et au Conseil législatif à Québec. Là aussi il prouvait que cette ancienne classe dirigeante du Québec, qui vivait les années de son déclin, pouvait faire passer ses principes avant le reste. Boucher de Boucherville avait suivi des études en sinologie et avait une bonne connaissance de l'ethnie. Notamment, il était furieux que le gouvernement cana-dien tente d'enlever le droit de vote aux Chinois, sujets britanniques (Canada, Senate, *Debates*, 1903 : 318-320). Dans le domaine de l'éducation, Boucher de Boucherville prônait l'application du sys-tème scolaire mixte (catholique-protestant) du Québec aux régions à l'Ouest du pays – Manitoba, Saskatchewan et Alberta ; ainsi soutint-il le conservateur Charles Tupper lors des élections fédérales en 1896 parce que ce dernier avait promis la Loi réparatrice (Rumilly, 1942, VI : 220, 224, 257 ; VII : 88). Il rejeta le compromis Laurier-Greenway jusqu'à ce que les autorités catholiques lui ordonnent de l'accepter (Rumilly, 1942, VI : 171-173). Au Conseil législatif, il se battit contre Félix-Gabriel Marchand quand ce dernier tenta d'établir à nouveau un ministère de l'éducation au Québec (Rumilly, 1942, VI : 41, 198 ; Audet, 1971 : 111).

La biographie politique d'un politicien québécois aussi en vue que Boucher de Boucherville, qui représentait ce que la vieille classe seigneuriale de la province avait de mieux dans les années crépusculaires de son existence, nous permettrait non seulement de mieux comprendre l'homme, mais aussi de mieux comprendre la société et le milieu politique du Québec de la fin du XIXᵉ et du début du XXᵉ siècle. Une telle étude répondrait à l'une des plus grandes et des plus populaires demandes de toute l'« entreprise » historique.

La biographie politique historique constitue également une approche favorable pour révéler l'importance d'un personnage dans des circonstances particulières, où on le voit faire avancer l'histoire sur un chemin particulier. Le politicien en vue joue souvent un rôle de catalyseur et, en jouant de façon judicieuse avec le pouvoir, il fait avancer l'histoire dans une certaine direction. Le Québec de la fin du XIXᵉ siècle en offre un exemple frappant avec Joseph-Adolphe Chapleau qui fit du lien éthéré avec la France une réalité sur plusieurs plans. L'idée que le Québec et le Canada doivent entretenir des liens économiques plus étroits avec l'ancienne mère patrie n'était pas nouvelle, mais, grâce à sa forte personnalité et en qualité de premier ministre du Québec, Chapleau en fit une réalité.

En effet, des liens économiques avaient existé pendant plusieurs années avant que Chapleau ne devienne premier ministre et, maintenant, les Canadiens français se demandaient si le Québec devait rétablir des relations privilégiées avec la France afin que la nation canadienne-française puisse ainsi se développer de façon naturelle et prospérer. À cette époque, bon nombre d'intellectuels tenaient pour acquis que le Québec d'avant la Conquête représentait une société distincte, sinon une nation à part entière (Réveillaud, 1884 : 276-277), et ils ressentaient comme un affront le fait que la France ait abandonné ce « joyau de l'empire français » en 1763 (Rameau de Saint-Père, 1859 : 129 ; De Beaudoncourt, 1886 : 367 ; Casgrain, 1909 : 271). Bien qu'ils soient reconnaissants envers l'autorité britannique qui, avec l'Acte de Québec, avait reconnu l'existence du Canada français et, par la Loi constitutionnelle de 1791, lui avait garanti la liberté politique, il en fallait plus pour lui assurer sa survie et son développement. Quelques-uns de ces intellectuels, fascinés par les liens intimes entre la Grande-Bretagne et la société de pointe du Canada anglophone, cherchèrent donc à les imiter en ranimant les anciennes relations économiques entre le Québec et la France, relations qui avaient été interrompues par la Conquête.

Un débat public, au sujet de la reprise des liens commerciaux entre le Québec et la France, débuta quand le commandant français, Paul-Henri de Belvèze, remonta le Saint-Laurent dans la frégate, *La Capricieuse*, lors d'une visite d'amitié en 1855 (Wade, 1968 : 299-301). Cette initiative, soi-disant commerciale de Napoléon III, incluait des projets diplomatiques et culturels, ainsi que celui de la participation du Canada à l'Exposition universelle de Paris devant être tenue la même année. Cette visite, survenant peu après l'alliance anglo-française dans la guerre de Crimée, alliance qui favorisait aussi la reprise des relations entre le Canada français et la France, déclencha un débat passionné sur la question. Il y avait ceux qui ne voulaient aucune reprise de relations intimes avec la France. Par exemple, François-Xavier Garneau (1855 : 156-157), répondant à ceux qui se tournaient vers la France pour un soutien commercial et industriel, déclara que les domaines économiques étaient essentiellement du ressort de la Grande-Bretagne, et qu'« ils ne sont pas et ne peuvent être les passions dominantes du génie français [...] la France est par-dessus toute chose un pays agricole ». L'abbé Auguste Gosselin (1895 : 520-521), qui se consacrait à l'histoire de l'Église catholique au Canada, était convaincu qu'il n'était nullement besoin de chercher à restaurer des liens avec une France « athée », dont les Canadiens français avaient été protégés par la Providence, grâce à la Conquête.

Opposés à ceux qui rejetaient des liens commerciaux plus étroits avec la France, il y en avait d'autres, comme Joseph-Guillaume Barthe qui, bien qu'il fût né au Québec, fut emprisonné et forcé à l'exil en France pour avoir publié un poème incendiaire en 1838. En 1855, il écrivit son célèbre livre, *Le Canada reconquis par la France*. Barthe en appelait à la France pour revenir au Québec, en particulier en créant des relations commerciales entre les deux. Il avisa la France : c'est « à toi maintenant de décider si nous devons être punis de cette fidélité par un abandon complet... » (p. 259, 266-267, 296-297, 302). L'une des études les plus détaillées fut fournie par Gustave De Molinari, le rédacteur en chef, né en Belgique, du voltairien *Journal des débats*. Il fut envoyé ici par la Banque de Paris et des Pays-Bas en 1880 pour écrire un rapport spécial sur le Canada, dans l'espoir d'inciter les investissements français. De Molinari envoya à son journal basé à Paris un certain nombre de lettres dans lesquelles il développait longuement « la thèse de la décapitation » que beaucoup soutenaient à l'époque au Québec, thèse selon laquelle l'ancienne colonie française se trouva décapitée quand la Grande-Bretagne s'empara du Canada (Munro, 1992 : 74). De nombreuses familles seigneuriales ainsi que la plupart des fonctionnaires étaient retournés en France, laissant le clergé mener la lutte pour la survie. La rivalité commerciale entre les éléments français et anglais de la colonie s'était accrue, mais, parce que Londres leur envoyait des capitaux, les Anglais finirent bientôt par dominer (p. 74). Ceux qui soutenaient cette thèse affirmaient en outre que les capitaux britanniques arrivaient avec le personnel capable de les faire fructifier : ingénieurs, directeurs, administrateurs, comptables – pour la plupart jeunes, énergiques, des individus faisant preuve d'initiative, et qui avaient la capacité et la volonté nécessaires pour bâtir des fortunes. Ce groupe de dirigeants fit venir à son tour des hommes travailleurs et qualifiés qui devinrent les sous-officiers de cette armée industrielle. Pour pouvoir rivaliser avec les Canadiens anglais, les Canadiens français réclamèrent des capitaux et des immigrants à la France. Reprenant l'argument que Barthe avait développé dans *Le Canada reconquis par la France*, De Molinari préconisait l'instauration de liens financiers et commerciaux entre la France et les Canadiens français – analogues à ceux qui existaient entre la Grande-Bretagne et les Canadiens anglais – afin qu'ils puissent rivaliser dans le monde des affaires et de la finance (p. 74). Sinon, les Canadiens anglais continueraient d'être approvisionnés régulièrement en hommes énergiques, travailleurs et détenteurs de capitaux, des hommes impatients de vouer leurs talents aux affaires, alors que les Canadiens français, pour qui le commerce était condamné, continueraient de chercher à se réaliser en politique et dans l'administration (p. 74).

À la fin du XIXᵉ siècle, les Canadiens français étaient toujours aussi divisés sur la question : fallait-il ou non rétablir les relations économiques avec la France, comme elles avaient été 50 ans plus tôt lorsque le débat avait commencé. Finalement, grâce à la force politique d'un individu, Joseph-Adolphe Chapleau, le Québec opta pour des liens plus étroits, en dépit des dissensions. Ce fut bien un homme et sa grande volonté qui firent la différence.

Mise à part l'ouverture d'un bureau consulaire français au Québec en 1859 (Savard, 1970 : 14), ce n'est que lorsque Joseph-Adolphe Chapleau, devenu premier ministre en 1879, se rendit compte qu'il ne pouvait réconcilier les deux points de vue, qu'on opta pour promouvoir des liens économiques plus étroits. Ce n'est qu'en 1880, grâce à un prêt et à l'établissement du Crédit foncier franco-canadien, que Chapleau put finalement ouvrir les marchés financiers français au Québec (Munro, 1992 : 72). Chapleau mit en place une liaison maritime directe entre Rouen et la ville de Québec et persuada le gouvernement du Dominion d'imiter le Québec et d'ouvrir un bureau d'agent officiel à Paris afin de promouvoir les relations économiques et culturelles avec la France (Guénard-Hodent, 1930 : 5-7). Plus tard, en tant que ministre à Ottawa, il contribua à créer la Chambre de commerce française de Montréal (Savard, 1970 : 62) et il encouragea une participation canadienne à l'Exposition universelle de Paris en 1889, dans l'espoir de promouvoir les relations économiques entre le Québec et la France (Canada, House of Commons, *Debates*, 1891 : 5407).

Ainsi, ce fut dans le contexte du débat sur la question de savoir si un rapprochement économique entre le Québec et la France était souhaitable que Chapleau opta pour l'un des deux camps et qu'il atteignit son objectif. Le Québec et la France établirent effectivement des liens. Chapleau joua un rôle essentiel dans tout cela, parce que, même si les discussions étaient du domaine public bien avant qu'il ne devienne premier ministre du Québec en 1879, quasiment rien ne fut accompli pour sceller les liens avec la France avant son arrivée au pouvoir.

Enfin, la biographie politique comble aussi un besoin humain (Halpenny, 1992 : 5) et un coup d'œil sur la vie de François-Xavier-Anselme Trudel pourrait satisfaire ce besoin. Voilà un homme qui aspirait à atteindre les plus hauts sommets en politique. Malheureusement, il échoua, surtout à cause de ses passions déchaînées et de son mariage raté. Malgré ce double échec, dans les années 1880, il devint l'un des critiques les plus importants et les plus lus, non seulement du parti politique dominant au Québec, mais aussi de la société en général.

Trudel plaçait la politique au-dessus de la famille. Cette situation ne manquait pas d'ironie, car c'était précisément grâce à la famille de son épouse, Zoé-Aimée Renaud, que Trudel obtint, au départ, son entrée dans la haute société montréalaise (*La Minerve*, 4 mai 1864). C'est grâce à son beau-père, Louis Renaud, qu'il fut nommé au sénat, juste avant la chute du gouvernement Macdonald en 1873 et c'est ce siège à la Chambre haute du Canada qui lui donna sa plate-forme politique pour le restant de ses jours (Garon, 1985 : 209). Trudel semblait destiné à un bel avenir politique, malheureusement il refoula sa famille au second rang et c'est ce choix qui provoqua finalement sa chute.

Faisant passer en premier ses engagements envers le Parti conservateur au moment de l'affaire des Tanneries, il resta à Québec pour participer au débat pendant qu'un de ses enfants gisait à l'article de la mort à Montréal. Zoé-Aimée Trudel fut anéantie quand l'enfant mourut, mais Trudel refusa toujours de reconnaître qu'il avait eu tort de rester à Québec au lieu de se précipiter auprès de son enfant mourant et de sa femme éperdue (Massicotte, 1935 : 623 ; *L'Étendard*, 4 décembre 1884). Selon elle, puisque son mari se reconnaissait comme le chef de famille, il se devait de faire son devoir de père. Petit à petit, elle en vint à le haïr et décida de lui faire payer son chagrin. Trudel fut anéanti quand son épouse l'assigna en justice pour une séparation de corps, qu'il ne pouvait admettre à cause de sa profonde foi catholique, et quand de plus, usant d'un ingénieux stratagème, elle engagea pour exposer son cas à la cour son vieil ennemi, Joseph Doutre, avocat libéral radical (ANQ, Fonds Léon Trépanier, 1880 ; Canada, Senate, *Debates*, 1877 : 355). Zoé-Aimée Trudel avait trouvé le moyen idéal de détruire les ambitions politiques de son mari : elle l'humilia publiquement par un procès qui constituait une attaque envers l'enseignement de la foi catholique à laquelle il était tellement attaché. À la suite de ce procès public, Trudel savait qu'on ne lui permettrait jamais d'atteindre la position qu'il convoitait au Cabinet. En effet, ses options politiques étaient désormais limitées au Québec.

Puisque les portes s'étaient refermées en politique, Trudel se tourna vers le journalisme et c'est dans ce domaine que la plupart des gens se souviennent de lui. Du rôle d'acteur en politique, il passait maintenant à celui de critique politique (*L'Étendard*, 22 novembre 1887). Représentant assurément la voix d'une minorité, Trudel exerça cependant un pouvoir considérable sur l'opinion publique ; les conservateurs, tout au moins, prêtaient une attention particulière à ce qu'il écrivait. Trudel jouissait d'une grande popularité parmi le bas clergé et il bénéficiait d'un soutien considérable parmi la hiérarchie catholique. Son influence fut souvent négative dans le sens qu'il empêcha des individus, comme Chapleau, d'atteindre tous leurs objectifs politiques. En effet, beaucoup d'historiens soutiennent que Trudel avait aidé à détruire le gouvernement de Chapleau afin d'amener au pouvoir le nationaliste et libéral Honoré Mercier en 1887 (Munro, 1992 : 143 ; Rumilly, 1975 : 330-334, 342 ; Désilets, 1969 : 386).

Au temps où Trudel avait la possibilité de se servir de son siège au Sénat comme d'une plate-forme pour ses intérêts particuliers, son journal *L'Étendard* devint son principal porte-parole en faveur de la « pureté en politique » (19 avril, 9 juin, 13 août, 25 octobre 1883). Dès le moment de la création de son journal en 1883, cette question eut l'heur de le ronger. Il était convaincu que la nation canadienne-française était corrompue par le genre de politique pratiqué par Joseph-Adolphe Chapleau et ceux de son espèce qui se servaient du pouvoir du gouvernement provincial à des fins personnelles, plutôt qu'à celles de la nation. Quand, en 1882, Chapleau décida de vendre à la Compagnie du chemin de fer canadien du Pacifique et à son ami Louis-Adélard Senécal le chemin de fer QMO&O, propriété du gouvernement provincial, Trudel en vint à conclure qu'il y avait corruption et trahison des intérêts du Québec. Trudel fut particulièrement ulcéré que Chapleau prétende avoir vendu le tronçon est du QMO&O à Senécal afin de l'empêcher de tomber entre les mains de la « redoutable » compagnie anti-canadienne-française, le Grand Tronc, et lorsque, six mois plus tard, Senécal fit volte-face et vendit ce même tronçon au Grand Tronc avec, apparemment, un énorme profit, Trudel cria au scandale. Il était convaincu que les intérêts de la nation étaient menacés et que Chapleau cherchait un profit personnel (Munro, 1992 : 85-98).

En plus des affaires économiques, Trudel commença à s'inquiéter sérieusement des opinions de Chapleau sur l'Église catholique et sa place dans la société canadienne-française. Pour les nationalistes du XIXᵉ siècle, l'Église catholique était au cœur même de la culture canadienne-française, au sein même de la nation. En conséquence, tout ce qui nuisait à l'Église était nuisible à la nation. Quand Chapleau appuya l'Université Laval à Québec, d'orientation libérale, dans son effort pour établir une branche à Montréal, au lieu d'appuyer la création d'une université de Montréal autonome sous une direction plus conservatrice, Trudel ragea (Lavallée, 1974 : 100). De plus, Trudel accusa Chapleau de menacer le bien de la nation en votant des lois qui permettaient une plus grande ingérence de l'État dans les institutions gérées par l'Église, des écoles aux hôpitaux (Trudel, 1882). Par son rôle de critique en politique et de critique de la société, Trudel gagna le respect et l'admiration que sa carrière politique ne lui a jamais permis d'atteindre.

Comme ces exemples nous le démontrent, la biographie politique, l'histoire de l'individu marquant, évolue certainement au Québec depuis quelques décennies. Toutefois, il est regrettable qu'une approche aussi efficace de l'étude de la politique et de la société soit confinée à la périphérie de la profession d'historien, peu de jeunes historiens adoptant en effet cette modeste méthode pour comprendre le passé. Malgré tout, je crois qu'elle ne pourra que s'imposer à la longue.

Bibliographie

1. Sources manuscrites

ANQ, Fonds Léon Trépanier.

2. Documents parlementaires

Canada, House of Commons, *Debates.*

Canada, Senate, *Debates.*

Desjardins, Joseph (1902), *Guide parlementaire historique de la province de Québec*, Québec, Bibliothèque de la législature.

3. Journaux

L'Étendard

La Minerve

4. Études et brochures

Achintre, Auguste (1871), *Manuel électoral*, Montréal, Duvernay.

Audet, Louis-Philippe (1971), « Le projet de ministère de l'Instruction publique en 1897 », dans Marcel Lajeunesse (dir.), *L'éducation au Québec*, Montréal, Boréal Express, p. 77-113.

Barthe, Joseph-Guillaume (1855), *Le Canada reconquis par la France*, Paris, Ledoyen.

Bélanger, Réal (1992), « Écrire sur la carrière politique de Wilfrid Laurier : quelques réflexions et hypothèses sur la biographie de personnages politiques au Québec », dans R. B. Fleming (dir.), *Boswell's Children*, Toronto/Oxford, Dundurn Press, p. 177-190.

Bonenfant, Jean-Charles (1963), « Destitution d'un premier ministre et d'un lieutenant-gouverneur », *Cahiers des Dix*, p. 289-298.

Brown, Robert Craig (1980), « Biography in Canadian History », *Communications historiques*, p. 1-8.

Casgrain, Henri-Raymond (1909), *Wolfe and Montcalm*, Toronto, Morang (coll. The Makers of Canada).

Creighton, Donald (1972), *Towards the Discovery of Canada*, Toronto, Macmillan.

David, Laurent-Olivier (1909), *Histoire du Canada*, Montréal, Beauchemin.

De Beaudoncourt, Jacques (1886), *Histoire populaire du Canada*, Paris, Bloudet Barral.

Désilets, Andrée (1969), *Hector-Louis Langevin*, Québec, PUL.

Garneau, François-Xavier (1855), *Voyages en Angleterre et en France*, Québec, Augustin Côté.

Garon, Louis (1985), « Un homme politique ultramontain : François-Xavier-Anselme Trudel », dans Nive Voisine et Jean Hamelin (dir.), *Les ultramontains canadiens-français*, Montréal, Boréal Express.

Gittings, Robert (1978), *The Nature of Biography*, Seattle, University of Washington Press.

Gosselin, Auguste (1895), *L'Église du Canada*, Paris, Letouzey.

Guénard-Hodent, Maurice (1930), *La tradition renouée*, Paris, Paris-Canada.

Halpenny, Frances G. (1992), « Expectations of Biography », dans R. B. Fleming (dir.), *Boswell's Children*, Toronto/Oxford, Dundurn Press, p. 3-24.

Hamelin, Marcel (1974), *Les premières années du parlementarisme québécois*, Québec, PUL (coll. Cahiers d'histoire de l'Université Laval).

Himmelfarb, Gertrude (1987), *The New History and the Old*, Cambridge, Mass., Harvard University Press.

Lalande, Louis (1890), *Une vieille seigneurie, Boucherville*, Montréal, Cadieux et Derôme.

Lavallée, André (1974), *Québec contre Montréal*, Montréal, PUM.

Linteau, Paul-André, René Durocher et Jean-Claude Robert (1979), *Histoire du Québec contemporain*, Québec, Boréal Express.

Mandrou, Robert (1970), « L'historiographie canadienne-française. Bilan et perspectives », *CHR*, 51 (mars), p. 5-20.

Massicotte, Édouard-Zotique (1935), « La famille du sénateur F.-X.-A. Trudel », *Bulletin des recherches historiques*, 41, 10 (octobre), p. 615-623.

Munro, Kenneth (1992), *The Political Career of Sir Adolphe Chapleau*, Lewiston, Edwin Mellen Press.

Ouellet, Fernand ([1970] 1972), *Éléments d'histoire sociale du Bas-Canada*, Montréal, Hurtubise.

Rameau de Saint-Père, Edme (1859), *La France aux colonies*, Paris, Jouby.

Réveillaud, Eugène (1884), *Histoire du Canada*, Paris, Grossart.

Rumilly, Robert (1942,), *Histoire de la province du Québec*, Montréal, Bernard Valiquette, vol. VI-VII.

Rumilly, Robert (1975), *Honoré Mercier*, Montréal, Fides, 2 vol.

Savard, Pierre (1970), *Le consulat général de France à Québec*, Québec, PUL.

Stone, Lawrence (1981), *The Past and the Present*, Boston, London and Henley, Routledge et Kegan Paul.

Turcotte, Gustave (1933), *Le conseil législatif de Québec, 1774-1933*, Beauceville, L'Éclaireur.

Trudel, François-Xavier-Anselme (1882), *Le pays, le parti et le grand homme*, Montréal, Gilbert Martin.

Wade, Mason (1968), *The French Canadians*, Toronto, Macmillan, vol. I.

Waite, P.B. (1985), *The Man from Halifax*, Toronto, University of Toronto Press.

Wilson, Donald J., Robert Stamp et Louis-Philippe Audet (dir.) (1970), *Canadian Education*, Scarborough, Prentice-Hall.

Young, Brian (1978), *Promoters and Politicians*, Toronto, University of Toronto Press.

Ruses de la raison libérale ? Éléments pour une problématique des rapports État/individu au XIXe siècle

Jean-Marie Fecteau
Département d'histoire
UQAM

DISCOURS ET PRATIQUE DES RAPPORTS ÉTAT/INDIVIDU

Interroger l'histoire des rapports entre l'État et l'individu semble, à première vue, une tâche relativement facile. Ne s'agit-il pas en effet de faire le repérage et la radioscopie des lieux où la personne rencontre l'institution étatique, représentant par excellence du collectif national ? Un tel exercice nous permet, dans un premier temps, de départager trois dimensions du politique : d'abord les modes de représentation de l'individu dans le collectif, puis l'efficace et l'extension du pouvoir exécutif et bureaucratique, enfin l'organisation des modes de gestion des litiges par le système judiciaire (Fecteau, 1986a). L'appareil étatique est donc vu simplement ici comme le mode de matérialisation de la souveraineté, de la réglementation publique et de la faculté de juger. À cette définition essentiellement fonctionnelle de l'État correspond la saisie au premier degré de l'individu comme unité première de la socialité, comme atome constitutif de l'ensemble social devenu, au long de l'histoire de la démocratie et du libéralisme, porteur de droits civils, politiques, puis sociaux.

Dans un deuxième temps et comme suite logique à cet exercice, on analysera les lieux multiples de mise en contact entre l'État et l'individu. Un premier regard empirique nous permettrait, par exemple, de distinguer un rapport où l'individu est *sujet* de la relation : dans cette catégorie de rapports peuvent être inclus les modes de construction de la légitimité politique à travers la procédure de *représentation* (élections, partis, règles de prise de décision, etc.). On peut aussi intégrer sous cet aspect des rapports individu/État les multiples formes de « recours » du citoyen à l'appareil d'État, soit sous sa forme judiciaire (*litigation*) ou comme dispensateur de biens et services (demandes de subventions et autres formes d'aide, utilisation des services publics (Fougères, 1992).

L'individu peut aussi, sous un deuxième angle d'approche, être « objet » de la relation : on est ici en présence d'une richesse pléthorique de formes d'intervention de l'État sur l'individu, allant des divers modes d'encadrement des comportements (de la nation aux codes civil et criminel) jusqu'au foisonnement de la logique réglementaire au sein des formes diverses de la vie sociale (hygiène, travail, commerce, consommation, loisirs, etc.), en passant par l'organisation et la gestion plus ou moins directes des services d'infrastructure (transport, monnaie, santé et services sociaux, etc.).

Une histoire écrite selon ces paramètres est, bien sûr, précieuse, et reste pour une bonne part à faire. Mais il faut s'interroger sur ses conditions d'intelligibilité et prendre conscience du danger qu'une telle entreprise, tout en produisant une foule de connaissances empiriques fort utiles, masque par sa relative simplicité la complexité du problème auquel fait face tout historien ou historienne qui s'interroge sur la logique qui préside aux rapports entre l'État et l'individu ou, pour mieux dire, entre la personne physique et les formes d'expression de la collectivité, y compris cette instance suprême qu'est l'État.

On reste en effet frappé par la relative linéarité de l'histoire que l'on a fait de cette relation. Ainsi, si l'on en croit autant le sens commun que sa version scientifique, l'histoire montrerait, depuis le XVIIIe siècle, une lente érosion de l'autonomie individuelle au profit de l'appareil bureaucratique. Que ce processus soit attribué à la domination graduelle de la rationalité bureaucratique (de Hegel à

Weber), aux contraintes de l'accumulation du capital (de Marx à Gramsci) ou aux répercussions de la complexification sociale (de Durkheim à Parsons), on reste en présence de l'un des truismes les plus durables des sciences sociales. Même la « déconstruction » du concept d'État et la redécouverte de la capillarité des pouvoirs dans la démarche foucaldienne, exprimée par la problématique de la « gouvernementalité », sacrifie à l'appel d'une histoire linéaire ou, pire, téléologique. On pourrait montrer comment la déconstruction des pôles analytiques que sont l'individu et l'État s'opère trop souvent sur un canevas profondément continuiste et formaliste. Mais ce n'est pas ici le lieu. Dans ce domaine comme pour les études de la transition au capitalisme[1], la recherche des origines ou des généalogies prévaut sur l'étude attentive des ruptures. Ainsi, selon que l'État soit défini comme appareil bureaucratique ou militaire (Meyer, 1983), comme organisation démocratique (Bénoit, 1978), comme instrument de régulation sociale (Ewald, 1986) ou même comme forme culturelle (Corrigan et Sayer, 1985), on trouvera une périodisation fort différente de l'institution étatique, mais dans laquelle l'histoire n'est au fond que le développement d'une logique profonde dont tous les éléments sont contenus dès le moment des origines. C'est au contraire notre thèse qu'une histoire de l'État implique avant tout une histoire des formes diverses et historiquement changeantes que prend l'organisation « politique » des collectivités humaines. L'État n'est qu'« une » des formes de structuration du politique et encore, cette forme subit-elle une série de mutations fondamentales au cours de son histoire. C'est aussi notre hypothèse que ces mutations ne se résument pas à ces grandes ruptures que sont l'État monarchique, la démocratie et la bureaucratie administrative contemporaine, mais que l'État contemporain lui-même, tant au plan de sa structure fondamentale qu'à celui de ses modes d'insertion dans la société civile, subit périodiquement de profondes transformations, et ce, jusqu'au milieu du XXe siècle.

Nous postulons enfin que l'appréhension des rapports entre l'individu et l'État ne peut se faire pertinemment que par le repérage et l'analyse de ces moments de ruptures, ruptures conjoncturelles

---

1. Nous avons développé ce point dans Fecteau (1986b).

qui remettent en jeu autant la vision que l'on se fait du rapport individu/société que ses formes de matérialisation dans l'espace social. En d'autres termes, autant il serait simpliste de parler d'« un » individu aux prises avec l'État depuis les premiers temps de la rationalisation politique, autant on ne saurait concevoir « un » État, « gouvernementalisé » ou pas, étendant peu à peu ses ramifications multiples sur la société civile et les individus qui la composent.

On devrait plutôt parler de fragiles et changeantes « conjonctures » où le discours tenu sur l'individu et sur l'État se transforme dans sa confrontation avec l'action concrète et les modes historiques d'organisation étatique, dans un contexte précis où les rapports de force entre groupes sociaux restent à évaluer précisément. Dit autrement, l'histoire des rapports entre l'individu et l'État est un très bel exemple de la dialectique complexe et « changeante » qui se tisse entre le discours et les pratiques sociales.

Toute histoire des rapports entre les individus et l'État pose donc « avant tout » la question de l'« économie » des relations entre le tout et la partie, dans une société donnée. Cette économie repose, à la fois et en même temps, sur l'adéquation toujours problématique entre une vision hégémonique du monde (dans le cas qui nous intéresse la vision que nous appellerons, faute d'un meilleur terme, « libérale ») et les problèmes concrets posés par le gouvernement des hommes et des femmes[2]. Ces deux pôles de référence (vision du monde et système politique) s'inscrivent l'une dans un discours, l'autre dans des institutions et des pratiques de gouvernement qui connaissent d'importantes mutations au XIXe siècle, mutations concomitantes où les termes du discours[3] et les formes de l'institution interagissent de façon dynamique et dialectique. Comprendre ces

---

2. Un de ces problèmes concrets est constitué par ce que j'appellerais l'hypothèque institutionnelle, soit les effets propres de la cristallisation/coagulation des rapports sociaux dans une structure d'organisation que dépasse l'individu tout en l'incluant, que ce soit l'État, l'Église, le syndicat ou le club de quilles du quartier (Chevallier, 1981). Sur ce point voir plus loin.

3. La mutation des « termes » d'un discours indique ici le déplacement, à l'intérieur d'un complexe discursif, des éléments de ce complexe sous la poussée des contradictions internes comme des défis externes. Elle n'empêche pas la relative « transhistoricité » des idéologies analysée par Patrick Tort (1983 : 10), mais elle

mutations et saisir leurs répercussions, c'est se donner les moyens de fixer la toile de fond des multiples rapports qui se tissent entre les individus et l'État, en saisissant « à la fois » le flottement du discours sur l'individu dans l'univers de pensée libéral, et les modalités et contraintes de l'insertion de l'État dans une société civile régulée par la loi du marché[4].

Cependant, l'analyse des rapports entre les individus et l'État n'impose pas seulement de bien rythmer la dialectique des rapports entre discours et pratique de gouvernement. Elle impose aussi de bien saisir les modalités spécifiques d'organisation du tout social dans les sociétés libérales. C'est que l'État n'est pas, n'a jamais été d'ailleurs, malgré les prétentions démocratiques libérales, l'institution suprême qui exprime et résume en elle l'unité des individus dans la nation. Dans l'espace social délimité par cette nation, se présentent en effet une foule de cristallisations sectorielles, d'*institutions*, qui constituent autant d'appareils de socialisation et de pôles d'identification au collectif. Ces entités ne doivent pas être vues simplement comme médianes[5] ou médiatrices entre l'État et l'individu, mais comme constituant plutôt des modes de regroupements plus ou moins hiérarchisés, plus ou moins autonomes, qui en viennent à quadriller l'existence sociale et à l'inscrire de façon particulière dans la durée[6]. Dans des circonstances historiques

---

permet de suivre ses transformations dans le temps, comme dans le cas, analysé ici, du discours libéral sur l'État. C'est ainsi que la place et même le sens des concepts fondamentaux du libéralisme (tels « individu », « progrès », « liberté », « égalité », « société civile », « État », etc.) peuvent changer quant au contexte historique de leur utilisation sans que ce discours devienne moins « libéral » !

4. Sur ce point précis, l'œuvre de Karl Polanyi ([1944] 1963) reste irremplaçable.

5. Je fais allusion ici aux trop fameux « corps intermédiaires » du discours pluraliste qui médiatisent le rapport de l'individu au tout. Voir sur cette question la brillante critique de Claus Offe (1981).

6. Il faut voir en effet l'institution comme une modalité particulière d'organisation collective des individualités par rapport au « temps », dans la mesure où l'institution a une durée indépendante des diverses temporalités exprimées par les adhésions individuelles. On est donc en présence d'une structure à la fois abstraite (immatérielle) et concrète (dotée d'un efficace spécifique) qui a sa temporalité propre et qui peut donc par là-même transmettre « à travers le temps » une valeur, une pratique ou même un rapport de pouvoir.

particulières, certaines institutions peuvent même se présenter comme « concurrentes » de l'État, en ce qu'elles revendiquent une meilleure « gestion » du sens dans la durée, un repérage identitaire supérieur ou plus simplement une meilleure capacité à satisfaire certains besoins collectifs de la communauté. C'est le cas notamment, à des niveaux différents, de l'Église, de l'organisation syndicale et de l'entreprise. Vues sous cet angle, les institutions de la « société civile » (Rangeon, 1986) peuvent donc devenir directement « politiques », du moment où elles peuvent prétendre gérer « à la place de l'État » certaines dimensions de l'existence collective, comme l'éducation, la charité, la production. Dans ces circonstances, l'État se doit de composer avec ces divers collectifs institutionnalisés. Le degré de « collaboration » dans le partage des responsabilités du gouvernement des hommes dépend étroitement de la conjoncture historique et explique en partie pourquoi, sur le fond d'un développement économique particulièrement synchronique et homogène à partir du milieu du XIXe siècle en Occident, on a une telle diversité d'organisations étatiques (du modèle allemand au modèle américain)[7].

C'est ici qu'il devient important de prendre la mesure du discours libéral. Par-delà sa relative « transhistoricité », ce dernier manifeste un rapport particulièrement problématique au « tout », dans la mesure où, en dernière instance, le libéralisme « ne peut être que politique ». En d'autres termes, beaucoup plus qu'une philosophie de l'individualisme, le libéralisme se présente comme une façon particulière de penser les rapports entre le tout social et ses parties constituantes : il exprime ce moment dans l'histoire où le marché, comme mode de régulation, demande la reconstruction du politique selon la logique de la démocratie[8]. C'est en ce sens que le libéralisme doit être compris dans une acception beaucoup plus large que celle d'une simple « conception du monde ». Il se présente comme un véritable mode d'exister qui enserre l'individu dans une « éthique » personnelle spécifique et définit un cadre comporte-

---

7. Sur ce, voir l'analyse très neuve de Michael Mann (1993).

8. Y compris les conditions de sa perversion éventuelle dans la dérive fasciste, par exemple.

mental qui touche l'agir jusque dans sa dimension morale. Il se manifeste donc non seulement par des « valeurs », mais aussi par des réflexes précis qui forment la substance même du rapport social[9]. Comme tel, le libéralisme représente donc un moment majeur dans l'histoire du politique en Occident. Mais pour bien comprendre la portée réelle de ce moment, il nous faut revoir son histoire, montrer comment l'interprétation traditionnelle de cette histoire nous empêche de penser l'évolution des rapports État/individus au XIXe siècle. Le libéralisme est en effet défini comme l'amalgame dynamique de trois des valeurs fondamentales de notre temps : la liberté, l'individualisme et la propriété. Depuis Locke jusqu'à James S. Mill, cet amalgame est vu comme porteur d'un message qui a réussi à subvertir de fond en comble l'ordre féodal, permettant l'avènement du monde moderne. Ce n'est qu'avec la croissance des idéologies socialistes ou collectivistes que le libéralisme, dans la seconde moitié du XIXe siècle, pourra trouver un adversaire à sa mesure. Soudainement placé sur la défensive par la montée des luttes de classes (ou, selon une version plus « neutre », par les contradictions de la croissance du monde industriel), il lui faudra bientôt lutter sur deux fronts : contre le communisme et contre les différentes formes de corporatismes se présentant comme des voies médianes entre le capitalisme et le communisme. La révolution keynésienne ne viendra consacrer la victoire de cette idéologie que pour enfoncer cette dernière dans des contradictions encore plus grandes, ce qui permet de comprendre l'émergence, à partir des années 1970, du néolibéralisme. C'est évidemment sur cette toile de fonds que s'interprète l'histoire traditionnelle de l'État, comme longue lutte de l'individu (ou de la « liberté ») devant une entreprise de soumission, qui va du pouvoir monarchique à l'État-providence.

---

9. Je pense ici aux prénotions morales et aux techniques comportementales issues de la pratique du marché et qui sont à la source de l'agir libéral, tels la responsabilité personnelle assumée pour la conséquence de ses actes, l'éthique de la promesse tenue, la faculté de formuler des projets d'avenir et des stratégies pour les réaliser, le réflexe de poser l'individu comme préalable au rapport social, la perception du temps comme progrès ou espace de déploiement des initiatives, celle de l'espace comme lieu de confrontation des individualités, etc. Pour une réflexion dans ces termes, voir Thomas L. Haskell (1985).

Ainsi, l'histoire des rapports entre l'État et les individus devient-elle, par glissement successif de la problématique, celle du libéralisme. Replacer cette problématique « sur ses pieds », c'est interroger les moments de rupture où le mode d'insertion de l'individu dans le tout global, comme l'image que l'on s'en fait, se trouve bouleversé par l'histoire.

L'INDIVIDU SANS LE LIBÉRALISME : LE LONG XVIIIe SIÈCLE (1680-1815)

Ce n'est qu'au prix de profonds contresens que l'on fait du XVIIIe siècle le moment où se déploie le libéralisme dans l'espace social, de Locke à Smith, de Rousseau à Condorcet. Depuis une quinzaine d'années, une série de travaux importants ont entrepris une relecture fondamentale des classiques de la pensée politique et de l'économie politique des XVIIe et XVIIIe siècles[10]. L'apport premier de ces travaux a été de montrer comment l'indéniable et croissante importance de l'individu dans la pensée économique et politique ne débouche aucunement sur la constitution d'un quelconque « individualisme ». On peut démontrer comment l'individu au XVIIIe siècle est tout sauf « libéral », comment il doit être pensé avant tout comme élément *problématique* du tout social (*polity*). L'État monarchique est perçu moins comme une entrave à la liberté individuelle que comme un obstacle à la constitution d'une société politique parfaite dans laquelle l'individu renouvelé viendrait se fondre. C'est pourquoi on oppose à la monarchie non pas l'intérêt individuel, mais la vertu du propriétaire foncier face à la corruption monarchique (Pocock, 1985 : 50-71 ; Thompson, 1975) ou encore un contrat préalable fondé dans la nature et la raison (Sledziewski, 1989 : 39-62 ; Lessnoff, 1986). En contrepartie, même chez Adam Smith, la découverte des vertus du marché et de la « main invisible » ne s'oppose aucunement au pouvoir de l'État de réguler en dernière instance les acteurs économiques : Smith s'en prend plutôt aux obstacles, notamment les monopoles de toutes sortes, qui empê-

---

10. Parmi une bibliographie de plus en plus importante, on consultera en priorité Pocock (1985), Tribe (1978), Dean (1991) et Sledziewski (1989).

chent la libre circulation des biens et des personnes (Tribe, 1978 : 80-146). Dans ce contexte, la revendication de la liberté de l'homme apparaît essentiellement comme une étape nécessaire au rétablissement de la « vertu civique » comme qualité première de l'individu. Il s'agit donc avant tout, non pas de diminuer l'État, mais de promouvoir un individu à la mesure du collectif politique à construire. L'individu ne « précède » pas le tout, mais il se trouve transcendé dans le tout. On comprend ici l'hostilité des penseurs libertaires du XVIIIᵉ siècle, de Rousseau à Smith, pour toutes les formes de regroupements entre l'État et le citoyen. On comprend aussi l'importance de la « vertu » comme mode de conformité de l'individu au tout, notamment dans les moments de crise comme la Terreur, dans la France de la fin du XVIIIᵉ siècle. Le postulat de fond est que la « société civile », formée d'hommes égoïstes et soumis à toutes les passions, apparaît comme une construction artificielle et fragile tant que cette union n'est pas postulée par l'idée d'un contrat social initial (Rousseau) ou garantie par un gouvernement oligarchique modéré (Hume). La grande découverte de l'école écossaise d'économie politique, avec Smith en tête, est que ces « passions égoïstes », régulées par l'intérêt individuel, sont productrices de prospérité quand elles régulent la « circulation » des biens (Hirschman, 1980). Mais de là à en faire un principe d'organisation « politique », il y a un pas de géant qui ne sera franchi qu'au début du XIXᵉ siècle. En ce sens, les révolutions de la fin du XVIIIᵉ siècle, en Europe comme en Amérique, peuvent difficilement apparaître comme des victoires de la pensée libérale. Elles replacent au contraire au sein du débat politique la question de la liberté et elles veulent assurer à l'individu vertueux le soutien d'un État repensé : tous les obstacles artificiels brisant la continuité naturelle entre le citoyen vertueux et sa forme collective de manifestation, l'État, tels la corruption des ministres, l'arbitraire du despotisme, les privilèges des corps constitués, le poids des coutumes irrationnelles, ont été éliminés. Les révolutions ont surtout montré la fragilité de ce nouvel univers politique et la nécessité d'enserrer l'individu dans un ensemble codifié de règles collectives. On peut ainsi lire le Code civil napoléonien de 1804 comme une tentative de « contrôler » les éventuels dérapages d'une société d'individus dorénavant reconnus comme libres. Le marché est bien vu ici comme potentiellement nocif à l'équilibre politique de la nation[11]. En fait, la mise en place de la légitimité démocratique au tournant du XIXe siècle accompagne et suppose à la fois un énorme effort de « réforme des masses » qui a très peu à voir avec la liberté individuelle face à l'État : elle constitue au contraire une entreprise de « constitution » de l'individu sur le modèle de la vertu civique classique, construction utopique à laquelle la philanthropie a apporté une contribution majeure[12]. On peut comprendre aussi que, dans une société qui n'a pas encore appris à se défier d'un État démocratique, la pensée utilitariste d'un Bentham (1830) puisse s'accommoder d'un vaste programme de régulation étatique du social. Dans ce contexte, la souveraineté du peuple, réalisée selon l'idéal démocratique révolutionnaire, apparaît comme une totalité à la fois individuelle et collective, où il n'y a pas de solution de continuité entre le citoyen et l'instance politique supérieure : comme si l'unique qu'est l'individu trouvait en lui-même, dans les termes de sa propre vertu, les éléments du tout social.

L'APOGÉE AMBIGUË DU LIBÉRALISME (1820-1870)

La suite de l'histoire, l'avènement de la révolution industrielle, les révolutions nationales et la mise en place des démocratries censitaires, va servir de toile de fond à un réaménagement de grande envergure de la pensée politique. L'économie politique a non seulement systématisé la pensée smithienne, mais elle l'a même étendue au domaine de la production, créant de ce fait une science complète de l'économie potentiellement capable d'inclure dans son cadre épistémologique le problème de la souveraineté et de l'État. Plus précisément, ce qui se dessine est une réinterprétation de la légiti-

---

11. Voir l'intéressante démonstration de Xavier Martin (1985). C'est aussi le moment où la pensée d'un Hegel (1975) cherchera à concilier le développement de la loi du marché dans la société civile (la « bête sauvage ») et une éthique communautaire renouvelée dans et par l'État. Voir là-dessus la remarquable analyse de Colliot-Thélène (1992).

12. Sur ce point essentiel, je ne peux que renvoyer, sans plus de développement, aux travaux de Dean (1991), Procacci (1993) et, pour le Québec, Fecteau (1989).

mité étatique dans les termes posés par la logique de l'échange marchand. Inversion des priorités d'analyse qui place comme « premier » l'individu rationalisé par la conscience qu'il a de son intérêt, et « seconde », dans l'ordre de la construction du social, la question de l'organisation politique. C'est peut-être pourquoi la réflexion politique concerne davantage les conditions de mise en place d'une légitimité démocratique que le rôle de l'État comme puissance publique. D'une part, le remarquable ajustement des divers gouvernements d'Occident à la logique nouvelle de l'économie politique libérale permet de « dépolitiser » relativement la question du social et de voir finalement la puissance persistante de l'État comme le témoignage d'une inadéquation « temporaire » entre la société civile et la logique économique, en attendant l'harmonisation universelle des besoins et des capacités par la loi du marché. D'autre part, l'hégémonie acquise par le discours libéral ne permet pas seulement de « secondariser » relativement la sphère politique, plus encore, elle le « naturalise » en en faisant une des dimensions de la liberté individuelle. L'univers libéral est celui du mouvement et de la diversité, deux univers qui ont pour condition d'existence la liberté de l'individu. Dans cet univers, le réel se constitue, les choses adviennent par la constante mise en contact des différences, par le conflit (dialectisé ou non) des extrêmes. En ce sens-là, la mise en contact d'unités préalablement étrangères et idéalement sans liens autres que ceux de l'intérêt bien senti et du sentiment de la parole donnée apparaît comme un processus éminemment créateur, le moment fondateur de la socialité. Le fonctionnement du marché vu par Ricardo, l'univers politique défini par Constant, même la morale entendue par Mill ne sont que des domaines où se matérialise cette règle fondamentale[13]. La relation sociale est donc devenue un processus naturalisé (et sécularisé) dans lequel l'individu, et non la nation, est premier et « souverain »[14]. S'ouvre ainsi un espace de relation et de

---

13. « *Truth, in the great practical concerns of life, is so much a question of the reconciling and combining of opposites, that very few have minds sufficiently capacious and impartial to make the adjustment with an approach to correctness, and it has to be made by the rough process of a struggle between combatants fighting under hostile banners* » (Mill, [1849] 1973 : 523).

14. « *The only part of the conduct of anyone, for which he is amenable to society, is that which concerns others. In the part which merely concerns himself, his independence*

sentiment défini avant tout par soi-même, espace qui peut doré-navant être appelé « privé ». Mais le privé entendu ici n'est pas un retrait par rapport au collectif : il « est » le collectif ou plutôt sa condition d'existence, sa cellule constitutive. La notion de privé peut donc inclure dans sa définition « à la fois » le monde de l'intime et celui de la sociabilité. En parallèle, apparaît la tendance à confondre l'espace public avec le territoire de juridiction de l'État[15]. Ne sont définies comme publiques que les mesures qui mettent en place les cadres formels de la liberté individuelle et qui garantissent son épanouissement et sa protection. Cette gestion des intérêts collectifs peut être confiée sans trop de crainte à l'État, seule structure d'autorité légitimée par son mode démocratique de constitution. La liberté n'est ainsi limitée, dans ce monde idéal, que par les conditions collectives de sa mise en place et la régulation de ses excès. Les rapports entre société civile et État, au cœur de la réflexion politique du XVIIIe siècle, sont dorénavant réinterprétés comme relations entre deux sphères complémentaires : le « privé » et le « public ».

Dans ce contexte, le postulat d'un contrat social initial ou la croyance en des droits préexistants à l'état social deviennent inutiles (Binoche, 1989), déclarés caducs dès le moment où ce processus d'harmonisation par parcellarisation est rendu possible par la liberté. Cette harmonisation automatique tend aussi à rendre vain et uto-pique l'effort philanthropique de transformation de l'individu. On oublie trop souvent que le libéralisme se présente aussi comme un adversaire de l'ambition philanthropique d'« intervention externe » sur l'individu[16].

---

is, of right, absolute. Over himself, over his own body and mind, the individual is sovereign [...] In proportion to the development of his individuality, each person becomes more valuable to himself and is therefore capable of being more valuable to others » (Mill ([1849] 1973 : 484, 539).

15. Sur ce point, on pourra consulter l'article éclairant de Loschak (1986). Comparer avec la constitution de l'espace public « hors » de l'État au XVIIIe siècle, décrite par Habermas (1978).

16. Mill, après Tocqueville, dénoncera de façon cinglante « these tendencies of the times [...] to be more disposed than at most former periods to prescribe general rules of conduct, and endeavor to make every one conform to the approved standard. And

Un autre effet, moins souvent relevé, de ce modèle social est sa conception du lien social. Le seul collectif permanent ultimement légitimé dans ce modèle est la nation, le tout social issu de la volonté politique d'être ensemble. Toute autre forme de regroupement ne peut résulter que des stratégies des acteurs libres et, donc, n'être construite que sur la volonté et la contingence. L'association apparaît comme cette réunion volontaire et temporaire d'acteurs sociaux. Toute forme de regroupement qui dépasse les bornes de la volonté est suspecte comme possible résidu de l'esclavage passé. C'est ainsi que le « lien social institutionnalisé » sur des bases autres que l'adhésion volontaire, que ce soit la race, la religion, les formes communautaires de type ancien ou même la langue[17], est perçu comme une forme potentiellement létale de coagulation sociale, au même moment où l'association est acclamée comme la forme de socialité de l'avenir[18]. L'État pourra donc présider seul à la mise en

---

that standard, express or tacit, is to desire nothing strongly. Its idea of character is to be without any marked character ; to maim by compression, like a chinese lady's foot, every part of human nature which stands out prominently, and tends to make the person markedly dissimilar in outline to commonplace humanity [...] With respect to his own feelings and circumstances, the most ordinary man or woman has means of knowledge immeasurably surpassing those that can be possessed by anyone else. The interference of society to overrule his judgment and purposes in what only regards himself must be grounded on general presumptions ; which may be altogether wrong, and even if right, are as likely as not to be misapplied to individual cases, by persons no better acquainted with the circumstances of such cases that those are who look at them merely from without » (Mill, [1849] 1973 : 546, 554).

17. L'analyse que fait Ajzenstat (1984a et 1984b) de la conception de Durham et de Roebuck est particulièrement pertinente ici. Ce qu'elle analyse cependant comme tolérance libérale me paraît, tout au contraire, un processus d'homogénéisation par élimination des pôles d'identification étrangers, processus formant la condition première du racisme de l'époque. Voir Larue (1991).

18. « Dans les pays démocratiques, la science de l'association est la science mère ; le progrès de toutes les autres dépend des progrès de celle-là. Parmi les lois qui régissent les sociétés humaines, il y en a une qui semble plus précise et plus claire que toutes les autres. Pour que les hommes restent civilisés ou le deviennent, il faut que, parmi eux, l'art de s'associer se développe et se perfectionne dans le même rapport que l'égalité des conditions s'accroît » (Tocqueville, [1840] 1981 : 141). Sur ce point voir Fecteau (1992).

place des conditions nécessaires à l'expression de l'initiative privée. Il est devenu dans le discours libéral un instrument dont on peut craindre l'extension, mais sans jamais contester la légitimité, dans la mesure où il apparaît comme la résultante politique du marché libéral des opinions et des désirs.

Cet épisode si bref où le libéralisme est à la fois conquérant et triomphant, optimiste et sûr de lui, est un moment essentiel de rupture dans l'histoire des rapports État/individus. Car c'est au sein même de ce triomphe qu'a pu être entamé le processus de développement de l'État contemporain, appuyé sur la légitimation démocratique de son action par l'élection et impulsé par la mise en place d'une bureaucratie d'experts capables d'apporter à la volonté d'agir la capacité de faire. L'ironie est que le discours libéral qui a accouché de cette réalité devra très bientôt se redéfinir contre elle...

L'IMPOSSIBLE LIBÉRALISME (1870-1930)

À partir des années 1870, il est clair que les rapports entre les individus et l'État qui se déploient au sein des nations occidentales ne correspondent nullement à l'idéal exprimé par l'éthique libérale. Le libéralisme a été à la fois l'horizon et le modèle des pratiques sociales et des institutions qui se sont développées tout au long du XIXe siècle. Mais ces pratiques et ces institutions, sous le coup des conflits sociaux et en fonction de la logique même qui les soustendait, soit celle du profit et du marché, ont connu une évolution plus ou moins imprévue. La libre entreprise de l'individu s'est transformée en hégémonie potentielle des monopoles ; l'association dite « volontaire » est vite devenue le réflexe obligé de l'individu isolé ; l'égalité formelle devant la loi n'a pu masquer le caractère chronique et permanent de la grande misère des masses. L'individualisme libéral, trahi par la société civile, se trouvait, comble de malheur, avec une puissance publique assiégée par les attentes des perdants de la concurrence : l'État, de forme collective des individualités, tendait à devenir un « acteur social » d'envergure. Très vite, la révolution de 1848 va démontrer comment le site de la légitimité démocratique libérale pouvait se transformer, sous la pression des masses, en puissance publique utilisable à des fins tout autres que la promotion de l'individu souverain.

Affirmer, dans ce contexte, que l'idéologie libérale se trouve sur la défensive constitue, pour le moins, un euphémisme[19]... Il serait plus exact de dire que le discours libéral perd rapidement tout contact avec la pratique, qu'il cesse rapidement d'être le pôle interprétatif central des destinées humaines pour se réduire à un idéal personnaliste sans visée globale positive, une éthique personnelle à prétention programmatique, sans plus. L'harmonie collective comme produit historique nécessaire de la libre rivalité des individus a vite fait place à une profonde indétermination de l'avenir, à la crainte d'un futur où l'égoïsme des uns risquait de déboucher sur la guerre sociale permanente. Sous le choc, le discours libéral va se modifier profondément. Il va bientôt se transformer en discours antiétatique, promouvant l'individu « contre » l'État, et ce, au mépris de toute la tradition libérale[20].

On pourrait ainsi montrer que ce qui reste du discours libéral en cette fin de XIXe siècle apparaît en fait comme l'exact contre-pied des postulats fondamentaux du libéralisme de Constant à Mill : la promotion de la liberté individuelle est vite travestie en loi biologique de l'espèce, le darwinisme social venant apporter une validation pseudo-scientifique à l'éthique de la concurrence ; l'éloge de la libre association fait place à la dénonciation de la contrainte collective potentielle des différents groupes sur l'individu ; la confiance dans les possibilités infinies de la liberté, dans le progrès des hommes, est devenue scepticisme profond sur la perfectibilité de l'individu, notamment sous le coup des théories génétiques[21].

Mais l'indice le plus clair de la dégénérescence du discours libéral est probablement sa profonde « dépolitisation ». On l'a dit, la

---

19. Pour une interprétation divergente mais parallèle à ce qui va suivre, voir Rosanvallon (1979 : 208-226).

20. On peut suivre l'ampleur de ce glissement en comparant le libéralisme de J.S. Mill ([1849] 1973) avec celui de son protégé, Herbert Spencer ([1884] 1969).

21. Voir un bel exemple de l'emprise des théories génétiques sur la pensée dans Rosenberg (1974). C'est aussi l'époque où Lombroso (1887) développe une véritable anthropologie des types criminels.

dimension politique est essentielle à la vision libérale du monde, dans la mesure où elle la constitue non seulement comme discours, mais comme projet de société débouchant sur des pratiques effectives et une vision de l'avenir collectif. Or, l'extension du suffrage et les pressions très fortes des classes populaires, organisées ou non, en faveur d'une intervention plus active de l'État dans la résolution des problèmes sociaux, ont rendu caduc l'idéal libéral d'une société politique dérivée des lois du marché. En conséquence, toute la pensée libérale va déboucher sur une critique non seulement de l'État, mais aussi de la politique. C'est dans ce contexte que peut être comprise la dépréciation systématique de la politique comme champ de lutte ouvert à tous les instincts de pouvoir, à tous les abus et favoritismes de profiteurs et d'ambitieux irrationnels et ignorants[22]. Cette critique du politique débouche logiquement sur la remise en question de la règle de la majorité, du caractère sacré et contraignant des ordonnances du législateur et, finalement, de la souveraineté même de l'État démocratique, devenue « *the great political superstition* » sous la plume d'un Spencer ([1884] 1969 : 151-183). On assiste donc, en bref, au renversement de la rationalité politique fondamentale du libéralisme, qui voyait dans l'État la résultante non seulement de la libre délibération des possédants, mais aussi le lieu où, à travers la concurrence des partis, se retrouvait l'élite de la nation. Quoi d'étonnant alors à ce que les libéraux se sentent contraints de faire appel, après un demi-siècle d'éclipse, aux théories (dorénavant validées par la « science ») des « droits de l'homme » comme antérieurs à l'État (Spencer, [1884] 1969), ou encore semblent redécouvrir une loi constitutionnelle substantive et immanente dépassant la simple volonté législative (Dicey, [1914] 1981).

C'est sur la ruine des idéaux libéraux, sur les apories insolubles d'un discours de l'individuel qui ne sait que nier le collectif, qu'ont pu se répandre dans tout le champ social deux ensembles de discours et de pratiques se donnant comme alternatives valides.

---

22. Henri Marion (1885 : 75) dira des législateurs « il ne sert à rien de raisonner avec des gens en état d'ivresse politique ».

1. D'abord, le socialisme sous toutes ses formes, dont le discours sur l'État est curieusement parallèle à celui du libéralisme[23]. Il a pu mettre en place une pratique d'opposition politique qui reprend à son compte, pour l'inverser, la complémentarité non problématique postulée par le libéralisme entre la communauté et l'individu. La notion de classe transcende ici non seulement l'individu, mais les divers groupements sociaux qui peuvent apparaître au sein de la société civile.

2. Il en est tout autrement du renouveau de la pensée « communautariste » à partir des années 1880. Il s'agit ici d'un vaste univers discursif qui débouchera sur une foule de propositions se posant comme « troisième voie » entre socialisme et libéralisme, entre communisme et capitalisme. Du « communautarisme » de Tönnies à celui de Gierke, du solidarisme de Bourgeois à la société organique de Durkheim, de l'institutionnalisme d'Hauriou au catholicisme social de *Rerum Novarum*, de l'économie sociale de Gide à l'idéal coopératiste, on assiste sous de multiples formes à ce que Jacques Donzelot (1984) a appelé « l'invention du social ». On a trop peu étudié pour lui-même ce fourmillement souvent contradictoire d'idées et de projets nés de la « crise du libéralisme » (voir Collectif, 1902). Des chercheurs trop pressés en ont fait le terreau d'où sont issues les différentes formes de corporatisme ou ils y ont vu l'émergence de l'État-providence (Ewald, 1986).

Or, il s'agit ici de la redécouverte des formes multiples de constitution du « collectif » dans un espace social. Dit autrement, on assiste à la fin d'une certaine *episteme* dans laquelle toute la pensée

---

23. Il est frappant de comparer l'homologie du discours sur le dépérissement nécessaire de l'État chez deux penseurs aux antipodes du champ politique, Spencer et Engels : « *In a popularly governed nation, the government is simply a committee of management [...] Only little by little can voluntary cooperation replace compulsory cooperation, and rightly bring about a correlative decrease of faith in governmental ability and authority* » (Spencer, [1884] 1969 : 183, 187) ; « Le premier acte dans lequel l'État apparaît réellement comme représentant de toute la société [...] est en même temps son dernier acte propre en tant qu'État. L'intervention d'un pouvoir d'État dans des rapports sociaux devient superflue dans un domaine après l'autre, et entre alors naturellement en sommeil. Le gouvernement des personnes fait place à l'administration des choses [...] » (Engels, [1878] 1971 : 317).

occidentale inscrivait, depuis la fin du XVIIe siècle au moins, la problématique des rapports individu/société[24]. La (re)découverte du « groupe » comme forme « autonome » de constitution du social va avoir un impact fondamental sur la conception de l'ordre social. Elle va d'abord amener une critique radicale de l'individualisme : toute l'œuvre de Durkheim (notamment [1893] 1978) est construite sur le postulat du caractère « social » de l'existence individuelle et sur la recherche des formes de structuration de la vie collective. Toute la sociologie se construit ainsi sur la critique du caractère premier de l'individu[25] et sur la recherche d'une logique plus ou moins organique à la vie en société. Même dans la pratique philanthropique, l'individu apparaît non plus comme une fin, mais comme un « moyen » d'en arriver à une société équilibrée. C'est ainsi, à mon sens, qu'il faut interpréter la « responsabilisation » de l'individu par la charité dite « scientifique » et bientôt par les pionniers du travail social, comme aussi l'implantation du système « irlandais » des bons points et de la libération conditionnelle. Mais ces divers courants de pensée ne se contentent pas de critiquer l'individualisme. Ils remettent en question les postulats les plus fondamentaux du libéralisme et réinterprètent de fond en comble sa conception du fonctionnement de la société. C'est ainsi qu'aux contraintes de la concurrence sont opposées les exigences de la solidarité comme mode d'organisation du social ; de même, le caractère créateur du conflit entre les extrêmes est rejeté au profit de la valorisation du « consensus » comme mode de résolution des conflits et condition de possibilité de la liberté[26] ; enfin, l'émergence du calcul statistique et actuariel de

---

24. *Episteme* dont le libéralisme, on l'a vu, n'est que la forme ultime et relativement récente.

25. Un exemple parmi tant d'autres : « Le groupe social, qui évolue et se transforme n'est pas, dans son existence même, une synthèse de formation, postérieure à ses éléments, et dont les caractères reproduisent ceux de ses éléments ; c'est une synthèse donnée, primitive, nécessaire à ses éléments comme ils lui sont nécessaires à elle-même, et dans laquelle par suite, l'arrangement des éléments, la solidarité des individus dans l'action sociale a sa valeur propre, et ne saurait être extraite de la seule notion de l'individu » (Bernès, 1901 : 490).

26. « Une société libre n'est pas celle où chacun, d'ailleurs respectueux de tous les autres, n'écoute que soi-même : elle est celle qui, réellement, veut sa propre

la moyenne en matière de dommage permet graduellement de remplacer le principe de responsabilité personnelle par celui de risque professionnel ou social (Ewald, 1986 : 229-348 ; Fecteau, 1994)[27].

Le point essentiel ici est que la découverte du « social » implique non seulement une redéfinition des rapports de l'individu avec la communauté, débouchant, comme on l'a vu, sur une remise en question des règles du jeu social, mais aussi une remise en question fondamentale du rôle de l'État. L'histoire, toujours en mal de téléologie, a fait de la période qui va de 1870 à 1920 celle de l'apparition de l'État-providence. Pourtant, la logique de l'État-providence implique une centralité gestionnnaire de l'État dans le social qui est aux antipodes de la réalité de l'époque. La redécouverte du social s'accompagne certes d'une importante politisation de la problématique sociétale, mais aussi d'une relative secondarisation de l'État dans ce processus. La pensée de juristes comme Hauriou (1909) et Duguit ([1908] 1922) est caractéristique en ce sens : elle préside à une redéfinition du droit qui légitime, « en parallèle » avec l'État, la production de règles par les autres corps constitués dans la nation. Le premier « droit social » est ainsi un droit collectif qui ne s'épuise pas dans l'institution étatique, mais reconnaît la légitimité sociale des autres modes de regroupement. L'État n'est vu ici que

---

législation, qui en aime la sévérité, et qui ne peut donc pas la trouver oppressive. Une société libre est une société disciplinée. Liberté et discipline se supposent, et mutuellement elles se soutiennent. Mais la discipline et la liberté supposent aussi une certaine unanimité. C'est l'unanimité des aspirations qui, dans la vie sociale, est le principe du dévouement et de la prospérité. [...] Si les convictions de tous s'accordent, ou si, du moins, elles ne s'excluent pas, la société pratiquera sa propre liberté de conscience. C'est alors un état de concorde : chacun approuve que d'autres adoptent et propagent des convictions opposées aux siennes : les divergences, en effet, se renferment dans la limite qui plaît à tous. On est libre : c'est-à-dire : on parle et on agit de la manière que l'institution sociale actuellement comporte [sic]. Il est naturel que cette concorde générale se traduise en législation de liberté » (Martin, 1905 : 351, 487).

27. Mais alors qu'Ewald postule une identité, ou du moins une homologie, entre cette logique « assurancielle » et la naissance de l'État-providence, nous soutenons au contraire que la mise en place de ce dernier suppose, en plus, une réconciliation fondamentale entre le libéralisme et l'État, ce qui devra attendre la grande crise des années 1930 et la Seconde Guerre mondiale.

comme « une » des formes du collectif, seulement la plus vaste et la plus puissante. Son intervention dans le champ social n'est légitimée que dans la mesure où les autres organismes « intermédiaires » se révèlent impuissants à le gérer. Tout le débat sur les assurances sociales révèle ainsi cette tension ou cette concurrence entre les capacités d'organisation autonome du social et l'appareil étatique. Il faudra la révolution keynésienne pour que l'on puisse reconnaître à l'État ce rôle central de planificateur qui fait de lui une « providence » terrestre. Ce moment correspondra d'ailleurs de façon caractéristique à la réhabilitation de l'individu et à une expansion de ses droits, dorénavant redéfinis comme droits sociaux. Mais ceci est une autre histoire...

* * *

En commençant ce travail, nous avions trois choix : analyser comment se déploient, dans l'espace québécois au XIXe siècle, les rapports entre l'État et les individus ; analyser les « discours » qui interprètent et expriment ce rapport à l'époque ; repartir du début et refaire le long cheminement des rapports entre les discours et les pratiques, analysant comment le discours révèle un « état des lieux » où il est possible d'imaginer la logique d'imbrication de la partie dans le tout et ses mutations historiques.

C'est pourquoi, comme geste préalable obligé, il fallait se confronter au discours libéral. Non seulement parce que ce discours est au cœur du bouleversement des rapports entre l'individu et la société au XIXe siècle, mais parce que sa présence dans le champ d'analyse constitue un obstacle épistémologique majeur. Chez ceux qui l'idéalisent autant que chez ceux qui en font la critique, le libéralisme apparaît comme l'horizon incontournable d'une analyse des rapports entre les individus et l'État au XIXe siècle. Comme si la grande question de l'organisation du politique dans les sociétés modernes (parce que c'est en fin de compte de cela dont il s'agit) pouvait se réduire à la comparaison entre un discours vu comme hégémonique et la réalité sociale qui le sous-tend. Nous avons essayé de montrer, bien sommairement sans doute, qu'il n'existe pas, d'une part, une « idéologie » en lutte depuis la fin du XVIIIe siècle avec d'autres systèmes de pensée et, d'autre part, une « réalité » définie comme l'expansion du capitalisme ou la croissance graduelle de l'État dans les sociétés occidentales. D'abord, parce que le libéralisme est « aussi » une éthique de comportement et une pratique sociale ; ensuite, parce que l'expansion de l'État se fait dans des conditions où l'efficace du discours et de la pratique libérale apparaissent comme des conditions de possibilité fondamentale à la constitution de l'espace politique. C'est pour ces diverses raisons qu'il est particulièrement important de situer, dans l'histoire de ce rapport dialectique, les « ruptures dans la diachronie » qui font que, si chaque époque définit sa propre logique, c'est moins dans la recherche des origines que par une relecture toujours neuve, toujours fragile, des systèmes de pensée comme des pratiques du passé. Encore une fois, la recherche généalogique, le culte des origines, l'analyse téléologique ne sont que des façons différentes de ne *pas* faire l'histoire de notre temps...

Bibliographie

Ajzenstat, Janet (1984a), « Collectivity and Individual Right in « Mainstream » Liberalism: John Arthur Roebuck and the Patriotes », *Revue d'études canadiennes*, 19, 3 (automne), p. 99-111.

Ajzenstat, Janet (1984b), « Liberalism and Assimilation : Lord Durham Reconsidered », dans Stephen Brooks (dir.), *Political Thought in Canada. Contemporary Perspectives*, Toronto, Derringfield, p. 239-257.

Bénoit, Francis-Paul (1978), *La démocratie libérale*, Paris, PUF.

Bentham, Jeremy (1830), *Constitutional Code: for the Use of all Nations and All Governments professing Liberal opinions*, Londres, Howard.

Bernès, Marcel (1901), « Individu et société », *Revue philosophique de la France et de l'étranger*, 52, p. 478-500.

Binoche, Bertrand (1989), *Critiques des droits de l'homme*, Paris, PUF.

Chevallier, Jacques (1981), « L'analyse institutionnelle », dans Jacques Chevallier (dir.), *L'institution*, Paris, PUF, p. 3-61.

Collectif (1902), « Crise du libéralisme », *Revue de métaphysique et de morale*, 10, p. 635-652, 748-783 ; 11, p. 100-120, 263-279.

Colliot-Thélène, Catherine (1992), *Le désenchantement de l'État. De Hegel à Max Weber*, Paris, Minuit.

Corrigan, Philip, et Derek Sayer (1985), *The Great Arch. English State Formation as Cultural Revolution*, Oxford, Blackwell.

Dean, M. (1991), *The Constitution of Poverty. Toward a Genealogy of Liberal Governance*, Londres, Routledge.

Dicey, Albert V. ([1914] 1981), *Lectures on the Relation Between Law and Public Opinion in England during the 19th Century*, New Brunswick, Transaction Book.

Donzelot, Jacques (1984), *L'invention du social. Essai sur le déclin des passions politiques*, Paris, Fayard.

Duguit, Léon ([1908] 1922), *Le droit social, le droit individuel et les transformations de l'État*, Paris, F. Alcan.

Durkheim, Émile ([1893] 1978), *De la division du travail social*, Paris, PUF.

Engels, Friedrich ([1878] 1971), *Anti-Duhring*, Paris, Éditions Sociales.

Ewald, François (1986), *L'État providence*, Paris, Grasset.

Fecteau, Jean-Marie (1986a), « Prolégomènes à une étude historique des rapports entre l'État et le droit dans la société québécoise de la fin du 18e siècle à la crise de 1929 », *Sociologie et sociétés*, 18, 1 (avril), p. 129-138.

Fecteau, Jean-Marie (1986b), *Régulation sociale et transition au capitalisme. Jalons théoriques et méthodologiques pour une analyse du 19e siècle canadien*, Québec, Projet, accumulation, régulation au Québec (PARQ) (note de recherche 86-02).

Fecteau, Jean-Marie (1989), *Un nouvel ordre des choses. La charité, le crime, l'État au Québec, de la fin du XVIIIe siècle à 1840*, Montréal, VLB.

Fecteau, Jean-Marie (1992), « État et associationnisme au 19ᵉ siècle québécois. Éléments pour une problématique des rapports État/société dans la transition au capitalisme », dans Allan Greer et Ian Radforth (dir.), *Colonial Leviathan. State Formation in Mid-Nineteenth-Century Canada*, Toronto, University of Toronto Press, p. 134-162

Fecteau, Jean-Marie (1994), « Le citoyen dans l'univers normatif : du passé aux enjeux du futur », dans Jean-Marie Fecteau, Jocelyn Létourneau et Gilles Breton (dir.), *La condition québécoise. Enjeux et horizons d'une société en devenir*, Montréal, VLB, p. 83-101.

Fougères, Dany (1992), « L'encadrement juridique des infrastructures et des services publics urbains : le cas du transport en commun à Montréal (1860-1880) », mémoire de maîtrise (histoire), UQAM.

Habermas, Jürgen (1978), *L'espace public*, Paris, Payot.

Haskell, Thomas L. (1985), « Capitalism and the Origins of the Humanitarian Sensibility », *American Historical Review*, 90, p. 339-361 et 547-566.

Hauriou, Maurice (1909), « Le point de vue de l'ordre et de l'équilibre », *Académie de législation de Toulouse*, Recueil, 2ᵉ série, vol. 5, p. 1-86.

Hegel, Georg Wilhelm Friedrich (1975), *La société civile bourgeoise*, Paris, Maspero.

Hirschman, Albert O. (1980), *Les passions et les intérêts*, Paris, PUF.

Larue, Richard (1991), « Allégeance et origine : contribution à l'analyse de la crise politique au Bas-Canada », *RHAF*, 44, 4 (printemps), p. 529-548.

Lessnoff, Michael (1986), *Social Contract*, Atlantic Highlands, Humanities Press.

Lombroso, Cesare (1887), *L'homme criminel. Étude anthropologique et psychiatrique*, Paris, Alcan, 2 vol.

Loschak, Danièle (1986), « La société civile : du concept au gadget », dans Jacques Chevallier et al., *La société civile*, Paris, PUF, p. 44-75.

Mann, Michael (1993), *The Sources of Social Power*, Vol. II: *The Rise of Classes and Nation-States, 1760-1914*, Cambridge, Cambridge University Press.

Marion, Henri (1885), « L'individu contre l'État », *Revue philosophique de la France et de l'étranger*, 20, p. 68-82.

Martin, Jules (1905), « L'institution sociale », *Revue philosophique de la France et de l'étranger*, 59, p. 346-366, 487-499.

Martin, Xavier (1985), « Nature humaine et Code Napoléon », *Droits*, 2, p. 117-128.

Meyer, Jean (1983), *Le poids de l'État*, Paris, PUF.

Mill, James S. ([1849] 1973), *On Liberty*, New York, Anchor Books.

Offe, Claus (1981), « The Attribution of Public Status to Interest Groups: Observations on the West German Case », dans Suzanne D. Berger (dir.), *Organizing Interests in Western Europe*, Cambridge, Cambridge University Press, p. 123-158.

Pocock, John Greville Agard (1985), *Virtue, Commerce, and History. Essays on Political Thought and History, Chiefly in the Eighteenth Century*, Cambridge, Cambridge University Press.

Polanyi, Karl ([1944] 1963), *The Great Transformation. The Political and Economic Origins of Our Times*, Boston, Beacon Press.

Procacci, Giuliano (1993), *Gouverner la misère. La question sociale en France*, Paris, Seuil.

Rangeon, François (1986), « Société civile : Histoire d'un mot », dans Jacques Chevallier *et al.*, *La société civile*, Paris, PUF, p. 9-32.

Rosanvallon, Pierre (1979), *Le capitalisme utopique. Critique de l'idéologie économique*, Paris, Seuil.

Rosenberg, Charles E. (1974), « The Bitter Fruit: Heredity, Disease, and Social Thought in 19th Century America », *Perspectives in American History*, 8, p. 189-235.

Sledziewski, Élisabeth G. (1989), *Révolutions du sujet*, Paris, Méridiens Klincksieck.

Spencer, Herbert ([1884] 1969) , *The Man versus the State*, Harmondsworth, Penguin.

Thompson, Edward P. (1975), *Whigs and Hunters. The Origins of the Black Act*, New York, Pantheon Books.

Tocqueville, Alexis de ([1840] 1981), *De la démocratie en Amérique*, Paris, Garnier Flammarion, 2 vol.

Tort, Patrick (1983), *La pensée hiérarchique et l'évolution*, Paris, Aubier-Montaigne.

Tribe, Keith (1978), *Land, Labour and Economic Discourse*, Londres, Routledge et Kegan Paul.

L'individu
et les partis politiques

Vincent Lemieux
Département de science politique
Université Laval

Dans leurs rapports avec les partis politiques, les individus ne sont pas des êtres détachés de leurs appartenances, de leurs transactions et de leur pouvoir, mais des acteurs sociaux définis par ces relations, d'ailleurs changeantes selon l'évolution des sociétés. C'est ce que je voudrais montrer dans ce texte, qui prendra la forme d'une suite d'aperçus plutôt que d'une démonstration rigoureuse.

On peut distinguer trois types de rapports des individus aux partis politiques : l'électeur, l'adhérent et le dirigeant. Il en sera traité successivement, en suggérant pour chacun d'eux un certain nombre de transformations significatives qui se sont produites au Québec depuis le début du siècle qui s'achève.

LES ÉLECTEURS

Le premier texte de Jean Hamelin dont j'ai pris connaissance, au tout début de ma carrière de professeur, est celui qu'il a écrit sur les élections provinciales avec Jacques Letarte et Marcel Hamelin (1959-1960), dans les *Cahiers de géographie de Québec*. Ma réaction fut assez vive, comme il se devait de la part d'un jeune professeur, fraîchement rentré de Paris, et qui se proposait d'entreprendre des études électorales. Les points d'exclamation et quelques brefs commentaires, griffonnés dans ma copie du texte, témoignent de la vivacité de cette réaction.

Trente-cinq plus tard, ma réaction est plus sereine, d'autant plus qu'il m'est arrivé depuis de solliciter la collaboration de Jean Hamelin (Hamelin et Garon, 1969) et de tenir des raisonnements un peu semblables à ceux des auteurs sur les déplacements collectifs des votes d'une élection à l'autre.

Retenons de ce long article qu'il est vraisemblable de penser, comme le font les auteurs, que les deux principaux partis provinciaux du Québec pouvaient compter, de 1867 à 1956, sur beaucoup d'électeurs fidèles d'une élection à l'autre. Ces électeurs fidèles à l'un ou l'autre parti constituaient une majorité des votants et même des électeurs inscrits. Mes propres calculs (Lemieux, 1993) m'ont fait estimer à environ 60 % des électeurs inscrits ceux qui votaient de façon constante pour l'Union nationale ou le Parti libéral. Du temps du Parti conservateur, le pourcentage était moindre à cause de son peu d'attrait. Étant donné que 22 % au moins des électeurs se sont abstenus aux différentes élections qui se sont déroulées de 1900 à 1956, ce n'est pas plus du quart des votants qui changeaient de parti d'une élection à l'autre, sauf lors du réalignement de 1935 à 1944, où l'Union nationale a remplacé le Parti conservateur comme principal adversaire du Parti libéral.

Après l'autre réalignement qui s'est produit de 1970 à 1976, on peut estimer à environ 55 % des électeurs inscrits les partisans fidèles du Parti libéral et du Parti québécois. La participation électorale étant en moyenne plus élevée depuis 1960, il y aurait donc aujourd'hui une plus forte proportion de votants qui seraient non fidèles, ce qui explique la plus grande volatilité des résultats d'une élection à l'autre et, en particulier, la difficulté pour un gouvernement de parti de survivre à plus d'un mandat. Rappelons que, par contraste, le Parti libéral a remporté 11 victoires consécutives de 1897 à 1935 et l'Union nationale, quatre victoires consécutives de 1944 à 1956.

Si nous redescendons au niveau des individus, comment peut-on expliquer la baisse relative de la fidélité aux partis et la plus grande volatilité du vote ?

Deux explications, d'ailleurs reliées entre elles, sont possibles. La première renvoie à des changements dans les appartenances familiales. Avant les années 1960, c'est du moins ce que prétendent les idées reçues ainsi que de nombreux témoignages, le vote était en quelque sorte une affaire de famille, décidé par les aînés, père ou grand-père. La mère et les enfants en âge de voter s'y conformaient ou, du moins, faisaient comme s'ils s'y conformaient. Au cours des années 1960 et après, les influences seraient devenues autres et plus multiples à l'intérieur des familles. J'ai pu le constater dans mes recherches sur le terrain. Donnons-en deux illustrations, l'une un peu légère, l'autre plus profonde. Dans une conversation du début des années 1960 entre deux électeurs fidèles d'un parti traditionnel, l'un disait à l'autre : « Tu vois ce que cela t'a donné de faire instruire ton fils, aujourd'hui il vote pour le NPD ! » De façon plus sérieuse, un organisateur créditiste qui a eu un certain succès dans une des paroisses de l'île d'Orléans, au début des années 1960, me disait que les temps avaient changé et qu'aujourd'hui, pour amener une famille à voter créditiste, il fallait d'abord convaincre les jeunes, plus instruits que leurs parents et, par là, susceptibles de convaincre à leur tour les autres membres de la famille.

Bien qu'il ne faille pas exagérer la portée de cette mutation, car après tout la proportion des électeurs constants demeure relativement élevée, il semble bien que c'est surtout l'augmentation de la scolarisation dans les années 1960 et 1970 qui a entraîné la baisse de l'identification traditionnelle aux partis. La diminution du petit patronage et l'augmentation de l'intervention gouvernementale ont eu les mêmes effets. Le petit patronage et, plus généralement, la régulation localisée et particularisée des affaires publiques ont plus de chances, malgré leurs ratés, de maintenir les électeurs dans le rang que des interventions gouvernementales plus nombreuses, visant une régulation provinciale des affaires publiques. Il est plus ou moins inévitable alors que les électeurs, qui s'identifient au parti, en viennent à juger son action malveillante dans un ou plusieurs domaines.

Il faut toutefois tempérer cette affirmation en notant que les partisans traditionnels trouvent généralement plus de défauts dans le parti adverse que dans le leur. Sur la scène provinciale tout au moins, l'existence d'un parti idéologique, voué à l'indépendance du Québec, a sans doute eu pour effet de maintenir chez beaucoup d'électeurs une identification constante, qui ne serait pas aussi ferme autrement. Il résulte de tout cela que, en dehors des périodes de réalignement, la proportion des électeurs qui votent constamment ou presque pour le même parti, aux élections provinciales tout au moins, demeure assez élevée par rapport à la situation qui prévalait dans les années 1940 et 1950. Comme nous l'avons déjà signalé, ces électeurs constants sont toutefois moins nombreux, proportion-nellement, parmi les votants, parce que le taux de participation, qui était de 75,5 % en moyenne durant ces années 1940 et 1950, a été de 80 % en moyenne depuis.

LES ADHÉRENTS

Ce ne sont pas tous les électeurs fidèles à un parti qui y adhèrent. Si tel était le cas, il y aurait plus de deux millions d'adhé-rents dans les partis provinciaux du Québec, alors qu'en fait il y en a dix fois moins. Le terme « en fait » est cependant un peu risqué, car il est très difficile de faire le compte exact des adhérents à un parti politique. Ils sont sans doute moins nombreux actuellement qu'à la fin des années 1970 et plus nombreux que dans les années 1940, alors que les cartes d'adhérents n'existaient pas.

Délaissons la question des nombres pour considérer ce qui a changé depuis le début du siècle dans les activités des adhérents (sur ce point voir Renaud, 1973 ; Lovink, 1976 ; Benjamin, 1976 ; Lemieux et Renaud, 1982). De façon sommaire, on peut dire qu'ils ont d'abord été des organisateurs avant tout, que les partis ont ensuite cherché à en faire des militants et qu'aujourd'hui ils sont devenus surtout des solliciteurs.

Ces différents types de rôles traduisent les relations chan-geantes entre les électeurs et les élus ainsi que les autres dirigeants des partis. L'organisateur est un adhérent qui s'occupe princi-palement d'organiser les élections, mais aussi d'attirer les électeurs au parti ou de les maintenir dans le rang grâce au petit patronage des emplois, des contrats, des achats au bénéfice des commerçants et des petits entrepreneurs, avec, en plus, les subventions aux municipalités, fabriques ou commissions scolaires (Lemieux et Hudon, 1975). L'organisateur sert alors d'intermédiaire entre les électeurs et le député, quand le parti en a un dans la circonscription. S'il n'en a pas, le candidat défait ou quelqu'un d'autre se charge de cette tâche. Durant le premier tiers du siècle, le Parti libéral a eu à cet égard un avantage considérable sur le Parti conservateur, étant donné qu'il a toujours été au pouvoir au Québec et aussi, plus souvent qu'à son tour, à Ottawa. Par la suite, le petit patronage a été mieux partagé entre les libéraux et les « nationaux » ou les conservateurs, et ce, jusqu'au début des années 1960. Au moment des élections, les organisateurs des partis traditionnels font plus du face à face que du porte-à-porte, profitant de leurs rencontres avec les électeurs pour chercher à les convaincre ou à les confirmer dans leur choix. De toute façon, comme me le disait un organisateur de l'île d'Orléans, quand ils ne votent pas pour nous, on leur voit cela dans le visage. Les organisateurs se chargent aussi des assemblées de paroisse ou des rassemblements plus régionaux où des vedettes du parti, en plus du candicat local, prennent la parole.

À cette époque, le porte-à-porte est plutôt pratiqué par les nouveaux partis, dont celui du Crédit social. Ses organisateurs sont à ce point convaincus qu'on dit d'eux que si les gens refusent de les laisser entrer par la porte d'en avant, ils vont frapper à la porte d'en arrière. C'est ainsi qu'Adélard Bélair a parcouru à pied toute la partie ouest de l'île d'Orléans (Saint-Pierre, Sainte-Pétronille et Saint-Laurent), où le Crédit social a connu un certain succès dans les années 1960 (Lemieux, 1971).

Le Crédit social a été, à une échelle modeste, un parti de militants avant que le Parti libéral cherche à le devenir au milieu des années 1950, avec la création de la Fédération libérale. Georges-Émile Lapalme (1970) a noté dans ses mémoires que cette création visait à renflouer la caisse du parti par la vente de cartes de membres. Elle visait aussi à faire en sorte que les adhérents agissent comme des militants regroupés dans des associations officielles avec de nombreux postes électifs. Ces militants étaient voués à la diffusion du programme du parti. Comme l'a bien montré Paul-André Comeau (1965), l'organisation officielle, faite des organisateurs du parti, n'en a pas moins subsisté à côté de la Fédération, ce qui a causé des tensions et un manque de coordination, particulièrement évident lors de la défaite inattendue de 1966.

Le Parti québécois, dans ses premières années, a été plus nettement encore un parti de militants, voué à l'éducation politique de ses membres et cherchant à convaincre les électeurs plutôt qu'à les maintenir dans leurs allégeances traditionnelles. Ce fut l'époque des assemblées dites de cuisine. Les militants n'avaient pas, comme dans le Parti libéral, à composer avec un *establishment* bien en place, et le petit nombre de députés du parti (sept après les élections de 1970, et six après celles de 1973) rendait d'autant plus facile la priorité donnée à l'action militante. Cette situation a changé après la victoire de 1976 et le référendum de 1980, d'autant plus que le parti a connu l'épreuve du gouvernement, ce qui constitue toujours un boulet au pied de l'action militante.

Après l'adoption, en 1977, de la *Loi sur le financement démocratique des partis* et avec la fin de la grande décennie de la participation, les adhérents des partis provinciaux, même s'ils ne cessent pas tout à fait d'être des organisateurs et des militants, deviennent de plus en plus des solliciteurs. Il leur faut recruter d'autres adhérents, dans des partis dont le *membership* tend à diminuer, d'autant plus que le financement du parti dépend dans une bonne mesure de ce recrutement, du moins dans le Parti québécois. Dans le Parti libéral, le financement dépend davantage de repas-bénéfices, de tournois de golf ou d'autres activités où les participants doivent payer le pris fort, ce qui leur permet d'établir ou d'alimenter le contact avec les dirigeants du parti. Encore faut-il que des solliciteurs s'occupent de recruter la clientèle. Une enquête faite avec mes étudiants, au début de 1990, auprès de 14 organisations partisanes de circonscription, tant provinciales que fédérales, de la région de Québec, a montré qu'en dehors de ces activités de sollicitation l'action des partis était fort limitée, sauf en période électorale. Il y a bien quelques activités sociales, du genre épluchette de blé d'Inde, et parfois une réunion annuelle, prévue dans les statuts du parti, mais, à quelques exceptions près, les organisations partisanes de circonscription ne sont plus, si elles ne l'ont jamais été, des organisations de militants vouées à l'éducation politique de leurs membres ou à la diffusion dans la population du programme politique du parti.

Cela tient pour une bonne part à ce que les électeurs sont maintenant perçus comme des opinants, dont les choix sont mesurés par des sondages. Les partis cherchent à agir sur eux plus par des opérations de marketing politique que par l'action militante locale.

LES DIRIGEANTS

Dans les grands partis tout au moins, les élus ont toujours occupé une bonne partie des postes de direction et, dans les partis de gouvernement, les ministres ont toujours été, parmi les élus, les dirigeants les plus importants.

De nombreux travaux statistiques ont porté sur les élus (voir en particulier Boily, 1969 ; Pelletier, 1984, 1989), un des tout premiers étant le bref commentaire fait par Jean Hamelin (1964), à la conférence annuelle de 1963 de l'Institut canadien des affaires publiques, à la suite d'une communication de Jean-Louis Gagnon. Rappelons quelques grands traits de l'évolution des caractéristiques des élus depuis le début du siècle. Il y a maintenant moins d'avocats, moins d'anglophones et moins de députés qui conservent des liens étroits avec le monde des grandes affaires qu'il y en avait dans le premier tiers du siècle. Il y a aussi moins d'entrepreneurs et de commerçants que durant les grandes années de l'Union nationale. Avec la Révolution tranquille et, plus particulièrement, la création du Parti québécois, les diplômés en sciences sociales, les enseignants, les syndicalistes, les anciens fonctionnaires et autres employés du secteur public ont été plus nombreux à accéder à l'Assemblée nationale. Des liens privilégiés établis par le Parti libéral avec le monde des affaires, à partir des années 1980, ont eu pour conséquence la présence renouvelée de cette catégorie d'acteurs sociaux au Parlement.

Cette évolution traduit en bonne partie celle des activités du gouvernement et surtout celle de la définition de son rôle par rapport à la société. Tant que les tâches de l'État étaient limitées et qu'elles touchaient assez peu aux grands secteurs de l'éducation, de la santé et des services sociaux et de l'intervention économique, les avocats et les autres membres des professions traditionnelles suffisaient à la tâche. La présence des anglophones et d'autres députés ou ministres bien connectés avec le monde des grandes affaires manifestait l'autonomie limitée que se donnait le gouvernement par rapport à ces milieux. Après 1960, arrivent au gouvernement des ministres avec leur entourage, qui se font les promoteurs d'une cause, se donnent un projet qui suppose une plus grande autonomie du gouvernement par rapport à la société. Pensons à René Lévesque, Paul Gérin-Lajoie, Claude Castonguay, Camille Laurin, pour ne nommer que les plus célèbres. Tout cela a changé aujourd'hui, alors que la remise en question du rôle du gouvernement ainsi que le poids de sa dette ne favorisent plus guère ce qu'on continue de nommer les projets de société. Il vaudrait mieux parler de projets gouvernementaux, imposés à la société avec plus ou moins de participation et de succès.

Les ministres et leur entourage ont été et sont toujours les principaux porteurs de ces projets, grands ou petits. C'est l'occasion de signaler l'article « classique » que Jean Hamelin a écrit avec Louise Beaudoin (Hamelin et Beaudoin, 1967), aujourd'hui ministre, sur les cabinets provinciaux de 1867 à 1967. L'article porte en particulier sur les influences qui président à la formation d'un cabinet. Les auteurs en distinguent quatre. Louise Beaudoin serait sans doute d'accord avec nous pour écarter, dans son cas, les trois premières influences : le gouvernement fédéral, les impératifs géographiques et les groupes de pression. Il lui resterait alors à admettre humblement la quatrième influence : les qualités individuelles. Ce qui prouve encore une fois, que ce qu'on écrit n'est jamais tout à fait neutre dans le présent ou dans l'avenir.

Les chefs et, en particulier, les premiers ministres sont évidemment les individus qui, à titre de dirigeants, pèsent le plus lourd dans les partis. Marchand, Parent, Gouin et Taschereau étaient tous des juristes, avocat ou notaire, alors que Godbout était agronome. Après lui, Barrette, Lévesque et Parizeau deviendront premiers ministres du Québec sans être avocats ; Barrette et Lévesque étant les seuls à ne pas détenir de diplôme universitaire. Rappelons qu'en 1976

Lévesque et Lise Payette étaient les membres les moins scolarisés d'un conseil des ministres qui comprenait une dizaine de docteurs d'université. Tout se passe comme si les dossiers que doivent traiter les ministres éliminent, à quelques exceptions près, les personnes qui n'ont pas de formation universitaire. On peut se demander s'il est désirable que soient ainsi minorisés ceux qui, pour reprendre le mot d'Antonio Barrette, sont allés à « l'université de la vie ».

Le processus de sélection des chefs de parti a aussi beaucoup changé. Jusqu'en 1958, au moment du choix de Jean Lesage, les chefs étaient désignés par des cercles restreints. Le début de la démocratisation des partis, instaurée par la Fédération libérale, a contribué à élargir ces cercles, même dans l'Union nationale, en 1961, quand Daniel Johnson, père, fut choisi contre Jean-Jacques Bertrand. Avec le congrès au leadership du Parti libéral, en 1970, une nouvelle ère commence, celle des congrès livrés en pâture aux médias, à condition, bien sûr, que le chef soit choisi lors d'un congrès, ou, plus généralement, qu'il y ait plus d'un candidat au poste de chef. À cet égard, le choix de Jacques Parizeau, au Parti québécois, et de Daniel Johnson, fils, au Parti libéral, a laissé les médias sur leur appétit. Comme ils n'ont pas eu d'adversaire, le choix par l'ensemble des membres dans le Parti québécois et par l'ensemble des délégués dans le Parti libéral n'a pas trouvé à s'exercer et n'a donc pas pu être médiatisé.

* * *

On peut se demander pour finir si cette absence de concurrents au leadership, inconcevable dans les années 1960 et 1970, n'est pas, avec d'autres symptômes, le signe d'une désaffection des individus envers l'engagement dans les partis, à titre d'adhérent ou de dirigeant. Cette désaffection a été mise en veilleuse lors du référendum du 30 octobre 1995 sur l'avenir politique du Québec, mais ce phénomène temporaire ne peut voiler les motifs structurels d'un éloignement, qui n'est d'ailleurs pas propre au Canada et au Québec (voir à ce sujet Lawson et Merkl, 1988).

On accuse souvent les médias de détourner de la politique des personnes compétentes, qui craignent de perdre leur réputation aux mains des journalistes. L'exploitation excessive par les médias des défauts et des erreurs des politiciens en serait la cause. Il ne faut sans doute pas négliger ce facteur, mais il ne me semble pas être le principal. Dans un monde politique où les intérêts organisés et divergents sont de plus en plus nombreux, il devient difficile pour les partis de concilier ces intérêts, d'autant plus que les groupes brandissent leurs acquis, obtenus du temps où l'État-providence distribuait sa manne à tout vent. En Grande-Bretagne, la société pour la protection des oiseaux compte actuellement plus de membres que tous les partis politiques réunis. Si vous voulez faire valoir une cause aujourd'hui, il vaut mieux militer dans un groupe de pression que dans un parti politique. D'autant plus que les contraintes budgétaires qui étranglent les partis de gouvernement ne leur laissent que de bien minces marges de manœuvre. Et si vous avez l'esprit d'entreprise, au lieu de le faire valoir au gouvernement comme l'ont fait plusieurs entrepreneurs en affaires publiques dans les années 1960 et 1970, il vaut sans doute mieux l'exercer dans le secteur privé, plus à l'abri des caméras de la télévision.

Les partis politiques ne disparaîtront pas pour autant. Ils continueront de connaître quelques semaines de gloire, à côté de beaucoup de mois de malheur. On peut prévoir, cependant, que leurs adhérents et encore plus leurs dirigeants seront proportionnellement plus nombreux à être des arbitres plutôt que des leaders, des facilitateurs plutôt que des promoteurs de causes que les gouvernements n'ont guère plus les moyens de faire admettre ou de financer.

Bibliographie

Benjamin, Jacques (1976), « L'organisation locale de l'Union nationale, 1960-1970 », dans Réjean Pelletier (dir.), *Partis politiques au Québec*, Montréal Hurtubise HMH, p. 197-218.

Boily, Robert (1969), « Les candidats élus et les candidats battus », dans Vincent Lemieux (dir.), *Quatre élections provinciales au Québec, 1956-1966*, Québec, PUL, p. 67-122.

Comeau, Paul-André (1965), « La transformation du Parti libéral québécois », *Canadian Journal of Economics and Political Science*, 31, 3, p. 358-367.

Hamelin, Jean (1964), « Commentaires », dans Jean-Louis Gagnon *et al.*, *Nos hommes politiques*, Montréal, Éditions du Jour, p. 28-31.

Hamelin, Jean, et Louise Beaudoin (1967), « Les cabinets provinciaux, 1867-1967 », *Recherches sociographiques*, VIII, 3 (septembre-décembre), p. 299-318.

Hamelin, Jean, et André Garon (1969), « La vie politique au Québec de 1956 à 1966 », dans Vincent Lemieux (dir.), *Quatre élections provinciales au Québec, 1956-1966*, Québec, PUL, p. 3-26.

Hamelin, Jean, Jacques Letarte et Marcel Hamelin (1959-1960), « Les élections provinciales dans le Québec », *Cahiers de géographie du Québec* (octobre-mars), p. 5-207.

Lapalme, Georges-Émile (1970), *Le vent de l'oubli (mémoires)*, t. 2, Montréal, Leméac.

Lawson, Kay, et Peter H. Merkl (dir.) (1988), *When Parties Fail, Emerging Alternative Organizations*, Princeton, Princeton University Press.

Lemieux, Vincent (1971), *Parenté et politique. L'organisation sociale dans l'Île d'Orléans*, Québec, PUL.

Lemieux, Vincent (1993), *Le Parti libéral du Québec. Alliances, rivalités et neutralités*, Sainte-Foy, PUL.

Lemieux, Vincent, et Raymond Hudon (1975), *Patronage et politique au Québec, 1944-1972*, Sillery, Boréal.

Lemieux, Vincent, et François Renaud (1982), « Activités et stratégies des partis dans la région de Québec », dans Vincent Lemieux (dir.), *Personnel et partis politiques au Québec*, Montréal, Boréal, p. 173-204.

Lovink, Johannes A. A. (1976), « Le pouvoir au sein du Parti libéral provincial du Québec, 1897-1936 », dans Réjean Pelletier (dir.), *Partis politiques au Québec*, Montréal, Hurtubise HMH, p. 91-116.

Pelletier, Réjean (1984), « Le personnel politique », *Recherches sociographiques*, XXV, 1 (janvier-avril), p. 83-102.

Pelletier, Réjean (1989), *Partis politiques et société québécoise : de Duplessis à Bourassa, 1944-1970*, Montréal, Québec/Amérique.

Renaud, François (1973), « Les motivations dans une organisation partisane de circonscription », *Recherches sociographiques*, XIV, 1, p. 59-80.

Bilan et perspectives en histoire économique

De la structure
aux conjonctures

Jacques Mathieu
Département d'histoire
Université Laval

Cet article vise à évaluer les trajectoires empruntées par l'histoire économique et sociale de la Nouvelle-France depuis la parution, en 1960, de *Économie et société en Nouvelle-France* de Jean Hamelin. Novateur en son temps, cet ouvrage a suscité un bon nombre de recherches, incité à des approfondissements et changé des manières de faire.

Il serait mal fondé de vouloir tout ramener à un modèle de départ et à son évolution. Il ne saurait même être question de couvrir tous les aspects de l'histoire économique et sociale de la Nouvelle-France. De fait, le nombre de chercheurs s'est tellement accru et les recherches ont emprunté tellement de directions qu'il faut éviter tout autant de ramener ce texte à une bibliographie raisonnée, que d'établir des filiations artificielles. En ce sens, ce court article vise moins à établir des redevances ou des démarcations qu'à signaler des prolongements particulièrement révélateurs des avenues parcourues.

Le titre « De la structure aux conjonctures » propose une vision forcément simplifiée de la trajectoire des préoccupations de recherche en histoire de la Nouvelle-France depuis plus de 30 ans, en même temps qu'il laisse entendre un renversement de perspective. L'observation prend en compte un large éventail de productions : thèses, articles, livres qui ne peuvent tous être rappelés ici, mais dont les thématiques rejoignent les travaux de Jean Hamelin. Au-delà des continuités dont on ne saurait taire la valeur et l'importance, l'insistance est mise sur le renouvellement des approches dont la démarche s'inscrit tout de même dans la poursuite de l'érudition et de l'humanisme qui caractérisent l'œuvre de Jean Hamelin.

C'est lors de ses études supérieures à l'École pratique des hautes études à Paris que Jean Hamelin a fait une incursion aussi rapide que significative en histoire de la Nouvelle-France. Il en est résulté un petit livre *Économie et société en Nouvelle-France* qui a eu un retentissement considérable dès sa parution et qui est demeuré un ouvrage de référence incontournable pendant longtemps par la suite. Le livre se distingue de plusieurs façons.

– Il est d'abord œuvre de transition. Il se présente comme l'une des dernières pièces maîtresses au long débat sur l'interprétation de la Conquête. Sa conclusion, « La bourgeoisie un être de raison », rappelle les débats anciens qui avaient agité l'interprétation de l'histoire du Québec entre ce qu'il a été convenu d'appeler dans le temps l'École de Québec et l'École de Montréal. Les thèmes traités, la façon de poser les problèmes, la conception des différents chapitres de l'ouvrage proposent un renouvellement des approches et des perspectives dans l'étude de cette question.

– *Économie et société* se voulait également une œuvre novatrice et il a été perçu comme tel dès sa parution. On y voit en filigrane les grandes problématiques mises de l'avant à l'École pratique des hautes études à Paris autour des notions de structure et de conjoncture. Cette approche, qu'emprunte Jean Hamelin, vise à faire ressortir les éléments de permanence, les structures fondamentales qui marquent la socio-économie coloniale. L'innovation apparaît tant dans le renouvellement des sources que dans les approches. En étudiant le livre des comptes du Séminaire de Québec, Hamelin a recours à un type de document jusque-là ignoré, sinon méprisé. Au siècle précédent, au moment de faire des copies dans les archives de France, on avait jugé ce type de document de nul intérêt pour l'histoire. Dorénavant, de telles informations, de sources privées plutôt qu'institutionnelles, prendront une place de plus en plus considérable dans les recherches. Malheureusement, il ne s'est pas trouvé beaucoup de semblables livres de compte si riches d'enseignement pour poursuivre sur cette lancée érudite ; signe qu'il n'est pas toujours facile de suivre la piste de Jean Hamelin.

– Cette œuvre de jeunesse s'inscrit également dans la durée. Il est relativement rare que plus de 30 ans après son élaboration, un ouvrage historique demeure un livre de référence. *Économie et société* l'est demeuré, et ce, à plus d'un titre : il a maintenu une valeur scientifique certaine et il a acquis une valeur pédagogique remarquable.

Sur le plan scientifique, le plus récent ouvrage, par un auteur de renom, *Le partage des subsistances* de Louise Dechêne, se situe, dès son introduction, en regard de l'ouvrage d'Hamelin publié plus de trois décennies auparavant. Que d'auteurs également ont eu recours à la courbe des prix du blé dessinée par Jean Hamelin pour interpréter une évolution ou préciser la signification de leurs propres résultats de recherche. Enfin, par ses titres-chocs pour la plupart orientés, Jean Hamelin a joué un rôle précurseur dans les enseignements qui ont de plus en plus insisté sur la formulation de problématiques et d'hypothèses claires et précises, dans la foulée de ses intitulés de chapitres comme : « Le blé fondement du niveau de vie », « Le castor et l'accumulation des capitaux ». Cette façon de poser les questions pour produire une histoire chargée de sens a été très largement réutilisée comme un modèle dont on pouvait s'inspirer.

Les sujets traités par Jean Hamelin ont été plus ou moins repris ou approfondis par la suite, à des degrés divers et dans des perspectives plus ou moins différentes. Certains thèmes, peu ou pas touchés, comme la pêche, l'alimentation, le grand commerce, les rôles des institutions, des femmes, des marchands, les conditions de vie des hommes de métier ont fait l'objet de travaux significatifs (Brière, 1990 ; Turgeon, 1986 ; Rousseau, 1983 ; Pritchard, 1976 ; Mathieu, 1981 ; Plamondon, 1977 ; Nish, 1968 ; Bosher, 1974, 1977 et 1987 ; Michel, 1979). Et d'autres chercheurs, dans une démarche autonome, ont fréquenté à leur tour la forêt parcourue par Jean Hamelin et ont tracé de nouveaux sentiers.

Cameron Nish a repris la question de la bourgeoisie en adoptant une approche résolument sociale plutôt qu'une perspective économique. La complexe question des monnaies et des capitaux est devenue plus sensible à l'ensemble des chercheurs, mais sauf quelques éclaircissements apportés par Peter N. Moogk, elle semble se prêter difficilement à une synthèse porteuse de sens. Au contraire, la courbe des prix du blé a servi de base à l'établissement de périodes économiques faisant ressortir, par exemple, des phases d'inflation et leur influence sur l'économie générale (voir Desloges, 1991).

Le thème du commerce des fourrures a continué de retenir l'attention des chercheurs. Nombre et identité des participants à ce commerce, évaluation des approvisionnements et des rendements, organisation du commerce et rôle des compagnies, poids et signification de ce système d'échange ont donné lieu à autant de recherches spécialisées et utiles à une meilleure connaissance de son rôle dans l'économie générale de la Nouvelle-France. Cependant, pour assister à des poussées plus significatives, il faudra vraisemblablement attendre les résultats d'études centrées sur la mondialisation des échanges. En ce domaine, qui constitue le lien le plus consistant entre l'Europe et l'Amérique du Nord, l'ouverture d'une perspective concurrente, la grande problématique des relations entre Français et Amérindiens, a accaparé la majeure partie des préoccupations et des énergies.

L'étude de la production agricole a connu les plus importants développements à cause de la vogue des études et des monographies rurales. C'est dans ce domaine que les apports les plus significatifs ont été enregistrés. Au total, les mythes anciens d'un monde rural stable, homogène et autosuffisant ont été balayés. Ils ont été remplacés par des perceptions axées sur la diversité des situations et la variété des dynamismes qui traversent cet espace. R.C. Harris (1968), adoptant une perspective géographique, a montré la distribution inégale de la population dans la vallée du Saint-Laurent et a atténué l'image de force économique et sociale que pouvait représenter la seigneurie. Par l'étude de la seigneurie des sulpiciens à Montréal, Louise Dechêne (1971) a fait ressortir les intérêts de plus en plus affirmés des seigneurs et la résistance des habitants à la ponction sur leur production. Louis Michel (1979) a révélé, pour une période légèrement postérieure, une autre dynamique mal connue : l'endettement paysan, organisé et maintenu par un marchand local. Si l'étude du grand commerce a montré la part des surplus de production dans la commercialisation, Allan Greer (1987) a approfondi la question à l'échelle d'une région et Louise Dechêne s'est attachée à la répartition des subsistances. François Rousseau (1983) a montré le rôle des propriétés rurales et des rendements agricoles dans les stratégies alimentaires et économiques d'institutions, par l'exemple de l'Hôtel-Dieu de Québec. Et ces stratégies seigneuriales ont continué de retenir beaucoup d'attention. Fernand Ouellet (1978) a repris le débat avec les articles sur le paysan libéré ou exploité et l'évolution de la propriété foncière seigneuriale. L'ouvrage collectif de Sylvie Dépatie, Christian Dessureault et Mario Lalancette (1987) a insisté sur la souplesse des modalités d'application du régime seigneurial selon les conditions géo-économiques locales. Jacques Mathieu (1987b), par la réunion des terres au domaine, Alain Laberge et Jacques Mathieu (1991), par la composition et l'évolution du groupe des seigneurs, et les thèses récentes de Laurent Marien (1994) et Fabienne Massard (1994) montrent une résignation de la noblesse, l'initiative marchande et les valeurs économiques, sociales et symboliques de la propriété seigneuriale.

Les monographies locales ont joué un rôle prédominant dans la redéfinition de ce monde rural (voir ci-dessus et Laberge, 1993 ; Cyr, 1987 ; Saint-Pierre, 1987 ; Lavallée, 1992 ; Michel, 1986). Nombreuses, élaborées dans des perspectives totalisantes et reposant sur des recherches exhaustives, elles ont fait ressortir une large variété de situations. Louis Michel a bien dégagé l'évolution des intentions qui ont présidé à ces recherches. Celles-ci illustrent un infléchissement général des perspectives, d'une approche socio-économique combinant les structures et les conjonctures vers l'observation des dynamiques familiales. D'une analyse des rapports de domination, elles ont évolué vers la mise en lumière des stratifications internes du monde des habitants. Elles ont déplacé le regard vers la cellule de base de la collectivité locale, la famille.

Ces perspectives ont permis d'établir un lien plus étroit dans les rapports espace-société. Pour notre part, l'étude des aveux et dénombrements a fait ressortir la diversité des situations. L'examen de l'ensemble des seigneuries de la vallée du Saint-Laurent a permis de constater la grande variété dans la taille des seigneuries et dans leur degré de développement. De même, à l'échelle de la censive, se dégage une grande diversité de taille et de développement des unités cadastrales. La censive type la plus attendue, de 3 par 30 arpents, ne représente que 13,5 % des cas. Et des terres de moins de 50 arpents en superficie côtoient des terres de 160 arpents et plus. Dans près de 70 % des seigneuries, on trouve des censives d'au moins cinq dimensions différentes. Il s'ensuit qu'à bien des égards la construction du paysage laurentien procède de situations et de motivations d'ordre familial, qu'il a paru utile d'étudier plus attentivement (voir Mathieu et Laberge, 1989).

Cette disparité des structures agraires s'accompagne d'une semblable diversité de production. Finie l'idée d'une stricte auto-subsistance. À côté d'un bon nombre de jeunes familles qui amorcent à peine l'exploitation de leur censive, vivent un bon quart d'agriculteurs qui produisent bien au-delà de leurs besoins, et cela, à l'intérieur d'une même seigneurie. Une nouvelle gamme de questions et de situations ont été relevées. Le rôle des activités économiques complémentaires, comme l'usage des prairies à des fins d'élevage, la pêche, les cultures spécialisées, comme les vergers, le lin et le chanvre, a été considéré. Des écosystèmes de base, c'est-à-dire l'effet des sols, de la flore, voire de la faune sur le rythme de colonisation, ou l'effet du défrichement sur les pratiques culturales, ont été mis en évidence (voir Saint-Pierre, 1987). En bout de ligne Tom Wein (1990) a fait ressortir un autre contexte majeur dans la production des subsistances, le climat.

Comme l'indiquent les études sur les rouages économiques et les activités agricoles, les rapports sociaux et la famille, le climat et les écosystèmes, d'autres univers de signification retiennent l'attention, reposent sur d'autres sources, invitent à développer d'autres méthodes d'analyse et visent à mieux connaître d'autres formes de cohérence. Les faits et les comportements sont mis en relation avec des ensembles et changent selon les circonstances qui, elles-mêmes, varient dans le temps. Il s'ensuit des regards pluriels, des variétés de comportements ou de situations, des processus dynamiques, pour tout dire, des conjonctures qui portent leur propre charge de signification selon les contextes ou les angles sous lesquels on les observe.

Sur le plan social, Jean Hamelin s'est attaché à l'étude des gens de métier, renouvelant ainsi profondément les perspectives. Centrée sur la rareté et la cherté de la main-d'œuvre, son étude s'inscrivait dans un contexte résolument colonial, plutôt que d'observer cette réalité uniquement à la lumière des volontés métropolitaines. Hamelin s'intéressait au monde ordinaire, une piste qui sera largement reprise par la suite. Il s'intéressait également au monde urbain ; un champ de recherche qui est encore loin d'avoir donné tous les fruits auxquels on pourrait s'attendre. Il décrivait une société non figée, aux prises avec des problèmes récurrents, accentués lors des projets de développement économique, soumis en somme aux aléas des conjonctures.

Dans cette foulée, plusieurs chercheurs ont étudié diverses composantes de la société : en particulier la bourgeoisie, les nobles, les officiers militaires, les marchands, les seigneurs, mais aussi les protestants, les filles du roi, l'enfance, les pauvres et les élites locales (Nish, 1968 ; Gadoury, 1992 ; Eccles, 1971 ; Bosher, 1974 ; Bédard, 1978 ; Landry, 1992 ; Lemieux, 1985 ; Lambert, 1990). Ces recherches sur les groupes sociaux ont également évolué vers une étude des modes de vie. On peut penser en particulier à l'étude des apprentis, des métiers du cuir, de la charpenterie navale. On y a relevé la diversité des conditions d'apprentissage, le lien relativement faible entre l'apprentissage et le métier exercé, les variations dans les conditions d'exercice à la ville ou à la campagne, surtout le lien entre les conditions de travail et les conditions de vie ainsi que la transmission du métier. On s'est parfois intéressé plus spécifiquement aux conditions de vie de groupes comme les artisans et leur logement ou leur niveau de fortune (Hardy et Ruddel, 1977 ; Thivierge, 1981 ; Brisson, 1983 ; Hardy, 1987 ; Desloges, 1991). Tout cela ouvre finalement la porte sur de nouveaux univers de signification.

Le champ des études sociales a aussi été fortement marqué par le développement de la démographie ou de l'utilisation de certaines de ses méthodes et approches. Les itinéraires des individus sont devenus à la mode. Au-delà des taux de natalité, de nuptialité et de mortalité, on a mis en évidence le déséquilibre des sexes, la croissance rapide de la population, la différenciation sociale et culturelle des comportements (Charbonneau, Desjardins *et al.*, 1987 ; Gauvreau, 1991). On a voulu comprendre les pratiques et les attitudes relatives à la naissance, au mariage, à la mort, la mobilité, les rapports hommes-femmes, toutes réalités qui s'écartaient d'un modèle unique et englobant (Laforce, 1985 ; Mathieu, 1987a ; Postolec, 1992 ; Savoie, 1994 ; Cliche, 1978 et 1988).

En regard de la propriété foncière, on s'est intéressé aux rapports entre le choix des conjoints et les lieux d'établissement du nouveau couple, entre le bassin de population et le bassin de terres disponibles, entre la saturation des espaces et la transmission du patrimoine foncier familial. On a traité abondamment des concepts comme la reproduction ou la cohésion sociale. On a montré le rôle de la famille dans la construction du paysage laurentien. De semblables préoccupations visaient en somme à dégager une nouvelle compréhension des rapports sociaux.

Ainsi, les préoccupations de recherche ont beaucoup évolué au cours des dernières décennies. Les sujets traités, les approches retenues et les modes de traitement des documents se sont considérablement diversifiés. Dans cette trajectoire, en apparence éclatée et renouvelée, peut-on repérer quelques tendances un peu plus communément répandues ?

Le titre de cet article indique tout de suite une piste de réponse. Jean Hamelin a eu l'intention de couvrir les thèmes structurants de la socio-économie de la Nouvelle-France et de montrer leur influence sur l'évolution et le destin de la colonie. Depuis, d'autres sujets ont retenu l'attention des chercheurs, d'autres approches ont été développées, d'autres thèmes ont été traités. Il suffit de penser aux études sur l'alimentation, l'éducation, l'hospitalisation, les chirurgiens et la sage-femme, la justice, les situations de veuvage ou d'enfants sans famille, le logement et le travail, la ville, etc. (Rousseau, 1989 ; Gourdeau, 1994 ; Lessard, 1989 et 1994 ; Laforce, 1985 ; Lachance, 1979 et 1987 ; Dickinson, 1982 ; Morel, 1975 ; Desloges, 1991). Les points de vue ont changé. On pratique actuellement une histoire plus tournée vers les comportements. Tout semble s'organiser autour de préoccupations, hier encore, jugées moins primordiales. En ce sens, on peut dire que les conjonctures ont pris plus d'importance que les structures. C'est le retour de l'événement, l'intérêt porté au climat. Un simple petit fait, qui peut paraître banal en soi, peut être placé au cœur des préoccupations et des problématiques historiques.

Il reste finalement les manières de faire, un aspect par lequel Jean Hamelin, me semble-t-il, a beaucoup marqué son époque. La volonté de favoriser une histoire qui délaisse le mode descriptif pour privilégier la recherche de signification a été très largement reprise, peut-être plus même que ne le souhaitait Jean Hamelin. Elle s'est étendue à d'autres disciplines comme l'archéologie et l'ethnologie qui ont fourni de nouveaux matériaux ainsi que de nouveaux regards pour une meilleure connaissance de la Nouvelle-France. Néanmoins, toutes ces recherches continuent de s'inscrire dans les pratiques d'érudition et d'humanisme que Jean Hamelin nous a laissées en héritage.

Bibliographie

Bédard, Marc-André (1978), *Les protestants en Nouvelle-France*, Québec, Société historique de Québec (coll. Cahiers d'histoire, 31).

Bosher, John (1974), « French Protestant Families in Canadian Trade, 1740-1760 », *Histoire sociale/Social History*, 7, 14 (novembre), p. 179-201.

Bosher, John (1977), « A Québec Merchant's Trading Circles in France and Canada : Jean-André Lamaletie before 1763 », *Histoire sociale/Social History*, 10, 19 (mai), p. 24-44.

Bosher, John (1987), *The Canada Merchants, 1713-1763*, Oxford, Clarendon Press.

Brière, Jean-Francois (1990), *La pêche française en Amérique du Nord au XVIIIe siècle*, Montréal, Fides.

Brisson, Réal (1983), *La charpenterie navale à Québec sous le Régime français*, Québec, IQRC.

Charbonneau, Hubert, Bertrand Desjardins *et al.* (1987), *Naissance d'une population. Les Français établis au Canada au XVIIe siècle*, Paris/Montréal, PUF/PUM.

Cliche, Marie-Aimée (1978), « Les attitudes devant la mort d'après les clauses testamentaires dans le gouvernement de Québec sous le Régime français », RHAF, 32, 1 (juin), p. 57-94.

Cliche, Marie-Aimée (1988), « Filles-mères, familles et société sour le Régime français », *Histoire sociale/Social History*, 21, 41 (mai), p. 39-69.

Cyr, Céline (1987), « La formation d'une communauté rurale en Nouvelle-France : Beaumont, 1672-1740 », dans Jacques Mathieu et Serge Courville (dir.), *Peuplement colonisateur aux XVIIe et XVIIIe siècles*, Québec, CÉLAT, p. 249-281.

Dechêne, Louise (1971), « L'évolution du régime seigneurial au Canada. Le cas de Montréal aux XVIIe et XVIIIe siècles », *Recherches sociographiques*, XII, 2 (mai-août), p. 143-183.

Dépatie, Sylvie, Christian Dessureault et Mario Lalancette (1987), *Contributions à l'étude du régime seigneurial canadien*, Montréal, Hurtubise HMH.

Desloges, Yvon (1991), *Une ville de locataire : Québec au XVIIIe siècle*, Ottawa, Environnement Canada, Service des parcs, Lieux historiques nationaux.

Dickinson, John (1982), *Justice et justiciables : la procédure civile à la Prévôté de Québec, 1667-1759*, Québec, PUL.

Eccles, W.J. (1971), « The Social, Economic, and Political Significance of the Military Establishment in New France », *CHR*, 52, 1 (mars), p. 1-22.

Gadoury, Lorraine (1992), *La noblesse de Nouvelle-France. Familles et alliances*, Montréal, Hurtubise HMH.

Gauvreau, Danielle (1991), *Québec, une ville et sa population au temps de la Nouvelle-France*, Sillery, PUQ.

Gourdeau, Claire (1994), *Les délices de nos cœurs. Marie de l'Incarnation et ses pensionnaires amérindiennes,1639-1672*, Québec, Septentrion/CÉLAT.

Greer, Allan (1987), *Peasant, Lord and Merchant. Rural Society in Three Quebec Parishes, 1740-1840*, Toronto, University of Toronto Press (coll. Social History of Canada, 39).

Hardy, Jean-Pierre (1987), « Quelques aspects du niveau de richesse et de la vie matérielle des artisans de Québec et de Montréal, 1740-1755 », *RHAF*, 40, 3 (hiver), p. 339-372.

Hardy, Jean-Pierre, et Thiery Ruddel (1977), *Les apprentis artisans à Québec, 1660-1815*, Montréal, PUQ.

Harris, R.C. (1968), *The Seigneurial System in Early Canada*, Québec, PUL.

Laberge, Alain (dir.) (1993), *Histoire de la Côte-du-Sud*, Québec, IQRC.

Laberge, Alain, et Jacques Mathieu (1991), « La propriété seigneuriale au Canada au XVIIIe siècle : un enjeu », communication présentée au congrès de la Société historique du Canade, Kingston (juin).

Lachance, André (1979), *La justice criminelle du roi au Canada au XVIIIe siècle*, Québec, PUL.

Lachance, André (1987), *La vie urbaine en Nouvelle-France*, Montréal, Boréal.

Laforce, Hélène (1985), *Histoire de la sage-femme dans la région de Québec*, Québec, IQRC.

Lambert, Serge (1990), « Les pauvres et la société à Québec de 1681 à 1744 », thèse de Ph.D. (histoire), Université Laval.

Landry, Yves (1992), *Orphelines en France, pionnières au Canada : les Filles du roi au XVIIe siècle*, Montréal, Leméac.

Lavallée, Louis (1992), *La Prairie en Nouvelle-France, 1647-1760 : étude d'histoire sociale*, Montréal, McGill/Queen's University Press.

Lemieux, Denise (1985), *Les petits innocents. L'enfance en Nouvelle-France*, Québec, IQRC.

Lessard, Renald (1989), *Se soigner au Canada aux XVIIe et XVIIIe siècles*, Ottawa, Musée canadien des civilisations.

Lessard, Renald (1994), « Pratique et praticiens en contexte colonial : le corps médical canadien aux 17e et 18e siècles », thèse de Ph.D. (histoire), Université Laval, 2 tomes.

Marien, Laurent (1994), « Les arrière-fiefs au Canada sous le Régime français : un enjeu ? », mémoire de maîtrise, Université de Poitiers.

Massard, Fabienne (1994), « La seigneurie dans le gouvernement du Québec : enjeux et symbole de la noblesse au Canada sous le Régime français », mémoire de maîtrise, Université Rennes 2.

Mathieu, Jacques (1981), *Le commerce entre la Nouvelle-France et les Antilles au XVIIIe siècle*, Montréal, Fides.

Mathieu, Jacques (1987a), « Mobilité et sédentarité ; stratégies familiales en Nouvelle-France », *Recherches sociographiques*, XXVIII, 2-3, p. 211-228.

Mathieu, Jacques (1987b), « Les réunions de terres au domaine du seigneur, 1730-1759 », dans François Lebrun et Normand Seguin (dir.), *Sociétés villageoises et rapports villes-campagnes au Québec et dans la France de l'Ouest, XVIIe-XXe siècles*, Trois-Rivières/Rennes, Centre de recherche en études québécoises de l'Université du Québec à Trois-Rivières/Presses universitaires de Rennes 2, p. 79-89.

Mathieu, Jacques, et Alain Laberge (1989), « La diversité des aménagements fonciers dans la vallée du Saint-Laurent au XVIIIe siècle », *Communications historiques/Historical Papers*, p. 145-166.

Michel, Louis (1979), « Un marchand rural en Nouvelle-France. François-Augustin Bailly de Messein, 1709-1771 », *RHAF*, 33, 2 (septembre), p. 215-262.

Michel, Louis (1986), « Varennes et Verchères, des origines au milieu du XIXe siècle : état d'une enquête », dans Joseph Goy et Jean-Pierre Wallot (dir.) *Évolution et éclatement du monde rural : structures, fonctionnement et évolution différentielle des sociétés rurales françaises et québécoises*, Paris/Montréal, École des hautes études en sciences sociales/PUM, p. 325-340.

Morel, André (1975), « Réflexions sur la justice criminelle canadienne au XVIIIe siècle », *RHAF*, 29, 2 (septembre), p. 241-253.

Nish, Cameron (1968), *Les bourgeois-gentilshommes de la Nouvelle-France 1729-1748*, Montréal, Fides.

Ouellet, Fernand (1978), « Propriété seigneuriale et groupes sociaux dans la vallée du Saint-Laurent (1663-1840) », *Mélanges d'histoire du Canada français offerts au professeur Marcel Trudel*, Ottawa, Éditions de l'Université d'Ottawa, p. 183-213.

Plamondon, Liliane (1977), « Une femme d'affaires en Nouvelle-France : Marie-Anne Barbel », *RHAF*, 31, 2 (septembre), p. 165-185.

Postolec, Geneviève (1992), « La reproduction sociale à Neuville au XVIIIe siècle : l'apport foncier au mariage », dans Rollande Bonnain, Gérard Bouchard et Joseph Goy (dir.), *Transmettre, hériter, succéder. La reproduction familiale en milieu rural. France-Québec, XVIIIe-XXe siècles*, Lyon/Paris, Presses universitaires de Lyon/École des hautes études en sciences sociales, p. 43-53.

Pritchard, James (1976), « The Pattern of Colonial Shipping to Canada before 1760 », *Revue française d'histoire d'outre-mer*, 23 (2e trimestre), p. 189-210.

Rousseau, François (1983), *L'œuvre de chère en Nouvelle-France. Le régime des malades à l'Hôtel-Dieu de Québec*, Québec, PUL.

Rousseau, François (1989), *La croix et le scalpel. Histoire des Augustines et de l'Hôtel-Dieu de Québec*, vol. I : 1639-1892, Sillery, Septentrion.

Saint-Pierre, Jacques (1987), « L'aménagement de l'espace rural en Nouvelle-France ; les seigneuries de la Côte-du-Sud », dans Jacques Mathieu et Serge Courville (dir.), *Peuplement colonisateur aux XVIIe et XVIIIe siècles*, Québec, CÉLAT, p. 35-201.

Savoie, Sylvie (1994), « Difficultés et contraintes dans le choix du conjoint. Trois-Rivières, 1634 à 1760 », thèse de Ph.D. (histoire), Université Laval.

Thivierge, Maryse (1981), « Les artisans du cuir au temps de la Nouvelle-France, Québec, 1660-1760 », dans Jacques Mathieu et Jean-Claude Dupont (dir.), *Les métiers du cuir*, Québec, PUL, p. 9-78.

Turgeon, Laurier (1986), « Pour redécouvrir notre 16e siècle : les pêches à Terre-Neuve d'après les archives notariales de Bordeaux », *RHAF*, 39, 4 (printemps), p. 523-549.

Wein, Tom (1990), « Les travaux pressants. Calendrier agricole, assolement et productivité au Canada au XVIIIe siècle », *RHAF*, 43, 4 (printemps), p. 535-558.

Crise, malaise et restructuration : l'agriculture bas-canadienne dans tous ses états

Alain Laberge
CIEQ/Département d'histoire
Université Laval

Il y a un peu plus de 30 ans maintenant, l'historiographie du Bas-Canada voyait naître une interprétation hardie de la situation et de l'évolution de l'agriculture dans les seigneuries de la vallée du Saint-Laurent dans la première moitié du XIXe siècle. On sait que Jean Hamelin a joué un rôle déterminant dans l'élaboration de l'interprétation de la « crise agricole ». C'est pourquoi nous avons voulu profiter du colloque tenu en son hommage pour réaliser un bref bilan de l'évolution de l'historiographie portant sur l'agriculture du Bas-Canada depuis 1960. Nous voulons essentiellement mettre en valeur l'influence heuristique considérable que la notion de crise agricole a exercée depuis son apparition et le vif débat qui l'a entourée dans les années 1970 jusqu'à aujourd'hui. À cet effet, ce texte vise moins à départager les avis divergents sur le fond du débat qu'à cerner les transformations survenues dans la manière de traiter le problème de l'agriculture des années 1800-1850, principalement en matière de sources et de méthodes.

L'ÉMERGENCE D'UNE HISTOIRE RURALE BAS-CANADIENNE

Avant que Jean Hamelin et Fernand Ouellet ne se mettent à publier leurs premiers textes sur l'agriculture bas-canadienne, au début des années 1960, l'historiographie relative à cette question se limitait à bien peu de chose. Deux raisons à cela : d'abord la suprématie toujours incontestée de l'histoire de la Nouvelle-France comme période historique la plus digne d'intérêt ; ensuite les retards considérables de l'histoire économique québécoise en général, illustrés par l'absence quasi complète de problématiques à caractère socio-économique dans la production historique de cette époque (Blain, 1972). À cet égard, il est significatif de constater que les premiers auteurs à s'intéresser à la question agricole bas-canadienne sont anglophones et publient, entre autres, dans la *Canadian Historical Review* (Jones, 1946 ; Parker, 1959).

Dans ces conditions, la thèse de doctorat en histoire économique de Maurice Séguin (1970), soutenue en 1947, apparaît comme une véritable exception à la règle. Selon Jean Blain, dans la préface de l'édition tardive de la thèse en 1970, les travaux de Séguin représentent une « rationalisation » de la vision traditionnelle concernant les Canadiens français et l'agriculture. Séguin y affirme le repliement agricole des Canadiens après la Conquête et la thèse de la terre peu « rémunératrice » dans le Bas-Canada en raison d'une déficience des marchés intérieurs et extérieurs. Séguin ne nie pas « l'esprit paysan », mais il l'associe à l'inertie des marchés pour expliquer les techniques « routinières » de l'habitant, qui en valaient bien d'autres dans les circonstances. Cependant, il place la période 1760-1820 sous le signe de la « quiétude ». C'est après 1820 que tout se gâche selon lui : à cause de la fermeture des seuls marchés disponibles en Angleterre par les *Corn Laws*, la terre devient encore moins « rémunératrice » ; l'esprit paysan et la routine des techniques rendent la terre de plus en plus « improductive » et, de plus, le surpeuplement seigneurial faisant pression sur le patrimoine rural, la terre devient « inaccessible ». L'impact de cette première analyse d'ensemble de l'agriculture bas-canadienne sera considérable : non seulement elle constitue un des piliers de l'argumentation de l'École de Montréal dans le débat sur les conséquences de la Conquête sur la destinée des Canadiens français, mais elle va devenir une référence obligée pour tous les futurs chercheurs intéressés aux questions agraires de la première moitié du XIXᵉ siècle.

La réplique aux arguments de Maurice Séguin met un peu de temps à venir, mais elle va prendre dès le départ l'allure d'une offensive très bien orchestrée. Dans un article (Ouellet et Hamelin, 1962) et deux conférences (Hamelin et Ouellet, 1966a, 1966b), Jean Hamelin et Fernand Ouellet proposent une interprétation fort différente de la situation et de l'évolution de l'agriculture dans les seigneuries du Bas-Canada dans la première moitié du XIXᵉ siècle, interprétation reprise peu après par Ouellet (1966) dans son *Histoire économique et sociale du Québec*. Hamelin et Ouellet y affirment que la décennie 1802-1812 représente la première phase d'une crise agricole qui ne fera que s'enliser après 1815. Comme symptômes de cette crise, les auteurs établissent que la demande extérieure de blé reste stable pendant toute la décennie et ils constatent, du même souffle, que les exportations tendent continuellement à baisser. Cette situation provient, décrètent-ils, de ce que la production bas-canadienne de blé n'est plus en mesure de fournir à la demande, et ce, à cause de l'état lamentable des techniques agricoles de l'habitant et de son incapacité à s'adapter aux exigences d'une agriculture rationnelle.

Ce déplacement chronologique des débuts des problèmes de l'agriculture bas-canadienne et leur interprétation largement culturelle ne sont pas les seules caractéristiques des travaux d'Hamelin et de Ouellet. Ceux-ci se distinguent en plus par le traitement des données. Fortement inspirés par l'école des *Annales* et les questions de structures et de conjonctures, les auteurs tentent de cerner la production, les rendements et les prix par l'établissement de séries chiffrées qui rendent compte de mouvements et de cycles particuliers. Jamais auparavant, si ce n'est de la désormais célèbre courbe des prix du blé établie par ce même Jean Hamelin ([1960] 1970) pour son *Économie et société en Nouvelle-France*, on n'avait soumis l'agriculture de la vallée du Saint-Laurent à pareil traitement.

Enfin, les travaux d'Hamelin et de Ouellet ont littéralement créé un « événement structurel », la crise agricole, qui s'insère dans une interprétation globale de toute la période 1790-1840, visant en particulier à comprendre les Rébellions de 1837-1838. Dans cette construction, les facteurs économiques dominent et l'agriculture, en particulier, joue un rôle de premier plan. C'est cette manière de voir les choses qui permet de dire qu'Hamelin et Ouellet ont largement contribué à assurer l'émergence et la survie de l'histoire rurale bas-canadienne.

À bien des égards cependant, ces travaux publiés entre 1962 et 1966 prennent l'aspect d'une synthèse avant l'heure, reposant uniquement sur des recherches menées essentiellement à grande échelle, sans le bénéfice d'enquêtes monographiques. Le retard de l'histoire économique et la vacuité dans le champ de l'histoire rurale ont poussé les auteurs à procéder à ce rattrapage historiographique précipité. Sur le plan de la méthode, cela paraît tout à fait évident, encore que l'on y trouve quelques raccourcis, en matière de critique de sources notamment, que les commentateurs ne manqueront pas de repérer éventuellement (Gagnon, 1985).

LE DÉBAT SUR LA CRISE AGRICOLE : CONFRONTATIONS, RÉACTIONS, RÉORIENTATIONS

L'opposition à l'interprétation d'Hamelin et de Ouellet passe principalement par la plume conjointe de l'économiste Gilles Paquet et de l'historien Jean-Pierre Wallot. Selon eux, une demande extérieure incertaine autant que quelques années de mauvaise production ont joué dans la baisse des exportations bas-canadiennes de blé dans la première décennie du XIXe siècle. Au lieu d'y voir l'antichambre d'une série de calamités aboutissant à la prise d'armes de 1837, ils placent ce début de siècle sous le signe d'une restructuration et d'une modernisation de l'ensemble de la socio-économie de la vallée du Saint-Laurent, où l'habitant est un agent économique rationnel, choisissant de satisfaire un marché intérieur en croissance avant une éventuelle demande sur le marché britannique (Paquet et Wallot, 1972).

Comme on l'a vite constaté, le débat sur la crise agricole dépasse largement une simple divergence de vue sur la situation dans la première décennie du XIXe siècle. Il consiste en fait en la confrontation de deux perspectives globales de toute la période 1790-1840, inconciliables tant leurs fondements scientifiques et idéologiques diffèrent.

D'ailleurs, à bien des égards, le champ de l'histoire rurale et l'étude de l'agriculture en tant que telle semblent piétiner quelque peu durant les années 1972-1976. Pourtant, il s'agit d'une période durant laquelle plusieurs sources nouvelles sont versées au dossier, en particulier par Ouellet (1972) : qu'on pense aux données chiffrées des dîmes, de la rente en nature ou des quêtes de l'Enfant-Jésus, palliant l'absence de sources directes sur la production agricole avant 1831. Cependant, il devient vite évident que l'introduction de ces sources comme d'ailleurs le raffinement de la modélisation chez Paquet et Wallot (1975) visent davantage à confirmer l'explication globale qu'à véritablement explorer des facettes plus ou moins connues de l'agriculture de l'époque (Ouellet, 1976a, 1976b).

Sentant eux-mêmes l'impasse dans laquelle ils s'enlisaient, les adversaires choisissent de réorienter leur tir. Après la parution de son *Bas-Canada* en 1976, Ouellet délaisse quelque peu l'agriculture pour faire le point sur des thèmes connexes comme la propriété seigneuriale, l'organisation de la milice et les rapports des paysans avec les institutions qui les encadrent (Ouellet, 1978, 1979, 1980). De leur côté, Paquet et Wallot optent pour une réorientation basée sur l'utilisation d'un type de document, l'inventaire après décès, permettant de situer l'analyse, non plus à une échelle globale, mais à l'échelon de l'habitant, du producteur agricole lui-même (Paquet et Wallot, 1976). Ce choix s'avère déterminant pour la suite de l'évolution de l'histoire rurale bas-canadienne. En plus de la série des travaux conjoints de Paquet et Wallot (1983, 1986a, 1986b, 1987, 1990, 1992), l'inventaire après décès va se trouver au centre de nombreuses études touchant le monde rural, dont celles, entre autres, de Christian Dessureault (1983, 1985, 1987a, 1987b, 1988, 1989) qui révèlent une différenciation sensible à l'intérieur de la paysannerie de Saint-Hyacinthe, notamment en ce qui a trait à la possession de l'équipement de labour, et ce, indépendamment des phases du cycle de la vie familiale.

Devant l'impasse du débat Ouellet *versus* Paquet et Wallot, des chercheurs, et pas toujours des historiens, ont voulu contribuer à leur manière au développement de la jeune histoire rurale du Bas-Canada. En plein cœur du débat, Tim J.A. LeGoff (1974, 1975) a mis en évidence le rapport entre la croissance de la population et la capacité du terroir à produire suffisamment afin d'assurer sa subsistance.

L'économiste John McCallum (1980) a comparé l'agriculture bas-canadienne à celle du Haut-Canada dans une perspective continentale similaire à celle développée par Maurice Lamontagne et Albert Faucher dans les années 1950. De son côté, Allan Greer (1985) a le mérite d'avoir mis de l'avant l'approche monographique, si fondamentale à l'histoire rurale. Ses observations sur le fonctionnement de l'économie domestique ont montré les liens complexes qui unissaient les producteurs agricoles au marché. Enfin, Serge Courville (1980, 1983, 1984, 1986a, 1986b 1987, 1990), par le biais d'une vision géographique et faisant parler des documents délaissés, comme les cartes anciennes, ou insuffisamment critiqués auparavant, comme le recensement nominatif de 1831, a présenté le monde rural bas-canadien sous un jour nouveau, mettant en évidence l'existence de villages bien plus nombreux qu'on l'avait soupçonnée jusqu'alors, villages regroupant une population non agricole souvent considérable. Tous ces travaux témoignent de la viabilité d'autres voies pour l'histoire rurale bas-canadienne permettant d'aller au-delà de l'impasse idéologique qu'on avait décelée autour de 1976.

LE RETOUR DU BALANCIER

Au début des années 1980, deux articles, un de Marvin McInnis (1982), l'autre de Louise Dechêne (1986), remarquables par leur lucidité, font le point sur la question de l'agriculture du Bas-Canada. La complexité de l'entreprise de saisir dans son ensemble cette activité économique fondamentale, qu'il s'agisse des difficultés sur le plan des sources ou des relations multiples à analyser entre les divers facteurs d'explication en cause, y est révélée avec une grande netteté. Ce genre de mise au point était sans doute nécessaire avant de passer à un autre stade d'exploration. Celui-ci allait se caractériser par un retour aux éléments de base de l'étude de l'agriculture :

prix, production, rendements et techniques, que l'on trouvait d'ailleurs au centre des premiers écrits de Jean Hamelin et de Fernand Ouellet. Par un curieux concours de circonstances, ces derniers participent eux-mêmes à ce mouvement de retour du balancier par la publication en 1982 de séries de prix urbains et ruraux (Ouellet, Hamelin et Chabot, 1982).

Parmi les études récentes sur l'agriculture du Bas-Canada, notons les travaux de McInnis sur l'efficacité relative des producteurs agricoles canadiens-français en 1851 (Lewis et McInnis, 1980 ; McInnis, 1982), ceux de Corinne Beutler (1987, 1990) sur l'équipement agricole et celui de Serge Courville (1988), article important sur le marché des subsistances. Ce dernier auteur, en collaboration avec Jean-Claude Robert et Normand Séguin (1990a, 1990b), a également mis sur pied un vaste chantier de recherche portant sur l'axe laurentien au XIXe siècle. Les questions de productions, d'exportations et de prix ont, elles aussi, refait surface ces dernières années, notamment par l'entremise de Thomas Wien (1987, 1991), qui a utilisé des données provenant des dîmes pour évaluer la nature et la localisation des diverses productions agricoles à la toute fin du XVIIIe siècle. Celui-ci a de plus risqué deux communications à de récents congrès de l'Institut d'histoire d'Amérique française, une sur les exportations (1991), la seconde, avec Catherine Desbarats, sur l'évolution des prix dans le long terme (Desbarats et Wien, 1994).

Ces études récentes se distinguent par leur caractère plus ponctuel visant à établir un certain nombre de paramètres relatifs à la compréhension d'une facette spécifique de la question agricole. Même si elles endossent en tout ou en partie l'une ou l'autre des perspectives d'ensemble élaborées auparavant, elles n'en sont pas pour autant les créatures. Les questions ne sont plus posées de la même manière, car les finalités ont changé. La critique des sources, on pense entre autres aux recensements, est plus omniprésente.

Ce nouveau type de production cherche finalement à mieux asseoir les fondements de notre connaissance et de notre compréhension de l'agriculture bas-canadienne, une étape éludée par le rattrapage historiographique réalisé dans les années 1960. L'aboutissement d'un tel objectif se situe nécessairement dans le long terme. Les chercheurs intéressés par cette question restent peu nombreux et tendent même à se diviser en plusieurs groupes s'attachant à des périodes précises : Nouvelle-France, Bas-Canada comme tel et seconde moitié du XIXᵉ siècle. Cette situation est tributaire de ce qu'on aura enfin compris qu'il faut en savoir davantage tant en amont qu'en aval des années 1800-1850. Dans ce décor cependant, la seconde moitié du XVIIIᵉ siècle est toujours un parent pauvre. Cet éparpillement des ressources humaines, bien que nécessaire, fait que les thèses dans chacune des périodes arrivent au compte-gouttes : le rythme de croissance de l'historiographie s'en trouve forcément ralenti.

La patience est donc de mise et, pour s'encourager, on peut toujours apprécier la planche 13 du second volume de l'*Atlas historique du Canada* (Robert et Séguin, 1993) portant sur l'agriculture du Bas-Canada : il n'y a pas si longtemps la production d'un outil de connaissance aussi remarquable aurait été impensable.

Bibliographie

Beutler, Corinne (1987), « L'outillage agricole dans les inventaires paysans de la région de Montréal reflète-t-il une transformation de l'agriculture entre 1792 et 1835 ? », dans François Lebrun et Normand Séguin (dir.), *Sociétés villageoises et rapports villes-campagnes au Québec et dans la France de l'Ouest, XVIIᵉ-XXᵉ siècles*, Trois-Rivières/Rennes, Centre de recherche en études québécoises de l'Université du Québec à Trois-Rivières/Presses universitaires de Rennes, 2, p. 121-129.

Beutler, Corinne (1990), « La modernisation de l'équipement agricole dans la région de Montréal : recherches sur l'origine des nouveaux modèles de charrue d'après des inventaires après décès, 1792-1835 », dans Gérard Bouchard et Joseph Goy (dir.), *Famille, économie et société rurale en contexte d'urbanisation (17ᵉ-20ᵉ siècles)*, Chicoutimi/Paris, Centre interuniversitaire SOREP/École des hautes études en sciences sociales, p. 273-284.

Blain, Jean (1972), « Économie et société en Nouvelle-France : le cheminement historiographique dans la première moitié du XXᵉ siècle », *RHAF*, 26, 1 (juin), p. 3-31.

Courville, Serge (1980), « La crise agricole du Bas-Canada. Éléments d'une réflexion géographique », *Cahiers de géographie du Québec*, 24, 62 (septembre), p. 193-224 ; 63 (décembre), p. 385-428.

Courville, Serge (1983), « Rente déclarée payée sur la censive de 90 arpents au recensement nominatif de 1831 : méthodologie d'une recherche », *Cahiers de géographie du Québec*, 27, 70 (avril), p. 43-61.

Courville, Serge (1984), « Esquisse du développement villageois au Québec : le cas de l'aire seigneuriale entre 1760 et 1854 », *Cahiers de géographie du Québec*, 28, 73-74 (avril-septembre), p. 9-46.

Courville, Serge (1986a), « L'habitant canadien dans la première moitié du XIXᵉ siècle : survie ou survivance ? », *Recherches sociographiques*, XXVII, 2, p. 177-193.

Courville, Serge (1986b), « Villages and Agriculture in the Seigneuries of Lower Canada : Conditions of a Comprehensive Study of Rural Quebec in the First Half of the Nineteenth Century », *Canadian Papers in Rural History*, V, p. 121-149.

Courville, Serge (1987), « Un monde rural en mutation : le Bas-Canada dans la première moitié du XIXᵉ siècle », *Histoire sociale/Social History*, 20, 40 (novembre), p. 237-258.

Courville, Serge (1988), « Le marché des « subsistances ». L'exemple de la plaine de Montréal au début des années 1830 : une perspective géographique », *RHAF*, 42, 2 (automne), p. 193-239.

Courville, Serge (1990), *Entre ville et campagne. L'essor du village dans les seigneuries du Bas-Canada*, Québec, PUL.

Courville, Serge, Jean-Claude Robert et Normand Séguin (1990a), « Population et espace rural au Bas-Canada : l'exemple de l'axe laurentien dans la première moitié du XIXᵉ siècle », *RHAF*, 44, 2 (automne), p. 243-262.

Courville, Serge, Jean-Claude Robert et Normand Séguin (1990b), « The Spread of Rural Industry in Lower Canada, 1831-1851 », *Journal of the Canadian Historical Association/Revue de la Société historique du Canada,* nouvelle série, 2, p. 43-70.

Dechêne, Louise (1986), « Observations sur l'agriculture du Bas-Canada au début du XIXe siècle », dans Joseph Goy et Jean-Pierre Wallot (dir.), *Évolution et éclatement du monde rural : structures, fonctionnement et évolution différentielle des sociétés rurales françaises et québécoises, XVIIe-XXe siècles,* Paris/Montréal, École des hautes études en sciences sociales/ PUM, p. 189-202.

Desbarats, Catherine, et Thomas Wien (1994), « Mesure le risque : la variabilité des prix céréaliers au XVIIIe siècle », Communication présentée au congrès annuel de l'Institut d'histoire de l'Amérique française, Chicoutimi.

Dessureault, Christian (1983), « L'inventaire après décès et l'agriculture bas-canadienne », *Bulletin d'histoire de la culture matérielle,* 17 (printemps), p. 127-138.

Dessureault, Christian (1985), « Les fondements de la hiérarchie sociale au sein de la paysannerie : le cas de Saint-Hyacinthe, 1760-1815 », thèse de doctorat (histoire), Université de Montréal.

Dessureault, Christian (1987a), « La propriété rurale et la paysannerie dans la plaine maskoutaine, 1795-1814 », dans François Lebrun et Normand Séguin (dir.), *Sociétés villageoises et rapports villes-campagnes au Québec et dans la France de l'Ouest, XVIIe-XXe siècles,* Trois-Rivières/Rennes, Centre de recherche en études québécoises de l'Université du Québec à Trois-Rivières/Presses universitaires de Rennes 2, p. 39-49.

Dessureault, Christian (1987b), « L'égalitarisme paysan dans l'ancienne société rurale de la vallée du Saint-Laurent: éléments pour une ré-interprétation », *RHAF,* 40, 3 (hiver), p. 373-407.

Dessureault, Christian (1988), « Niveaux de fortune paysans et cycle de la vie familiale : le cas des paysans maskoutains au tournant du XIXe siècle », dans Micheline Baulant, Anton J. Schuurman et Paul Servais (dir.), *Inventaires après décès et ventes de meubles : apports à une histoire de la vie économique et quotidienne (XIVe-XIXe siècles),* Louvain-la-Neuve, Academia, p. 89-95.

Dessureault, Christian (1989), « Crise ou modernisation. La société rurale maskoutaine durant le premier tiers du XIXe siècle », *RHAF,* 42, 3 (hiver), p. 359-387.

Gagnon, Serge (1985), *Quebec and its Historians : the Twentieth Century,* Jane Brierley, trad., Montréal, Harvest House.

Greer, Allan (1985), *Peasant, Lord and Merchant. Rural Society in Three Quebec Parishes, 1740-1840,* Toronto, University of Toronto Press (coll. Social History of Canada, 39).

Hamelin, Jean ([1960] 1970), *Économie et société en Nouvelle-France,* 3e édition, Québec, PUL (coll. Cahiers de l'Institut d'histoire, 3).

Hamelin, Jean, et Fernand Ouellet (1966a), « Le mouvement des prix agricoles dans la province de Québec, 1760-1851 », dans Claude Galarneau et Elzéar Lavoie (dir.), *France et Canada français du XVIe au XXe siècle,* Québec, PUL (coll. Cahiers de l'Institut d'histoire, 7), p. 35-48.

Hamelin, Jean, et Fernand Ouellet (1966b), « Les rendements agricoles dans les seigneuries et les cantons du Québec : 1700-1850 », dans Claude Galarneau et Elzéar Lavoie (dir.), *France et Canada français du XVIe au XXe siècle,* Québec, PUL (coll. Cahiers de l'Institut d'histoire, 7), p. 81-120.

Jones, Robert Leslie (1946), « Agriculture in Lower Canada, 1792-1815 », CHR, 27, 1 (mars), p. 33-51.

Le Goff, Tim J.A. (1974), « The Agricultural Crisis in Lower Canada, 1802-12 : a Review of a Controversy », CHR, 55, 1 (mars), p. 1-31.

Le Goff, Tim J.A. (1975), « A Reply », CHR, 56, 2 (juin), p. 162-168.

Lewis, Frank, et R. Marvin McInnis (1980), « The Efficiency of the French-Canadian Farmer in Nineteenth Century », Journal of Economic History, XL, 3 (septembre), p. 497-514.

McCallum, John (1980), Unequal Beginnings : Agriculture and Economic Development in Quebec and Ontario until 1870, Toronto, University of Toronto Press (coll. The State and Economic Life, 2).

McInnis, R. Marvin (1982), « A Reconsideration of the State of Agriculture in Lower Canada in the First Half of the Nineteenth Century », Canadian Papers in Rural History, 3, p. 9-49.

Ouellet, Fernand (1966), Histoire économique et sociale du Québec, 1760-1850. Structures et conjoncture, Montréal, Fides (coll. Histoire économique et sociale du Canada français).

Ouellet, Fernand (1972), Éléments d'histoire sociale du Bas-Canada, Montréal, Hurtubise HMH (coll. Cahiers du Québec/Histoire, 5).

Ouellet, Fernand (1976a), Le Bas-Canada, 1791-1840. Changements structuraux et crise, Ottawa, Éditions de l'Université d'Ottawa (coll. Cahiers d'histoire de l'Université d'Ottawa, 6).

Ouellet, Fernand (1976b), « Le mythe de « l'habitant sensible au marché ». Commentaires sur la controverse Le Goff-Wallot et Paquet », Recherches sociographiques, XVII, 1, p. 115-132.

Ouellet, Fernand (1978), « Propriété seigneuriale et groupes sociaux dans la vallée du Saint-Laurent (1663-1840) », dans Mélanges d'histoire du Canada français offerts au professeur Marcel Trudel, Ottawa, Éditions de l'Université d'Ottawa, p. 183-213.

Ouellet, Fernand (1979), « Officiers de milice et structure sociale au Québec (1660-1815) », Histoire sociale/Social History, 12, 23 (mai), p. 37-65.

Ouellet, Fernand (1980), « Libéré ou exploité ! Le paysan québécois d'avant 1850 », Histoire sociale/Social History, 13, 26 (novembre), p. 339-368.

Ouellet, Fernand, et Jean Hamelin (1962), « La crise agricole dans le Bas-Canada, 1802-1837 », The Canadian Historical Association Report, p. 17-33.

Ouellet, Fernand, avec la collaboration de Jean Hamelin et Richard Chabot (1982), « Les prix agricoles dans les villes et les campagnes du Québec avant 1850 : aperçus quantitatifs », Histoire sociale/Social History, 15, 29 (mai), p. 83-127.

Paquet, Gilles, et Jean-Pierre Wallot (1972), « Crise agricole et tensions socio-ethniques dans le Bas-Canada, 1802-1812 : éléments pour une ré-interprétation », RHAF, 26, 2 (septembre), p. 185-237.

Paquet, Gilles, et Jean-Pierre Wallot (1975), « The Agricultural Crisis in Lower Canada, 1802-1812: mise au point. A Response to T.J.A. Le Goff », CHR, 56, 2 (juin), p. 133-161.

Paquet, Gilles, et Jean-Pierre Wallot (1976), « Les inventaires après décès à Montréal au tournant du XIXe siècle : préliminaires à une analyse », RHAF, 30, 2 (septembre), p. 163-221.

Paquet, Gilles, et Jean-Pierre Wallot (1983), « Structures sociales et niveaux de richesse dans les campagnes du Québec :

1792-1812 », *Bulletin d'histoire de la culture matérielle*, 17 (printemps), p. 25-44.

Paquet, Gilles, et Jean-Pierre Wallot (1986 a), « Stratégie foncière de l'habitant : Québec (1790-1835) », *RHAF*, 39, 4 (printemps), p. 551-581.

Paquet, Gilles, et Jean-Pierre Wallot (1986 b), « Structures sociales et niveaux de richesse dans les campagnes du Québec, 1792-1812 », dans Joseph Goy et Jean-Pierre Wallot (dir.), *Évolution et éclatement du monde rural : structures, fonctionnement et évolution différentielle des sociétés rurales françaises et québécoises, XVIIe-XXe siècles*, Paris/Montréal, École des hautes études en sciences sociales/PUM, p. 239-258.

Paquet, Gilles, et Jean-Pierre Wallot (1987), « Les habitants de Montréal et de Québec (1790-1835) : contextes géo-économiques différents, même stratégie foncière », dans François Lebrun et Normand Séguin (dir.), *Sociétés villageoises et rapports villes-campagnes au Québec et dans la France de l'Ouest, XVIIe-XXe siècles*, Trois-Rivières/Rennes, Centre de recherche en études québécoises de l'Université du Québec à Trois-Rivières/Presses universitaires de Rennes 2, p. 101-112.

Paquet, Gilles, et Jean-Pierre Wallot (1990), « Crédit et endettement en milieu rural bas-canadien », dans Gérard Bouchard et Joseph Goy (dir.), *Famille, économie et société rurale en contexte d'urbanisation (17e-20e siècles)*, Chicoutimi/Paris, Centre interuniversitaire SOREP/École des hautes études en sciences sociales, p. 251-270.

Paquet, Gilles, et Jean-Pierre Wallot (1992), « Reproduction sociale et crédit en milieu rural : une approche socio-économique au cas du Québec, 1790-1835 », dans Rolande Bonnain, Gérard Bouchard et Joseph Goy (dir.), *Transmettre, hériter, succéder. La reproduction familiale en milieu rural. France-Québec, XVIIIe-XXe siècles*, Lyon/Paris, Presses universitaires de Lyon/École des hautes études en sciences sociales, p. 175-188.

Parker, W.H. (1959), « A New Look at Unrest in Lower Canada in the 1830's », *CHR*, 40, 3 (septembre), p. 209-218.

Robert, Jean-Claude, et Normand Séguin (1993), « Une agriculture établie : le Bas-Canada jusqu'en 1851 », dans R. Louis Gentilcore (dir.), *Atlas historique du Canada*, vol. II : *La transformation du territoire, 1800-1891*, Montréal, PUM, planche 13.

Séguin, Maurice (1970), *La « nation canadienne » et l'agriculture (1760-1850). Essai d'histoire économique*, préface de Jean Blain, Trois-Rivières, Boréal Express (coll. 17/60, 4).

Wien, Thomas (1987), « Visites paroissiales et production agricole au Canada vers la fin du XVIIIe siècle », dans François Lebrun et Normand Séguin (dir.), *Sociétés villageoises et rapports villes-campagnes au Québec et dans la France de l'Ouest, XVIIe-XXe siècles*, Trois-Rivières/Rennes, Centre de recherche en études québécoises de l'Université du Québec à Trois-Rivières/Presses universitaires de Rennes 2, p. 183-194.

Wien, Thomas (1991), « Essor et déclin des exportations (bas-)canadiennes de produits frumentaires, 1730-1830 : une interpolation », Communication présentée au congrès annuel de l'Institut d'histoire de l'Amérique française, Québec.

L'histoire économique du Québec de la période 1867-1929. Tendances récentes

Paul-André Linteau
Département d'histoire
UQAM

La période qui va de la Confédération jusqu'à la crise économique des années 1930 en est une de grandes transformations dans l'économie du Québec. L'industrialisation, amorcée au cours des décennies précédentes, atteint alors une ampleur considérable tandis que l'urbanisation s'accélère. Le monde rural entre dans une phase de spécialisation et de commercialisation en même temps que le front pionnier s'étend dans plusieurs directions. Le monde des échanges, depuis les moyens de transport jusqu'au commerce de détail, connaît des bouleversements en profondeur.

Depuis un quart de siècle, la recherche sur l'histoire économique de cette période fascinante a fait des progrès substantiels. La parution en 1971 de l'ouvrage de Jean Hamelin et d'Yves Roby, *Histoire économique du Québec, 1851-1896*, marque une date importante de cette historiographie récente. Par la suite, surtout à partir du milieu des années 1970, les travaux se sont multipliés. L'objectif du présent texte est de faire un bilan de cette production. Il ne s'agit pas ici de dresser un inventaire exhaustif, mais plutôt de dégager les grandes tendances et de souligner les œuvres marquantes[1].

---

1. En préparant ce texte, j'ai recensé un nombre considérable de titres de livres, de thèses et d'articles portant en tout ou en partie sur l'histoire économique de cette période. Il n'est pas possible de traiter ici de tous les éléments de ce vaste corpus.

LES PRÉCURSEURS

L'histoire économique du Québec, pour la période 1867-1929, n'est pas née en 1971 et il importe de faire le point sur la situation qui prévalait au moment où s'est amorcée la nouvelle vague de recherche. Au Québec, trois traditions historiographiques existaient déjà, en plus de la tradition anglo-canadienne.

L'École des hautes études commerciales (HÉC)

Les économistes des HÉC s'intéressaient depuis longtemps à l'économie du Québec et ils ont surtout présenté leurs analyses dans *L'Actualité économique*. Entre 1943 et 1946, ils ont publié, sous la direction d'Esdras Minville, les cinq volumes de la collection « Notre milieu ». Deux aspects particuliers de leur démarche nous intéressent ici. D'une part, ils se sont affairés à constituer des séries statistiques aussi complètes que possible sur plusieurs aspects de l'activité économique au Québec. D'autre part, un grand nombre des chapitres des études sur « Notre milieu » adoptaient résolument une perspective historique. Les économistes des HÉC ont ainsi jeté les bases de l'histoire économique du Québec contemporain, un travail qu'ils ont poursuivi par la suite, notamment au sein de l'Institut d'économie appliquée avec, entre autres, François-Albert Angers et Patrick Allen.

Raoul Blanchard et la géographie québécoise

Le géographe français Raoul Blanchard a contribué de façon exceptionnelle à l'étude du Québec contemporain. Entre 1935 et 1954, il a publié, en cinq volumes, une vaste enquête sur les diverses régions du Canada français, comme il désignait alors le Québec. Il y a fait une large place à l'histoire, celle du peuplement et de l'occupation du territoire, celle des mouvements démographiques et aussi celle de l'activité économique. Particulièrement remarrquable, dans le contexte de l'époque, est son *Montréal, esquisse de géographie urbaine* (1947), dont le deuxième chapitre constitue l'une des meilleures synthèses de l'histoire économique de la métropole. Blanchard a eu un certain nombre de disciples, et quelques géographes québécois ont fait une place à l'histoire et à l'économie dans leurs recherches.

Albert Faucher

Un troisième courant est représenté par l'économiste Albert Faucher[2], de l'Université Laval. Il a rédigé plusieurs travaux portant sur l'histoire économique du Québec, dont quelques-uns traitaient en partie de la période qui nous intéresse ici. Son plus célèbre est l'article qu'il a écrit avec Maurice Lamontagne sur l'histoire de l'industrialisation (1953). Il faut souligner aussi son étude sur « Le caractère continental de l'industrialisation au Québec » (1965) et son ouvrage *Québec en Amérique au XIXᵉ siècle* (1973). Faucher a notamment apporté à l'historiographie une double contribution : la mise en lumière de l'insertion du Québec dans un ensemble continental de régions à croissance différenciée et l'explication de l'histoire économique par la relation dynamique entre ressources et technologie (une perception acquise auprès de Harold Innis).

Outre ces trois courants principaux, il faut signaler la contribution isolée de l'économiste André Raynauld (1961) qui a tenté d'appliquer à l'histoire les méthodes de l'économétrie.

La tradition anglo-canadienne

Jusqu'à la fin des années 1960, très peu d'historiens ou d'économistes anglo-canadiens s'étaient penchés spécifiquement sur le Québec de la période 1867-1929. Leurs travaux sur l'évolution générale de l'économie canadienne avaient néanmoins fourni de précieux éléments sur le cadre dans lequel il s'insérait. Plusieurs auteurs avaient formulé, à la suite de William A. Mackintosh (1939),

---

2. Pour Faucher (1973 : 12), « Le facteur clé dans l'explication du processus économique de l'histoire, c'est la technologie qui modifie constamment les choses, le rapport des choses entre elles, et les relations humaines. »

une interpétation du développement économique du pays qui accordait une large place aux politiques de développement (la « politique nationale »). Cette interprétation était présente dans la principale synthèse d'histoire économique de l'époque (Easterbrook et Aitken, 1956). Déjà, au cours des années 1960, des auteurs remettaient en question certains aspects de cette interprétation dominante, notamment à propos des effets des politiques de développement et de la périodisation de l'industrialisation.

D'autres auteurs anglophones avaient publié des études sectorielles, en particulier sur les chemins de fer et sur l'exploitation des ressources naturelles, qui avaient une signification pour la compréhension de certains aspects de l'économie québécoise. Le seul à avoir abordé un sujet exclusivement québécois était John H. Dales (1957), à propos de l'électricité. Quelques années plus tard, William F. Ryan (1966), qui se situait en marge des grandes écoles ontariennes, publiait son livre sur la Mauricie et le Saguenay au début du siècle.

Les jeunes chercheurs qui, au début des années 1970, choisissent de se consacrer à l'histoire économique du Québec peuvent donc compter sur un corpus d'études qui n'est pas négligeable et qui leur fournira un précieux point de départ. Cet ensemble reste cependant mal intégré et notoirement incomplet. Examinons maintenant dans quelle mesure les recherches du dernier quart de siècle ont permis de faire avancer les connaissances.

L'INDUSTRIALISATION

Le processus d'industrialisation est au cœur des préoccupations des chercheurs québécois. Nous nous limiterons ici à ses aspects économiques tout en étant bien conscient de l'importance de ses aspects sociaux, notamment l'expansion de la classe ouvrière et la syndicalisation, qui sont traités ailleurs.

La thèse Faucher

À la fin des années 1960, et parfois bien après, l'interprétation de l'histoire de l'industrialisation au Québec est dominée par l'image qu'en livrent l'essai de Faucher et Lamontagne (1953) et les écrits suivants de Faucher (1965, 1973). On en tire la perception d'un développement industriel peu significatif au XIXe siècle et d'un démarrage véritable seulement au début du XXe. La thèse de Faucher est focalisée sur la faiblesse de la transformation primaire du fer et de l'acier et sur l'impact décisif de la grande industrie liée aux richesses naturelles.

Cette interprétation est assez tôt critiquée par les économistes Dales et Raynauld. À leur suite, plusieurs historiens soulignent que cette thèse sous-estime l'ampleur et la diversité de l'industrialisation québécoise, notamment l'industrialisation montréalaise. Les travaux antérieurs des économistes des HÉC et de Blanchard présentaient d'ailleurs une autre vision des choses, mais leur voix a été souvent effacée par la popularité de la thèse Faucher.

En 1971, Hamelin et Roby mettent en lumière certaines dimensions du démarrage industriel au XIXe siècle. Cela se révèle bientôt n'être que la pointe de l'iceberg. Les recherches menées depuis un quart de siècle par divers auteurs ont permis en effet de préciser les contours de l'industrialisation québécoise et d'examiner à fond certaines de ses composantes.

Les phases de l'industrialisation

L'un des apports importants de cette production récente est de clarifier, là il y avait beaucoup de confusion, la périodisation du processus. Même si elle ne fait pas partie de la période que nous étudions ici, il faut rappeler que la première phase, celle du milieu du XIXe siècle, est nettement mieux connue, surtout pour Montréal et l'Estrie, grâce en particulier aux travaux de Tulchinsky, Burgess et Kesteman. On peut estimer que les conditions de ce premier démarrage industriel sont désormais assez bien comprises. L'utilisation du manuscrit du recensement industriel de 1871 permet à Ève Martel

(1976) de montrer qu'à l'époque de la Confédération les principales composantes de la structure industrielle de Montréal sont bien en place et que, dans plusieurs secteurs, les grandes usines accaparent déjà une part substantielle de la production.

La deuxième phase reste pour l'instant la plus mal connue et certains historiens ne semblent pas en voir l'originalité. Elle paraît s'amorcer vers la fin des années 1860, mais, à cause de la crise de 1874-1878, elle ne manifeste toute sa vigueur que dans les années 1880 (Linteau, Durocher et Robert, [1979] 1989). Elle donne plus de profondeur à la structure manufacturière héritée de la première vague, grâce à une capitalisation et à une mécanisation accrues. Elle voit l'expansion notable de certains secteurs, tels la confection, le fer et l'acier et le matériel de transport. Elle est aussi caractérisée par le développement de nouveaux secteurs, notamment celui des filatures dont les usines s'implantent dans les petites villes du Québec ou dans la banlieue montréalaise (Rouillard, 1974), et qui est souvent perçu comme un symbole de l'industrie québécoise. Jean-Pierre Kesteman (1985) montre aussi que, dans l'Estrie, cette deuxième phase s'accompagne d'une mainmise du capital extrarégional, essentiellement montréalais, sur les entreprises de la région. Il reste cependant beaucoup à faire pour comprendre la spécificité et les composantes de cette période.

La troisième phase, celle du début du siècle, qui se prolonge dans les années 1920, a reçu plus d'attention de la part des historiens. C'est évidemment la montée des nouvelles industries liées à l'exploitation des richesses naturelles qui y tient la vedette. On a maintes fois souligné qu'en s'établissant dans les régions dites de colonisation elles en transforment profondément l'économie, tout en favorisant la création de villes nouvelles et l'expansion territoriale du tissu manufacturier, jusque-là surtout concentré dans le triangle Montréal-Québec-Sherbrooke. Leur insertion dans une économie continentale, soulignée par Faucher (1965), tranche avec la focalisation sur le marché intérieur qui caractérise tous les autres secteurs industriels. Le capital américain y joue un rôle très important, mais on reconnaît maintenant que le capital canadien-anglais y tient une place qui n'est pas négligeable, notamment dans les pâtes et papiers (Niosi, 1975 ; Piédalue, 1976) et dans l'électricité (Hogue *et al.*, 1979).

Les historiens ont été tellement fascinés par ces nouvelles industries qu'ils ont souvent été conduits à négliger les autres composantes de la structure industrielle du Québec. Pourtant, la troisième phase de l'industrialisation représente pour ces dernières une période d'expansion exceptionnelle. L'étude des entreprises de Maisonneuve m'a permis de mettre en lumière ce phénomène (Linteau, 1981). Dans la région de Montréal, la croissance des entreprises existantes est souvent accompagnée d'une relocalisation en banlieue (Linteau et Taschereau, 1990 ; Slack, Thornton et Langford, 1991 ; Slack *et al.*, 1994). À Québec, une esquisse de l'histoire de Dominion Corset illustre bien l'essor notable, dans les premières décennies du XXe siècle, d'une entreprise issue de l'industrialisation des années 1880 (Du Berger et Mathieu, 1993).

La troisième phase est aussi celle de la montée de la grande entreprise, fortement capitalisée et disposant de plusieurs unités de production. Quelques travaux – on souhaiterait qu'il y en ait plus – ont ouvert d'intéressantes perspectives sur son développement au Québec (Niosi, 1975 ; Bellavance, 1984 ; Bellavance, Brouillette et Lanthier, 1986 ; Igartua, 1985).

Les principaux secteurs

Les études d'industries ou d'entreprises particulières sont encore peu nombreuses. Le secteur le plus fouillé est celui des pâtes et papiers, grâce aux travaux de Gilles Piédalue (1976) et surtout de Jorge Niosi (1975) et de ses étudiants en sociologie écrivant l'histoire des compagnies qui ont formé le groupe Consol. Les livres de Clarence Hogue *et al.* (1979) et de Claude Bellavance (1994) apportent un éclairage nouveau sur l'histoire financière et organisationnelle des entreprises d'électricité. L'industrie de la chaussure, étudiée par Joanne Burgess (1977) pour la métropole est aussi au cœur des travaux de Marc-André Bluteau (1981 et Bluteau *et al.*, 1980) pour Québec, tandis que les fonderies de Montréal retiennent l'attention de Peter Bischoff (1992).

L'URBANISATION

Jusqu'à la fin des années 1960, l'urbanisation n'est pas une préoccupation de l'histoire économique, sauf chez les géographes. Elle est perçue le plus souvent comme un simple appendice de l'industrialisation. L'émergence de l'histoire urbaine comme champ d'études au sein de la discipline historique contribue à modifier cette perception.

Le processus d'urbanisation

L'histoire d'un certain nombre de villes du Québec permet de constater que l'urbanisation du territoire est un processus complexe, mis en œuvre par des acteurs nombreux et façonné par des forces très diverses. Dans mes études sur Maisonneuve et Montréal (1981, 1984, 1992), j'ai illustré le rôle névralgique du promoteur foncier, cet entrepreneur en aménagement de l'espace (voir aussi Van Nus, 1984), mais j'ai également montré l'effet des pressions démographiques, des décisions des entreprises manufacturières, du développement des transports en commun et des autres services publics et des politiques des conseils municipaux. S'insérant dans la tradition des études du *boosterism*, Ronald Rudin (1977, 1979) voit dans le dynamisme des milieux d'affaires locaux l'explication principale de l'essor de certaines petites villes et de la stagnation d'autres (voir aussi Lord, 1984). David Hanna (1986) scrute avec minutie le cycle de construction des années 1867-1880 à Montréal. Pour Québec (Lebel, 1981 ; Lambert, 1985) et pour Rimouski (Lechasseur, 1979), on dispose d'études des stratégies foncières des communautés religieuses, tandis que, pour Montréal, Brian Young (1986) révèle l'activité économique des sulpiciens.

Pour la période 1867-1929, l'agglomération la plus choyée, sur le plan de l'histoire économique, est celle de Montréal, grâce à de nombreux travaux, en particulier ceux du Groupe de recherche sur l'histoire de Montréal de l'UQAM qui ont mené à la rédaction de synthèses (Linteau et Robert, 1985 ; Linteau, 1992 ; Robert, 1994). La recherche sur Québec a surtout produit des enquêtes spécialisées. Outre celles déjà mentionnées, signalons les études sur la communauté d'affaires (Keyes, 1981 ; Benoit, 1985 ; Poulin, 1985) et sur la reconversion économique (Lemelin, 1981) ; mais hormis le trop bref chapitre d'Alyne Lebel (dans Dagneau, 1983), il n'y a encore aucune tentative de présenter une étude d'ensemble de l'urbanisation du territoire de la capitale pendant la période. L'évolution de quelques autres villes, par exemple Shawinigan (Lanthier et Brouillette, 1990) ou Trois-Rivières (Gamelin *et al.*, 1984), a fait l'objet de travaux particuliers, mais ceux-ci sont encore trop peu nombreux.

Les conditions socio-économiques de la vie urbaine

Une autre dimension de l'urbanisation reçoit une attention considérable de la part des historiens : les conditions socio-économiques dans lesquelles vivent les populations urbaines et notamment la classe ouvrière. Dès le milieu des années 1970, deux études pionnières, celles de Jean de Bonville (1975) et de Terry Copp (1978), dressent un portrait très noir de l'existence ouvrière montréalaise en cette période d'urbanisation et d'industrialisation rapides. Elles s'appuient principalement sur les témoignages de contemporains et utilisent en outre des données sur les salaires et le coût de la vie.

Au cours des années qui suivent, d'autres études viennent nuancer ce premier portrait, tout en confirmant la présence d'inégalités socio-économiques marquées. On y montre notamment que les conditions de vie connaissent des améliorations réelles qui, comme c'est le cas pour les réformes sanitaires, ne sont pas tributaires du revenu ouvrier (Linteau, 1992). On nuance en particulier l'image d'une classe ouvrière relativement homogène qui prévalait antérieurement : les ouvrages de Bradbury (1995) et de Ferretti (1992) et les enquêtes du projet « Shared Spaces – Partage de l'espace », dirigé par Sherry Olson, tracent le portrait d'un monde ouvrier et d'une socio-économie urbaine relativement complexes, où coexistent une gamme de situations liées à l'âge, à la profession, à l'origine ethnique, à la taille et au cycle de vie de la famille. Surtout, on comprend mieux l'insertion de cette complexité dans l'espace urbain grâce à plusieurs travaux qui portent non seulement sur Montréal (Bellavance et Gronoff, 1980 ; Hanna et Olson, 1983,

1990 ; Olson et Hanna, 1993 ; Collin, 1984), mais aussi sur Sherbrooke (Kesteman, 1983) et sur Shawinigan (Bellavance et Guérard, 1993).

La signification de la ville

L'intérêt accru pour l'étude de l'urbanisation au cours des dernières décennies a un impact important sur l'interprétation de l'histoire économique, et même de l'histoire générale, du Québec : les historiens réinsèrent la ville, trop souvent négligée jusque-là, dans la trame historique québécoise. Ils constatent que la ville est le moteur du changement et que son plus ou moins grand dynamisme a des répercussions bien au-delà de l'espace urbain. Ils se réapproprient aussi Montréal et sa signification pour le destin du Québec. Ce phénomène est déjà visible chez Hamelin et Roby (1971) et il est encore plus accentué dans l'ouvrage de Linteau, Durocher et Robert ([1979] 1989), dont deux des auteurs sont des spécialistes de l'histoire urbaine.

Un aspect de la polarisation urbaine reste toutefois encore mal connu : la relation entre la ville et son *hinterland* régional. Quelques aspects sont esquissés, par exemple, la pénétration des banques ou de la presse, mais il faudrait établir de façon beaucoup plus systématique la nature et l'ampleur des relations économiques qui tissent la trame des dominations métropolitaines régionales. Celles-ci ont des conséquences importantes pour l'évolution du monde rural.

LES TRANSFORMATIONS DU MONDE RURAL

Le monde rural, en particulier celui de l'agriculture, voit son poids relatif dans l'économie reculer de façon notable entre 1867 et 1929, malgré l'expansion du terroir et la croissance de la population agricole. Ceci explique peut-être que les historiens à l'œuvre à partir de 1970 ne lui accordent pas une attention aussi considérable qu'au monde de l'industrie et de la ville. Les connaissances en ce domaine font néanmoins des progrès significatifs, grâce à des recherches novatrices.

La perception du monde rural québécois, qui prévaut à la fin des années 1960, est encore profondément marquée par les travaux des sociologues qui, en voulant étudier la société traditionnelle, avaient surtout examiné des communautés éloignées des grands centres urbains. Il en ressort, pour notre période, une image d'homogénéité et de stabilité. Cette image est nettement remise en question par les travaux des historiens au cours du dernier quart de siècle.

Le monde agroforestier

Le renouvellement de l'historiographie touche d'abord les régions de colonisation, un univers qu'on désigne de plus en plus, à la suite de Normand Séguin, par le vocable agroforestier. La parution de la thèse de Séguin (1977) marque d'ailleurs un tournant important. Il y propose une explication du mouvement de colonisation au Saguenay-Lac-Saint-Jean qui privilégie les facteurs économiques, notamment la dépendance de l'agriculture envers les rythmes et la logique de l'exploitation forestière, lesquels scandent la dynamique spatiale de l'occupation du sol. Cette étude de l'économie agroforestière est poussée encore plus loin dans le cas de la Mauricie (Hardy et Séguin, 1984). On constate aussi que les régions agroforestières ne sont pas monolithiques et que l'âge et la localisation des terroirs concourent à une différenciation économique des espaces régionaux. Gérard Bouchard (1990) perçoit même des manifestations de régression technologique dans certaines zones du front pionnier saguenayen. Il se distancie cependant de l'interprétation de Séguin en voyant dans la reproduction familiale le moteur principal de la colonisation et en proposant le modèle de la cointégration plutôt que celui de la dépendance (Bouchard, 1988).

L'agriculture

La colonisation n'est que la première étape d'un processus qui devrait mener à la prédominance des activités proprement agricoles. Force est toutefois de reconnaître que le principal potentiel de l'agriculture québécoise se situe dans les basses terres de la vallée du Saint-Laurent, notamment dans la vaste plaine de Montréal, et dans quelques zones bien avantagées, comme le pourtour du lac Saint-Jean. Or, dans ce cas aussi, la recherche récente a contribué à modifier la perception de l'évolution historique.

Un premier constat s'impose désormais avec force : le monde rural québécois de la fin du XIXe siècle et du début du XXe siècle est loin d'être homogène. L'ancienneté des peuplements, l'accès plus ou moins facile aux marchés, urbains ou étrangers, la qualité des sols, la durée de la saison végétative, la disponibilité de la main-d'œuvre et du capital, l'accueil réservé à la nouvelle technologie sont quelques-uns des facteurs qui expliquent les écarts de développement et de productivité. Les différences sont manifestes non seulement entre les régions, mais aussi à l'échelle intrarégionale et même locale (Séguin, 1980, 1982 ; Courville et Séguin, 1989 ; Robert et Séguin, 1993).

L'agriculture de cette époque, comme le soulignent de nombreux auteurs, connaît des transformations substantielles dont on reconnaît mieux les rythmes. L'une de ses caractéristiques importantes est l'émergence de la spécialisation dans la production laitière. Hamelin et Roby (1971) retracent les origines du phénomène, tandis que Jacques Letarte (1971) en cartographie la progression. Normand Perron présente une vue d'ensemble de l'évolution de cette activité (dans Séguin, 1980), tandis qu'Yves Otis (1991) et Gérard Bouchard (1991) en étudient certaines manifestations régionales. De son côté, Rachel Caux (1994) offre un éclairage nouveau sur l'évolution des fabriques de transformation laitière.

Malgré ces percées indéniables, de nombreux aspects de l'activité agricole dans les basses terres de la vallée du Saint-Laurent restent encore mal connus. Le projet de recherche sur l'axe laurentien, dirigé par Serge Courville, Normand Séguin et Jean-Claude Robert, ouvre à cet égard des perspectives intéressantes, mais il ne couvre qu'une faible partie de notre période.

LES SERVICES

Le vaste secteur des services n'a pas reçu jusqu'ici l'attention qu'il mérite. Il semble que les historiens tardent à reconnaître l'importance historique de ce secteur et son poids dans l'économie, pourtant manifeste dès le XIXᵉ siècle. Les transports font toutefois exception. Les chemins de fer régionaux, longtemps négligés par l'histoire ferroviaire canadienne, sont désormais mieux connus. Dès 1968, Rodolphe Gagnon étudie celui qui relie Québec au lac Saint-Jean. Marcel Hamelin (1974) examine les nombreux projets qui retiennent l'attention des parlementaires québécois pendant les premières années du régime confédératif et Gaétan Gervais (1978) prend la relève en rédigeant une véritable biographie collective des diverses composantes de l'imposant réseau mis en place entre 1875 et 1895. De leur côté, Brian Young (1978) et Michel Stewart (1984) étudient la plus importante des entreprises de portée régionale, le Québec, Montréal, Ottawa et Occidental. L'histoire du développement du port de Montréal est maintenant bien documentée (Linteau, 1972 ; Brouillard, 1976). Celle de la navigation l'est cependant beaucoup moins, si l'on excepte l'étude de France Normand (1990) sur le cabotage.

Le secteur financier attire l'attention de façon croissante. Ronald Rudin (1988) montre le peu d'intérêt des banques anglophones pour le marché québécois francophone et il nous offre une première étude d'ensemble des banques canadiennes-françaises. Les caisses populaires ont leur histoire officielle (Poulin, 1990). Ronald Rudin (1990) leur consacre aussi un ouvrage qui remet en question des idées reçues à propos de leur caractère populaire, mais son interprétation est en partie contestée par Roger Levasseur et Yvan Rousseau (1992, 1995).

Le parent pauvre de la recherche sur le secteur des services après la Confédération est celui du commerce, surtout le commerce de détail. Hamelin et Roby (1971) livrent certes une première analyse des transformations importantes qui y surviennent dans les dernières décennies du XIXᵉ siècle, mais leur initiative n'est guère imitée par la suite. Gaétan Gervais (1980) s'en tient à des considérations assez générales sur le commerce de détail, tandis que Jean

Benoit (1985) dresse un inventaire des entreprises et des entrepreneurs actifs à Québec. La seule véritable percée vient de la thèse de Sylvie Taschereau (1992) sur le petit commerce d'alimentation à Montréal.

Par ailleurs, plusieurs travaux examinent le développement des services publics (Hogue *et al.*, 1979 ; Linteau, 1981 ; Armstrong et Nelles, 1986 ; Kesteman, 1988 ; Bellavance, 1994), tandis que Jean de Bonville (1988) aborde certains aspects économiques des entreprises de presse.

La tertiarisation prend, au XXe siècle, des formes de plus en plus variées. Or, que sait-on de l'histoire des comptables, des agents d'assurances, des garagistes et de celle de nombreux autres dispensateurs de services personnels ? Le secteur des bureaux et des administrations, qui acquiert alors une telle importance, commence à peine à être étudié (Dagenais, 1989, 1992).

QUELQUES PISTES SUPPLÉMENTAIRES

Au-delà de la répartition sectorielle de l'activité économique, d'autres aspects de l'histoire économique du Québec ont retenu l'attention d'un certain nombre de chercheurs. Il faudrait notamment mentionner les très nombreuses études de la pensée économique d'individus, de groupes ou de journaux, qui ont enrichi notre compréhension de l'histoire des idées et des idéologies, mais que je n'essaierai pas d'analyser ici.

L'histoire de la conjoncture et des cycles économiques n'a malheureusement pas suscité beaucoup d'intérêt, si l'on excepte le travail pionnier d'Hamelin et de Roby (1971) et celui de Hanna (1986) sur les cycles de la construction.

L'histoire des milieux d'affaires, notamment francophones, est sortie de l'ornière dans laquelle l'avait enfermée le débat sur l'infériorité économique des Canadiens français. J'ai moi-même proposé une nouvelle approche de cette question (Linteau, Durocher et Robert, [1979] 1989) qui tient compte à la fois des couches au sein de la bourgeoisie et des plans sur lesquels s'exerce l'activité des hommes d'affaires. L'ouvrage de Bélanger et Fournier (1987) apporte aussi une contribution utile. Le livre de Fernande Roy (1988) éclaire l'histoire de la Chambre de commerce du district de Montréal, tandis que celui de Pierre Harvey (1994) souligne son rôle dans la naissance de l'École des HÉC. La communauté d'affaires de Québec, de son côté, est scrutée de près dans les travaux déjà cités de Keyes (1981), de Benoit (1985) et de Poulin (1985). Les biographies rédigées pour le *Dictionnaire biographique du Canada* contribuent de façon notable à l'élargissement de nos connaissances sur les entrepreneurs québécois (pour l'instant surtout ceux du XIXe siècle). Plusieurs autres études sectorielles, mentionnées précédemment, apportent également de l'eau au moulin.

L'histoire économique de l'État québécois en est encore à ses premiers balbutiements. Sa politique ferroviaire, la mieux étudiée, a été évoquée précédemment. Pierre Paquette (1984) se penche sur sa politique minière, tandis que Armstrong et Nelles (1986) examinent la régulation des services publics. L'analyse des finances publiques reste à faire ; la thèse de Marc Vallières (1980) sur la gestion des opérations financières fournit à cet égard un utile point de départ. Il faut dire que les municipalités, dont les revenus totaux dépassent ceux de l'État provincial (Linteau, Durocher et Robert, [1979] 1989), représentent à cette époque des intervenants importants. Les travaux de Marc Vallières (dans Dagneau, 1983) sur Québec et de Jean-Pierre Collin (1994) sur Montréal balisent ce champ de recherche encore peu exploré.

Il faut enfin dire un mot des œuvres de synthèse. Au premier chef vient encore une fois l'ouvrage d'Hamelin et de Roby (1971), qui couvre la première moitié de la période que nous étudions et qui a notamment le mérite de mettre en relief les facettes très nombreuses de l'économie québécoise de la seconde moitié du XIXe siècle. Le premier tome de *Histoire du Québec contemporain* (Linteau, Durocher et Robert, [1979] 1989) poursuit dans la même voie tout en s'efforçant d'intégrer les résultats des recherches récentes. Les synthèses de Robert Armstrong (1984) et de John A. Dickinson et Brian Young (1992) embrassent des périodes beaucoup plus vastes et proposent des interprétations originales.

Quelles conclusions pouvons-nous dégager de ce bilan sommaire d'un effort de recherche qui s'étale sur un quart de siècle ? Il est indéniable que notre connaissance et notre compréhension de l'histoire économique du Québec pour la période 1867-1929 ont progressé de façon notable et que des pans entiers de cette évolution ont pris un relief nouveau.

Peut-être avons-nous pris conscience que les grands processus qui touchent le Québec à cette époque se déploient aussi à l'échelle occidentale, comme en témoignent les références beaucoup plus nombreuses aux publications américaines ou françaises qui parsèment nos travaux d'histoire économique. Serait-ce la fin d'un Québec examiné en vase clos, qui ne cherche d'explications qu'en lui-même ?

La vision d'un Québec monolithique ou homogène en a pris un coup. Nombreux sont les auteurs qui démontrent que le Québec est lui-même constitué d'espaces économiquement différenciés. Comment rendre compte de cette réalité ? Faut-il recourir à l'opposition classique entre le monde rural et le monde urbain ? La distinction entre un Québec de base (l'axe laurentien) et un Québec des régions périphériques est-elle plus fructueuse ? Faut-il, à la suite de Jean-Charles Falardeau, parler d'un Québec occidental et d'un Québec oriental, le premier polarisé par Montréal et le second, par Québec. Ces visions dichotomiques ont certes leur utilité, car elles mettent en relief certaines tendances de fond. Elles rendent toutefois mal compte des différences notables constatées aux échelons infra-régional et local, entre les quartiers et même les rues de Montréal, entre les parties d'une même paroisse rurale. Le Québec apparaît plutôt comme une mosaïque d'espaces que distinguent la localisation, les ressources et combien d'autres facteurs économiques et non économiques. Certains ont tenté de donner un sens à tout cela, mais leurs approches ne sont pas toujours convergentes. Peut-être faudra-t-il un autre quart de siècle de travaux pour y voir plus clair.

Bibliographie

Armstrong, Christopher, et H. V. Nelles (1986), *Monopoly's Moment. The Organization and Regulation of Canadian Utilities, 1830-1930*, Philadelphie, Temple University Press.

Armstrong, Robert (1984), *Structure and Change: an Economic History of Quebec*, Toronto, Gage.

Bélanger, Yves, et Pierre Fournier (1987), *L'entreprise québécoise. Développement historique et dynamique contemporaine*, Montréal, Hurtubise HMH (coll. Cahiers du Québec/Science politique).

Bellavance, Claude (1984), « Patronat et entreprise au XXᵉ siècle : l'exemple mauricien », *RHAF*, 38, 2 (septembre), p. 181-201.

Bellavance, Claude (1994), *Shawinigan Water and Power, 1898-1963. Formation et déclin d'un groupe industriel au Québec*, Montréal, Boréal.

Bellavance, Claude, Normand Brouillette et Pierre Lanthier (1986), « Financement et industrie en Mauricie, 1900-1950 », *RHAF*, 40, 1 (juin), p. 29-50.

Bellavance, Claude, et François Guérard (1993), « Ségrégation résidentielle et morphologie urbaine, le cas de Shawinigan, 1925-1947 », *RHAF*, 46, 4 (printemps), p. 577-605.

Bellavance, Marcel, et Jean-Daniel Gronoff (1980), « Les structures de l'espace montréalais à l'époque de la Confédération », *Cahiers de géographie du Québec*, 24, 3 (décembre), p. 363-384.

Benoit, Jean (1985), « Le développement des mécanismes de crédit et la croissance économique d'une communauté d'affaires. Les marchands et les industriels de la ville de Québec au XIXᵉ siècle », thèse de Ph. D. (histoire), Université Laval.

Bischoff, Peter (1992), « Tensions et solidarité : la formation des traditions syndicales chez les mouleurs de Montréal, Hamilton et Toronto, 1851-1893 », thèse de Ph. D. (histoire), Université de Montréal.

Blanchard, Raoul (1947), « Montréal, esquisse de géographie urbaine », *Revue de géographie alpine*, 35, II, p. 133-328 ; réédité dans *L'ouest du Canada français. Montréal et sa région*, Montréal, Beauchemin, 1953 ; réédité, avec une présentation de Gilles Sénécal, sous son titre original, Montréal, VLB, 1992.

Bluteau, Marc-André (1981), « Québec, 1896-1940 : croissance et déclin de l'industrie du cuir », dans Jacques Mathieu et Jean-Claude Dupont (dir.), *Les métiers du cuir*, Québec, PUL, p. 299-336.

Bluteau, Marc-André, *et al.* (1980), *Les cordonniers, artisans du cuir*, Montréal, Boréal.

Bouchard, Gérard (1988), « Co-intégration et reproduction de la société rurale. Pour un modèle saguenayen de la marginalité », *Recherches sociographiques*, XXIX, 2-3 (avril-décembre), p. 283-310.

Bouchard, Gérard (1990), « L'agriculture saguenayenne entre 1840 et 1950 : l'évolution de la technologie », *RHAF*, 43, 3 (hiver), p. 353-380.

Bouchard, Gérard (1991), « Sur un démarrage raté : industrie laitière et co-intégration au Saguenay (1880-1940) », *RHAF*, 45, 1 (juin), p. 73-100.

Bradbury, Bettina (1995), *Familles ouvrières à Montréal. Âge, genre et survie quotidienne pendant la phase d'industrialisation*, Montréal, Boréal.

Brouillard, Pierre (1976), « Le développement du port de Montréal, 1850-1896 », mémoire de maîtrise (histoire), Université du Québec à Montréal.

Burgess, Joanne (1977), « L'industrie de la chaussure à Montréal, 1840-1870 – le passage de l'artisanat à la fabrique », *RHAF*, 31, 2 (septembre), p. 187-210.

Caux, Rachel (1994), « L'État, les « patrons », les propriétaires et les marchands : l'évolution des fabriques de transformation laitière au Québec, 1870-1914 », mémoire de maîtrise (histoire), Université du Québec à Montréal.

Collin, Jean-Pierre (1984), « La Cité sur mesure. Spécialisation sociale de l'espace et autonomie municipale dans la banlieue montréalaise, 1875-1920 », *Urban History Review/Revue d'histoire urbaine*, XIII, 1 (juin), p. 19-34.

Collin, Jean-Pierre (1994), « Les stratégies fiscales municipales et la gestion de l'agglomération urbaine : le cas de la ville de Montréal entre 1910 et 1965 », *Urban History Review/Revue d'histoire urbaine*, XXIII, 1 (novembre), p. 19-31.

Copp, Terry (1978), *Classe ouvrière et pauvreté. Les conditions de vie des travailleurs montréalais, 1897-1929*, Montréal, Boréal Express.

Courville, Serge, et Normand Séguin (1989), *Le monde rural québécois au XIXe siècle*, Ottawa, Société historique du Canada.

Dagenais, Michèle (1989), « Itinéraires professionnels masculins et féminins en milieu bancaire : le cas de la Banque d'Hochelaga, 1900-1929 », *Labour/Le Travail*, 24 (automne), p. 45-68.

Dagenais, Michèle (1992), « Dynamiques d'une bureaucratie. L'administration municipale de Montréal et ses fonctionnaires, 1900-1945 », thèse de doctorat (histoire), Université du Québec à Montréal.

Dagneau, G.-Henri (dir.) (1983), *La ville de Québec, histoire municipale*, vol. IV : *De la Confédération à la charte de 1929*, Québec, Société historique de Québec.

Dales, John H. (1957), *Hydroelectricity and Industrial Development: Quebec 1898-1940*, Cambridge, Harvard University Press.

de Bonville, Jean (1975), *Jean-Baptiste Gagnepetit. Les travailleurs montréalais à la fin du XIXe siècle*, Montréal, L'Aurore.

de Bonville, Jean (1988), *La presse québécoise de 1884 à 1914. Genèse d'un média de masse*, Québec, PUL.

Dickinson, John A., et Brian Young (1992), *Brève histoire socio-économique du Québec*, Sillery, Septentrion.

Du Berger, Jean, et Jacques Mathieu (1993), *Les ouvrières de Dominion Corset à Québec, 1880-1988*, Sainte-Foy, PUL.

Easterbrook, William Thomas, et Hugh G. J. Aitken (1956), *Canadian Economic History*, Toronto, Macmillan.

Faucher, Albert (1965), « Le caractère continental de l'industrialisation au Québec », *Recherches sociographiques*, VI, 3 (septembre-décembre), p. 219-236.

Faucher, Albert (1973), *Québec en Amérique au XIXe siècle. Essai sur les caractères économiques de la Laurentie*, Montréal, Fides.

Faucher, Albert, et Maurice Lamontagne (1953), « History of Industrial Development », dans *Essais sur le Québec con-

temporain, Québec, PUL, p. 45-54 ; paru en version française dans Paul-André Linteau et René Durocher (dir.), *Le retard du Québec et l'infériorité économique des Canadiens français*, Montréal, Boréal Express, 1971, p. 25-42.

Ferretti, Lucia (1992), *Entre voisins. La société paroissiale en milieu urbain. Saint-Pierre-Apôtre de Montréal, 1848-1930*, Montréal, Boréal.

Gagnon, Rodolphe (1968), « Le chemin de fer de Québec au Lac Saint-Jean (1854-1900) », mémoire de DES (histoire), Université Laval.

Gamelin, Alain, *et al.* (1984), *Trois-Rivières illustrée*, Trois-Rivières, La corporation des fêtes du 350e anniversaire.

Gervais, Gaétan (1978), « L'expansion du réseau ferroviaire québécois (1875-1895) », thèse de Ph. D. (histoire), Université d'Ottawa.

Gervais, Gaétan (1980), « Le commerce de détail au Canada (1870-1880) », *RHAF*, 33, 4 (printemps), p. 521-556.

Hamelin, Jean, et Yves Roby (1971), *Histoire économique du Québec, 1851-1896*, Montréal, Fides (coll. Histoire économique et sociale du Canada français).

Hamelin, Marcel (1974), *Les premières années du parlementarisme québécois (1867-1878)*, Québec, PUL.

Hanna, David B. (1986), « Montreal. A City Built by Small Builders, 1867-1880 », thèse de Ph. D. (géographie), Université McGill.

Hanna, David B., et Sherry Olson (1983), « Métiers, loyers et bouts de rue : l'armature de la société montréalaise, 1881-1901 », *Cahiers de géographie du Québec*, 27, 71 (septembre), p. 255-275.

Hanna, David B., et Sherry Olson (1990), « Paysage social de Montréal, 1901 », dans Donald G.G. Kerr et D.W. Holdsworth (dir.), *Atlas historique du Canada*, vol. III : *Jusqu'au cœur du XXe siècle, 1891-1961*, Montréal, PUM, planche 30.

Hardy, René, et Normand Séguin (1984), *Forêt et société en Mauricie. La formation de la région de Trois-Rivières, 1830-1930*, Montréal, Boréal Express/Musée national de l'homme.

Harvey, Pierre (1994), *Histoire de l'École des hautes études commerciales*, t. I : *1887-1926*, Montréal, Québec-Amérique/Presses HÉC.

Hogue, Clarence, *et al.* (1979), *Québec, un siècle d'électricité*, Montréal, Libre expression.

Igartua, José E. (1985), « Corporate Strategy and Locational Decision-making : the Duke-Price Alcoa Merger, 1925 », *Journal of Canadian Studies/Revue d'études canadiennes*, 20, 3 (août), p. 82-101.

Kesteman, Jean-Pierre (1983), « La condition urbaine vue sous l'angle de la conjoncture économique : Sherbrooke, 1875 à 1914 », *Urban History Review/Revue d'histoire urbaine*, XII, 1 (juin), p. 11-28.

Kesteman, Jean-Pierre (1985), « Une bourgeoisie et son espace : industrialisation et développement du capitalisme dans le district de Saint-François (Québec), 1823-1879 », thèse de doctorat (histoire), Université du Québec à Montréal.

Kesteman, Jean-Pierre (1988), *La ville électrique. Un siècle d'électricité à Sherbrooke, 1880-1988*, Sherbrooke, Olivier.

Keyes, John (1981), « La diversification de l'activité économique de Timothy Hibbard Dunn, commerçant de bois à Québec, 1850-1898 », *RHAF*, 35, 3 (hiver), p. 323-336.

Lambert, Serge (1985), « La stratégie foncière des religieuses de l'Hôpital Général de Québec, 1846-1929 », mémoire de M. A. (histoire), Université Laval.

Lanthier, Pierre, et Normand Brouillette (1990), « Shawinigan Falls de 1898 à 1930 : l'émergence d'une ville industrielle au sein du monde rural », *Urban History Review/Revue d'histoire urbaine*, XIX, 1 (juin), p. 42-55.

Lebel, Alyne (1981), « Les propriétés foncières des Ursulines et le développement de Québec (1854-1935) », *Cahiers de géographie du Québec*, 25, 64 (avril), p. 119-132.

Lechasseur, Antonio (1979), « Propriété foncière et clergé : Rimouski, 1881-1911 », mémoire de maîtrise (histoire), Université du Québec à Montréal.

Lemelin, André (1981), « Le déclin du port de Québec et la reconversion économique à la fin du XIXᵉ siècle. Une évaluation de la pertinence de l'hypothèse du *staple* », *Recherches sociographiques*, XXII, 2 (mai-août), p. 155-186.

Letarte, Jacques (1971), *Atlas d'histoire économique et sociale du Québec, 1851-1901*, Montréal, Fides.

Levasseur, Roger, et Yvan Rousseau (1992), « L'évolution des bases sociales du mouvement des caisses Desjardins. Le sociétariat de la Fédération régionale du centre du Québec (1909-1965) », *RHAF*, 45, 3 (hiver), p. 343-374.

Levasseur, Roger, et Yvan Rousseau (1995), *Du comptoir au réseau financier. L'expérience historique du mouvement Desjardins dans la région du Centre du Québec, 1909-1970*, Montréal, Boréal.

Linteau, Paul-André (1972), « Le développement du port de Montréal au début du 20ᵉ siècle », *Historical Papers/Communications historiques*, p. 181-205.

Linteau, Paul-André (1981), *Maisonneuve ou comment des promoteurs fabriquent une ville (1883-1918)*, Montréal, Boréal Express.

Linteau, Paul-André (1984), « Le contrôle de l'espace et du bâti dans la banlieue montréalaise (1840-1914) », dans Maurice Garden et Yves Lequin (dir.), *Habiter la ville, XVᵉ-XXᵉ siècles*, Lyon, Presses universitaires de Lyon, p. 153-174.

Linteau, Paul-André (1992), *Histoire de Montréal depuis la Confédération*, Montréal, Boréal.

Linteau, Paul-André, René Durocher et Jean-Claude Robert ([1979] 1989), *Histoire du Québec contemporain*, t. 1 : *De la Confédération à la crise (1867-1929)*, Montréal, Boréal Express.

Linteau, Paul-André, et Jean-Claude Robert (1985), « Montréal au 19ᵉ siècle : bilan d'une recherche », *Urban History Review/Revue d'histoire urbaine*, XIII, 3 (février), p. 207-223.

Linteau, Paul-André, et Sylvie Taschereau (1990), « Les transformations économiques de Montréal », dans Donald G.G. Kerr et D.W. Holdsworth (dir.), *Atlas historique du Canada*, vol. III : *Jusqu'au cœur du XXᵉ siècle, 1891-1961*, Montréal, PUM, planche 14.

Lord, Kathleen (1984), « Nineteenth Century Corporate Welfare: Municipal Aid and Industrial Development in Saint-Jean, Quebec, 1848-1914 », *Urban History Review/Revue d'histoire urbaine*, XIII, 2 (octobre), p. 105-115.

Mackintosh, William A. (1939), *Le fondement économique des relations entre le Dominion et les provinces*, Ottawa, Imprimeur du Roi (étude préparée pour la Commission royale des relations entre le Dominion et les provinces, n° 3).

Martel, Ève (1976), « L'industrie à Montréal en 1871 », mémoire de maîtrise (histoire), Université du Québec à Montréal.

Niosi, Jorge (1975), « La Laurentide (1887-1928) : pionnière du papier journal au

Canada », *RHAF*, 29, 3 (décembre), p. 375-415.

Normand, France (1990), « La navigation intérieure à Québec au dernier quart du XIXᵉ siècle », *RHAF*, 43, 3 (hiver), p. 323-351.

Olson, Sherry, et David B. Hanna (1993), « L'évolution sociale de Montréal, 1842-1901 », dans R. Louis Gentilcore (dir.), *Atlas historique du Canada*, vol. II : *La transformation du territoire, 1800-1891*, Montréal, PUM, planche 49.

Otis, Yves (1991), « La différenciation des producteurs laitiers et le marché de Montréal (1900-1930) », *RHAF*, 45, 1 (juin), p. 39-71.

Paquette, Pierre (1984), « Industries et politiques minières au Québec : une analyse économique 1896-1975 », *RHAF*, 37, 4 (printemps), p. 573-602.

Piédalue, Gilles (1976), « Les groupes financiers et la guerre du papier journal au Canada », *RHAF*, 30, 2 (septembre), p. 223-258.

Poulin, Pierre (1985), « Déclin portuaire et industrialisation : l'évolution de la bourgeoisie d'affaires de Québec à la fin du XIXᵉ et au début du XXᵉ siècle », mémoire de maîtrise (histoire), Université Laval.

Poulin, Pierre (1990), *Histoire du mouvement Desjardins*, t. I : *Desjardins et la naissance des caisses populaires, 1900-1920*, Montréal, Québec/Amérique.

Raynauld, André (1961), *Croissance et structure économiques de la province de Québec*, Québec, Ministère de l'Industrie et du Commerce du Québec.

Robert, Jean-Claude (1994), *Atlas historique de Montréal*, Montréal, Art Global/Libre expression, 167 p.

Robert, Jean-Claude, et Normand Séguin (1993), « Évolution de l'agriculture au Québec jusqu'en 1891 », dans R. Louis Gentilcore (dir.), *Atlas historique du Canada*, vol. II : *La transformation du territoire, 1800-1891*, Montréal, PUM, planche 40.

Rouillard, Jacques (1974), *Les travailleurs du coton au Québec, 1900-1915*, Montréal, PUQ.

Roy, Fernande (1988), *Progrès, harmonie, liberté. Le libéralisme des milieux d'affaires francophones à Montréal au tournant du siècle*, Montréal, Boréal.

Rudin, Ronald (1977), « The Development of Four Quebec Towns, 1840-1914: a Study of Urban and Economic Growth in Quebec », thèse de PH. D. (histoire), Université York.

Rudin, Ronald (1979), « Land ownership and urban growth : the experience of two Quebec towns, 1840-1914 », *Urban History Review/Revue d'histoire urbaine*, VIII, 2 (octobre), p. 23-46.

Rudin, Ronald (1988), *Banking en français. Les banques candiennes-françaises, 1835-1925*, Montréal, Boréal.

Rudin, Ronald (1990), *In Whose Interest? Quebec's Caisses Populaires, 1900-1945*, Montréal/Kingston, McGill/Queen's University Press.

Ryan, William F. (1966), *The Clergy and Economic Growth in Quebec (1896-1914)*, Québec, PUL.

Séguin, Normand (1977), *La conquête du sol au 19ᵉ siècle*, Montréal, Boréal Express.

Séguin, Normand (dir.) (1980), *Agriculture et colonisation*, Montréal, Boréal Express.

Séguin, Normand (1982), « L'agriculture de la Mauricie et du Québec, 1850-1950 », *RHAF*, 35, 4 (printemps), p. 537-562.

Slack, Brian, Patricia Thornton et Martha Langford (dir.) (1991), *Étude historique du patrimoine industriel de Montréal, Phase I,* Montréal, Ministère des Affaires culturelles du Québec et Ville de Montréal, 4 vol.

Slack, Brian, *et al.* (1994), « Mapping the Changes : the Spatial Development of Industrial Montreal, 1861-1929 », *Urban History Review/Revue d'histoire urbaine,* XXII, 2 (juin), p. 97-112.

Stewart, Michel (1984), « Le Québec, Montréal, Ottawa et Occidental : une entreprise d'État, 1875-1882 », thèse de Ph. D. (histoire), Université Laval.

Taschereau, Sylvie (1992), « Les petits commerçants de l'alimentation et les milieux populaires montréalais, 1920-1940 », thèse de doctorat (histoire), Université du Québec à Montréal.

Vallières, Marc (1980), « La gestion des opérations financières du gouvernement québécois, 1867-1920 », thèse de Ph. D. (histoire), Université Laval.

Van Nus, Walter (1984), « The Role of Suburban Government in the City Building Process : the Case of Notre-Dame-de-Grâces, Quebec, 1876-1910 », *Urban History Review/Revue d'histoire urbaine,* XIII, 2 (octobre), p. 91-103.

Young, Brian (1978), *Promoters and Politicians: the North-Shore Railways in the History of Quebec, 1854-1885,* Toronto, University of Toronto Press.

Young, Brian (1986), *In its Corporate Capacity: the Seminary of Montreal as a Business Institution, 1816-1876,* Montréal, McGill/Queen's University Press.

L'histoire économique contemporaine : où sont passés les historiens ?

José E. Igartua
Département d'histoire
UQAM

Étudiant à l'Université Laval au milieu des années 1960, j'ai découvert l'immense chantier que constituait l'histoire du Québec. Le cours que Jean Hamelin donnait sur l'histoire économique du Québec, alors qu'il travaillait à la rédaction de l'*Histoire économique du Québec, 1851-1896* (Hamelin et Roby, 1971), fut une véritable démonstration du métier d'historien. Hamelin arrivait en classe chaque semaine avec ses découvertes, ses interrogations, ses doutes et ses réflexions. Il offrait au moins une dizaine de sujets de thèse par cours, attisant ainsi l'intérêt des étudiants pour la recherche. Plusieurs de mes camarades s'initièrent au métier en consacrant leurs étés aux nombreux dépouillements et compilations qui constituèrent le matériau de l'*Histoire économique du Québec*. Quant à moi, Hamelin me fit faire un inventaire des sources quantitatives d'origine gouvernementale sur le XXe siècle, pour un livre qui devait constituer la suite de l'*Histoire économique du Québec*.

La piètre qualité de la récolte le découragea sans doute, néanmoins Hamelin me prit sous sa protection. J'avais le dessein, après la licence, de faire une maîtrise en économique, mais j'en fus détourné par l'offre qu'il me fit de poursuivre mes études en histoire aux États-Unis. C'est également lui qui me trouva, à l'été de 1967, un poste d'assistant de recherche pour Cameron Nish au Centre de recherche en histoire économique du Canada français, ce qui me conduisit à mon premier emploi universitaire, l'année suivante, à Sir George Williams University.

Mon cheminement personnel me servira d'amorce au sujet qui m'a été confié dans cet ouvrage, soit l'histoire économique contemporaine. Les circonstances ont voulu qu'au lieu de me rompre à la théorie économique dans un programme de maîtrise, je me sois initié, lors de mes études doctorales, à l'histoire économique américaine des années 1960, alors en pleine « révolution » économétrique. Aux États-Unis, les débats sur la rentabilité de l'esclavage ou sur la contribution des chemins de fer à la croissance économique me faisaient paradoxalement découvrir la nécessité d'acquérir une formation théorique en économie et une maîtrise des outils d'analyse quantitative, en plus de la connaissance des sources et des méthodes requise de l'historien. Cette triple formation était sans doute démesurément lourde à obtenir pour la majorité d'entre nous, de sorte que les historiens québécois, sauf pour de rares exceptions, ne se sont pas rompus à ces nouvelles façons de faire l'histoire économique. Les historiens ont abandonné à d'autres le champ de l'histoire économique[1].

Précisons d'entrée de jeu ce que nous entendons par « histoire économique ». Dans le cadre fixé par les éditeurs de cet ouvrage pour cet article sur l'histoire économique depuis 1929, je dois exclure l'histoire des travailleurs – qui s'est érigée en domaine autonome et qui souffre souvent de son ignorance de l'histoire économique, en particulier de celle des entreprises – à laquelle une section particulière est consacrée. Reprenant des schémas traditionnels, j'inclus, sur le plan macroéconomique, l'analyse de l'évolution des facteurs de production, des structures de l'économie, des marchés, des cycles économiques, des niveaux de richesse, de l'épargne et de l'investissement ; sur le plan microéconomique, l'his-

---

1. Ainsi, par exemple, le cycle des conférences sur l'usage des méthodes quantitatives en histoire économique canadienne, qui court depuis presque 30 ans, attire davantage des économistes que des historiens et on y compte sur les doigts d'une seule main les historiens du Québec qui y participent.

toire des entreprises et des entrepreneurs, des institutions financières et de la consommation ; dans le domaine des pratiques économiques de l'État, les politiques fiscales, les politiques de développement économique, les politiques de réglementation; et, finalement, tout le champ des *institutional arrangements* chers à Douglass North, par exemple. J'ai laissé hors du champ d'observation l'histoire de la pensée économique, considérant qu'elle se rattache davantage à l'histoire des idéologies. Cette définition du domaine de l'histoire économique est sans contredit rapide et grossière, mais elle a l'avantage de mettre en lumière l'étendue des thèmes qui ont été négligés par les historiens.

En effet, l'histoire économique québécoise fait figure de parent pauvre de l'historiographie récente. À part les ouvrages de Fernand Ouellet, de Gilles Paquet et Jean-Pierre Wallot, et de Jean Hamelin, dont l'essentiel remonte à plus de 20 ans déjà, de même que les parties consacrées à l'économie québécoise dans la remarquable synthèse d'histoire du Québec depuis 1930 présentée par Paul-André Linteau, René Durocher, Jean-Claude Robert et François Ricard (1986), on cherche en vain chez les historiens les œuvres d'envergure qui analysent l'évolution de l'économie québécoise. Cela est particulièrement vrai de l'histoire économique contemporaine. Prenons un indice au hasard de ma médiathèque. En 1980-1981, Gilles Paquet consacrait 25 heures de radio à l'histoire économique canadienne. Pour les six émissions qui traitaient de la période postérieure à 1929, Paquet a interviewé une trentaine de spécialistes. Seulement trois étaient des historiens-économistes québécois : Robert Armstrong, Gilles Piédalue et Yves Saint-Germain. Est-il significatif qu'aucun des trois ne fasse aujourd'hui partie de notre corps de métier ? Autre indice rapide : pour la période postérieure à 1929, le troisième volume de l'*Atlas historique du Canada* ne contient aucune planche signée par des historiens-économistes québécois. Dernier indice : dans les cas des références bibliographiques dans *Le Québec depuis 1930* (Linteau, Durocher, Robert et Ricard, 1986) et dans l'essai bibliographique collectif récent publié sous la direction de Jacques Rouillard (1991), les parties consacrées à l'histoire économique révèlent la même absence des historiens en soulignant plutôt l'apport des économistes, des sociologues, des politologues ou des géographes.

On pourrait soutenir que la période qui débute par la Crise est trop récente pour que les historiens daignent s'y intéresser. Si cela était, on s'attendrait à une augmentation de la production historique sur le XXe siècle à mesure que celui-ci s'achève. Or, l'examen de la production[2] tend plutôt à montrer le contraire[3]. En effet, ce sont les années 1960 et 1970 qui paraissent les plus fertiles, alors que les années suivantes laissent percevoir un déclin. Ainsi c'est durant les années 1970 que se forment des historiens comme Gilles Piédalue (1975), Yves Saint-Germain (1975), Paul Larocque (1978) et Marc Vallières (1973, 1980), encore que leurs travaux de doctorat ne touchent que rarement la période après 1929. À côté d'eux, travaillent des économistes, des sociologues, des anthropologues, des politologues et des géographes qui s'attaquent plus volontiers à la période récente (par exemple, Daneau, 1966 ; Dumais, 1969, 1971 ; Dostaler, 1972 ; Armstrong, 1978 ; Sales, 1974, 1979 ; Brunelle, 1975 ; Niosi, 1978, 1980 ; Gold, 1971 ; Lessard, 1974 ; Tremblay, 1976 ; Fournier, 1975, 1978 ; Durand, 1977). Leurs travaux s'intéressent surtout au développement régional, à celui des ressources naturelles, de même qu'aux caractéristiques de la bourgeoisie et à ses clivages ethniques, reflétant les préoccupations de leurs contemporains pour ces questions. D'autres portent sur l'agriculture et le mouvement Desjardins, des sujets « typiquement québécois ». Il ne s'agit tout de même, constatons-le, que d'un choix limité à l'intérieur de la panoplie qu'offre l'histoire économique.

Les années 1980 semblent encore plus pauvres en travaux spécialisés de la part des historiens. La production historique est devenue plus hétéroclite, mais elle ne s'attaque pas davantage aux thèmes centraux de l'histoire économique telle qu'elle est définie plus haut. Les travaux des historiens tels Pierre Lanthier (1983) et Jocelyn Létourneau (1985) sont peu nombreux par rapport à ceux qui proviennent des disciplines voisines (Boismenu, 1981 ; Choko,

---

2. Nous avons consulté les parties consacrées à l'histoire économique du Québec dans les bibliographies de Paul Aubin et dépouillé les principales revues savantes susceptibles de contenir des articles d'histoire économique canadienne sur la période postérieure à 1929. Je remercie Nathalie Savaria pour ce dépouillement.

3. Gilles Paquet partage cette impression (Rouillard, 1991 : 175).

1981 ; Niosi, 198 ; Brouillette, 1983 ; Brouillette et Lanthier, 1983 ; Hamel, Houde et Sabourin, 1984 ; Dupré, 1985 ; Bélanger et Fournier, 1987).

Quant aux années 1990, des problématiques diverses ont amené de nouveaux travaux sur les ressources naturelles (Charland, 1990 ; Bellavance, 1994), sur le niveau de vie des travailleurs (Charland, 1992), sur les caisses populaires (Rudin, 1990) et sur la crise (Baillargeon, 1991), de même qu'une série de bilans étoffés sur la société québécoise depuis les années 1960 (Dumont, 1990 ; Langlois, 1990 ; Daigle et Rocher, 1992), qui abordent, à des degrés variés, des sujets d'ordre économique. Mais l'avenir ne s'annonce pas très prometteur. Ainsi, dans mon département, les cours d'histoire économique n'attirent plus les étudiants et les sujets d'études avancées dans le domaine sont quasiment inexistants. La situation n'est guère plus reluisante ailleurs au Québec, d'après le *Répertoire des thèses en cours portant sur des sujets d'histoire et autres sujets connexes* (Aubin, 1993). Selon les données fournies dans ce répertoire, c'est à l'Université Laval, où Marc Vallières et Jocelyn Létourneau dirigent quelques thèses, qu'on trouve le plus grand nombre de mémoires ou de thèses sur des sujets d'histoire économique pour la période contemporaine ; on en dénombre six, qui ne sont pas tous inscrits au Département d'histoire. Quatre thèses ou mémoires sont inscrits à l'Université de Montréal, trois à l'Université d'Ottawa, deux à l'Université de Sherbrooke et un à l'Université du Québec à Trois-Rivières. Cela fait au total six thèses de doctorat et cinq mémoires de maîtrise en cours dans des départements d'histoire, ainsi que deux sujets de doctorats et trois de maîtrise dans d'autres départements, soit, au total, 16 projets d'études avancées en histoire économique contemporaine sur le Québec parmi les 357 sujets recensés, ce qui représente moins de 5 %.

Et pourtant, ce ne sont pas les sujets qui manquent, dirait Jean Hamelin ! Certains sujets d'histoire économique sont au cœur des débats actuels sur la nature et l'avenir de la société québécoise. À l'heure où le pouvoir économique de l'État constitue une question fondamentale pour la société contemporaine, nous ne disposons d'aucun bilan de l'effet des politiques gouvernementales sur le développement de l'ensemble de l'économie ou sur les régions québécoises. Il n'existe aucune analyse diachronique des politiques fiscales du gouvernement du Québec après 1960[4], aucune étude historique non plus sur les liens véritables entre l'éducation, le marché du travail et la mobilité professionnelle. Les hommes d'affaires québécois ont été l'objet de l'attention populaire, mais l'histoire des entreprises est peu connue[5], alors qu'il y aurait tant de choses à connaître sur la structure du capital, sur l'évolution des méthodes d'administration, sur les stratégies de relations de travail ou sur la quête des marchés. Le mouvement Desjardins a davantage été étudié comme mouvement coopératif que comme institution économique, le livre de Rudin (1990) excepté. Quant aux autres institutions financières québécoises, elles attendent toujours de véritables historiens. Nous disposons d'études locales sur la crise des années 1930 (par exemple, Larivière, 1977 ; Ringuette, 1980 ; Martin, 1983 ; Clavette, 1986), mais nous ignorons l'influence du *boom* de la guerre sur l'économie et la société québécoise. Le commerce de détail est un élément central de la « modernisation » que vit le Québec de l'après-guerre, mais nous n'en connaissons que peu de chose[6].

Pourquoi les historiens ne se penchent-ils pas sur de tels sujets ? La première réponse qui vient à l'esprit est l'absence de sources. Il est incontestable qu'il est souvent difficile d'avoir accès à des sources sur la période contemporaine, en particulier dans le secteur privé, qui n'a pas développé une conscience très marquée de l'intérêt scientifique de ses archives, et qui préfère souvent les conserver pour l'usage exclusif de ses services de relations publiques. L'inverse prévaut dans le secteur public, où la masse documentaire résiste souvent à tout sondage, en l'absence d'instruments de recherche et parfois même de classement. Lorsque des données existent, comme dans le cas des agences statistiques fédérale et provinciale, les changements de définitions, les modifications dans les méthodes ou dans la fréquence de la cueillette des données empêchent souvent la constitution de séries chronologiques. La pauvreté des séries statistiques fédérales avant 1966 est évidente

---

4. Voir Boismenu (1981) pour la période 1944-1960.

5. Bellavance (1994) constitue une exception remarquable.

6. Sur la pharmacie, voir Collin (1991).

lorsqu'on consulte la deuxième édition des *Statistiques historiques du Canada* (Leacy, 1983). On peut admirer la patience et l'énergie consacrées par Malcolm Charles Urquhart et son équipe à mettre au point des séries statistiques sur le produit national brut canadien de 1870 à 1985 (Urquhart, 1989), mais ce genre d'entreprise ne sera sans doute pas repris pour d'autres aspects de l'histoire économique, ni ventilé sur une base provinciale. Enfin, tout le monde sait que les recensements canadiens du XXe siècle demeurent hors d'accès pour les chercheurs, sauf pour les premières décennies. Cela pèse lourd sur l'éventail des sujets qu'il est possible d'attaquer.

Il faut cependant constater que nos collègues des autres sciences sociales ont réussi, même dans ces circonstances, à produire beaucoup plus d'études sur l'histoire économique récente du Québec que les historiens. C'est en partie, je crois, à cause de la réticence des historiens face à la rhétorique des économistes, faite de modélisation et de recours aux tests statistiques. La modélisation s'appuie sur la théorie économique. Or, pour l'historien, celle-ci devient parfois hermétique ; elle semble s'éloigner de l'univers des préoccupations du « vrai monde » vers un ludisme logicomathé-matique basé sur une conception assez mécanique de l'activité humaine[7]. Incapable de percer le secret des équations qu'il ren-contre dans la production scientifique des économistes-historiens et donc de suivre les démonstrations qui sont offertes, l'historien perd intérêt dans la modélisation et dans la théorie sur laquelle cette dernière s'appuie. L'effort à consentir paraît trop grand pour les résultats escomptés. S'il s'agit bien là d'un « calcul économique rationnel », cela entraîne quand même une méconnaissance de modèles d'analyse, de sources et de méthodes que l'historien pour-rait mettre à contribution, ne serait-ce que pour éviter des raison-nements économiques erronés. Par ailleurs, cela a pour effet d'éviter la confrontation des interprétations des économistes à la complexité de la réalité historique que connaissent bien les historiens.

Cependant, au-delà des difficultés techniques de l'histoire éco-nomique, qu'on pourrait rapprocher de celles de la démographie ou de l'enquête sociologique, on peut affirmer que l'absence des

---

7. Pour une opinion semblable, voir Paquet (1989 : 348).

historiens du champ de l'histoire économique est tributaire de facteurs extrinsèques à la pratique du métier. Il y a en premier lieu un problème d'offre et, en second lieu, un problème de demande, si je puis emprunter cette figure de style aux économistes[8].

Au Québec, l'absence d'historiens-économistes en place pour former les étudiants avancés est manifeste. Les historiens à l'œuvre en histoire économique ne possèdent généralement pas eux-mêmes la formation en théorie économique, en méthodes statistiques et en recherche historique qu'il est souhaitable de cumuler pour la pratique de cette discipline[9]. Il leur est donc difficile de donner à leurs étudiants le bagage intellectuel requis. La formation à l'étranger attire peu d'étudiants avancés en histoire économique, si l'on se fie au *Répertoire des thèses en cours* (Aubin, 1993). L'absence de modèles québécois a donc un effet sur l'offre. La lourdeur de la formation, à laquelle j'ai fait allusion plus tôt, a également contribué à rendre l'histoire économique peu attirante, de même que le caractère rébarbatif que nombre d'étudiants lui attribuent.

Le problème de l'absence de demande est sans doute un obstacle encore plus considérable au développement de l'histoire économique contemporaine au Québec. D'une part, d'autres domaines de la discipline historique – l'histoire des travailleurs, l'histoire des femmes, l'histoire des idéologies, celle des mentalités et même un intérêt renouvelé pour l'histoire politique – ont attiré les étudiants de premier cycle aux études avancées, ce qui a contribué à orienter la production scientifique et l'affectation des « ressources professorales », comme on les dénomme dans mon institution, vers d'autres domaines[10].

---

8. Sur les modèles comme figures de style, voir McCloskey (1994).

9. Je connais deux exceptions : Joanne Burgess, à l'UQAM, a une formation de premier cycle en économie, mais elle travaille davantage en histoire sociale qu'en histoire économique ; Michael Huberman, qui vient de se joindre au Département d'histoire de l'Université de Montréal, a travaillé comme économiste dans le milieu universitaire et dans le secteur privé.

10. Fernand Ouellet a décrit la montée de l'histoire sociale chez les historiens québécois depuis le milieu des années 1970 (Ouellet, 1985 : 39).

Mais ce n'est pas là toute l'explication. Sur le marché intellectuel, les disciplines ne sont pas interchangeables ni choisies simplement selon leur valeur marchande ; le « consommateur » ou le « producteur » potentiels des différentes variétés d'histoire ne font pas leur choix simplement sur un calcul des coûts d'option inhérents à chacune. Il faut soulever la question plus large du rapport à la société dans laquelle la connaissance scientifique est produite. Depuis 20 ans, la théorie économique a perdu de son attraction à mesure que son incapacité à comprendre l'évolution de l'économie contemporaine devenait manifeste. L'attrait de la science économique dans les années 1950 et 1960 tenait en grande partie à la prospérité de l'après-guerre, qui semblait alors être venue à bout de la misère des cycles. Mais la belle assurance qui faisait écrire à un économiste, en 1970, qu' « au cours des dernières années, on est devenu de plus en plus confiant pour échapper, au moins dans un avenir prévisible, aux graves crises cycliques » (Lebel, 1970 : 89), a été battue en brèche par la crise du pétrole, par la stagflation, puis par les graves crises cycliques du tournant des années 1980 et des années 1990. Dans la mesure où la science économique fournissait un éclairage utile sur ces phénomènes, elle révélait à quel point l'économie canadienne et l'économie québécoise étaient tributaires de conjonctures supranationales sur lesquelles nous avions peu de prise.

À cela s'est ajouté le rôle des modes intellectuelles. Dans ce domaine, l'influence de la France a été considérable chez les historiens québécois et elle a inspiré l'ouverture d'une foule de nouveaux chantiers de recherche (tous encore peu défrichés), menant à ce qui a souvent été qualifié d'« histoire éclatée », alors que les économistes, par leur formation, s'inspiraient plutôt du formalisme économétrique qui dominait le marché nord-américain de la production scientifique en économie (Bélanger, 1985 : 363). Cela ne favorisait ni les rencontres ni les influences réciproques, car les objectifs des uns et des autres semblaient assez éloignés.

Ces explications concernent l'histoire économique de façon générale. S'agissant de l'histoire économique contemporaine du Québec, on peut se demander si l'état de nos connaissances, pour parcellaire qu'il puisse paraître à tous les observateurs, répond suffisamment à notre besoin de connaître cette époque de notre histoire. Est-il nécessaire d'en savoir davantage que ce qui est fort habilement réuni dans la synthèse de Linteau, Durocher, Robert et Ricard ? Fernand Ouellet écrivait, il y a une dizaine d'années, que « les historiens et les autres ne se sont appliqués à l'histoire économique que dans la mesure où celle-ci collait d'une façon plus immédiate à leurs préoccupations présentes : c'est-à-dire en fonction de la question nationale et de la question sociale » (Ouellet, 1985 : 36). Était-ce vrai alors ? Est-ce vrai encore aujourd'hui ? L'histoire économique a-t-elle réellement perdu de sa pertinence pour « la question nationale et la question sociale » ?

Pour répondre à ces questions, il faudrait déterminer systématiquement où sont les lacunes et juger de leur importance dans la compréhension du Québec actuel. Je ne puis procéder ici à un tel bilan. Je souligne seulement quelques lacunes importantes dans trois domaines. Premièrement, sur le plan macroéconomique, les aspects de l'évolution du capital n'ont pas été étudiés : les fluctuations des niveaux d'épargne et d'investissement, le rendement sur le capital, les mouvements internes et externes de capitaux attendent toujours leurs spécialistes. Il en va de même pour la formation de la main-d'œuvre et sa mise en rapport avec l'évolution de la structure économique du Québec. Pourtant, ces questions touchent des aspects fondamentaux des politiques économiques contemporaines. Ne serait-il pas utile également, dans la perspective des choix économiques à faire, d'avoir une analyse de la fonction économique des syndicats québécois et de leur influence sur la structuration du marché de l'emploi ? Finalement, ne faudrait-il pas évaluer l'effet des programmes dits de « développement régional » sur la croissance des régions ?

Ensuite, sur le plan microéconomique, j'ai déjà fait allusion à l'absence presque totale d'études sérieuses sur les entreprises. Cela est vrai à la fois pour les grandes et les petites entreprises. Le débat sur l'entrepreneurship canadien-français n'a pas suscité beaucoup plus que des réflexions (Caldwell, 1983 ; Paquet, 1986). Au lieu de se demander si les Canadiens français sont de bons entrepreneurs ou d'invétérés « précapitalistes », il serait peut-être préférable de prendre comme postulat qu'il existe, dans ce domaine comme dans d'autres et ici comme ailleurs, une large gamme de comportements et de s'attacher à mettre en lumière les facteurs de succès ou d'échec. Ces questions touchent de près les représentations collectives que les Québécois ont d'eux-mêmes et celles que les Canadiens anglais ont des Québécois.

Enfin, l'histoire de la classe ouvrière pourrait s'enrichir d'études plus fines sur la situation socio-économique des travailleurs. Dans certains cas, des entreprises ont ouvert les dossiers de leurs travailleurs aux chercheurs, ce qui permet l'étude détaillée des itinéraires professionnels, des pratiques de recrutement et de rémunération, de la division du travail et de la mobilité profession-nelle[11]. On pourra ainsi, à l'aide de données nominatives, mettre à l'épreuve les modèles proposés par les économistes, les sociologues et les historiens de la classe ouvrière pour expliquer le comporte-ment des travailleurs. Par ailleurs, l'histoire des travailleurs doit tenir compte de l'histoire des entreprises, du contexte structurel dans lequel s'insèrent capital et travail, de même que de l'évolution des conjonctures qui les affectent. La distance épistémologique qui sépare souvent les travaux sur le capital de ceux sur le travail se justifie difficilement. Un renouveau de l'histoire des travailleurs nous fera mieux connaître le caractère de la classe ouvrière québécoise et sa place dans la « société globale ».

Comment susciter un retour à l'histoire économique, en par-ticulier sur la période contemporaine ? En premier lieu, les historiens doivent perdre leurs appréhensions devant la science économique. Des économistes remettent eux-mêmes en question leurs pratiques discursives. Donald N. McCloskey (1985, 1990, 1994), par exemple, a mis à nu la rhétorique des économistes dans des livres qui feront plaisir aux historiens. À un autre niveau, Nuala Beck (1992) a illustré comment les habitus des économistes les empêchaient de saisir quantitativement l'importance des transformations structurelles des dernières années. Ces critiques devraient nous réconforter et briser notre hésitation à travailler sur un chantier où d'autres sont déjà à

---

11. Notamment Alcan et Abitibi-Price au Saguenay, de même que Canadien Pacifique à Montréal.

l'œuvre. La fréquentation de l'historiographie canadienne-anglaise et américaine pourra, par ailleurs, enrichir nos perspectives, particulièrement en histoire des affaires et en histoire des travailleurs.

Pour connaître un regain de vie, l'histoire économique québécoise devra répondre à une « demande » sociale. À l'heure des bilans et des remises en question des structures politiques actuelles, dans le contexte de pénurie des ressources publiques que nous connaissons, il me semble que l'étude de l'histoire économique récente pourrait être éclairante. « Le discours historiographique jaillit du présent », écrivent Gagnon et Hamelin (1979 : 27). Espérons que les historiens répondront à ces besoins évidents.

Bibliographie

Armstrong, Robert (1978), « The Asbestos Industry in Quebec, 1878-1929 », thèse de Ph.D. (économie), Université Laval.

Aubin, Paul (1993), *Register of Post-Graduate Dissertations in Progress in History and Related Subjects – Répertoire des thèses en cours portant sur des sujets d'histoire et autres sujets connexes*, Ottawa, Société historique du Canada.

Baillargeon, Denise (1991), *Ménagères au temps de la Crise*, Montréal, Remue-ménage.

Beck, Nuala (1992), *Shifting Gears: Thriving in the New Economy*, Toronto, Harper Collins.

Bélanger, Gérard (1985), « La lecture des économistes est-elle si pauvre ? », *Recherches sociographiques*, XXVI, 3, p. 361-364.

Bélanger, Yves, et Pierre Fournier (1987), *L'entreprise québécoise. Développement historique et dynamique contemporaine*, Montréal, Hurtubise HMH (coll. Cahiers du Québec/Science politique).

Bellavance, Claude (1994), *Shawinigan Water and Power, 1898-1963. Formation et déclin d'un groupe industriel au Québec*, Montréal, Boréal.

Boismenu, Gérard (1981), *Le duplessisme. Politique économique et rapports de force, 1944-1960*, Montréal, PUM.

Brouillette, Normand (1983), « Le développement industriel d'une région du *hinterland* québécois : la Mauricie 1900-1975 », thèse de Ph.D. (géographie), Université McGill.

Brouillette, Normand, et Pierre Lanthier (1983), « Contributions à l'étude du dynamisme des localisations industrielles : la stratégie des groupes industriels en Mauricie, 1900-1975 », *Annales de l'ACFAS*, 50, p, 113.

Brunelle, Dorval (1975), « La structure occupationnelle de la main-d'œuvre québécoise, 1951-1971 », *Sociologie et sociétés*, 7, 2 (novembre), p. 67-88.

Caldwell, Gary (1983), « Les industriels francophones : Victoriaville au début du siècle », *Recherches sociographiques*, XXIV, 1 (janvier-avril), p. 9-31.

Charland, Jean-Pierre (1990), *Les pâtes et papiers au Québec, 1880-1980. Technologies, travail et travailleurs*, Québec, IQRC (coll. Documents de recherche, 23).

Charland, Jean-Pierre (1992), *Système technique et bonheur domestique : rémunération, consommation et pauvreté au Québec, 1920-1960*, Québec, IQRC (coll. Documents de recherche, 28).

Choko, Marc-Henri (1981), « Crise du logement et capital immobilier : Montréal. Le redéveloppement du centre-ville de 1957 à nos jours et ses conséquences », thèse de doctorat, Paris VIII.

Clavette, Suzanne (1986), « Des bons aux chèques : aide aux chômeurs et crise des années 1930 à Verdun », mémoire de maîtrise (histoire), UQAM.

Collin, Johanne (1991), « Évolution de la profession pharmaceutique au Québec au XXe siècle : une analyse du rapport entre les transformations de la pratique et la féminisation du corps professionnel », thèse de Ph.D. (histoire), UQAM.

Daigle, Gérard, et Guy Rocher (dir.) (1992), *Le Québec en jeu. Comprendre les grands défis*, Montréal, PUM.

Daneau, Marcel (1966), « Évolution économique du Québec, 1950-1965 », *L'Actualité économique*, 41, 4 (janvier-mars), p. 659-692.

Dostaler, Gilles (1972), « Le crédit à la consommation et son évolution au Canada de 1938 à 1970 », mémoire de M.Sc., Université McGill.

Dumais, Mario (1969), « L'évolution économique du Québec, 1940-1965 », dans Robert Comeau (dir.), *Économie québécoise*, Montréal, PUQ, p. 219-231.

Dumais, Mario (1971), « Étude sur l'histoire de l'industrie hydro-électrique (1940-1965) et son influence sur le développement industriel du Québec », mémoire de maîtrise (économie), Université de Montréal.

Dumont, Fernand (dir.) (1990), *La société québécoise après 30 ans de changements*, Québec, IQRC.

Dupré, Ruth (1985), *A Politico-Economic Model of Quebec Government Spending, 1867-1969*, Montréal, École des HÉC.

Durand, Guy (1977), « Le tissu urbain québécois, 1941-1961 : évolution des structures urbaines de l'industrie et des occupations », *Recherches sociographiques*, XVIII, 1, p. 133-157.

Fournier, Pierre (1975), « A Study of Business in Quebec Politics », thèse de Ph.D. (science politique), University of Toronto.

Fournier, Pierre (1978), « Les nouveaux paramètres de la bourgeoisie québécoise », dans Pierre Fournier (dir.), *Le capitalisme au Québec*, Montréal, Éditions coopératives Albert St-Martin, p. 137-181.

Gagnon, Nicole, et Jean Hamelin (1979), *L'homme historien*, Saint-Hyacinthe/Paris, Édisem/Maloine.

Gold, Gerald L. (1971), « The Emergence of a Commercial Bourgeoisie in a French Canadian Town », thèse de Ph.D. (anthropologie), University of Minnesota.

Hamel, Jacques, Gilles Houde et Paul Sabourin (1984), « Stratégies économiques et développement industriel : l'émergence de Forano », *Recherches sociographiques*, XXV, 2, p. 189-209.

Hamelin, Jean, et Yves Roby (1971), *Histoire économique du Québec, 1851-1896*, Montréal, Fides (coll. Histoire économique et sociale du Canada français).

Langlois, Simon (dir.) (1990), *La société québécoise en tendances, 1960-1990*, Québec, IQRC.

Lanthier, Pierre (1983), « Stratégie industrielle et développement régional : le cas de la Mauricie au XXᵉ siècle », *RHAF*, 37, 1 (juin), p. 3-20.

Larivière, Claude (1977), *Crise économique et contrôle social, 1929-1937 : le cas de Montréal*, Montréal, St-Martin.

Larocque, Paul (1978), « Pêche et coopération en Gaspésie, 1928-1964 », thèse de Ph.D. (histoire), Université Concordia.

Leacy, F.H. (dir.) (1983), *Statistiques historiques du Canada*, 2ᵉ édition, Ottawa, Statistique Canada.

Lebel, Gilles (1970), *Horizon 1980. Une étude sur l'évolution de l'économie du Québec de 1946 à 1968 et sur ses perspectives d'avenir*, Québec, Ministère de l'Industrie et du Commerce, Direction générale de l'économie industrielle.

Lessard, Diane (1974), « Les rapports de production dans l'agriculture québécoise », thèse de M.Sc. (anthropologie), Université de Montréal.

Létourneau, Jocelyn (1985), « Accumulation, régulation et sécurité du revenu au Québec au début des années 1960 », thèse de Ph.D. (histoire), Université Laval.

Linteau, Paul-André, René Durocher, Jean-Claude Robert et François Ricard (1986), *Histoire du Québec contemporain* , t. 2 : *Le Québec depuis 1930*, Montréal, Boréal.

Martin, Micheline (1983), « Drummondville, 1925-1940 : les conditions de vie des travailleurs », mémoire de maîtrise (histoire), Université de Sherbrooke.

McCloskey, Donald N. (1985), *The Rhetoric of Economics*, Madison, University of Wisconsin Press.

McCloskey, Donald N. (1990), *If You're So Smart: The Narrative of Economic Expertise*, Chicago, University of Chicago Press.

McCloskey, Donald N. (1994), *Knowledge and Persuasion in Economics*, Cambridge, Cambrigde University Press.

Niosi, Jorge (1978), *Le contrôle financier du capitalisme canadien*, Montréal, PUQ.

Niosi, Jorge (1980), *La bourgeoisie canadienne. La formation et le développement d'une classe dominante*, Montréal, Boréal Express.

Niosi, Jorge (1982), *Les multinationales canadiennes*, Montréal, Boréal Express.

Ouellet, Fernand (1985), « La modernisation de l'historiographie et l'émergence de l'histoire sociale », *Recherches sociographiques*, XXVI, 2, p. 11-83.

Paquet, Gilles (1986), « Entrepreneurship canadien-français : mythes et réalités », *Mémoires de la Société royale du Canada*, p. 151-178.

Paquet, Gilles (1989), « Le fruit dont l'ombre est la saveur : réflexions aventureuses sur la pensée économique au Québec », dans Gilles Paquet (dir.), *La pensée économique au Québec français. Témoignages et perspectives*, Montréal, ACFAS (coll. Les cahiers scientifiques).

Piédalue, Gilles (1975), « La bourgeoisie canadienne et le problème de la réali-sation du profit au Canada, 1900-1930 », thèse de Ph.D. (histoire), Université de Montréal.

Ringuette, Martin (1980), « Les lendemains incertains. Les conditions de vie à Chicoutimi entre 1925 et 1940 », *Saguenayensia*, 22, p. 149-154.

Rouillard, Jacques (dir.) (1991), *Guide d'histoire du Québec du Régime français à nos jours. Bibliographie commentée*, Montréal, Méridien.

Rudin, Ronald (1990), *In Whose Interest ? Quebec's Caisses Populaires, 1900-1945*, Montréal/Kingston, McGill/Queen's University Press.

Saint-Germain, Yves (1975), « The Genesis of the French-Language Business Press and Journalists in Quebec, 1871-1914 », thèse de Ph.D. (économie), University of Delaware.

Sales, Arnaud (1974), « Différenciation ethnique des directions industrielles », *Sociologie et sociétés*, 6, 2 (novembre), p. 101-113.

Sales, Arnaud (1979), *La bourgeoisie industrielle au Québec*, Montréal, PUM.

Sales, Arnaud, et Lucie Dumais (1985), « La construction sociale de l'économie québécoise », *Recherches sociographiques*, XXVI, 3, p. 319-360.

Tremblay, Marc-Adélard (1976), « La crise économique des années trente et la qualité de la vie chez les Montréalais d'ascendance française », *La Revue Desjardins*, 42, 5, p. 34-40 ; 6, p. 49-53.

Urquhart, Malcolm Charles (1989), « Canadian Economic Growth, 1870-1980 », communication présentée à la *Sixteenth Conference on the Use of Quantitative Methods in Canadian Economic History*, Toronto, 10 mars.

Vallières, Marc (1973), « Les industries manufacturières du Québec, 1900-1959.

Essai de normalisation des données statistiques en dix-sept groupes industriels et
étude sommaire de la croissance de ces
groupes », mémoire de maîtrise (histoire),
Université Laval.

Vallières, Marc (1980), « La gestion des
opérations financières du gouvernement
québécois, 1867-1920 », thèse de Ph.D.
(histoire), Université Laval.

Histoire
des travailleurs
et des travailleuses

Vingt-cinq ans d'histoire du syndicalisme québécois. Quelques acquis de la recherche

Jacques Rouillard
Département d'histoire
Université de Montréal

En 1968, le jeune professeur Jean Hamelin décidait de consacrer son séminaire de maîtrise à l'histoire des travailleurs et travailleuses au Québec. C'était la première fois qu'un historien, professeur d'université, s'intéressait à ce sujet de recherche. En animant pendant quelques années son séminaire de maîtrise sur ce thème, il a suscité des vocations chez plusieurs des jeunes historiens qui y ont participé. Non seulement il a assuré la publication de certains des travaux de ces séminaires (Hamelin, 1973 ; Hamelin et Harvey, 1976), mais il a également dirigé plusieurs mémoires de maîtrise et thèses de doctorat en ce domaine et il a participé, en 1972, à la naissance d'un regroupement de chercheurs en histoire des travailleurs, le Regroupement des chercheurs-res en histoire des travailleurs et travailleuses du Québec (RCHTQ), qui poursuit encore ses activités (Rouillard, 1991). Lui-même a commis un *Répertoire des grèves dans la province de Québec au XIX*e *siècle* (1970) et il a consacré un chapitre de son *Histoire économique du Québec, 1851-1896* à ce sujet (Hamelin et Roby, 1971 : 305-324). Ces études ont ouvert la voie à l'histoire des travailleurs, un domaine de spécialisation tout à fait neuf à l'époque, qui avait attiré l'attention de sociologues et de spécialistes de relations industrielles, mais pour lequel les praticiens québécois de l'histoire n'avait pas manifesté d'intérêt. Ces travaux ont contribué, comme j'essaierai de le démontrer, au renouvellement de la perception de l'histoire du Québec contemporain.

Au moment où Jean Hamelin faisait porter ses séminaires sur l'histoire des travailleurs, le département d'histoire de l'UQAM était formé et quelques professeurs dont Stanley Ryerson, Robert Comeau et Richard Desrosiers se proposaient également d'orienter leur recherche dans cette direction[1]. Leur rencontre avec l'histoire ouvrière découlait pour beaucoup de l'attrait qu'exerçait le marxisme dont l'influence commençait à se faire sentir dans les milieux intellectuels montréalais.

Au Département d'histoire de l'Université Laval, l'intérêt pour le marxisme était minimal. C'est bien davantage, il me semble, à l'influence de l'école historique des *Annales* qu'on doit le développement de l'histoire ouvrière. À la fin des années 1950, Jean Hamelin et Fernand Ouellet avaient conçu l'ambitieux projet de rédiger une histoire globale du Québec en privilégiant les dimensions économique et sociale à l'exemple des travaux d'Ernest Labrousse. Ils projetaient rien de moins que de tracer cette vaste fresque de l'histoire du Québec, de la Nouvelle-France à nos jours (Hamelin et Roby, 1971 : xix). On reconnaît dans leurs préoccupations les thèmes de l'école des *Annales* : une histoire globale, structurelle, sur la longue durée, soucieuse des rapports sociaux et qui accorde une place prépondérante aux explications de nature économique. Leur programme a débouché sur d'importantes réalisations. Fernand Ouellet, qui s'était réservé la période 1760-1850, en fit le sujet de sa fameuse thèse de doctorat publiée en 1966 sous le titre de *Histoire économique et sociale du Québec, 1760-1850.* Jean

---

1. Denis Héroux (Héroux, Desrosiers et Grou, 1966 : 109-120), professeur d'histoire au collège Sainte-Marie (il deviendra cinéaste, puis producteur de films), avait publié avec Richard Desrosiers et André Grou une petite brochure qui représente, dans sa partie consacrée au XIXe siècle, le premier effort de recherche historique sérieux sur le monde ouvrier. L'influence marxiste n'est pas présente ; c'est plutôt la vague de grèves et la radicalisation du syndicalisme québécois qui a éveillé leur intérêt pour l'histoire syndicale.

Hamelin, qui assuma la période ultérieure, s'est adjoint son collègue Yves Roby. L'ampleur de la tâche, résultat de la complexité de la période et du manque de travaux pour appuyer leur synthèse, les força à circonscrire davantage leur sujet ; ils abandonnèrent l'idée d'examiner les rapports sociaux comme l'avait fait Ouellet pour se confiner à l'histoire économique (Hamelin et Roby, 1971 : xx). Leur travail déboucha sur la parution en 1971 d'un ouvrage majeur, *Histoire économique du Québec, 1851-1896*.

Élément important à noter : la recherche d'Hamelin et de Roby leur a fait comprendre que le Québec s'industrialise pendant cette période et que la société québécoise se transforme, probablement beaucoup plus profondément qu'ils ne le laissent entendre. Et bien sûr, qui dit démarrage industriel, dit aussi travailleurs salariés et naissance d'une classe ouvrière, une classe qu'on disait absente de la société québécoise avant la poussée industrielle de la Seconde Guerre mondiale. Cependant, le dépouillement systématique qu'ils entreprirent des journaux de l'époque leur faisait voir que des syndicats étaient actifs et que des grèves survenaient un peu partout en province. Il y avait là une avenue de recherche prometteuse pour qui s'intéressait le moindrement aux phénomènes sociaux. D'après ma compréhension de leur cheminement, c'est dans ce contexte que l'histoire ouvrière est apparue au curriculum des séminaires offerts en histoire à l'Université Laval. Il m'apparaît donc que cette spécialisation serait née moins comme un champ de recherche autonome que comme un appendice de l'histoire économique et sociale[2].

LE MYTHE DE LA GRÈVE DE L'AMIANTE

À l'époque où Jean Hamelin commence à animer ses séminaires, il existe un certain nombre d'études en histoire syndicale

---

2. Dans ses réminiscences au banquet qui a conclu le colloque en son honneur, Jean Hamelin racontait que c'étaient les étudiants qui l'avaient incité à s'intéresser à l'histoire ouvrière. Après avoir consulté Jean-Guy Genest, qui faisait partie du premier groupe d'étudiants ayant participé à ce séminaire, je maintiens mon interprétation de l'origine de sa démarche.

que je divise en deux groupes : les ouvrages pancanadiens, fruits surtout de la plume de Canadiens anglais, et les travaux axés plus directement sur le Québec qui voient le jour dans les années 1950 et 1960.

L'historiographie du syndicalisme canadien détient évidemment une longueur d'avance sur celle du Québec[3], situation explicable compte tenu de la taille et des ressources intellectuelles du Canada anglais. Dès le début du siècle, l'économiste Robert H. Coats (1914) esquisse un premier bilan de l'histoire du syndicalisme canadien, suivi par l'ouvrage de Harold A. Logan en 1928, *The History of Trade Union Organization in Canada*[4]. Ce professeur d'économie politique à l'Université de Toronto a retravaillé substantiellement son étude pendant la guerre pour offrir une solide synthèse, *Trade Unions in Canada* (1948), plusieurs fois rééditée, qui sera pendant longtemps l'ouvrage de référence par excellence en histoire du syndicalisme canadien. Dans les années 1940 et 1950, plusieurs mémoires et thèses de doctorat dans diverses disciplines approfondissent des thèmes de l'histoire ouvrière. Charles Lipton, un Montréalais qui a œuvré comme organisateur syndical, s'inspirent cependant peu de ces travaux dans *The Trade Union Movement of Canada, 1827-1959*[5]. Paru en 1966, cet ouvrage repose néanmoins sur une recherche originale, colorée par une interprétation d'inspiration marxiste et nationaliste.

Les synthèses pancanadiennes[6] réservent une place bien restreinte au mouvement ouvrier québécois. Comme ces auteurs ont fait peu de recherche originale sur le syndicalisme québécois, ils

---

3. Voir en particulier sur les origines de l'historiographie anglophone des travailleurs, Greg Kealey (1990).

4. Ce livre est issu de sa thèse de doctorat soutenue à l'Université de Chicago en 1925.

5. L'ouvrage a été traduit en français en faisant croire, dans le titre, qu'il fait une place significative au Québec (Lipton, 1976).

6. On pourrait ajouter aux trois synthèses déjà mentionnées : Margaret Mackintosh (1938), Harold A. Logan, N. J. Ware et Harold A. Innis (1937 : xviii, 41-44), Stuart Jamieson (1957) : 54-59 (ce dernier est cependant conscient que la majorité des syndiqués canadiens-français au Québec ne sont pas membres de syndicats internationaux [p. 58]).

sont marqués par l'image développée au Canada anglais que les Canadiens français sont plutôt un peuple rural, arrivé à la ville tardivement, et foncièrement conservateur. Dominés par le clergé catholique, ils auraient vécu en serre chaude, peu sensibles aux influences extérieures. Les auteurs assimilent donc le syndicalisme qui s'est développé au Canada français au syndicalisme catholique en insistant sur le rôle du clergé et sur son discours bon-ententiste dans ses rapports avec le patronat jusqu'à la Seconde Guerre mondiale.

Les premières synthèses en français du syndicalisme canadien, celles de Jean-Pierre Després (1947) après la guerre et de Louis-Laurent Hardy (1958) à la fin des années 1950, comportent peu de recherches originales ; elles sont principalement basées sur les ouvrages de synthèse de langue anglaise. Le traitement du syndicalisme catholique demeure bien sommaire chez Després ; il est plus étoffé chez Hardy qui a lu la thèse de M.-Ludovic Maltais (1925) sur la naissance des syndicats catholiques et qui a dépouillé certains documents de la Confédération des travailleurs catholiques du Canada (CTCC).

Dans les années 1950, un groupe d'intellectuels catholiques antiduplessistes favorisant une conception laïciste de la société non seulement élaborera, à partir de la grève de l'amiante, une interprétation de l'histoire syndicale, mais jettera les bases d'une nouvelle interprétation de l'histoire du Québec contemporain qui est encore utilisée de nos jours dans de nombreux milieux. Ces intellectuels « de gauche », comme les a désignés Robert Rumilly, se regroupent autour de revues comme *L'Action nationale* et *Cité libre*, à la direction de la CTCC et des groupes d'action catholique spécialisée, de même que parmi la nouvelle équipe qui réoriente la pensée du *Devoir* en 1947. Lorsque Gérard Filion devient le directeur du journal, il se fait fort, écrit-il dans un de ses premiers éditoriaux, le 13 septembre 1947, de mettre le journal « au service de la classe des travailleurs ». Dans les pages d'informations, une large place est alors accordée aux conflits de travail et l'analyse éditoriale devient résolument sympathique aux syndiqués[7]. C'est animé par ce

---

7. Et ce n'est pas parce que le nombre de grèves au Québec s'est accru après la guerre ; elles sont deux fois plus nombreuses de 1941 à 1945 que de 1946 à 1950. Certains

sentiment que le journal, en dépit de ses faibles moyens, délègue un correspondant spécial, Gérard Pelletier, dès le premier jour de la grève de l'amiante en 1949. Pendant les quatre mois du conflit, le journal lui réserve une place plus importante que tout autre sujet d'actualité. Cette attention spéciale tranche avec celle que les autres quotidiens du Québec accordent au conflit. La tournure dramatique de la grève, l'intervention directe du premier ministre Duplessis et des autorités religieuses et l'écho que le journal lui a donné ont servi à la construction d'une vision mythique de la grève.

Les intellectuels ont inséré le conflit dans une trame historique, où ils en ont fait un tournant, non seulement dans l'histoire du syndicalisme, mais dans l'histoire du Québec tout entière[8]. La grève devient, à leurs yeux, bien davantage qu'un conflit de travail, elle représente un conflit sociétal, un « épisode-clé d'émancipation sociale » (Trudeau, [1956] 1970 : 401). Leur interprétation commence à prendre forme au début des années 1950, surtout dans *Le Devoir* et *Cité libre* (Trudeau, 1952 : 65)[9], pour être élaborée avec force dans l'ouvrage collectif *La grève de l'amiante*. Même si cet ouvrage est publié en 1956, le projet germait déjà depuis cinq ans chez les collaborateurs qui, au départ, écrit Frank Scott en avant-

---

des conflits entre 1941 et 1945 sont très importants, notamment la grève des employés de tramway à Montréal en 1943 et celle des policiers, pompiers et employés municipaux, la même année. Voir Rouillard (1994 : 288-293).

8. Jocelyn Létourneau (1991, 1992a, 1992b) a bien montré comment la grève de l'amiante a donné lieu à une construction historique et comment ces intellectuels l'ont insérée dans une réinterprétation de l'histoire du Québec. Il réfute leur explication en faisant valoir, après une enquête orale auprès d'une vingtaine de travailleurs qui ont participé au conflit, que ces derniers n'ont pas été conscients de la valeur symbolique de la grève. Notre démarche est d'une autre nature puisqu'elle situe la grève dans l'histoire du syndicalisme québécois. Notre propos est de démontrer que le militantisme des travailleurs québécois s'affirme bien avant cette grève. Nous avions déjà élaboré cette interprétation dans un de nos articles (Rouillard, 1983).

9. Fernand Dansereau signe cinq articles dans *Le Devoir* intitulés « La situation ouvrière dans Québec » (du 25 au 30 avril 1953). Edmond Lemieux notait, dès 1949, que la grève faisait entrer socialement le Québec dans une « ère nouvelle » (*L'Action nationale*, juillet 1949 : 514). Voir Behiels, l985 : 124-129.

propos, avaient en commun la conviction que la grève « avait constitué un tournant dans l'histoire sociale du Québec » (Trudeau,
[1956] 1970 : ix).

C'est cette interprétation qui se dégage de l'ouvrage et des
travaux sur le syndicalisme de ces intellectuels dits de « gauche ». La
grève représente, selon eux, la première manifestation de la classe
ouvrière dans l'histoire du Canada français ; elle marque, selon les
mots de Pierre Elliott Trudeau, « l'avènement de temps nouveaux »
(Trudeau, [1956] 1970 : 379). Les travailleurs se seraient alors libérés
de l'emprise des forces sociales traditionnelles (Église, État, patronat)
pour affirmer une présence autonome dans la société canadienne-
française. Trudeau écrit encore :

> À long terme : elle [la grève] a fait la preuve pour la première fois et une
> fois pour toutes, dans la province de Québec, qu'un mouvement ouvrier
> uni n'a à reculer devant aucune conjonction de forces, quelles qu'elles
> soient, et quels que soient leur enracinement dans la tradition ou leur
> appui dans la morale du jour. De la sorte, une puissance nouvelle et
> contemporaine affirma sa maîtrise sur nos destinées collectives, le cours
> de l'histoire de notre province fut exorcisé, l'envoûtement qu'exerçait
> notre passé sur notre présent fut brisé, et une multitude de puissances
> créatrices fut libérée dans tous les domaines (p. 392).

Cette grève et d'autres qui suivront (Valleyfield, Louiseville,
Dupuis Frères, etc.) leur apparaissent à la fois comme la manifestation du rejet de la société traditionnelle (cléricale et duplessiste) et
l'adhésion au projet de société des travailleurs que ces intellectuels
mettent de l'avant. La classe ouvrière serait à leur côté pour moderniser le Québec dans le sens d'une libéralisation et d'une démocratisation des institutions. Elle serait la force qui permettrait de
culbuter l'ordre sociopolitique clérical et autoritaire et d'implanter la
démocratie libérale au Québec. Apparue avec la poussée industrielle
de la guerre, cette classe n'aurait pas subi les « déviations » conservatrices et nationalistes.

Ces intellectuels présentent une image très sombre de leur
société et de l'histoire du Québec. On serait en présence d'une
société figée, ancrée dans le conservatisme, minée par le nationalisme et déphasée par rapport au monde urbain. Dans une société
qu'on décrit comme fondamentalement rurale, les travailleurs ne se
seraient pas manifestés comme classe sociale avant la grève de

l'amiante. Dominés par le clergé catholique et les élites traditionnelles, ils seraient demeurés silencieux, peu syndiqués et sans
influence sociale significative. Les conflits de travail auxquels étaient
mêlés les syndicats confessionnels auraient été définis et réglés par
la trinité patronat-gouvernement-Église (Trudeau, [1956] 1970 : xiv).

Cette interprétation de l'histoire ouvrière sera reprise par des
universitaires, surtout des sociologues, et deviendra l'explication
consacrée dans les ouvrages relatant le passé syndical[10]. Jacques
Dofny et Marcel Rioux s'en inspireront dans les années 1960 pour
introduire leur fameux concept de « conscience ethnique » qui
aurait retardé la prise de conscience de classe chez les travailleurs
(Dofny et Rioux, 1962 : 290-300 ; Rioux, 1965 : 23-32 ; Dofny,
1978 : 87-102). Encore de nos jours, la thèse du tournant que constitue la grève de l'amiante se trouve fréquemment énoncée dans les
médias d'information et demeure l'explication prépondérante dans
les travaux de sciences sociales[11]. Cependant, les historiens, en
général, ont pris leur distance envers cette version du passé depuis
une dizaine d'années. Mais, en 1968, lorsque Jean Hamelin organisa
son premier séminaire en histoire du monde ouvrier, elle était l'interprétation de loin la plus commune.

Voyons donc maintenant comment certains travaux d'historiens
ont pu, depuis 25 ans, élargir notre connaissance du passé syndical
et renouveler son interprétation. Pour éviter d'être trop long, nous
nous confinons à l'historiographie du syndicalisme jusqu'à la Révolution tranquille. Nous n'ambitionnons pas non plus de dresser un
bilan des acquis du domaine plus vaste que constitue l'histoire
ouvrière. Depuis une décennie environ, les travaux sur la condition
ouvrière, les milieux de travail et la culture ouvrière renouvellent les
problématiques et enrichissent nos connaissances. Nous laissons à
d'autres le soin de mettre en relief la contribution de cette avenue
de recherche.

---

10. Parmi les sociologues, notons Jacques Dofny, Marcel Rioux, Fernand Dumont, Jean-
Charles Falardeau, Hubert Guindon et Hélène David. Au sujet des ouvrages qui ont
véhiculé cette interprétation, voir la bibliographie de Jocelyn Létourneau (1992a :
69-70).

11. On la trouve par exemple, dernièrement, dans Roch Denis et Serge Denis (1992 :
31).

AMPLEUR DE LA SOLIDARITÉ SYNDICALE
ET PROPENSION À LA GRÈVE

Dans les travaux plus anciens en histoire syndicale flotte l'idée d'un retard des travailleurs québécois à se regrouper dans des syndicats, à faire grève et à se manifester comme force sociale autonome. Cette impression vient largement de la perception que la société francophone demeure largement rurale jusqu'à la Seconde Guerre mondiale.

Dans un article publié au début des années 1980, nous nous sommes penché sur cette question en utilisant les données statistiques recueillies annuellement par le ministère fédéral du Travail, que nous avons revues selon une méthodologie précisée à la fin de l'article afin d'en corriger les lacunes (Rouillard, 1983 : 222-225). Nous avons établi des taux de syndicalisation de 1901 à 1970 (jusqu'en 1991 dans le tableau 1) et comparé ces taux avec ceux de la province d'Ontario et des États-Unis. La comparaison nous paraît extrêmement significative :

Comme on peut le constater, la densité syndicale au Québec se compare à celle de la province voisine, la région la plus industrialisée au Canada. Les écarts plus favorables pour le Québec au début du siècle sont le résultat des efforts d'organisation des syndicats catholiques et d'une forte présence syndicale dans les industries de la chaussure et du vêtement. La tendance se renverse au profit de l'Ontario durant la Seconde Guerre mondiale avec l'expansion des syndicats industriels dans l'automobile et la métallurgie. Une meilleure organisation des secteurs parapublics et de la construction à partir de la fin des années 1960 fait du Québec un château fort du syndicalisme au Canada.

L'évolution de la densité syndicale au Québec se fait donc au même rythme et parfois à un rythme plus rapide que celui du reste du continent nord-américain. À ce titre, il n'y a pas de retard des travailleurs québécois à prendre conscience de leur condition de salariés et à vouloir se regrouper pour défendre leurs intérêts. La Seconde Guerre mondiale se traduit effectivement par une poussée syndicale, mais on ne peut prétendre, pour les décennies antérieures, qu'il y a décalage par rapport aux autres sociétés nord-

Tableau I

Niveau de syndicalisation au Québec, en Ontario et aux États-Unis

	Québec	Ontario	États-Unis
1911	5,6 %	8,4 %	10,0 %
1921	17,4	12,1	17,8
1931	9,0	8,2	11,8
1941	20,7	15,3	
1946	29,3	23,4	31,1
1951	26,5	27,5	31,7
1956	28,1	32,6	31,4
1961	30,5	32,1	28,5
1966	35,7	35,3	29,6
1970	39,3	36,1	29,6
1976	34,8	30,9	27,9
1981	35,4	28,8	22,6
1986	39,2	31,4	17,1
1991	40,0	31,9	15,3

Source : Pour 1911 et 1921, le rapport est établi avec la population active non agricole et avec la population salariée par la suite. Il est essentiel d'ajuster les effectifs syndicaux déclarés par le ministère, car plusieurs syndicats ne font pas de déclarations d'effectifs au Québec comme en Ontario (30 % à 40 % des syndicats en 1911 et 1921, 20 % en 1931 et 1941, 10 % jusqu'en 1961). Pour les sources et la méthodologie, voir Jacques Rouillard, 1983 : 222-225. Les données québécoises et ontariennes depuis 1976 sont tirées de Statistique Canada, Loi sur les déclarations des corporations et des syndicats ouvriers (CALURA), 1976-1991 et celles des États-Unis de Troy et Sheflin, 1985.

américaines. La grève de l'amiante ne s'est pas traduite, non plus, par une poussée de syndicalisation, dont le taux demeure généralement stable dans les années 1950. Le bond syndical s'est effectué pendant la guerre.

En outre, contrairement à l'interprétation traditionnelle du syndicalisme, on n'assiste pas à une intensification de la fréquence et de l'intensité des grèves et des lock-out dans les années 1950. Le nombre de jours de travail perdus à cause de conflits de travail se replie au cours de cette décennie quand on tient compte de la population salariée. Pour évaluer l'activité de grève, l'indicateur des jours de travail perdus est largement utilisé par les spécialistes, car il permet de tenir compte à la fois de la durée des arrêts de travail et du nombre de travailleurs en cause (il est le produit de la multiplication de ces deux éléments). Il devient particulièrement précieux quand vient le temps de comparer des périodes, des régions ou des pays différents[12]. Nous l'avons mis en relation au tableau 2 avec la population de salariés qui varie évidemment, elle aussi, selon les périodes et l'espace étudiés.

On notera que l'activité de grève (et de lock-out) est particulièrement intense de 1911 à 1921. C'est le résultat du fort militantisme ouvrier de 1917 à 1922 qui se manifeste également au

---

12. Fernand Ouellet (1988 : 74-75 ; 1991 : 261-262) a cherché à minimiser les conclusions auxquelles nous parvenions dans notre article sur le militantisme des travailleurs québécois en mettant en relief que les grèves sont moins nombreuses (« dans une marge énorme ») au Québec qu'en Ontario (1901-1940), même en tenant compte de leur population active respective. À notre avis, la marge n'est pas énorme et l'utilisation du nombre de grèves pour effectuer la comparaison montre les limites de cet indicateur. Un arrêt de travail peut aussi bien toucher 10 travailleurs comme 500 et s'étendre sur deux jours comme sur deux mois ; il est alors toujours comptabilisé comme une seule grève selon cette méthode. Comme le militantisme des travailleurs s'affirme bien davantage quand leur grève s'étend sur une plus longue période, il est préférable de recourir à un indice plus rigoureux, celui des jours de travail perdus. Et à ce propos, les données de l'auteur sur le nombre d'ouvriers en grève et le nombre de jours de travail perdus rejoignent nos conclusions et montrent que l'intensité des grèves est comparable dans les deux provinces.

L'écart du nombre de grèves s'explique par les structures urbaine et industrielle du Québec. En effet, la population ouvrière au Québec est plus largement concentrée dans un grand centre industriel (les grèves à Montréal touchent un très grand nombre de travailleurs) et les établissements industriels dans le textile et la chaussure (surreprésentés au Québec) concentrent un nombre élevé de travailleurs (contrairement à ce qu'il affirme, les syndicats nationaux et catholiques sont très présents dans ces grandes usines).

Enfin, les grèves surviennent très majoritairement à Montréal puisque c'est là que se concentre surtout l'activité industrielle et il semble bien que ce soit dans des proportions qui reflètent approximativement le pourcentage de la main-d'œuvre québécoise dans cette ville. James Thwaites (1984 : 203) a calculé, en effet, que 54 % des conflits de travail au Québec survenaient à Montréal entre 1896 et 1915.

Tableau 2

Indice des jours-personne perdus par 100 salariés

	Québec	Ontario
1901-1911	21,0	20,8
1911-1921	40,0	32,6
1921-1931	14,2	14,4
1931-1941	9,1	11,0
1941-1945	18,5	36,5
1946-1950	42,7	53,5
1956-1960	25,5	40,5
1961-1970	62,6	74,5
1971-1980	134,7	65,5
1981-1985	60,4	41,4

Source : De 1901 à 1941, l'indice est construit en utilisant comme dénominateur la population active non agricole et, pour les années ultérieures, les travailleurs rémunérés. Pour la méthode et les sources, voir Rouillard (1983 : 222-224).

même moment dans le reste du Canada et aux États-Unis. L'année 1919 est particulièrement fertile en conflits de travail au Québec ; le nombre de jours ouvrables perdus pendant cette année ne sera dépassé que beaucoup plus tard, en 1966, à l'époque des grèves des secteurs public et parapublic et à un moment aussi où le nombre de salariés est beaucoup plus imposant dans la province. C'est dire que le militantisme ouvrier s'est manifesté avec force bien avant la Seconde Guerre mondiale.

Une comparaison de notre indice avec celui de l'Ontario est tout aussi éloquente, car elle montre que la propension à la grève évolue en parallèle dans les deux provinces. Les écarts notables sont les décennies 1910, 1970 et 1980 où le Québec est un terrain plus fertile en grève tandis que l'Ontario le devance de 1941 à 1960. Nous avons déjà expliqué ces écarts entre les deux provinces par des divergences sur le plan de la structure industrielle et du contexte sociopolitique (Rouillard, 1983 : 213-222). Mais, en général, les tendances du mouvement de grève se rejoignent dans les deux provinces. Il devient alors bien difficile de soutenir la thèse que les travailleurs québécois seraient des modèles de docilité avant la Seconde Guerre mondiale ou qu'ils accuseraient un « retard » à s'éveiller à l'action collective. En fait, leur militantisme, à tout le moins tel qu'il est mesuré par la propension à la grève et la densité syndicale, s'affirme dans des proportions qui s'apparentent à celles des autres travailleurs nord-américains.

LE SYNDICALISME INTERNATIONAL

De nombreux travaux avaient tendance traditionnellement à minimiser l'importance des syndicats internationaux au Québec et à sous-estimer la présence des francophones dans leurs rangs[13]. Depuis quelques années, les recherches montrent que les syndicats internationaux ont regroupé un nombre imposant de syndiqués et qu'ils ont toujours représenté le groupe syndical le plus important au Québec. Ils se sont d'abord implantés dans la région montréalaise à la fin du XIXᵉ siècle, puis ils ont essaimé en province peu avant la Première Guerre mondiale, ce qui, par réaction, a provoqué la naissance de syndicats catholiques.

Les données compilées par le ministère fédéral du Travail ne permettent pas d'évaluer les effectifs internationaux par province. En revanche, on peut y trouver assez d'informations pour établir le nombre de ces syndicats et, ainsi, la proportion du total des syndicats québécois qu'ils représentent.

On ne peut établir de corrélation directe entre le pourcentage de syndicats que les internationaux détiennent et celui des effectifs qu'ils représentent au Québec, puisque le *membership* varie beaucoup d'un syndicat à l'autre. Mais l'écart entre les deux données n'est probablement par très considérable, puisque la relation est assez probante dans le cas des syndicats catholiques pour lesquels on détient des statistiques sur les effectifs.

---

13. Il existe une exception, Évelyn Dumas qui, dès 1971, faisait voir l'importance et le militantisme des syndicats internationaux.

Tableau 3

Nombre et proportion de syndicats internationaux au Québec

	Nombre	**En pourcentage du total des syndicats québécois**
1901	74	54,4
1911	190	83,3
1921	334	67,8
1931	286	58,2
1940	306	43,8
1951	459	40,7
1961	725	45,1

Source : Ministère du Travail, Organisation des travailleurs au Canada, diverses années. Voir Rouillard, 1989 : 88, 131, 210.

Comme on peut le constater au tableau 3, les syndicats internationaux forment plus de la moitié des syndicats jusqu'à la Seconde Guerre mondiale. Par la suite, ils croissent moins vite, non pas à cause de la présence des syndicats catholiques, mais à cause de la naissance des nombreux syndicats nationaux (pancanadiens) et indépendants. Les syndicats internationaux joueront un rôle de premier plan non seulement pour améliorer les conditions de travail des syndiqués, mais aussi comme groupe de pression pour influencer le législateur. Ils créeront dans ce but des conseils de métier et du travail dans les principales villes au tournant du siècle de même que la Fédération provinciale du travail du Québec en 1938 (Rouillard, 1990).

Certains historiens ont prétendu que, comme les syndicats internationaux sont concentrés à Montréal, le *membership* francophone y aurait été faible et le leadership, assumé par des anglophones (Ouellet, 1990 : 349 ; Rudin, 1992 : 50). Ce n'est pas notre lecture des données recueillies par le ministère du Travail du Canada.

Le tableau 4 montre au contraire qu'une majorité de ces syndicats depuis 1911 sont à l'œuvre en province. Cependant, la répartition serait plus favorable à Montréal si l'on disposait de

Tableau 4

Pourcentage des syndicats internationaux
au Québec établis à Montréal

	Nombre à Montréal	Nombre au Québec	Pourcentage à Montréal
1901	45	74	60,8
1911	86	190	45,2
1921	134	334	40,1
1931	125	286	43,7
1940	131	306	42,8

Source : Gazette du Travail, sept. 1901 à mai 1902 ; Ministère du Travail, Labour Organizations in Canada, 1911, p. 39-47, 94 ; 1921, p. 173-183, 249 ; 1931, p. 92-103, 220 ; 1940, p. 78-90, 209.

données selon les effectifs, car les syndicats montréalais sont en moyenne plus populeux. Néanmoins, de nombreux syndicats internationaux se sont implantés très tôt, un peu partout en province. On ne peut donc expliquer le développement du syndicalisme québécois en identifiant les syndicats internationaux au milieu montréalais et les syndicats catholiques au reste de la province.

Pour la même raison, il devient tout aussi difficile de soutenir que les francophones ont été peu présents dans les rangs internationaux. Bien qu'on ne dispose pas de statistiques précises selon l'origine ethnique des syndiqués, on sait que dans deux des principaux secteurs de syndicalisation des unions internationales, le transport ferroviaire et la construction, les francophones occupent respectivement 71 % et 78 % des emplois au Québec[14]. On devrait donc normalement les trouver dans des proportions similaires parmi les syndicats de ces métiers. À Montréal, ils forment certainement la majorité des syndiqués. Le syndicaliste Alfred Charpentier, observateur attentif de la scène syndicale montréalaise et ex-président d'un syndicat international, estimait la proportion de francophones à

---

14. Recensement du Canada, 1931, 7 : 956 ; voir Rouillard, 1989 : 131.

68 % en 1918, ce qui est un peu plus élevé que leur pourcentage de la population de travailleurs montréalais[15]. L'historien Bernard Dionne, qui s'est penché sur l'origine ethnique des dirigeants des syndicats internationaux montréalais de 1937 à 1957, l'évalue à environ 60 % francophones, 30 % anglophones et 10 % allophones (Dionne, 1989 : 53). Il est probable que le *membership* francophone dans ces syndicats soit même un peu plus élevé que la proportion de leurs dirigeants. Tout compte fait, quand on tient compte des syndicats montréalais et de ceux de la province, il devient plausible que les francophones constituent environ 70 % à 75 % des syndiqués internationaux depuis le début du siècle.

La tradition syndicale internationale fait partie de l'histoire des travailleurs québécois tout autant que celle qui découle du syndicalisme catholique. Nombreux sont les travailleurs québécois à avoir été réceptifs à la conception de l'action syndicale proposée par les « internationaux ». Leur forte expansion au Québec est d'autant plus significative que les élites politiques, économiques et religieuses se sont donné la main pendant longtemps pour enrayer leur diffusion. Elle illustre que le milieu ouvrier est demeuré sensible aux influences nord-américaines.

LE SYNDICALISME CATHOLIQUE

À la fin des années 1960, le syndicalisme catholique a déjà reçu l'attention de plusieurs chercheurs. Pas moins de quatre thèses de doctorat ont déjà porté sur ce sujet[16], sans compter quelques ouvrages et de nombreux articles. Ces travaux mettent en relief le caractère parareligieux de son orientation et l'absence de militantisme jusqu'au renouvellement de son leadership en 1946. Louis-Marie Tremblay (1972 : 26) traduit bien la pensée de ce courant d'interprétation lorsqu'il écrit :

---

15. Archives de la CSN, *Compte rendu d'une journée sociale à la Villa Saint-Martin* (avril 1918), p. 15. Les francophones forment 60 % des salariés à Montréal en 1931 (Rennie, 1953 : 17).

16. Barret, 1953 ; Laberge, 1954 ; Têtu, 1961 ; Isbester, 1969.

[La CTCC, à ses débuts] se définit comme un missionnaire dont l'objectif est la défense de valeurs canadiennes-françaises traditionnelles contre ses adversaires qui sont l'industrialisation et le syndicalisme neutre au moyen d'une organisation syndicale réformée qui agit dans le respect de l'ordre et de l'autorité en collaborant avec le patronat et les pouvoirs socio-politiques.

La centrale serait la manifestation parmi les travailleurs salariés du conservatisme de la société canadienne-française.

Dans notre thèse de doctorat (Rouillard : 1979), nous nous sommes penché sur les origines du syndicalisme catholique en mettant notamment en évidence que son développement a été facilité par la présence de syndicats nationaux non confessionnels réfractaires à l'affiliation internationale. Il nous est apparu aussi que la naissance des syndicats catholiques n'a rien à voir avec la protection de la langue et de la culture française comme on le décrit plus haut[17]. C'est principalement pour des motifs religieux que l'épiscopat a voulu regrouper les travailleurs sur une base confessionnelle. Le clergé catholique craint que l'expansion de syndicats internationaux n'affaiblisse son emprise sur les masses urbaines et que leur présence favorise le développement du socialisme et de l'anticléricalisme. La naissance des syndicats catholiques n'est donc pas dirigée contre le Canada anglais et il n'a jamais été question d'écarter les travailleurs anglophones de leur rang. Au contraire, rien n'empêchait que, une fois le mouvement bien établi au Québec, il ne puisse rayonner parmi les travailleurs anglophones du reste du Canada (Rouillard, 1979 : 8, 226-227). Même s'il est issu du milieu culturel francophone, le nationalisme qu'il défend est résolument pancanadien à l'exemple de celui d'Henri Bourassa. On veut protéger l'autonomie du Canada contre l'envahissement américain dans le domaine syndical. C'est l'origine étatsunienne des syndicats internationaux qui choque les artisans du syndicalisme catholique. Le

---

17. Logan (1927 : 828), Barnes (1959 : 570) et Babcock (1980 : 137) ont soutenu aussi cette thèse. Ronald Rudin (1992 : 50) y fait écho en déduisant que les Canadiens anglais étaient exclus du mouvement ; il me reproche d'avoir passé sous silence cette exclusion dans mes travaux. Comme nous le précisons ici, les syndicats catholiques ont voulu regrouper les travailleurs sur une base religieuse et non ethnique.

mouvement n'est donc pas dirigé contre le Canada anglophone et n'a pas comme objectif d'assurer la protection de la langue et de la culture française.

Pendant les premières décennies, l'expansion des syndicats catholiques s'est faite avec énormément de difficultés, malgré l'appui institutionnel de l'Église. Jusqu'aux milieux des années 1930, ils regroupent moins du quart des syndiqués québécois. Leur objectif initial de débaucher les catholiques des syndicats internationaux s'avère un échec cuisant ; leur développement se fera à partir des syndicats nationaux non confessionnels et en organisant des travailleurs non syndiqués.

C'est donc dire que les syndicats catholiques, à l'origine, ont fait face à un handicap de taille puisqu'une large partie des travailleurs de métier appartenaient déjà à des unions internationales. Ces travailleurs sont les plus motivés à l'action syndicale, car ils détiennent un meilleur rapport de force pour contraindre les patrons à la négociation collective. En conséquence, les premiers syndicats catholiques, réduits à représenter de nombreux travailleurs non qualifiés, auront une existence plutôt fragile. Nombreux sont ces syndicats qui s'effritent dans les années 1920, emporté par les deux importantes récessions économiques de 1921 et de 1929. Enfin, à l'avantage des syndicats internationaux, il y a aussi l'appui logistique et financier des unions étatsuniennes qui ont une longue expérience de l'action syndicale et qui ont développé une stratégie efficace des rapports collectifs de travail.

Pour survivre et conserver leurs membres, les syndicats catholiques en viendront à adopter les pratiques syndicales et les moyens d'action des unions internationales dès les années 1920. Ici encore, les recherches récentes ont modifié l'interprétation de leur développement[18]. Traditionnellement, les syndicats catholiques étaient présentés jusqu'à la Seconde Guerre mondiale comme des syndicats jaunes qui recherchaient la bonne entente patronale à tout prix et

---

18. On la trouve dans Rouillard, 1979 : 227-232, 240-250 ; 1981 : 73-79, 124-133 ; Vanasse, 1986 ; Desrochers, 1986 : 140-144, 318-320 ; 1989 : chap. 2 et 3 ; et Valiquette, 1982.

qui se souciaient peu d'améliorer le sort économique des travailleurs. Mais une étude attentive de leurs pratiques syndicales, qui
dépasse l'analyse du discours, amène à une révision de cette interprétation. Il est vrai que l'idéologie qui a présidé à leur fondation et
qui tient lieu de discours officiel jusqu'à la Seconde Guerre mondiale mise sur la collaboration patronale et la recherche d'harmonie
sociale. Mais, en pratique, les syndicats catholiques ont rapidement
fait de la négociation de bonnes conventions collectives de travail
leur principale préoccupation. On s'en rend compte lorsqu'on scrute
l'action des syndicats eux-mêmes et des fédérations professionnelles.

À partir des années 1920, les dirigeants se soucient de regrouper les travailleurs par métier afin qu'ils détiennent un meilleur
rapport de force dans l'entreprise et ils mettent sur pied des fédérations professionnelles pour coordonner la négociation collective.
Puis, ils constatent la nécessité d'inclure dans les conventions
collectives des échelles uniformes de salaire et des heures maxi-
males de travail. Ils se laissent même gagner par l'idée de réclamer
l'atelier syndical fermé, revendication longtemps reprochée aux
internationaux parce qu'elle viole la liberté de travail. Enfin, plusieurs syndicats catholiques recourent à « l'arme ultime » des syndicats, la grève, que pourtant le clergé catholique voulait extirper
des mœurs syndicales. De 1920 à 1940, nous avons compté
53 grèves à partir des relevés du ministère fédéral du Travail
(Rouillard, 1981 : 94, 144). C'est beaucoup plus que les neuf que
traditionnellement on leur attribuait à la suite d'une affirmation de
Jean Francœur (1963 : 93)[19]. Toute proportion gardée, leurs arrêts de
travail sont néanmoins moins nombreux que ceux des syndicats
internationaux pendant cette période[20]. Avant d'y voir une manifestation du faible militantisme de ces syndicats, il importe de rele-
ver leur formation récente, les difficultés des secteurs industriels où
ils sont implantés et le faible rapport de force de bon nombre d'entre

---

19. Cette affirmation est souvent reprise par la suite pour illustrer le faible militantisme
    des syndicats catholiques (David, 1969 : 258).

20. Ils représentent 13 % des conflits de 1920 à 1930 et 9 %, de 1931 à 1940. Les
    syndicats catholiques forment environ 25 % à 30 % des syndicats dans la province
    (Rouillard, 1981 : 150, 190).

eux qui regroupent des ouvriers peu qualifiés. Des syndicats catholiques sont d'ailleurs mêlés à la plus importante grève à survenir au Québec jusqu'à cette date, celle qui a touché les 3 000 syndiqués de la chaussure de la ville de Québec pendant quatre mois en 1926.

Les travaux des dernières décennies sur le syndicalisme catholique montrent que les travailleurs qui y ont adhéré n'ont pas été dupes de l'utopisme des principes qui animaient ses fondateurs cléricaux. Leur appui n'a été substantiel qu'après la Première Guerre mondiale, lorsque ces syndicats se sont souciés de la défense de leurs intérêts économicoprofessionnels. Dès lors, il s'est établi un écart entre les pratiques syndicales et le discours « bon-ententiste » des idéologues qui définissaient son orientation.

Cette interprétation de l'action des syndicats catholiques ne doit pas être comprise comme une justification de l'entreprise cléricale, mais elle illustre la priorité accordée par ces travailleurs à la défense de leurs intérêts professionnels. Ainsi, dès le début du siècle, les travailleurs québécois, qu'ils appartiennent à des syndicats catholiques ou internationaux, prennent conscience de leur condition de salarié et de la nécessité d'agir collectivement pour promouvoir efficacement leurs intérêts. C'est une des manifestations de leur présence comme classe sociale autonome dans la société québécoise.

* * *

Comme on peut le constater, l'histoire du syndicalisme québécois a fait des progrès énormes au cours des 25 dernières années. Jean Hamelin y a contribué en ouvrant ce nouveau territoire à la recherche historique. C'est typique de la démarche qui le caractérise et qui reflète sa façon de concevoir l'histoire. L'image qui le caractérise le mieux, je pense, c'est celle d'un entrepreneur placé devant l'immense champ en friche que constituait l'histoire du Québec dans les années 1960. En accord avec le nouveau nationalisme qui s'exprime, son champ d'exploration sera moins le Canada français que le Québec comme réalité géographique et politique. Avec l'énergie et le dynamisme qu'on lui connaît, il ouvre des chantiers en histoire du Québec. Sa carrière consistera à explorer de nouveaux territoires et à ouvrir des pistes de recherche. Il ne se considère pas comme un spécialiste d'un domaine particulier de l'histoire, mais comme un généraliste qui s'emploie rapidement à tracer des bilans et à faire le point de la recherche. Soucieux plus que tout autre de préparer la relève, il élabore des instruments de recherche et s'emploie à former de jeunes chercheurs. Il ne s'attarde pas, il leur passe la main avant de se tourner vers de nouveaux horizons. Au fil des ans, il a ainsi formé de nombreux étudiants et constitué une œuvre considérable qui rayonne dans de multiples directions.

Le colloque organisé en l'honneur de Jean Hamelin était placé sous le thème « Érudition, humanisme et savoir », trois caractéristiques qui illustrent son œuvre. Dans le domaine de l'histoire ouvrière, c'est le premier thème qui me paraît ressortir, car sa découverte de ce champ d'investigation résulte surtout d'un effort minutieux et rigoureux de recherche documentaire. C'est en dépouillant les journaux de la fin du XIXe siècle qu'il s'est rendu compte que les travailleurs manifestaient leur présence à travers les grèves et le syndicalisme. Ces signes révélaient l'existence d'une classe ouvrière remuante bien avant la Seconde Guerre mondiale et, de ce fait, ébranlaient le mythe du caractère exclusivement rural du Canada français ou du silence de la classe ouvrière jusqu'en 1949. Les séminaires de recherche qu'il a organisés pour ses étudiants et les mémoires et thèses qui s'ensuivirent confirment la vitalité du mouvement ouvrier. Comme quoi la recherche historique bien menée peut ébranler bien des mythes et renouveler notre mémoire collective.

Bibliographie

Babcock, Robert (1980), « Samuel Gompers et les travailleurs québécois, 1990-1914 », dans Fernand Harvey, *Le mouvement ouvrier québécois*, Montréal, Boréal Express, p. 131-149.

Barnes, Samuel H. (1959), « The Evolution of Christian Trade Unionism in Quebec », *Industrial and Labor Relations Review*, 12, 4 (juillet), p. 568-581.

Barrett, Francis Dermont (1953), « An Ecological Analysis of the National and Catholic Labour Movement in Quebec », thèse de Ph.D. (économie politique), Massachusetts Institute of Technology.

Behiels, Michael D. (1985), *Prelude to Quebec's Quiet Revolution : Liberalism versus neo-nationalism, 1945-1960*, Montréal/Kingston, McGill/Queen's University Press.

Coats, Robert H. (1914), « The Labour Movement in Canada », dans Adam Shortt et Arthur Doughty, *Canada and its Provinces*, IX, Toronto/Glascow, Brooke, p. 277-355.

Dansereau, Fernand (1953), « La situation ouvrière dans Québec », *Le Devoir*, 25-30 avril.

David, Hélène (1969), « La grève et le bon Dieu », *Sociologie et sociétés*, 1, 2 (novembre), p. 249-268.

Denis, Roch, et Serge Denis (1992), *Les syndicats face au pouvoir*, Ottawa, Vermillon.

Després, Jean-Pierre (1947), *Le mouvement ouvrier canadien*, Montréal, Fides.

Desrochers, Luc (1986), « Les travailleurs de l'imprimerie du Canada : 1921-1941 », mémoire de maîtrise (histoire), UQAM,

Desrochers, Luc (1989), *Histoire de la Fédération des affaires sociales (CSN)*, FAS, manuscrit.

Dionne, Bernard (1989), « Les Canadiens français et les syndicats internationaux. Le cas de la direction du Conseil des métiers et du travail de Montréal (1938-1958) », *RHAF*, 43, 1 (été), p. 31-61.

Dofny, Jacques (1978), « Les stratifications de la société québécoise », *Sociologie et sociétés*, 10, 2 (octobre), p. 87-102.

Dofny, Jacques, et Marcel Rioux (1962), « Les classes sociales au Canada français », *Revue française de sociologie*, 3, 3 (septembre), p. 290-300.

Dumas, Évelyn (1971), *Dans le sommeil de nos os*, Montréal, Leméac.

Francœur, Jean (1963), « Sorel, 1937 », dans Jean-Paul Lefebvre, *En grève! L'histoire de la CSN et de ses luttes de 1937 à 1963*, Montréal, Éditions du Jour, p. 61-95.

Hamelin, Jean (dir.) (1973), *Les travailleurs québécois, 1851-1896*, Montréal, PUQ.

Hamelin, Jean, et Fernand Harvey (dir.) (1976), *Les travailleurs québécois, 1941-1971*, Québec, Institut supérieur des sciences humaines de l'Université Laval.

Hamelin, Jean, Paul Larocque et Jacques Rouillard (1970), *Répertoire des grèves dans la province de Québec au XIXᵉ siècle*, Montréal, Presses de l'École des HÉC.

Hamelin, Jean, et Yves Roby (1971), *Histoire économique du Québec, 1851-1896*, Montréal, Fides (coll. Histoire économique et sociale du Canada français).

Hardy, Louis-Laurent (1958), *Brève histoire du syndicalisme canadien*, Montréal, Hexagone.

Héroux, Denis, Richard Desrosiers et André Grou (1966), *Le travailleur québécois et le syndicalisme*, Montréal, Cahiers de Sainte-Marie.

Isbester, Fraser (1969), « A History of the National Catholic Unions in Canada: 1901-1965 », Ph. D. (histoire), Cornell University.

Jamieson, Stuart (1957), *Industrial Relations in Canada*, Toronto, Macmillan.

Kealey, Greg (1990), « Writing About Labour », dans John Schultz (dir.), *Writing About Canada*, Scarborough, Prentice-Hall, p. 145-174.

Laberge, Philippe (1954), « La Confédération des travailleurs catholiques du Canada. Origine-formation-évolution (1900-1932) », thèse de Ph.D. (philosophie), Université pontificale grégorienne.

Létourneau, Jocelyn (1991), « La grève de l'amiante entre ses mémoires et l'histoire », *Journal de la Société canadienne d'histoire orale/Canadian Oral History Association Journal*, 10, p. 8-16.

Létourneau, Jocelyn (1992a), « La mise en intrigue : configuration historicolinguistique d'une grève célébrée : Asbestos, P.Q., 1949 », *Recherches sémiotiques/Semiotic Inquiry*, 12, 1-2, p. 53-71.

Létourneau, Jocelyn (1992b), « Le « Québec moderne », un chapitre du grand récit collectif des Québécois », *Revue française de science politique*, 42, 5 (octobre), p. 765-785.

Lipton, Charles (1966), *The Trade Union Movement of Canada, 1827-1959*, Montréal, Canadian Social Publications.

Lipton, Charles (1976), *Histoire du syndicalisme au Canada et au Québec, 1827-1959*, Montréal, Parti Pris.

Logan, Harold A. (1927), « Federation of Catholic Workers of Canada », *Journal of Political Economy*, 6 (décembre), p. 804-835.

Logan, Harold A. (1928), *The History of Trade Union Organization in Canada*, Chicago, University of Chicago Press.

Logan, Harold A. (1948), *Trade Unions in Canada*, Toronto, Macmillan.

Logan, Harold A., N. J. Ware et Harold A. Innis (1937), *Labour in Canadian-American Relations*, Toronto, Ryerson Press.

Mackintosh, Margaret (1938), *An Outline of Trade Union History in Great Britain, the United States and Canada*, Ottawa, Department of Labour.

Maltais, M.-Ludovic (1925), *Les syndicats catholiques canadiens*, Washington, Catholic University.

Ouellet, Fernand (1966), *Histoire économique et sociale du Québec, 1760-1850*, Montréal, Fides.

Ouellet, Fernand (1988), « La question sociale au Québec, 1880-1930. Perspectives historiographiques et critiques », dans G. Kurgan-van Hentenryk, *La question sociale en Belgique et au Canada*, Bruxelles, Université libre de Bruxelles, p. 45-80.

Ouellet, Fernand (1990), « La Révolution tranquille, tournant révolutionnaire ? », dans Thomas S. Axworthy et Pierre Elliott Trudeau, *Les années Trudeau : la recherche d'une société juste*, Montréal, Éditions du Jour, p. 333-362.

Ouellet, Fernand (1991), *Economy, Class & Nation in Quebec. Interpretative Essays*, Toronto, Copp Clark Pitman, p. 251-264.

Rennie, Douglas (1953), « The Ethnic Division of Labor in Montreal from 1931 to 1951 », mémoire de maîtrise, McGill University,

Rioux, Marcel (1965), « Conscience ethnique et conscience de classe au Québec », *Recherches sociographiques*, VI, 1 (janvier-avril), p. 23-32.

Rouillard, Jacques (1979), *Les syndicats nationaux au Québec de 1900 à 1930*, Québec, PUL (coll. Les Cahiers d'histoire de l'Université Laval, 24).

Rouillard, Jacques (1981), *Histoire de la CSN, 1921-1981*, Montréal, Boréal.

Rouillard, Jacques (1983), « Le militantisme des travailleurs au Québec et en Ontario : niveau de syndicalisation et mouvement de grèves (1900-1980) », *RHAF*, 37, 2 (septembre), p. 201-225.

Rouillard, Jacques (1989), *Histoire du syndicalisme québécois*, Montréal, Boréal.

Rouillard, Jacques (1990), « Haro sur le fascisme : la création de la Fédération provinciale du travail du Québec, 1938 », *CHR*, 71, 3 (septembre), p. 346-374.

Rouillard, Jacques (1991), « Aux origines du RCHTQ », *Bulletin du Regroupement des chercheurs-res en histoire des travailleurs et travailleuses du Québec*, 17, 3 (automne), p. 17-25.

Rouillard, Jacques (1994), « Le syndicalisme (1910-1978) », dans Robert Lahaise (dir.), *Le Devoir : reflet du Québec au 20ᵉ siècle*, Montréal, Hurtubise HMH, p. 279-312.

Rudin, Ronald (1992), « Revisionism and the Search for a Normal Society: A Critique of Recent Quebec Historical Writing », *CHR*, 73, 1 (mars), p. 30-61.

Têtu, Michel (1961), « Les premiers syndicats catholiques canadiens (1900-1921) », thèse de Ph.D. (lettres), Université Laval.

Thwaites, James (1984), « La grève au Québec : une analyse quantitative exploratoire portant sur la période 1896-1915 », *Labour/Le Travail*, 14 (automne), p. 183-204.

Tremblay, Louis-Marie (1972), *Le syndicalisme québécois : idéologies de la C.S.N. et de la F.T.Q., 1940-1970*, Montréal, PUM.

Troy, Leo, et L. Sheflin (1985), *US Union Sourcebook: Membership, Finances. Structure Directory*, West Orange, Industrial Relations Data and Information Services.

Trudeau, Pierre Elliott (1952), « Réflexions sur la politique au Canada français », *Cité libre*, décembre, p. 53-70.

Trudeau, Pierre Elliott (dir.) ([1956] 1970), *La grève de l'amiante : une étape vers la révolution industrielle au Québec*, Montréal, Cité libre.

Valiquette, André (1982), « L'essor du syndicalisme catholique chez les employés d'hôpitaux du Québec dans les années trente et quarante », mémoire de maîtrise (histoire), UQAM.

Vanasse, Gilbert (1986), *Histoire de la Fédération des travailleurs du papier et de la forêt (CSN), t. 1 : (1907-1958)*, Montréal, Saint-Martin.

L'éducation par l'exemple : le contrôle des comportements des instituteurs et des institutrices des écoles publiques québécoises, 1842-1897

Jean-Pierre Charland
Faculté des sciences de l'éducation
Université de Montréal

Les formes de contrôle de la main-d'œuvre du réseau scolaire québécois n'ont rien à envier à celles des entreprises manufacturières. Tous les contrats d'embauche prennent fin à l'été, plongeant tout le monde dans la plus grande incertitude, les directives pleuvent sous la forme de programmes, de circulaires ou de règlements, dont une équipe de surveillants – commissaires, curés, inspecteurs, parents et contribuables – s'assure le respect. Il est possible de retirer définitivement à un enseignant le droit de travailler au Québec.

L'employeur scolaire jouit d'une situation privilégiée qui lui permet de contrôler non seulement les comportements des institutrices[1] au travail, mais aussi leurs comportements privés, au nom de la mission éducative elle-même. L'enseignement passe non

---

1. Reprenant une habitude répandue à la Faculté des sciences de l'éducation de l'Université de Montréal, j'utilise le féminin, puisque les femmes sont majoritaires dans l'enseignement. On voudra se souvenir qu'ici le genre féminin comprend le masculin, à moins d'indication contraire.

seulement par la divulgation de savoirs et de savoir-faire, mais également par la présentation d'attitudes et de comportements à imiter. Le contrôle du personnel enseignant sert donc un double objectif : pacifier les relations de travail et surtout faire en sorte que, par son comportement, l'enseignante devienne le modèle à imiter. Aussi chaque directive adressée au personnel enseignant est d'autant plus légitime qu'elle vient renforcer l'action éducative. Et puisque la très large majorité du personnel enseignant travaille dans de petites communautés, l'œuvre éducative dépasse largement les heures de classe. Toutes les actions servent de modèles, même celles de la vie privée, quand elles peuvent être observées. L'œuvre éducative se déroule autant à l'extérieur qu'à l'intérieur de la classe.

Labarrère-Paulé (1971) signalait la féminisation précoce du personnel enseignant : en 1853, on trouvait déjà 63,48 % de femmes dans l'ensemble du réseau scolaire. Cette proportion a dépassé 80 % au début des années 1870 et elle se maintiendra jusqu'aux années 1890 (Labarrère-Paulé, 1965 : 438-439). Puisque les clercs, les religieux et les religieuses n'ont pas à fournir de certificat de moralité au moment de l'embauche – leur communauté se portant garante de leur moralité – et puisqu'on se repose sur les autorités ecclésiastiques en ce qui concerne les mesures à prendre en cas de manquement, ce sont les hommes et surtout les femmes laïques qui sont les sujets de ce travail.

Je me propose d'examiner comment les mécanismes de contrôle de la main-d'œuvre enseignante, d'autant plus légitimes qu'ils servent des fins éducatives, permettent d'imposer un carcan bien lourd aux institutrices. Cela s'inscrit dans une vaste entreprise de contrôle social : les objectifs de moralisation et de pacification des masses, par le biais de l'instruction publique, s'affichent clairement dans les documents. On me permettra de citer ici l'inspecteur Bardy, qui s'exprime à ce sujet :

> Dès qu'un peuple connaît ses droits, il n'y a plus qu'un moyen de le gouverner, c'est de l'instruire. Ce qu'il faut donc à tout gouvernemen[2] représentatif qui prend naissance dans l'élection, c'est un système d'enseignement général, gradué, spécial, professionnel, qui porte la

---

2. Bardy ne met pas de « t » à gouvernement.

lumière au sein de l'obscurité des masses, qui remplace toutes les démarcations arbitraires, qui assigne à chaque classe son rang, à chaque homme, sa place. Tout gouvernemen fondé sur le double principe de l'égalité des droits civils et de l'élection sera toujours anarchique et chancelant, si un système qui lui soit propre ne régénère l'esprit public faussé, abâtardi par la routine des temps ; ne dissipe la multitude des prétentions que suscite le principe mal interprété de l'égalité civile, prise pour l'égalité sociale ; n'établit la hiérarchie des intelligences ; ne fournit pas enfin un contingent d'hommes éclairés, suffisant pour recruter l'administration nécessaire à l'établissement, à l'ordre des municipalités, la foi et la confiance dans le jury, et les droits inviolables de l'éligibilité (*Rapport du surintendant de l'Instruction publique* (dorénavant *RSIP*), 1855).

Cependant, cet objet d'étude permet aussi l'examen des rapports sociaux de genre (Scott, 1988). Tout comme l'appartenance à une classe sociale, l'appartenance à un sexe entraîne des rapports sociaux inégalitaires. Dans les écoles québécoises, tous les garçons et les filles voient comment la femme qu'on leur présente comme modèle est en mesure d'interagir avec les « notables » qui interviennent dans le réseau éducatif. La subordination des femmes est sûrement l'une des conséquences majeures du processus de socialisation mis en place : comment douter que les enfants ne se l'approprient ? Les enquêtes menées par les autorités scolaires sur des institutrices ayant fait l'objet de plaintes consistent en une présentation ritualisée des rapports sociaux de genre, destinée cette fois aux contribuables.

UN MÉTIER SOUS HAUTE SURVEILLANCE

Il est établi aussi que cet homme est entré chez la maîtresse un soir, vers huit heures, et qu'il en est parti entre dix et onze heures. C'est le témoin Louis Gagné qui a vu Dumas chez [F2] en regardant à travers des trous qui se trouvaient dans la cloison qui sépare l'école du logement d'Achille Boucher. Néanmoins ce témoin n'a rien vu se passer de répréhensible entre la maîtresse et Dumas, et il dit qu'il a raconté le fait à quelques-uns de ses amis (ANQ, Sentences du surintendant, tome 3, 15 janvier 1879, F2)[3].

---

3. Ces sentences sont aux Archives nationales du Québec à Québec, dans le fonds éducation. Je crois préférable de ne pas donner le nom des personnes accusées. Je leur ai donc attribué un numéro. Le « F » et le « H » indiquent s'il s'agit d'un homme ou d'une femme.

3° parce qu'elle entretient des rapports trop familiers avec une femme, et que pendant un certain temps elles s'écrivaient des lettres qui ont été lues par des personnes qui en ont été mal édifiées, et que, tout en prenant plus de soin pour se cacher, ces mêmes rapports se continuent, non pour l'édification du village, et cela malgré la défense du curé (ANQ, Sentences du surintendant, tome 1, 10 juin 1885, F10).

La législature du Canada-Uni – comme celle du Bas-Canada avant et celle du Québec ensuite – partage avec les institutions locales la régie des écoles. Cela tient sans doute à l'impossibilité dans laquelle se trouve le surintendant de s'assurer lui-même de l'exécution de la loi, quoiqu'il soit le visiteur général de toutes les écoles publiques (*Statuts du Bas-Canada* (dorénavant *SBC* et *SRBC* pour les statuts refondus) 1846, chapitre 27, section 33). Les rapports des commissaires ou des syndics doivent « nommer et engager de temps à autre des instituteurs suffisamment qualifiés pour enseigner dans les écoles sous leur contrôle, et de les déplacer pour cause d'incapacité, de négligence à remplir fidèlement leurs devoirs, d'insubordination, d'inconduite ou d'immoralité, après mûre délibération d'une assemblée des commissaires convoquée spécialement à cet effet » (*SBC*, 1861, chapitre 15, section 65 : ces mesures sont reprises dans toutes les lois de 1841 jusqu'à la fin du siècle).

Les commissaires doivent démettre une institutrice non seulement si elle est incompétente, mais aussi si elle est insubordonnée, immorale ou suspectée de mauvaise conduite. Les institutrices doivent, dès l'embauche, présenter à la commission scolaire un certificat de moralité écrit de la main de leur curé ou de leur ministre du culte. Puisque la loi exige que tous les hommes désireux d'enseigner détiennent un brevet d'un Bureau d'examinateurs, celui-ci ne peut admettre à l'examen que les candidats âgés de 18 ans munis « d'un certificat de moralité signé du curé ou ministre de leur croyance religieuse, et d'au moins trois commissaires ou syndics d'école de la localité dans laquelle le candidat a résidé durant les derniers six mois » (*SBC*, 1846, chapitre 27, article 50 : repris dans les lois suivantes). À compter de 1856, la loi oblige les institutrices à passer aussi devant le Bureau d'examinateurs, auquel elles remettent leur certificat.

Une fois que l'on a procédé à l'embauche, le législateur s'attend à ce que la commission scolaire puisse s'assurer que les institutrices s'acquittent bien de leurs devoirs et continuent d'afficher un comportement irréprochable. La loi prévoit encore qu'il est du devoir des commissaires et des syndics de nommer au moins deux d'entre eux pour visiter les écoles de la municipalité au moins une fois tous les six mois et rapporter à la commission si les règles et règlements sont bien observés, si les élèves font des progrès et si le personnel enseignant a les compétences et le caractère requis (*SRBC*, 1861, chapitre 15, section 72 : ceci figure encore dans la loi refondue de 1888). Les règlements font abondamment allusion au comportement du personnel enseignant, alors que la référence au « caractère » concerne leur attitude.

Les commissaires ne sont pas les seuls à avoir le droit de visiter les écoles. Nous savons déjà que le surintendant jouit aussi de cette prérogative. Il faut ajouter encore une assez longue liste de notables qui peuvent visiter les écoles : « [...] chaque visiteur aura droit d'obtenir communication des règlements et autres documents relatifs à chaque école et de tous autres renseignements qui peuvent le concerner » (*SRBC*, 1861, chapitre 15, sections 120 et 121 : ceci figurait déjà dans la loi de 1846). Parmi les visiteurs des écoles d'une municipalité se trouvent les ecclésiastiques, le personnel politique local, provincial et fédéral, les officiers de la milice, les officiers du département de l'Instruction publique, etc. (*SBC*, 1845, chapitre 41, article 32 : ces dispositions sont reprises dans les lois refondues de 1861 et de 1888).

La population a manifesté une certaine résistance à la loi scolaire, surtout après l'imposition de taxes en 1846 (*SBC*, chapitre 27, article 20). Le surintendant obtiendra de la législature des « députés » capables de s'assurer que tous les aspects de la loi de l'instruction publique sont bien mis en œuvre par les commissions scolaires : ce sont les inspecteurs d'école. Ceux-ci doivent visiter les municipalités scolaires pour s'assurer que la législation scolaire est scrupuleusement respectée. Ceci comprend l'obligation d'« examiner les instituteurs, et visiter les écoles et maisons d'école » afin de témoigner, une fois tous les trois mois, de « la capacité des instituteurs employés dans lesdites écoles » (*SRBC*, 1861, chapitre 15, sections 114 et 115 : ces sections reprennent la loi de 1851 et se retrouvent dans la loi refondue de 1888). Ceci signifie évidemment que l'inspecteur pourra entendre toutes les plaintes concernant le comportement privé des institutrices, sinon constater *de visu* les accrocs à la morale.

Les inspecteurs sont, comme l'a écrit Jean-Baptiste Meilleur, surintendant de l'Éducation au Bas-Canada de 1842 à 1855, « les yeux et les oreilles du surintendant ». Ils s'assurent que les commissions scolaires ont promulgué des règlements régissant, entre autres, les comportements privés des institutrices. Ces règlements doivent reprendre le contenu des « circulaires » que le surintendant adresse souvent aux différents acteurs du réseau éducatif[4]. Les extraits des rapports des inspecteurs que l'on trouve dans les *RSIP* laissent croire que ces derniers sont souvent les auteurs des règlements des commissions scolaires. Dans leur histoire de l'inspectorat des écoles, Allard et Filteau (sans date) citent les règlements d'écoles édictés par les inspecteurs Lanctôt et Germain. En voici des extraits :

> Art. 24 – La conduite de l'instituteur exerçant une grande influence sur les enfants, elle devra être exemplaire sous tous les rapports, mais surtout touchant la religion et les mœurs. L'instituteur doit aussi donner l'exemple de l'obéissance aux autorités établies et aux institutions du pays. Lanctôt.

> Le maître doit bien se souvenir qu'il n'est pas chargé que de l'éducation civile et naturelle de ses élèves, mais bien plus encore de leur éducation morale et religieuse ; pour cela il donnera lui-même le bon exemple en menant une vie régulière et édifiante. Germain.

Les contribuables sont des surveillants particulièrement attentifs. On les voit signaler les indélicatesses des secrétaires-trésoriers comme les comportements privés des institutrices jugés inadéquats. On voit des parents d'élèves ou encore de simples contribuables envoyer des lettres au surintendant pour lui signaler la moindre incartade de la « maîtresse ». Dans certains cas, le problème est bien

---

4. Ces « circulaires » sont bien nombreuses. Dans le *RSIP* de 1847, les circulaires 9 et 10 sont reproduites. La première s'adresse aux commissaires pour leur expliquer comment atteindre les objectifs de la loi scolaire de 1846, mais elle comprend aussi une section spécifiquement adressée aux institutrices et aux instituteurs où l'on précise : « 8° Ils doivent former les enfans [*sic*] à la propreté, à la politesse et à la bienséance, en les leur faisant regarder comme des vertus sociales, indispensables dans les relations diverses que nous avons avec nos semblables ».

amené auprès des commissaires, mais, si les contribuables sont en désaccord avec le traitement que ceux-ci font de la question, ils portent l'affaire chez le surintendant.

DES ENQUÊTES SUR LA MORALITÉ DES INSTITUTRICES

Les contribuables, les parents, les commissaires, les inspecteurs ou les visiteurs sont susceptibles de se rendre compte du comportement d'une institutrice. Le législateur établit la marche à suivre en ce qui concerne l'examen des comportements privés du personnel enseignant[5] :

> Le conseil de l'instruction publique pourra révoquer tout certificat ou brevet de capacité accordé par tout bureau d'examinateurs à un instituteur, ou tout certificat ou brevet de capacité accordé par le surintendant de l'éducation à un étudiant de toute école normale, pour cause de mauvaise conduite comme instituteur, d'immoralité ou d'intempérance de la part du porteur d'icelui (SBC, 1846, chapitre 14, section 19 : cet article est repris dans les lois suivantes).

Il s'agit de porter plainte par écrit au conseil de l'Instruction publique (CIP) – après 1869 aux comités confessionnels. Le CIP a le loisir de révoquer le brevet accordé par un Bureau d'examinateurs ou par le surintendant, ou le brevet des diplômés des écoles normales – chez les catholiques, il s'agit essentiellement d'instituteurs au XIXe siècle, mais les ursulines de Québec forment des institutrices – à l'institutrice fautive.

Dans les faits, seule une minorité de « cas » sont portés à l'attention du CIP. Dès que l'on commence à discuter de la moralité d'une institutrice, que les reproches soient fondés ou non, les commissaires règlent promptement la difficulté de l'une ou l'autre des façons suivantes : en ne renouvelant pas le contrat de la personne concernée pour l'année suivante si le scandale n'est pas trop grand ;

---

5. Il est à remarquer que l'on peut faire des enquêtes de ce genre sur les inspecteurs, suivant 40 Victoria, chapitre 22, article 8 (1876), repris à la section 1926 de la loi refondue de 1888. On trouve, dans les procès-verbaux du conseil de l'Instruction publique, sept plaintes contre des inspecteurs, de 1877 à 1887, pour intempérance, immoralité, négligence et grossièreté.

par un renvoi immédiat si la faute est largement connue. Il est probable que la majorité des personnes accusées donnent leur démission sur-le-champ pour éviter d'étaler leur vie privée en public.

Après avoir consulté les sentences du surintendant concernant les comportements privés des institutrices, je constate qu'il s'agit le plus souvent d'un appel : les cas adressés au CIP ou au surintendant concernent des personnes qui, renvoyées par la commission scolaire, préfèrent amener plus haut le problème pour « laver » leur nom. D'autres fois, ce sont des contribuables, ou même des commissaires opposés à la décision de la majorité, qui contestent la décision prise au niveau local. Le CIP envoie alors des « commissaires »-enquêteurs pour recueillir les témoignages et lui faire rapport. Dans presque tous les cas, le surintendant agit comme « commissaire-enquêteur ».

Quand une plainte est portée à son attention, le surintendant s'informe des événements, soit par un échange de correspondance, soit en déléguant quelqu'un – habituellement l'inspecteur d'école du district –, pour s'assurer que les accusations sont fondées. Si la question apparaît suffisamment sérieuse, il fait convoquer par huissier les témoins de l'accusation et de la défense à des audiences. Celles-ci se tiennent dans une salle publique de la localité, le plus souvent à l'école même où enseigne la personne accusée. Au jour dit, le surintendant se rend dans la municipalité pour présider ce « tribunal ». Il a pris la précaution de recruter un greffier pour prendre en note les délibérations. En fait, le cérémonial est calqué sur celui des tribunaux civils : les parties – l'accusation et la défense – peuvent être représentées par des procureurs, les témoins se succèdent à la barre et sont soumis à des interrogatoires et des contre-interrogatoires.

Une fois la preuve présentée, le surintendant doit présenter au CIP un rapport dans lequel il fait part de son verdict. Le CIP doit prendre la décision finale en ce qui concerne la sentence. La loi refondue de 1861 ne laisse guère d'alternative : la coupable se voit retirer son brevet définitivement. La loi de 1877 (*Statuts du Québec* (dorénavant *SQ*), chapitre 22, section 6-7) prévoit cependant que la personne qui a vu son brevet révoqué pourra revenir à l'exercice de ses fonctions si, après deux ans, sa conduite a été en tout point irréprochable. En cas de récidive, la révocation du brevet sera définitive.

UN ÉCHANTILLON DE SENTENCES

Les livres des sentences (ANQ, Sentences du surintendant) s'avèrent une source particulièrement intéressante : ils sont au nombre de six couvrant les jugements rendus entre 1842 et 1899. Il faut chercher parmi une multitude de sentences celles qui se rapportent aux comportements privés. En effet, la plupart concernent les malversations des secrétaires-trésoriers, les disputes entre les contribuables sur le site de la maison d'école ou les frontières des arrondissements scolaires, les contestations des taxes spéciales levées par les commissaires ou les permissions demandées au surintendant pour vendre ou disposer autrement de terrains ou de bâtisses, propriétés de commissions scolaires. C'est donc au milieu de milliers de sentences que j'ai trouvé les 15 sentences résultant des enquêtes menées sur le comportement privé des instituteurs ou des institutrices.

D'un autre côté, les procès-verbaux du CIP – et des comités confessionnels après 1869 – permettent de trouver neuf autres cas, mais ces documents sont très laconiques. Enfin, on trouve encore les noms de quelques personnes à qui on a retiré leur brevet dans le *Journal de l'instruction publique* : celui-ci ne donne aucune précision sur les causes ayant entraîné cette sanction. Ceci pose le problème de la fidélité des sources, évidemment. Normalement, tous les cas inventoriés devraient se trouver dans nos trois sources, mais seule l'institutrice identifiée F2 se trouve évoquée dans nos trois sources, des 24 enquêtes dont nous avons trouvé des traces.

Bien plus, on remarque que les cas répertoriés sont très mal distribués sur la période étudiée. Par exemple, le CIP étant formé en 1859, on trouve deux cas en 1860, puis un troisième en 1871. Le quatrième ne surviendrait qu'en 1877. Il n'y en a aucun en 1878, 1882, 1883 et 1884, mais cinq en 1885 ! À la fin des années 1880 et au début des années 1890, il y a encore huit années consécutives sans aucun cas. Le dernier remonte à 1896. La distribution géographique des enquêtes soulève elle aussi des interrogations : comment se fait-il qu'aucune ne porte sur la Montérégie, très populeuse à l'époque ?

Il se peut que les enquêtes sur le comportement privé ne se présentent que très irrégulièrement, mais j'ai du mal à m'imaginer qu'elles se soient aussi mal distribuées sur les 40 années étudiées. Je suis plutôt enclin à croire que les employés ne consignent que très irrégulièrement les sentences du surintendant dans les registres. La même remarque s'applique aussi aux procès-verbaux du CIP. Il faudra faire l'étude de la correspondance pour évaluer le nombre d'enquêtes qui a pu avoir lieu et mesurer combien notre présent échantillon risque d'être incomplet.

Un examen rapide des sentences permet de tracer un tableau des cas examinés. Pour les 24 personnes ayant fait l'objet d'une enquête, les renseignements s'avèrent bien inégaux, mais nous pouvons tout de même compter 31 accusations portées contre des instituteurs ou des institutrices.

LES ACCUSATIONS D'INDISCIPLINE, D'INCONDUITE OU D'INTEMPÉRANCE

Six personnes sont accusées de brutalité envers les élèves. Si nous avons pris ces cas en considération, c'est que l'accusation de brutalité s'accompagnait d'une autre accusation. Par exemple, l'une entretient de très mauvais rapports avec certains parents (ANQ, Sentences du surintendant, tome 1, 7 juin 1888, H9), une autre s'adresse aux contribuables de façon tout à fait grossière (ANQ, Sentences du surintendant, tome 3, 4 octobre 1881, F4). Deux sœurs sont accusées de battre leurs écoliers à Lévis... et de leur donner un mauvais exemple (ANQ, Sentences du surintendant, tome 1, 12 avril 1887, F12 et F13). Dans ces cas, toutes les accusations additionnelles sont habituellement abandonnées au moment de l'enquête pour ne conserver que la question de la brutalité.

Les châtiments corporels sont autorisés dans la plupart des écoles. Ce que l'on discute lors des enquêtes, c'est du caractère excessif ou non des punitions. Voici ce que l'on disait à propos de l'une des institutrices de Lévis :

> 1° que lesdits commissaires ont adopté des règlements pour la régie des écoles sous leur contrôle par lesquels il est (entre autre chose) prévu que des punitions corporelles modérées et raisonnables pourront être infligées dans les dites écoles ; 2° ladite [F13] a usé de ce genre de punition en conformité des dits règlements et que la férule dont elle se servait ne pesait que 2 2/3 onces ; 3° que les punitions dont on a cru devoir se plaindre ont été infligées à des enfants, il y a un an ou plusieurs mois passés et que ces mêmes enfants ont continué de fréquenter l'école comme auparavant (ANQ, Sentences du surintendant, tome 1, 12 avril 1887, F13).

Les dernières lignes sont particulièrement intéressantes. En effet, si les punitions corporelles sont admises, on s'inquiète qu'elles puissent être exagérées : par exemple, elles ne devraient pas blesser ou laisser des marques durables. L'un des arguments qui revient sans cesse, c'est le retour des enfants en classe dans les jours qui suivent la punition. Cela signifie évidemment que le puni n'est pas trop amoché pour pouvoir fréquenter l'école. Mais surtout, si les parents le laissent retourner en classe, c'est qu'ils ne croient pas que leur enfant sera en danger avec l'institutrice ou l'instituteur fouettard. En fait, le parent qui porte plainte devrait avoir retiré ses enfants de l'école pour avoir quelque crédibilité lors de l'enquête (ANQ, Sentences du surintendant, tome 3, 9 mars 1888, H9).

Si les punitions corporelles sont permises en vertu des règlements des commissions scolaires, elles ne semblent pas susciter l'enthousiasme du surintendant. Celui-ci écrit : « J'enjoins à ladite institutrice de ne plus faire usage de semblables corrections corporelles ; de ne plus se servir d'épithètes en s'adressant à ses élèves, et de porter plainte immédiatement aux commissaires s'il arrive que quelques contribuables ou autres personnes vont la troubler dans ses classes » (ANQ, Sentences du surintendant, tome 3, 4 octobre 1881, F4). Dans ce cas, les contribuables ont vraiment tout fait pour que l'institutrice sorte de ses gonds, parce qu'ils voulaient en embaucher une autre bien moins rémunérée. Tout en invitant celle-ci à plus de prudence, le surintendant enjoint aux commissaires de la garder à leur service. Il en va de même d'une autre sentence : « ... j'engage ladite institutrice à ne faire usage des punitions corporelles que dans les cas extrêmes, et de soumettre les difficultés qu'elle peut avoir à M. l'inspecteur qui aidera à les aplanir » (ANQ, Sentences du surintendant, tome 1, 7 juin 1881, F5). Après avoir fait l'éloge de la compétence de l'institutrice, il enjoint les commissaires de la garder.

J'ai relevé aussi trois enquêtes sur la compétence (H4, F8 et F9). Là encore, je ne les ai gardées pour cette étude que parce que cette accusation s'accompagnait d'une autre concernant le comportement privé.

L'accusation d'« indiscipline-grossièreté » mérite des explications. Si une institutrice ne respecte pas les directives des commissaires ou des inspecteurs, elle sera renvoyée pour faute professionnelle. J'ai retenu pour cette étude les cas d'indiscipline qui s'accompagnaient de ce que j'ai appelé, faute de mieux, grossièreté. En fait, je voulais attirer l'attention sur ces institutrices qui n'acceptent pas d'afficher les marques de respect que l'on réserve aux élites. L'accusation peut prendre cette forme : « Attendu qu'en différentes occasions l'institutrice s'est servie d'un langage offensant envers les commissaires d'écoles en leur présence et envers le curé de la paroisse, visiteur d'écoles en vertu de la loi, et qu'elle n'a pas eu le respect et la considération qu'elle devait avoir pour les autorités scolaires locales » (ANQ, Sentences du surintendant, tome 1, 20 avril 1885, F9). C'est d'ailleurs souvent dans les cas d'insubordination que les sentences sont les plus sévères : « En conséquence, j'enjoins aux dits commissaires de passer une résolution pour renvoyer ladite institutrice, pour cause d'incapacité et d'insubordination, d'insérer la présente sentence dans le livre de délibération et de baser cette résolution sur ladite sentence » (F9). Dans certains cas, la grossièreté est plus diffuse : « 2° qu'elle a encouragé et même demandé à une personne de chanter deux chansons dont les refrains sont sales et orduriers et cela contre les règles de la bienséance que doit et est tenue d'observer toute institutrice... » (ANQ, Sentences du surintendant, tome 1, 24 août 1885, F6). Par ailleurs, cette institutrice s'opposait aussi violemment au désir du curé de visiter son école...

Un motif d'enquête ne concerne que les hommes : l'intempérance. Aucune plainte de cette nature ne s'adresse à des femmes ;

il y en a quatre contre des instituteurs. On ne parle pas nécessairement d'un péché d'habitude :

> ... il soit prouvé qu'en une certaine occasion, suivant certains jours de
> l'année mil huit cent cinquante-neuf, ledit [H1] se serait rendu coupable
> de divers actes d'intempérance méritant une sévère réprimande, les
> témoignages en cette cause établissant que, durant l'espace de cinq ans
> qu'il a enseigné dans la paroisse de Cap-Santé, il ne paraîtrait avoir
> montré un manque d'habitude de tempérance que dans cette seule
> occasion... (Conseil de l'instruction publique, *Procès verbaux* 1860-1875,
> réunion du 13 novembre 1860, H1).

On trouve la même mansuétude dans une autre enquête, où
l'on dit « qu'il a plutôt cédé à la faiblesse ou à l'entraînement
d'amis, en fréquentant les auberges plus qu'il n'aurait dû le faire et
en s'enivrant deux ou trois fois » (ANQ, Sentences du surintendant,
tome 3, 16 juillet 1881, H7). Un instituteur qui a perdu son brevet
en 1869 pour intempérance peut le recouvrer en 1877 : pendant les
années où son brevet était révoqué, il a enseigné à Saint-Eugène,
dans l'Est ontarien, où il a prouvé qu'il pouvait rester sobre (*RSIP*,
1876-1877 : 405, H5). Quelques inspecteurs ont été l'objet d'enquête à ce sujet, méritant des sentences sévères.

LA MORALE SEXUELLE

Parmi les 31 accusations portées, 11 concernent la morale
sexuelle, dont 6 impliquent, au moins sous forme de sous-entendus,
des rapports sexuels. La majorité des enquêtes menées par le surintendant concernent des femmes. Aucune plainte sur le comportement sexuel des institutrices n'est venue d'une femme ; toutes les
personnes appelées à scruter leur comportement ou à témoigner lors
des enquêtes sont des hommes.

Réglons tout de suite une question : quelques hommes se sont
vu aussi reprocher leur comportement sexuel. Dans deux cas, il
s'agit de rapports impliquant de jeunes garçons. Ces deux-là sont
condamnés au criminel et leur brevet est immédiatement révoqué.
Quoique les renseignements fassent tout à fait défaut, il est possible
que ce soit aussi le cas pour une affaire survenue en 1888.

Mais en général, c'est de la moralité des femmes que l'on s'inquiète. Il y a d'abord les cas plutôt anodins : les jeunes institutrices logeant à l'école et qui reçoivent leur prétendant. L'accusation peut prendre cette forme :

> Considérant qu'il est en preuve que la dite [F7], dans le cours de l'année scolaire dernière, a commis l'imprudence de recevoir à plusieurs reprises un jeune homme dans l'appartement qui lui est réservé et qui est voisin de la salle où elle tenait l'école [...], et qu'il est arrivé qu'elle s'est livrée à des actes répréhensibles avec ce jeune homme, à la connaissance d'une de ses élèves, et que de plus il paraissait exister trop de familiarité entre elle et ce jeune homme [...] (ANQ, Sentences du surintendant, tome 1, 4 juillet 1885, F7).

L'institutrice en question a démissionné, mais les commissaires l'ont réembauchée sur-le-champ ! Les normes relatives au comportement sexuel ne font pas l'unanimité dans le milieu où habite cette institutrice : des contribuables ou des parents exigent la révocation de son brevet lors d'une enquête du surintendant – ils vont d'ailleurs signer une pétition à cet effet – ; d'autres, dont les commissaires élus, sont prêts à la garder en poste malgré le bruit fait autour de sa réputation.

Cette institutrice se retrouve finalement sans emploi, puisqu'elle va démissionner une nouvelle fois. Le surintendant indique tout de même dans sa sentence :

> Considérant néanmoins que le caractère de ladite [F7], non plus que sa réputation ne peuvent souffrir de ces faits, car il est établi qu'elle appartient à une bonne famille et qu'elle est une personne pieuse et bien élevée ;

> [...] 2° que, quoique coupable de légèreté et de négligence, il reste néanmoins établi que ladite [F7] est une personne honnête, pieuse et respectable (ANQ, Sentences du surintendant, tome 1, 4 juillet 1885).

D'autres situations paraissent moins tolérables : une institutrice mariée, forcée par les circonstances de vivre loin de son mari, se trouve accusée de manquer à tout le moins de prudence :

> Attendu qu'il résulte de la preuve qu'en effet ladite institutrice a reçu à la maison d'école, où elle avait sa chambre à coucher, des hommes, pendant qu'elle était seule, qu'elle a aussi reçu des jeunes gens des deux sexes, le soir ; qu'elle est sortie seule, en voiture, avec des hommes et que ces faits circulaient librement dans la municipalité ; que plusieurs

contribuables ont retiré leurs enfants de l'école ; que l'office religieux ne se fait plus dans la chapelle qui se trouve au-dessus de la classe, et ce, en raison de ces bruits et de ces dires (ANQ, Sentences du surintendant, tome 3, 18 octobre 1887, F11).

Elle aussi sera forcée de démissionner à cause des rumeurs persistantes sur sa fidélité, « pour l'excellente raison, allègue-t-elle, que je ne serais plus en état de pouvoir faire tout le bien qu'on est en droit d'attendre d'une institutrice ». Le surintendant se trouve dans l'obligation de présenter une sentence qui rend compte de l'opinion partagée de la communauté sur elle :

Attendu que, d'un côté, ladite institutrice a établi qu'elle jouissait d'une bonne réputation dans la localité, qu'elle avait encore la confiance d'un nombre de contribuables, qu'elle était admise dans la société de Mont-Joli, qu'elle est une bonne institutrice, et que les faits mis à sa charge étaient plutôt le résultat d'une légèreté et d'une imprudence sans doute coupable, mais que ses mœurs ou sa moralité n'ont pas eu à souffrir de ces démarches extravagantes de sa part ;

[...] mais j'établis également et je déclare que l'institutrice, pour avoir été légère, inconséquente et imprudente, n'a été entachée d'aucun acte contraire à la morale, et que ses mœurs ont été bonnes, et elle pourra se servir de ce témoignage pour remplir sa charge d'institutrice dans une autre municipalité (ANQ, Sentences du surintendant, tome 3, 18 octobre 1887, F11).

Cette fois aussi, le surintendant, s'il approuve la démission de l'institutrice, s'empresse de soutenir son excellente moralité. Dans le milieu, on est loin d'avoir une attitude unanime : deux commissaires revendiquent la révocation de son brevet, alors que trois s'y opposent.

Le cas d'une autre institutrice attire l'attention en 1879 [F2]. Elle est accusée d'entretenir des rapports intimes avec le père d'une élève qu'elle garde parfois à coucher – l'écolière – pour lui éviter de faire le long trajet de retour à la maison. C'est elle qu'on a espionnée par des trous percés dans la cloison de son logement, à l'école. Bien qu'il semble qu'il ne se soit rien passé entre les deux, le surintendant croit que, dans la population, on s'étonne du fait que cette jeune femme ait reçu chez elle un homme reconnu pour son ivrognerie et de nombreuses autres « tares » – il ne dit pas lesquelles, sauf qu'il lit des romans. Il s'avère aussi que l'institutrice lui a écrit deux lettres.

La très grande compétence de cette femme lui vaut un solide appui de la population, malgré le fait que l'homme marié – qu'elle s'est engagée à ne plus revoir – et sa femme mettent sur pied une véritable campagne pour lui retirer son brevet. Cela, même si l'institutrice accepte un régime de liberté surveillée : « Subséquemment le curé s'adresse à un père de famille du nom de Michel Gagné qui demeurait près de la maison d'école et qui consentit à recevoir la maîtresse chez lui pour y prendre ses repas et y coucher, et aussi pour que cette dernière s'en allât à l'école et en revînt en compagnie des enfants de M. Gagné qui la fréquentaient » (ANQ, Sentences du surintendant, tome 3, 15 janvier 1879, F2).

Encore une fois, le surintendant insiste sur le fait que « ladite [F2] est une excellente institutrice et les enfants placés sous sa direction faisaient beaucoup de progrès ». Mais il continue en disant que « d'un autre côté, cette institutrice a eu le tort de recevoir chez elle un homme taré et de compromettre sa position en écrivant la lettre au dossier ». Le surintendant va donc recommander au conseil de l'Instruction publique de condamner ces actes. Elle garde cependant son brevet et pourra chercher un emploi dans une autre municipalité.

Parmi les enquêtes qui ont été étudiées, une seule fait allusion – discrètement d'ailleurs –, à l'homosexualité féminine. Je citais plus tôt le témoignage concernant des rapports trop familiers d'une institutrice avec une femme, des rapports connus par la lecture de lettres qu'elles auraient échangées. L'accusation n'est pas retenue au moment de l'enquête. Devant les rumeurs publiques qui risquent de lui faire perdre son emploi, l'institutrice, elle-même, demande la tenue d'une enquête pour « laver » sa réputation. Le surintendant écrit à son sujet : « En conséquence, je déclare que ladite institutrice [F8] a eu raison de demander ladite enquête et que, preuve faite, elle reste ce qu'elle a été jusqu'ici, une bonne institutrice, une personne tout à fait respectable et digne à tous égards d'exercer l'honorable profession à laquelle elle s'est vouée » (ANQ, Sentences du surintendant, tome 1, 10 juillet 1885, F8). Les contribuables de l'arrondissement où elle enseigne ont présenté une pétition aux commissaires pour qu'elle garde son emploi.

LES CONFLITS DE VALEURS

On retiendra des cas précédents – pour lesquels j'ai tenu à citer longuement les sentences pour en indiquer le ton – que le surintendant émet habituellement une sentence sympathique aux institutrices accusées d'atteinte à la morale sexuelle, présentant comme le fruit d'une imprudence les événements qui ont conduit à l'enquête. Jamais il ne vient affirmer que des contacts sexuels ont bien eu lieu, probablement parce que ce genre d'activité se déroule habituellement sans témoin. Le surintendant souligne de façon systématique que l'on n'a pas de preuves concrètes pour mettre en doute la respectabilité des institutrices. Elles auraient été imprudentes, tout au plus. Il les semonce, certes, mais il va très souvent conclure une sentence en spécifiant que l'institutrice pourra l'utiliser pour se chercher un nouvel emploi.

En fait, l'examen des sentences pose le problème des valeurs de la communauté concernée et les normes qui doivent les réaliser. Chaque enquête partage la population en deux camps : ceux qui trouvent le comportement de l'institutrice acceptable et ceux qui croient le contraire. Cela va au-delà de la preuve elle-même, c'est-à-dire après que l'enquête eut pu dégager quelques faits des rumeurs. Par exemple, même s'il est avéré qu'une institutrice a reçu chez elle un homme marié, qu'elle lui a écrit des lettres compromettantes, une fraction importante de la population demande que son contrat soit renouvelé, un avis partagé par la majorité des commissaires. Autrement dit, la population se divise entre ceux qui considèrent que ces actions rendent l'institutrice indigne d'enseigner à nouveau et ceux qui ne partagent pas cet avis.

Il est significatif de constater que l'on n'invoque jamais le droit à la vie privée comme défense. En effet, si des rapports sexuels illicites n'entraînent aucune révocation de brevet d'une institutrice parmi les cas étudiés, c'est d'abord parce que rien n'est prouvé, et le doute est toujours invoqué en faveur de l'institutrice. Pourtant les deux instituteurs qui ont été condamnés pour motifs sexuels au criminel ont vu leur brevet irrémédiablement révoqué. Les comportement sexuels illicites confèrent une indignité à leurs auteurs, le caractère privé de ceux-ci n'y changeant rien.

LE CONCEPT DE SCANDALE

Un facteur semble éteindre toute sympathie chez le surintendant : le scandale. Un comportement imprudent, mais discret, semble valoir une sentence compatissante. Cependant, afficher un comportement qui sort des normes et donner ainsi un mauvais exemple tant aux écoliers qu'aux adultes recèle bien des dangers.

Le surintendant recommande par exemple le renvoi d'une institutrice incompétente. Celle-ci s'est opposée aux commissaires, à l'inspecteur, au surintendant. Elle s'est même permis de dire des paroles très inconvenantes à l'égard du curé lors de la tenue de l'examen public prévu par la loi. Une telle insubordination fait scandale, d'autant plus que l'institutrice a muré l'accès à l'appartement attenant à l'école de telle façon que sa collègue, qui s'occupe d'une autre classe de l'école, ne puisse y avoir accès. Le surintendant conclut qu'avec « cette institutrice [les enfants] ne peuvent que perdre leur temps et n'apprendre qu'à manquer de respect envers l'autorité » (ANQ, Sentences du surintendant, tome 1, 20 avril 1885, F9). Il ne lui attribue aucune circonstance atténuante.

Qu'en est-il des affaires sexuelles ? La même année, une institutrice a abandonné le logement prévu pour elle à l'école de Saint-Clément (Témiscouata) pour loger au presbytère. Immédiatement, la rumeur se propage qu'elle entretient une relation amoureuse avec le curé. L'institutrice entreprend de faire taire les rumeurs en évoquant, en classe, à l'intention des enfants de ses accusateurs qui fréquentent l'école, les turpitudes dont se sont rendus coupables leurs parents. Par exemple, le fils et la fille de l'une des accusatrices apprennent à l'école que leur mère a elle-même tenté d'avoir un rapport sexuel avec le prêtre ! Il y a pire encore : « [l'institutrice] a dit à la veuve Tarrasine Malenfant, parlant du père du curé, qu'il agissait mal avec la servante du curé et elle a ajouté « on peut agir longtemps ainsi sans avoir de famille, comme le monde dit que j'agis, moi, avec le curé ; que le monde jase, disant que je lui sers de femme, cela ne lui ôtera pas son pouvoir ; elle a dit aussi à la même personne qu'elle jouait, mettant la soutane du curé » » (ANQ, Sentences du surintendant, tome 1, 10 juin 1885, F10).

On n'a pas prouvé qu'elle couchait avec le curé – et le surin-tendant ne voulait visiblement pas qu'on cherche à le faire –, mais elle perd son emploi pour avoir scandalisé à la fois ses élèves et les adultes en abordant le sujet de sa relation avec le curé.

Une autre institutrice obtient une sentence brutale. À Saint-Édouard de Lotbinière, cette dernière a non seulement tenu un langage ordurier, incité des gens à chanter en public des chansons obscènes – j'y ai fait allusion déjà –, mais elle a également tenu des propos insolents au curé et elle a voulu l'empêcher de visiter son école. Elle a surtout une bien curieuse habitude : lors de veillées qu'elle donne, elle s'habille en homme et se livre à des gestes obscènes. Après avoir rappelé « que la conduite d'une institutrice doit toujours être sage, prudente, morale et inattaquable, et qu'elle ne doit jamais donner prise à la critique sous ce rapport, ce qui serait d'un effet pernicieux pour les enfants dont l'éducation et l'instruction lui sont confiées » (ANQ, Sentences du surintendant, tome 1, 24 août 1885, F6), le surintendant appuie vigoureusement son renvoi.

On voit que ceux et celles par qui le scandale arrive ne profitent d'aucune compassion de la part du surintendant ni de la part des contribuables d'ailleurs. Aucun mouvement ne s'amorce localement pour les aider.

* * *

Les femmes se trouvent dans une situation fort précaire dans le réseau scolaire. À moins qu'elles ne soient membres d'une con-grégation religieuse enseignante, on ne les accepte que comme employées de passage : sauf de rares exceptions, elles font la classe pendant quelques années, jusqu'au jour où elles se marient. Dans le réseau scolaire, on trouve surtout de jeunes institutrices laïques soumises aux influences conjuguées du curé, des commissaires, de l'inspecteur et des personnages lointains du département de l'Ins-truction publique. Lointains, mais susceptibles de venir dans la paroisse, pour mener, dans sa propre école, une enquête sur son comportement privé.

Dans tous les milieux de travail, les femmes se trouvent aux plus bas échelons. Dans la famille même, le statut légal des femmes les place dans une situation de minorité perpétuelle. Pouvait-il en être autrement dans le domaine de l'éducation ? Non, bien sûr, mais la situation dans l'enseignement est plus complexe. L'école ne se contente pas de refléter seulement les rapports sociaux de genre qui prévalent dans le Québec du XIXe siècle. Elle doit surtout les reproduire. Les contenus d'enseignement servent à faire intérioriser la hiérarchie sociale et sexuelle. Mais l'école est aussi – peut-être surtout – un théâtre où se jouent, devant les enfants comme devant les adultes, les rapports sociaux. Parfois, quand une enquête est mise en œuvre pour examiner le comportement privé d'une institutrice, la pièce prend l'allure d'une tragi-comédie. Elle n'en est pas moins susceptible de véhiculer les valeurs et les normes de la société patriarcale.

Des hommes font aussi l'objet d'enquêtes du même genre, pas seulement les enseignants, mais aussi des inspecteurs et des commissaires. Le pouvoir s'exerce à tous les niveaux de la hiérarchie et il est utile de rappeler à tous les normes comportementales socialement admises. Cela ne change rien à la réalité des rapports qui existent entre les hommes et les femmes. Les femmes se distinguent par leur manque de contrôle à la fois sur leur vie professionnelle et sur leur vie intime.

Bibliographie

Sources manuscrites

ANQ-Q, Fonds éducation, 1, Correspondance générale, 1842-1967, 1458 pieds. Les articles 287 à 2270 concernent les lettres reçues. Quant aux lettres envoyées, on les trouve dans les articles 103 à 135 et 141 à 286.

ANQ-Q, Fonds éducation, Sentences du surintendant, 6 tomes.

Sources imprimées

Conseil de l'instruction publique, *Procès verbaux, 1860-1875*, Québec.

Journal de l'instruction publique, 1855-1897.

Rapport du surintendant de l'Instruction publique (RSIP) (1842 à 1897), Québec, Département de l'Instruction publique.

Ouvrages et articles

Allard, Lionel, et Gérard Filteau (sans date), *Un siècle au service de l'éducation. L'inspectorat des écoles dans la province de Québec*, 2 tomes.

Labarrère-Paulé, André (1965), *Les instituteurs laïques au Canada français 1836-1900*, Québec, PUL.

Labarrère-Paulé, André (1971), « L'instituteur laïque canadien-français au 19e siècle », dans Marcel Lajeunesse, *L'éducation au Québec (19e et 20e siècles)*, Trois-Rivières, Boréal Express, p. 59-76.

Scott, Joan W. (1988), « Genre : une catégorie d'analyse historique », *Les Cahiers du GRIF*, 37-38 (printemps), p. 125-153.

De la Révolution tranquille au projet de loi 25. Les enseignants au sein d'un système d'éducation en mutation[1]

James D. Thwaites
Département des relations industrielles
Université Laval

Quand on songe aux années 1960, on se souvient d'événements divergents. On se rappelle que la guerre froide continua : la guerre américano-vietnamienne s'intensifia, la crise cubaine se déclencha, le président Kennedy tomba sous les balles d'un assassin. Néanmoins, on se souvient aussi d'une période d'ouverture, de nouveaux départs, d'expérimentation et de recentrage. La chasse aux sorcières prit fin aux États-Unis. Le mouvement pacifiste mondial gagna du terrain contre le conflit militaire au Vietnam. Le mouvement vers l'intégration raciale aux États-Unis enregistra des succès. La guerre franco-algérienne se termina. Il y eut une révolte de la jeunesse française, de la jeunesse allemande, etc., en faveur de changements sociaux. Ce fut le commencement du débat sur un

1. Ce projet a bénéficié de l'aide financière de l'Université Laval et de la Centrale de l'enseignement du Québec (CEQ). Il a bénéficié aussi de la précieuse collaboration du Service de la documentation de la CEQ à Québec et du Service des archives de l'Université Laval.

« euro-communisme », distinct du communisme soviétique, de plus en plus rigide en général et particulièrement brutal à l'égard de ses dissidents. Enfin, ce fut l'ère d'une économie encore en pleine expansion.

Au Québec, pendant cette décennie, à peine sortie du duplessisme, on se lança dans une « révolution tranquille » menée par l'équipe de Jean Lesage. L'autoritarisme céda la place à la démocratisation et à une certaine permissivité ; la tradition, au renouveau et à l'expérimentation ; et la restriction aux budgets alléchants de développement. Pendant un temps, tout sembla possible. Pourtant, vers la fin de la même décennie, on fut témoin des premières attaques à la bombe par le FLQ, d'une première confrontation significative (post-duplessiste) entre les syndicats et le gouvernement autour du projet de loi 25. En outre, il y eut un glissement graduel vers la « Crise d'octobre », des confrontations violentes en milieu de travail comme l'affaire « Murray Hill », une collision frontale entre le mouvement syndical et le gouvernement lors du Front commun de 1972 et, enfin, la promulgation du discours de la lutte des classes en milieu syndical et populaire.

Notre but, dans cet article, est d'approfondir un aspect du tableau général des années 1960 dans le contexte québécois, notamment le secteur de l'éducation, et plus particulièrement en ce qui concerne les enseignants et leurs organisations professionnelles. Nous nous intéressons à leurs réflexions, leurs agissements et leurs ajustements dans un contexte en pleine évolution, devant un gouvernement intéressé à jouer un rôle plus considérable dans le secteur de l'éducation et des commissions scolaires déboussolées par les événements et à la recherche d'une redéfinition de leur rôle.

Au départ, nous trouvons les enseignants engagés dans un effort pour réintégrer un mouvement déchiré dans les années 1950 par des factions fortement opposées. Il s'agit bien du fameux conflit qui sépara l'Alliance des professeurs catholiques de Montréal (APCM) et la Corporation des instituteurs et institutrices de la province de Québec (CIC), à partir de la grève de l'APCM en 1949, et qui se cristallisa autour des personnes de Léo Guindon et de Léopold Garant. Nous les quittons au début des grandes confrontations avec l'État et « l'idéologie dominante » du début des années

1970. Il s'agit, croyons-nous, d'une période de mutation profonde pour les enseignants et leur organisation. Nous pensons aussi que l'examen attentif de cet aspect spécifique de la société québécoise peut servir à jeter de la lumière sur des développements sociaux plus larges, ici et sur le plan international.

Nous aborderons ce sujet à l'aide d'archives, de documents contemporains, d'entrevues et d'études publiées. L'approche sera exploratoire. Notre intention est de retracer les grandes lignes de ces années et d'examiner l'interaction des groupes majeurs, tout en mettant l'accent sur les enseignants regroupés au sein de la CIC et la Corporation des enseignants du Québec (CEQ). La CIC, comme on l'appela pendant la première partie de la période, joua ce rôle jusqu'en 1967 et son successeur, la CEQ, prit la relève.

UN NOUVEAU DÉPART

Dans le secteur de l'éducation, il y eut une vague de changements après la Seconde Guerre mondiale. À l'étranger, plusieurs pays mirent en branle le processus de réforme. Au Royaume-Uni, on créa un ministère de l'Éducation et on augmenta substantiellement le nombre d'écoles secondaires pour répondre aux besoins exprimés par la population. En France, on mit sur pied la Commission Langevin-Wallon qui recommandait des changements fondamentaux dans le système d'éducation français. En Belgique, aux États-Unis et ailleurs, une volonté de renouveau se manifestait également.

Au Canada, on remarque le même phénomène. Huit des dix provinces établirent des commissions d'enquête sur divers aspects de leurs systèmes d'éducation. Au Québec, déjà au milieu des années 1950, la Commission Tremblay prépara le chemin à la Commission Parent. Cette enquête, créée officiellement pour examiner les problèmes liés aux relations entre les gouvernements fédéral et provincial (Québec), reçut une véritable avalanche de mémoires sur les problèmes du secteur de l'éducation. En effet, on dut engager un pédagogue très réputé de l'Université Laval, Arthur Tremblay, pour faire le tour de ces mémoires et en présenter les observations d'une façon succincte (Tremblay, 1955).

À la fin des années 1950, la réforme de l'éducation devint une question politique urgente et électoralement rentable. Après la mort de Duplessis, son successeur, Paul Sauvé, s'engagea dans une série de mesures touchant l'éducation à un point tel qu'on surnomma son court régime la « session de l'éducation »[2]. Le gouvernement libéral, élu en 1960, continua dans la même veine, mais il aboutit à des réalisations beaucoup plus substantielles à partir de la mise sur pied de la Commission Parent.

Les enseignants embarquèrent dans ce processus. D'ailleurs, ils constituèrent un des groupes de pression les plus intéressés à encourager le gouvernement dans ce sens. Devant cette poussée généralisée vers la réforme de l'éducation, une réaction nous frappe cependant. Il s'agit de l'opposition à la création d'un ministère de l'Éducation chez une partie des enseignants (à l'image de la réaction d'autres groupes sociaux, tels que les commissaires d'écoles).

Pour comprendre cette opposition, contradictoire en apparence, référons-nous d'abord au concept de l'antiétatisme élaboré par l'historien Michel Brunet (1964) dans son célèbre essai sur les trois dominantes de la pensée canadienne-française, dans lequel l'auteur l'explique comme une constante de l'esprit des Canadiens français[3]. Mais allons plus loin. Situons-nous dans le contexte de la période qui va de la fin de la Seconde Guerre mondiale jusqu'à 1959, où la méfiance à l'égard du gouvernement fut souvent associée à la crainte de l'intervention de basses considérations politiques en matière d'éducation. Enfin, rappelons-nous également la sorte d'intervention privilégiée par l'Union nationale en matière de relations professionnelles pendant ces 15 années, par exemple lors des conflits d'Asbestos (1949) et de Murdochville (1957).

Cette attitude particulière, observée chez les enseignants, changea surtout après l'élection de 1965 à la CIC, qui mit de l'avant

---

2. Cependant, il ne dura que quelques mois. Paul Sauvé succomba, à son tour, tout comme son ancien chef, à une crise cardiaque.

3. Nous soupçonnons que cette question d'« antiétatisme » ne concerne pas que la société canadienne-française ou québécoise. Elle est fort probablement le propre de toute société minoritaire, vulnérable par définition devant une majorité.

l'équipe Laliberté. Pourtant, elle commença plus tôt pendant la consolidation de cette équipe dans des postes clés de conseillers à l'état-major de la Corporation pendant la première moitié de la décennie 1960.

Au niveau ministériel se trouvait une autre personne clé, Paul Gérin-Lajoie, ministre, d'abord à la Jeunesse et ensuite à l'Éducation, et habilement épaulé par Arthur Tremblay[4]. La démarche privilégiée par Gérin-Lajoie (1963), lors du débat sur le projet de loi 60, soit de retirer temporairement sa mesure de la législature et de débattre la question d'un ministère de l'Éducation pendant une tournée provinciale, constitua un indice éloquent de la nouvelle politique de l'éducation[5].

VERS LE DROIT DE GRÈVE

Les préparatifs du choix d'un nouveau chef, ainsi que le choix lui-même, dénotèrent une transformation profonde au sein de la CIC. Les facteurs initiaux qui y contribuèrent furent l'obtention de l'adhésion obligatoire des enseignants laïcs francophones des écoles sous la juridiction des commissions scolaires et la récupération du droit à l'arbitrage en milieu rural. Grâce à la première mesure, le nombre de membres de la CIC augmenta considérablement, passant de 16 200 en 1959-1960 à 28 483 en 1960-1961[6]. Grâce à la seconde, l'arbitrage, impossible en milieu rural depuis 1946 et très difficile à appliquer avec satisfaction en milieu urbain depuis 1949, reprit le haut du pavé à partir de 1959-1960. La CIC fut désormais plus représentative, plus forte et davantage capable de se défendre.

Cependant, les membres de la CIC voulurent aller plus loin et plus rapidement dans l'amélioration de leurs conditions matérielles

---

4. Dans un sens, le Bureau du surintendant de l'Instruction publique se transforma en ministère de la Jeunesse comme mesure temporaire, avant de se transformer définitivement en ministère de l'Éducation.

5. Voir également à ce sujet Dion (1966,1967).

6. À la fin de la décennie, la CEQ comprendra 70 000 membres. Voir Dionne (1969).

et professionnelles. C'est du moins ce que nous pouvons conclure du recours à la grève de 1963 à 1965, par définition illégale dans les secteurs public et parapublic selon la législation de 1944[7]. Certaines de ces grèves sont documentées, comme celle de l'Estrie en 1964, mais les renseignements restent fragmentaires pour la plupart d'entre elles (Dandonneau, 1965). Enfin, en 1965, les enseignants obtinrent le droit de grève, peu de temps après les autres groupes des secteurs public et parapublic. Cela leur permit d'avoir à leur disposition tout l'arsenal des moyens de défense professionnelle.

Le militantisme des enseignants augmenta[8], résultat de plusieurs facteurs, dont la réaction au régime étouffant de relations professionnelles sous l'Union nationale de Maurice Duplessis, les conditions matérielles jugées inacceptables et la montée d'une nouvelle génération d'enseignants impatients de faire progresser leur secteur. Le contexte fut, également, très propice pendant la Révolution tranquille, selon un débat public sur le droit de grève.

Déjà en 1958, le droit de grève fit l'objet d'un congrès sur les relations professionnelles à Québec sous la rubrique « le règlement des conflits d'intérêt ». Un des conférenciers, René H. Mankiewicz (1958 : 137-138), essaya d'en cerner toutes les répercussions pour les secteurs public et parapublic, en particulier les répercussions d'ordre politique. Il se déclara enfin favorable à l'idée :

> Une grève touchant aux intérêts vitaux de l'ensemble ou d'une partie du pays se double vite d'une lutte politique toutes les fois que la décision ultime sur la licité de la grève n'est pas du ressort de juges indépendants. Comme les parties au litige savent d'avance que le parlement interviendra quand leur conflit finira par troubler la sécurité ou la vie économique du pays, elles s'emploient immédiatement à exercer des pressions tant sur l'opinion publique que sur les députés afin de créer, chacun pour sa part, un climat parlementaire favorable à sa cause.

Il continua :

> Or, loin de le regretter, il faut se féliciter de ce dédoublement politique de la grève. Car poussée par le désir de plaire au public et aux législateurs

---

7. *Loi concernant l'arbitrage des différends entre les services publics et leurs salariés,* L.Q., c. 31, sanctionnée le 3 février 1944.

8. Voir, par exemple, les Archives de la CEQ (1968) et Nault (1969).

sensibles à la voix de leurs électeurs, chaque partie est portée à adoucir son attitude, à éviter les positions extrémistes et déraisonnables et, en ce qui concerne plus particulièrement les syndicats, à limiter la gêne que la grève peut causer au public.

Ce débat, amorcé avant la fin du régime Duplessis par les éléments progressistes de la société québécoise, évolua rapidement au début des années 1960. En pratique, l'absence de poursuites dans les cas des grèves illégales de 1963 à 1965 démontra le degré d'acceptation de la grève dans les secteurs public et parapublic à la fois par le gouvernement et le grand public. Le nombre de grèves déclenchées pendant ces années fut d'ailleurs très important, comparativement à l'absence de ce moyen de pression pendant la décennie précédente.

En effet, la célèbre grève de l'APCM de 1949 fut la seule pendant toute la période depuis la Seconde Guerre mondiale. Elle se solda, d'ailleurs, par une décennie de récriminations et de batailles juridiques pour permettre à l'Alliance de recouvrer son certificat d'accréditation. Par conséquent, d'autres syndicats d'enseignants, à l'époque, optèrent pour la négociation avec l'encouragement de la CIC et de son président Garant. Dès 1963, la situation fut fort différente.

Cette année-là, notons une première série de conflits, généralement de courte durée : à Alma (février), à Verdun (mars), à Saint-Jean (avril), aux Mille-Isles (juin), à Sherbrooke (octobre), à Montmagny, à Saint-Féréol et à Saint-Tite-des-Caps (novembre), ainsi qu'à Sainte-Foy (décembre). En 1964 pourtant, une grève impliquant 550 enseignants se déclara dans la région de l'Estrie et dura un mois (6 février au 5 mars). En 1965, il y eut deux grèves : l'une de 640 enseignants à Québec (1er au 24 février) et l'autre de 570 en Mauricie (4 septembre au 3 octobre) (CEQ, 1967 ; Hébert, 1965). Un changement significatif.

La Commission Cholette (1965 : 3), comme on l'a surnommée, joua un rôle clé dans le processus d'intégration du droit de grève. Le gouvernement du Québec la mit sur pied en 1964 afin « d'étudier les conditions du travail des instituteurs au sens de la loi de l'instruction publique et qui ne sont pas couverts par le Code du travail ». Y siégeaient des représentants de toutes les parties en cause : pour la CIC, L. Grondines, Aimé Nault et Raymond Lali-berté ; pour la Provincial Association of Protestant Teachers (PAPT) et la Provincial Association of Catholic Teachers (PACT), T. Jackson et A. Stockton ; pour les commissions scolaires : W.-H. Bradley, A. Dugré, R. Gagnon, A. Saint-Onge et A.-T. Viel ; et pour le gouvernement, R. Bolduc, Gaston Cholette, R. Demers, Yves Martin et J.-C. McGee. Enfin, il y eut, également, quatre « spécialistes en matière de relations de travail », G. Beausoleil, Gérard Dion, R. Gérin et H.-D. Woods.

Les membres du comité établirent finalement un consensus en faveur de l'obtention du droit de grève pour les enseignants et du droit de lock-out (contre-grève) pour la partie patronale (Cholette, 1965 : 3). Ils recommandèrent toutes les modifications nécessaires à la législation existante pour rendre ces droits praticables. À son tour, le législateur ne tarda pas à agir et l'exercice du droit de grève devint légal en 1965, l'année même où la Commission présenta son rapport.

Nous ne connaissons pas le détail des discussions internes de la Commission Cholette. Cependant, par le biais du débat public à l'époque, nous pouvons imaginer les grandes lignes de l'argumentation qui influença le législateur. Il fut évident que plusieurs penseurs justifièrent le droit de grève sur le plan théorique et philosophique, surtout dans un contexte post-duplessiste. Les éléments progressistes du Québec militèrent évidemment en sa faveur. L'absence de poursuites, qui auraient pu être entreprises par le gouvernement, laissa croire qu'il pardonnait l'illégalité de la grève et, en pardonnant, l'encourageait. Certains signalèrent que la grève constituait la manifestation d'un malaise au sein du secteur de l'éducation qu'il fallait corriger. D'autres affirmèrent qu'il fallait intégrer cette forme d'action dans la légalité pour la canaliser et la rendre constructive. Enfin, ceux qui eurent encore des réserves sur l'utilisation de la grève se consolèrent du fait qu'elle serait utilisée uniquement comme ultime moyen (avec le lock-out) pour arriver à une entente.

Selon certains intervenants, il s'agissait d'un acte désintéressé, mais il est évident, compte tenu des facteurs signalés, qu'il n'y eut pas d'autre solution. Cette législation venait mettre le sceau d'approbation légale sur une pratique sociale que les enseignants avaient validée par leur solidarité et la justice de leur cause. Cette décision allait permettre aux enseignants de se défendre légalement en 1966 et 1967 devant une nouvelle stratégie gouvernementale destinée à donner au ministère de l'Éducation un rôle significatif dans les relations professionnelles du secteur de l'éducation.

UNE NOUVELLE STRATÉGIE GOUVERNEMENTALE

Déjà en 1965, parut le premier jalon de cette nouvelle stratégie, soumettant à l'Assemblée législative (Assemblée nationale) un document qui comprenait les règles du ministère de l'Éducation sur l'analyse et l'approbation des budgets des commissions scolaires pour l'année scolaire 1965-1966. Désormais, tout déficit serait sujet à l'approbation gouvernementale. Le printemps suivant, on diffusa une deuxième directive touchant les budgets de l'année 1966-1967. Entre autres, cette dernière directive établissait une échelle salariale type pour servir de règle de calcul de base aux subventions gouvernementales et proclamait le principe de la non-transférabilité des fonds à l'intérieur du budget.

Ce contrôle plus serré eut un impact direct sur les commissions scolaires et un impact certain sur les syndicats et syndiqués de la CIC. Cette dernière protesta que l'établissement de telles limites aurait une influence négative sur les négociations entre les enseignants et leurs employeurs. Enfin, en octobre 1966, le ministère formula une troisième directive comprenant une ouverture à l'égard des dépenses considérées « inadmissibles » dans les directives précédentes. Ces dépenses pouvaient être prises en considération, mais « à des conditions précises en ce qui concerne de telles dépenses résultant de nouvelles conventions collectives » (Ministère de l'Éducation, 1966 : article 3).

La CIC interpréta cette déclaration dans le sens que le contrôle gouvernemental de l'échelle salariale resterait, même si on allégeait légèrement le fardeau financier des commissions scolaires. On atteignit, en ce qui concerne la CIC, le point de non-retour.

Il s'ensuivit une période d'activité intense. La CIC s'organisa pour contester le nouveau rôle du gouvernement dans les négociations. La Centrale des syndicats nationaux (CSN) s'intéressa également au conflit, car elle comptait parmi ses membres des syndicats d'enseignants, particulièrement dans les cégeps, qui seraient touchés éventuellement par de telles mesures. En outre, ses syndiqués de la fonction publique provinciale commencèrent à soupçonner l'implantation d'une mesure semblable dans leur secteur d'activités. La Fédération des travailleurs du Québec (FTQ) s'inquiéta aussi de ses propres négociations à Hydro-Québec (Lévesque et Laliberté, 1967 : 17-18). On crut qu'une action commune intercentrale s'imposait et, de cette réflexion, naquit le premier front commun intersyndical post-duplessiste[9]. Enfin, la CIC et ses alliés, la CSN et la FTQ, descendirent dans la rue pour manifester leur opposition à l'ingérence gouvernementale.

L'argument central de la CEQ voulait que le gouvernement ne fut pas l'employeur légal des enseignants et que les négociations devraient avoir lieu entre les commissions scolaires et les syndicats appropriés. Les normes du ministère constituèrent une limite externe sur la négociation qui rendit inapplicable les parties pertinentes du Code du travail. On fit abstraction, par conséquent, de la législation en vigueur.

L'argumentation avancée par le gouvernement avait deux volets. D'abord, on signalait que, en raison de la contribution substantielle du gouvernement aux dépenses des commissions scolaires et de l'impact probable du mécanisme d'arbitrage créé, le gouvernement désirait : « établir une définition très précise des responsabilités respectives des Commissions scolaires et du ministère de l'Éducation en ce qui a trait à la négociation collective et la répartition des charges financières qui en découlent » (Ministère de l'Éducation, 1966 : article 3). Dans un deuxième temps, le gouvernement avait l'intention de réduire graduellement les disparités entre les divers salaires payés aux enseignants à travers la province.

Derrière les scènes, un haut fonctionnaire bien placé analysa le contexte d'une façon plus directe :

_____

9. Ce terme, normalement réservé aux actions entreprises à partir de 1972, est très approprié, il nous forcera peut-être à repenser notre terminologie.

> Le Gouvernement et les Commissions scolaires ont bien senti que les Commissions scolaires étaient en position de faiblesse devant une centrale syndicale structurée à l'échelle provinciale de façon aussi rigoureuse et ayant une stratégie provinciale, ayant un personnel provincial pour les fins de la négociation parce que avec les revenus qu'elle tirait des cotisations découlant elles-mêmes de la participation obligatoire des enseignants de la Corporation, avec ces revenus elle pouvait se donner des équipes considérables, ce que les Commissions scolaires n'avaient pas. [...] Il y a donc eu une sorte d'association de faite entre la Fédération et le Gouvernement pour concerter les comportements ou les transactions de chacune des Commissions scolaires. Mais cette concertation n'était pas suffisante pour résoudre le problème. C'est ainsi qu'on a débouché sur une législation, le bill 25 (Thwaites et Tremblay, 1974 : 7).

LE PROJET DE LOI 25[10]

Le projet de loi 25 fut sanctionné le 17 février 1967. Sa raison d'être se trouva dans une note explicative au début du texte :

> Ce projet a pour but de mettre fin, dans les quarante-huit heures de sa sanction, aux grèves d'instituteurs qui sévissent présentement au Québec, de prolonger certaines conventions collectives jusqu'au 30 juin 1968 et de mettre en place un mécanisme en vue de la négociation à l'échelle provinciale. [...] Aucun instituteur visé par ce projet ne subira une baisse de traitement et tous auront droit à une augmentation de rémunération. [...] Les organismes les plus représentatifs des instituteurs et des commissions scolaires devront conseiller le gouvernement sur les questions qui feront l'objet d'une négociation à l'échelle provinciale; ils pourront être assistés de deux personnes nommées par le ministre de l'Éducation après consultation des parents (p. 1).

En effet, le projet de loi 25 forçait un retour au travail des enseignants, suspendait temporairement le droit de grève (pourtant si récemment acquis), créait un régime particulier et temporaire de convention collective décrété par le gouvernement et stipulait que, désormais, la négociation se tiendrait au niveau provincial par consortium (CIC, PACT, PAPT). On dora la pilule en normalisant les

---

10. Le projet de loi 25 : Loi assurant le droit de l'enfant à l'éducation et instituant un nouveau régime de convention collective dans le secteur scolaire, 1re session, 28e Législature, 16 Elizabeth II, 1967, sanctionné le 17 février 1967.

échelles salariales au niveau provincial et en garantissant des augmentations à « tous les enseignants ».

Certains furent convaincus que le gouvernement avait une autre raison pour entreprendre cette démarche. Signalé dans la revue *Perspectives sociales*, cette année-là, Gérard Dion (1967 : 34), à titre d'exemple, croyait que le gouvernement voulait profiter de la situation entourant le projet de loi 25 pour restreindre sérieusement la « traditionnelle autonomie des Commissions scolaires ». Chose certaine, les commissions scolaires ne furent pas tout à fait à la hauteur de la situation, avec leur présidence à temps partiel et d'autres faiblesses, et elles se laissèrent glisser dans la stratégie et dans le camp de la partie gouvernementale. Lors d'une séance du Conseil d'administration de la Fédération des commissions scolaires catholiques du Québec (FCSCQ) (1967 : 268-269), un commissaire d'école commenta : « On se retrouve, les Commissions scolaires, après cette tempête, avec les trois quarts de notre autonomie perdus. Ce devait être les Commissaires qui devaient défendre l'autonomie des Commissions scolaires et non le public ».

Pour sa part, Jacques Tremblay (1967) accusa Raymond Laliberté de profiter de la situation afin de faire avancer le dossier de la négociation provinciale, rejetée à ce moment-là par la majorité des membres de la CEQ ; une accusation que Laliberté contesta avec vigueur. Une autre interprétation voulait que le gouvernement profite de la situation en avançant une mesure législative qui favorisait la majorité des enseignants. En effet, le nouveau barème salarial uniforme ne brimait que la minorité des syndiqués qui bénéficiaient des salaires les plus élevés, résultat de négociations particulières.

La CIC tira ses propres conclusions de l'affaire. La mobilisation des enseignants et de leurs syndicats fut possible. La solidarité intersyndicale réussit également, et l'Union catholique des cultivateurs (UCC) et l'Union générale des étudiants du Québec (UGEQ) participèrent à l'effort conjoint. Sur le plan des négociations, au dire de la CIC, la question salariale fut loin d'être réglée ; si la CIC put difficilement être tout à fait contre une mesure qui s'avérait bénéfique pour la plupart de ses membres, on regretta la perte des succès obtenus dans les syndicats les plus avancés. Cependant, elle laissa place à des interprétations divergentes et des litiges concernant l'application des règles. Sur le plan des négociations futures, le problème principal fut l'articulation des deux paliers de négociation et l'élaboration des rôles des partenaires aux deux niveaux[11].

Raymond Laliberté (1967) commenta en ces termes la lutte contre le projet de loi 25 : « Est-ce dire que nous avions perdu la bataille pour prévenir l'adoption du Bill 25 ? Est-ce dire que nous nous soumettions à la volonté du Parlement provincial ? La réponse que je formule à cette double question, c'est oui ». Il expliqua : « Nous nous soumettions à une loi qui était anti-sociale. Mais nous nous y soumettions parce que la population l'avait ainsi acceptée et parce que nous n'avions pas réussi à faire valoir suffisamment nos objectifs auprès des électeurs. Pourtant, nous avons livré une chaude et belle lutte ».

On conclut que la CIC ne réussit pas à mobiliser suffisamment l'opinion publique en sa faveur. Elle allait viser à l'avenir « la mise sur place de comités d'action politique » pour mieux sensibiliser la population et accroître l'utilisation des médias. On fut fidèle aux concepts élaborés pour justifier le droit de grève lors des débats publics de 1958 à 1965. La désobéissance civile dans ce nouveau contexte ne semblait pas encore une solution valable.

LA NÉGOCIATION DE 1967-1969

Le dénouement de l'affaire du projet de loi 25 fut, dans un sens, la négociation de 1967-1969 ; le projet de loi 25 en avait établi le cadre juridique et institutionnel. On crut bon d'ajouter quelques raffinements à son interprétation pour clarifier le processus prévu par le gouvernement. Ces mêmes « raffinements », cependant, nous permettent de bien situer les préoccupations du législateur.

La négociation provinciale de 1967-1969 fut à la fois longue et ardue. La partie syndicale articula une position commune – un premier défi de taille pour la CEQ, la PACT et la PAPT. Le problème d'articulation fut semblable pour la partie patronale à cause de sa nouvelle composition également élargie.

---

11. Inspiré de Raymond Laliberté (1967).

L'engagement sérieux de cette ronde de négociation débuta le 19 décembre, date à laquelle la partie syndicale déposa son projet de convention collective. Au fur et à mesure de l'évolution de la négociation, la partie syndicale essaya d'accélérer le processus et de montrer le sérieux de sa position en se servant des moyens de pression prévus au projet de loi 25 et dans la pratique des relations industrielles. Conciliation, grèves tournantes, menaces de démission, démissions en bloc – la CEQ eut recours à tout, sauf à la grève générale.

Le gouvernement joua un rôle plutôt passif au départ. La législation adoptée en 1967 et ses modifications, d'ailleurs, constituèrent sa contribution initiale et prépondérante. Elles fournirent la structure globale de la négociation ainsi que la composition des parties en cause. Le gouvernement se réserva aussi le droit d'intervenir en temps opportun. Plus tard, les visées devinrent claires. Selon Boivin (1972), par rapport à la partie patronale (les commissions scolaires), le gouvernement « (laissait) l'initiative aux employeurs dans les premières phases de négociation, pour ensuite s'imposer graduellement comme l'agent susceptible de faire aboutir les négociations ».

Bref, il s'agit d'un rôle d'attentisme et de *brinkmanship*. Par cette forme d'intervention, l'État confirmait sa position au sein du groupe patronal et en tant qu'autorité ultime dans le secteur de l'éducation. Pour la partie syndicale, ce rôle eut également sa signification. À la suite de cette ronde de négociation, la CEQ conclut que le gouvernement y avait gagné davantage de terrain. Néanmoins, par rapport à l'utilisation de la grève généralisée dans un tel contexte, en 1969, Raymond Laliberté commenta :

> Je demeure convaincu que la grève sauvage et brutale demeure et demeurera difficile dans le secteur des services publics, en particulier dans le domaine de l'éducation, alors que nous dérangeons de cette façon, à peu près toutes les familles du Québec. Je demeure toujours convaincu qu'il nous faudra donc inventer de nouveaux moyens d'action qui aient une force équivalente à la grève générale et qui, peut-être est-il possible d'en trouver, ne comporte pas tous les éléments négatifs, tant en ce qui a trait au service à rendre aux étudiants, d'une grève générale à finir (Laliberté, 1969 : 22).

L'année suivante, sans avoir résolu le dilemme des moyens de pression nécessaires, le président de la CEQ résuma ainsi l'expérience de négociation sous le régime créé par le projet de loi 25 :

> Nous sommes donc successivement passés de la plus locale négociation à la plus provinciale, pour revenir finalement à un partage éventuel entre deux niveaux. Il reste à savoir ce que devront être ces deux niveaux : intercentrales, par centrale ou par secteur d'activités pour le premier ; partiellement à l'un et à l'autre ; provincial et régional, provincial et local, etc. Disons que nous cherchons encore, mais que nous n'avons guère plus de temps pour en décider, que nous n'en avions à l'automne 1966, face à la première négociation provinciale (Laliberté, 1970 : 13-14).

Il posa une question brûlante en terminant : « Saurons-nous cette fois-ci précéder les actes gouvernementaux ? » On répondrait à cette interrogation peu de temps après le début du mandat de son successeur.

* * *

Pendant ces années, à la fois stimulantes et turbulentes, les trois principaux acteurs du système scolaire furent en pleine transformation, chacun à la recherche de sa mission dans un contexte en évolution et chacun voulant renforcer sa position.

En ce qui concerne les enseignants, ces années témoignent d'une progression rapide et constante sur le plan des relations professionnelles. À partir de la récupération du droit à l'arbitrage et de l'élargissement de la négociation, les enseignants déclenchèrent la grève – illégale par définition avant 1965 – d'abord localement et ensuite régionalement. Le droit de grève acquis, ils se trouvèrent réunis dans un front commun formé spontanément par les organisations syndicales autour du projet de loi 25. La grève généralisée qui suivit se termina abruptement par l'adoption d'une loi spéciale suspendant temporairement le droit de grève et instaurant un régime provincial de négociations. L'étape suivante, à la fin de la décennie, fut la première négociation provinciale. Elle s'accompagna de diverses formes de pression de la part des enseignants. L'expérience de ces années fut brusque et bouleversante pour les enseignants, mais aussi pour leurs adversaires, les commissions scolaires et le gouvernement provincial.

Cette décennie d'innovation et de reformulation montra ses fruits à partir de 1970. Sous la présidence d'Yvon Charbonneau, les enseignants furent prêts à se confronter à l'État et à pratiquer la désobéissance civile. Les commissaires d'écoles, sous la présidence de Fernand Lefebvre, se montrèrent déterminés à prendre leur place à la table des négociations et à se distinguer du gouvernement. Le gouvernement libéral, de retour au pouvoir avec un nouveau chef, Robert Bourassa, fut prêt à jouer pleinement son rôle.

Bibliographie

Boivin, Jean (1972), « La négociation collective dans le secteur public québécois : une évaluation des trois premières rondes (1964-1972) », *Relations industrielles* (Québec), 7, 4, p. 679-708.

Brunet, Michel (1964), « Les trois dominantes de la pensée canadienne-française : l'agriculturisme, l'anti-étatisme et le messianisme », dans Michel Brunet, *La présence anglaise et les Canadiens*, Montréal, Beauchemin, p. 113-166.

Centrale des enseignants du Québec (CEQ) (1967), *Les grèves d'enseignants depuis 1962-1963*, Québec, CEQ (28 janvier).

Cholette, Gaston (1965), *Rapport du Comité chargé d'étudier les conditions de travail des instituteurs au sens de la loi de l'instruction publique et qui ne sont pas couverts par le Code du travail*, Québec (février).

Dandonneau, Normand (1965), « La grève des enseignants de l'Estrie », mémoire de maîtrise (relations industrielles), Université de Montréal.

Dion, Gérard (1967), « Le Bill 25 : l'heure des professeurs », *Perspectives sociales*, 22, 2 (mars-avril), p. 34.

Dion, Léon (1966), *Le Bill 60 et le public*, Montréal, Cahiers de l'ICEA.

Dion, Léon (1967), Le *Bill 60 et la société québécoise*, Montréal, Hurtubise HMH.

Dionne, Pierre (1969), *Analyse historique de la Corporation des enseignants du Québec : 1836-1968*, Québec, CEQ.

Fédération des commissions scolaires catholiques de Québec (FCSCQ) (1967), *Séance du Conseil d'administration du 13 mars 1967*, Québec, Archives de la FCSCQ.

Gérin-Lajoie, Paul (1963), *Pourquoi le bill 60 ?*, Montréal, Éditions du Jour.

Hébert, Gérard (1965), « Les grèves d'instituteurs », *Relations*, 291 (mars), p. 81-84.

Laliberté, Raymond (1967), « Discours d'ouverture du Congrès », *Les structures scolaires administratives ; les structures de négociation ; congrès spécial mars 1967*, Québec, CIC, p. 7-16.

Laliberté, Raymond (1969), *Le rapport du président : 19ᵉ congrès*, Québec, CEQ.

Laliberté, Raymond (1970), *Rapport du président : 20ᵉ congrès*, Québec, CEQ.

Lévesque, Alfredo, et Raymond Laliberté (1967), *Entrevue avec Raymond Laliberté*, Québec (juillet).

Mankiewicz, René-H. (1958), « Le cas des services publics : le règlement des conflits collectifs de travail dans les services publics et dans les entreprises d'intérêt général », dans Gérard Dion et al. (dir.), *Le règlement des conflits d'intérêts en relations du travail dans la province de Québec*, Québec, PUL, p. 137-138.

Ministère de l'Éducation (1966), « Lettre aux « Commissaires et ... syndics d'écoles » », *Le financement des dépenses inadmissibles résultant de nouvelles conventions collectives*, Québec (14 octobre), article 3.

Nault, Aimé (1968), « Teacher's militancy and the changing teacher-school management relationships », Archives de la CEQ, manuscrit (juin).

Nault, Aimé (1969), « Teacher's militancy and the changing teacher-school management relationships », Relations industrielles, 24, 1 (janvier), p. 167-194.

Thwaites, James D., et Arthur Tremblay (1974), Entrevue avec Arthur Tremblay, Québec, Ministère des Affaires intergouvernementales (février).

Tremblay, Arthur (1955), Contribution à l'étude des problèmes et des besoins de l'enseignement dans la province de Québec, Commission royale d'enquête sur les problèmes constitutionnels, Annexe 4.

Tremblay, Jacques (1967), « La crise scolaire 1966-1967 », dans Université, Crise scolaire, Montréal, Cité Libre (coll. Cahiers de Cité Libre, 5), p. 35-67.

Nouvelles perspectives en histoire culturelle

L'homme et l'historien

Jacques Mathieu
Département d'histoire
Université Laval

En 1979, en plein cœur d'une période d'effervescence estu-
diantine dans le Département d'histoire, Jean Hamelin publie, avec
la sociologue Nicole Gagnon, *L'homme historien*. Cet ouvrage à
l'écriture séduisante traduit l'expérience du chercheur et du professeur. Il livre les préoccupations, les convictions et les interrogations d'un historien et d'un intellectuel vis-à-vis de sa discipline et
de la culture en son temps. Ce livre a été complété, en quelque
sorte, par un article, publié en 1992 (Hamelin, 1992), dans lequel
Jean Hamelin relate son parcours scientifique et jette un second
regard sur son cheminement. Ces réflexions se présentent comme
une réponse à un besoin de se situer. Elles nous invitent, à notre tour,
à évaluer diverses tendances qui jalonnent le chemin parcouru
depuis une quinzaine d'années. De fait, à constater la quantité de
travaux de type historiographique publiés au cours des dernières
années, ainsi que la multitude d'interrogations relatives aux rapports
des sociétés à leur passé, que ce soit dans les entreprises patri-
moniales, muséales ou commémoratives, on se rend compte que la
question est encore bien d'actualité.

Le parcours observé et proposé entre *L'homme historien* et
« L'homme et l'historien » veut montrer que certaines tendances de
recherche ont eu pour effet de modifier radicalement les rapports au
passé. Il traduit en quelque sorte l'émergence – ou serait-ce une
résurgence – d'intentions qui transforment le rôle du chercheur,
d'observateur du passé en un acteur dans le présent.

Cette analyse repose sur trois angles d'études principaux. Nous tentons d'abord de dégager, au-delà du discours d'éclatement, la nature des changements dans les pratiques et les orientations de recherche en histoire, ainsi que les contextes qui les ont provoqués. L'évolution des autres disciplines du passé contribue à éclairer le sens et la direction de ces modifications. Il reste enfin à voir comment certaines facettes de ces cheminements en viennent à toucher les principes mêmes de la discipline.

CHANGEMENTS DANS LES PRATIQUES

Dans son analyse des tendances dans la production historique, Jean Hamelin se montre particulièrement préoccupé par l'éclatement de la pratique qu'il remarque dans l'émiettement du discours, les théories et les approches introduites de l'extérieur et les techniques quantitatives. Il note, depuis les années 1970, une surspécialisation des recherches qui aboutit à un éclatement de la discipline. Non sans raison, il attribue cet éclatement aux modes, aux obligations de faire neuf et à la vogue du publish or perish. Il insiste également sur le fait que ces travaux s'inscrivent dans une rationalité abstraite, une science sans l'homme, dont les effets se traduisent par une histoire dévaluée sur le plan scientifique et un rôle réduit de l'historien sur le plan social. Ces pratiques, plus fluctuantes que les principes, paraissent également plus sujettes aux influences du moment et à une réévaluation des changements.

Les explications fondées sur la mode, la volonté de nouveauté et les contraintes de publication méritent d'être approfondies, en particulier à la lumière des acquis récents. Il me semble qu'au-delà et au travers de l'émiettement, certains courants ou certaines tendances traduisent davantage qu'un goût ou qu'une urgence.

La surspécialisation et l'émiettement du discours paraissent évidents. Ils découlent sans doute en partie de la multiplication du nombre de chercheurs. Au surplus, il faut dire que toute la structure de la recherche et de la conception des programmes de formation ont créé un cadre où le chercheur n'avait pas le choix de faire valoir des éléments d'originalité. Il fallait éviter les duplications et insister sur les spécificités de ses recherches ou de ses programmes pour espérer obtenir quelques appuis. Pour contrer cette fragmentation, on en est venu à mettre davantage l'accent sur les complémentarités. Et dans cette perspective, on a instauré des mesures visant à créer des équipes de plus en plus larges, que l'on a d'ailleurs voulues multidisciplinaires et interinstitutionnelles. Puis, on a mis en place la structure des centres de recherche et, dans un dernier effort de regroupement, on a ouvert l'horizon des instituts de recherche et le contexte de la mondialisation.

Ces regroupements de chercheurs voulaient favoriser un resserrement des problématiques portant sur des thèmes d'importance, voire sur des thèmes stratégiques. Ils visaient à compenser l'émiettement et l'insistance sur l'accessoire. Les résultats ont été inégaux. D'une part, ils ont comblé une lacune majeure en facilitant la création de lieux d'échanges scientifiques riches et stimulants. D'autre part, aux travaux jugés exagérément pointus, ont succédé, sous forme de rapports d'avancement des recherches, de multiples bilans intermédiaires et répétitifs destinés à nourrir les curriculum vitæ des chercheurs et des projets. Que de duplications des travaux devant diverses audiences ou dans diverses productions collectives ; une tendance qui semble vouloir s'intensifier. Enfin, des équilibres difficilement construits ont été fragilisés. Une pluie de nouvelles exigences s'est abattue sur le chercheur. À la compétence s'est ajoutée la performance ; à l'urgence, il a fallu allier l'excellence ; à la démarche scientifique, il a fallu joindre la planification stratégique. La pertinence sociale et la recherche orientée sont mises en concurrence avec la recherche fondamentale. L'individu chercheur se trouve devant un réseau expérimenté où les appartenances finissent par disputer la place à la science. Beau défi pour jeunes professeurs bien entraînés, défenseurs de l'équité, aspirant à la liberté et à l'épanouissement de leur personnalité.

Les approches quantitatives, pour leur part, vite passées de mode, n'ont pas perdu pour autant toute pertinence. Les chercheurs se sont rendu compte de quelques pièges : les limites de la représentativité, des moyennes et de la production de sens, ainsi que d'une démarche trop souvent coupée de l'humain. Ils ont paré à ces limites en effectuant, de différentes manières, un retour au qualitatif.

À côté de simples réinsertions de cas incarnant les phénomènes observés, d'autres chercheurs se sont lancés dans des analyses de discours inspirées par les méthodes de la linguistique. Certains ont succombé au piège du modèle plus lourd que le contenu. L'emprunt de tels outillages méthodologiques à d'autres disciplines a tout de même produit des résultats novateurs. Il s'est naturellement accompagné de l'intégration d'un certain nombre de concepts qui constituaient une invitation à renouveler les perspectives d'analyses.

Les approches extérieures – qu'elles fassent référence à l'introduction de problématiques étrangères ou à la mise en œuvre d'une combinaison de disciplines que l'on a dotée de préfixes comme inter, multi, pluri ou trans – ont, à leur tour, créé un désordre ; apparent pour certains, profond pour d'autres. Dans l'évaluation de cette trajectoire, il me semble toutefois qu'il faille apporter plusieurs distinctions. Les frontières de l'histoire associées aux espaces-temps ont été remises en question. En effet, comment, par exemple, conduire une étude sur la famille en Nouvelle-France, sans tenir compte des travaux produits en France ou aux États-Unis, ou encore dans des disciplines comme la sociologie ou l'anthropologie ? On a cherché également à éviter de confondre la discipline et son cheminement, c'est-à-dire l'angle ou la nature du regard posé sur un fait, avec des éléments de problématique ou de démarche auxquels un chercheur a parfois recours. Ainsi, l'étude des rapports espace-société rejoint deux disciplines sans toutefois les confondre ; une approche privilégie l'unité cadastrale, l'autre la situation familiale. En définitive, malgré les similitudes dans les sujets ou les intitulés de recherche, les cadres disciplinaires sont, en général, demeurés assez étanches et vivaces, quoique les démarches aient été enrichies par l'apport d'autres disciplines.

L'insatisfaction relative aux résultats atteints a d'abord incité à élargir les bases des analyses. Ainsi, des rapports nettement plus étroits ont été établis entre les conditions de travail et les conditions de vie, la transmission des métiers et la reproduction sociale. Il n'y a pas de doute que cette démarche emprunte pour une part à l'étude des comportements, jusque-là une priorité dans d'autres champs disciplinaires. Ainsi, on a montré jusqu'à quel point les espaces domestiques, les pratiques rurales au quotidien ou le cycle des activités agricoles permettent d'évaluer la fiabilité des recensements ou des inventaires de biens après décès. Dans la même lignée, l'établissement de pyramides d'âges dans une population donnée a fourni des bases incontournables à l'étude des rapports hommes-femmes comme à celle des mariages. Le regard d'une autre approche disciplinaire contribue, en somme, à fixer les limites des démonstrations, en même temps qu'à leur donner toute leur force.

Les intentions ou les perspectives de recherche adoptées dans la conduite de ces travaux font ressortir de nouveaux contextes d'études. Les matériaux habituels d'une histoire sociale tournée vers l'étude du monde ordinaire sont scrutés avec une attention et une minutie jusque-là inconnues. Les chercheurs s'éloignent de la construction de typologies pour mieux tenir compte de la variété des situations et des changements qu'entraîne toute modification. Un des meilleurs exemples provient des études sur la famille. Entreprise par la démographie, enrichie par des perspectives sociales et des recherches dans d'autres espaces-temps, l'étude de la famille a pris toutes sortes de directions : mobilité-sédentarité, transmission-reproduction, stratégies-culture, rapports entre ses membres, etc. Selon les intérêts principaux du chercheur, on a pris en compte l'âge des uns et des autres, le sexe, le rang, la composition, le statut, le cycle de la famille, les destins individuels, etc. La complexité de l'étude de la famille a été fort bien rendue par l'image du jeu de cartes. Chaque événement et chaque décision modifient un équilibre, entraînent des ajustements, obligent à une révision complète de ses atouts et de ses faiblesses. Il faut constamment revoir l'ensemble et ses parties. Cet exemple, tout comme ceux qui sont relatifs à la femme, à l'enfance, à l'alimentation, à l'éducation ou à la sexualité, montre l'émergence de champs de pertinence différents des grandes structures. Ces recherches ne renoncent pas aux ambitions de totalité, mais elles révèlent d'autres univers d'analyses, de perceptions et de préoccupations, la constitution d'autres contextes de signification.

D'autres objets d'étude, fortement influencés par le présent, ont connu un essor remarquable. Un déplacement considérable des lieux de mémoire s'est produit. L'Église, l'école, l'État ont perdu leur effet mobilisateur d'autrefois. Des préoccupations nouvelles ont retenu l'attention : la famille, l'Autre, l'environnement, le quotidien.

Des champs comme l'histoire des femmes et celle des Amérindiens ont attiré un bon nombre de jeunes chercheurs. Ces domaines privilégiés font ressortir assez clairement une recherche au moins implicite de pertinence sociale découlant des préoccupations du temps présent.

De fait, la production historienne ne peut pas se couper du contexte de l'adoption, depuis une quinzaine d'années, de toute une série de chartes protégeant les droits des citoyens, les droits des individus au détriment des droits collectifs. Elle ne saurait négliger non plus les retombées des mouvements d'affirmation des rôles féminins. On ne peut mésestimer les effets de cette révolution sur la pratique des sciences humaines dans la société d'aujourd'hui. Elle a créé des entités de recherche où l'unique cherche à rejoindre une part d'universel.

La pratique de l'histoire s'est en quelque sorte adaptée à son temps. Renouvellement normal qui peut illustrer une extrême vitalité de l'histoire sociale, un rajeunissement majeur ou encore un renouvellement considérable. Cette pratique historienne, qui ne recouvre pas l'ensemble des tendances, affirme plus nettement partir du présent, des personnes et des sensibilités. Elle fait partie également d'un schéma de pratiques élargi, sans doute influencé par d'autres productions scientifiques et d'autres formes de rapports des sociétés à leur passé.

UN MOUVEMENT CULTUREL

L'historien n'exerce pas un pouvoir exclusif sur le territoire du passé. D'autres chercheurs, à proximité de lui, travaillent dans ce champ sur des matériaux, avec des méthodes et à partir de concepts voisins et comparables. Une comparaison avec ces démarches poursuivies juste à côté de nous éclaire certains cheminements des pratiques historiennes. De fait, l'observation des trajectoires des disciplines qui composent actuellement le Département d'histoire montre qu'à bien des égards la recherche des uns et des autres fait partie d'un même grand mouvement de culture savante depuis le début du siècle.

Dans une première phase, en archivistique, en histoire de l'art, comme en muséologie ou en archéologie, on se préoccupe des grands personnages ou des grands faits de notre histoire ; ceux dont la vie et les actes fondateurs justifient la présence française en Amérique du Nord. Quand l'histoire prend un essor considérable dans les années 1960, les disciplines voisines connaissent également une multiplication du nombre d'experts et une spécialisation des fonctions. Au moment où l'histoire adopte massivement les problématiques sociales, les chercheurs des disciplines voisines réalisent de grands inventaires et construisent des typologies de classification, souvent centrées sur le mode de vie. Toutes ces démarches disciplinaires sont marquées en somme par un passage de l'unicité ou de l'exemplarité à la représentativité, de l'individuel remarquable à des ensembles. On se met à la recherche de cohérences, souvent sérielles, fondées soit par un environnement daté, soit par une chaîne technologique ou encore définies dans des contextes systémiques. Bientôt les typologies sont délaissées au profit des fonctionnements et des processus.

En dernière étape, un nombre croissant de reconstructions du passé se tournent vers les représentations. En archéologie comme en ethnologie et en muséologie, on passe des études dans la ville à des études de la ville. On s'attache au récit de l'intime, à la culture des apparences, à la culture de la ville. On met en évidence des rôles de ville-carrefour, ville-patrimoine, ville-symbole, ville-mémoire. Et toutes ces études finissent par se prêter à une large diffusion. La multiplication des centres d'interprétation et des musées de civilisation en témoignent éloquemment. La production livresque, la formation fonctionnelle, la recherche-action ou les séries télévisées à fondement historique illustrent l'effort de réinsertion d'un certain passé dans la culture. Dans la même lignée, l'environnement entre au musée. Une réalité et un discours surgis du présent immédiat sont pour ainsi dire « patrimonialisés », signe d'une nouvelle forme d'ancrage mémoriel. Le passé devient une communication et la pratique historienne n'y échappe pas.

Dans ses orientations dites postmodernistes, l'histoire a été marquée lourdement par ce que l'on a appelé le tournant linguistique. Elle emprunte largement à la linguistique dans ses méthodes (la sémiologie), à la littérature dans ses approches (la métaphore) et elle se rapproche d'une intelligibilité fondée sur l'imaginaire ou la représentation. On s'intéresse plus particulièrement aux documents qui constituent eux-mêmes des représentations : films, publicités, manuels scolaires, photographies et autres technologies visuelles. Les études portent sur les bonnes élites et le mauvais peuple de la fin du siècle dernier, sur la fabrication des portraits de héros, sur les mécanismes de production des modèles féminins, sur la fabrication et les usages de l'histoire.

À PROPOS DE PRINCIPES

Ces tendances nouvelles ont vu le jour, sans que l'on sache trop bien comment, ni pourquoi. Elles en sont venues aussi à modifier profondément le rapport du chercheur à son objet. Même les principes fondamentaux de la discipline, qui se présentent pourtant comme des permanences, ont subi des changements considérables qui ont parfois créé un certain désarroi.

Dans *L'homme historien*, Jean Hamelin relate les fondements et le parcours de l'histoire. Il s'intéresse aux principes qui guident une démarche scientifique et il débouche sur une exploration vers les voies du futur.

Parmi les principaux constats qui se dégagent de cet ouvrage, retenons ceux-ci :

- le discours historiographique jaillit du présent et c'est du présent que se projette le regard sur le passé ;

- le territoire de l'historien concerne l'homme, le temps, la liberté, la totalité ;

- la rationalité contemporaine a conduit à l'abandon du finalisme au profit du relativisme ;

- l'aboutissement du discours historique se situe dans une intelligence du passé ; il produit une représentation objectivée qui transpose sur le plan de l'intelligibilité les représentations vécues ;

– en définitive, le rôle de l'historien, humble et modeste mais engageant, consiste à édifier l'expérience du temps qu'ont les hommes.

Ces principes, qui s'inscrivent nécessairement dans la longue durée, font encore largement consensus auprès d'une majorité de chercheurs. Il y a cependant des cheminements consciemment indisciplinés qui ont remodelé le territoire, nuancé la rationalité et situé ailleurs le rôle de l'historien.

L'angle du regard finit par changer complètement. Les intentions s'inversent. On s'intéresse moins à la mémoire dans la culture qu'à la culture comme mémoire. Il s'ensuit une multiplication de ces interrogations sur la construction de la mémoire, la signification des commémorations, l'évolution des disciplines, le rôle des musées d'histoire, les relations des sociétés à leur passé et l'usage qui en est fait. Un projet d'ethnohistoire fondé sur des récits de vie, comme *Vivre sa ville, Québec au XXᵉ siècle*, puise dans le passé récent les représentations que des citoyens se sont faits de la pratique de leur espace urbain. Qu'on le veuille ou non, il se prête à une symbolisation des fonctions et à une réaffirmation des appartenances dans le présent. Un autre projet pourra porter sur la chanson pop chez les jeunes pour y déceler comment l'imaginaire qui y est représenté altère les représentations symboliques et mémorielles. Il s'agit d'évaluer comment de nouveaux modes de communication favorisent la reconnaissance et la réciprocité, productrices d'identités. D'héritage, la culture devient projet. Finalement l'objectif n'est plus de produire de la science, mais de faire changer la société.

REDÉFINITION DU RAPPORT HOMME-HISTOIRE ?

Quand l'héritage devient projet ! Il est assez troublant de constater où conduit cette trajectoire de la pratique historienne. D'ailleurs, il n'est pas du tout certain qu'une majeure partie de chercheurs ait envie d'emprunter ces voies. Du moins ne peut-on les ignorer.

Faut-il y voir une proposition de redéfinition des rapports histoire-culture et homme-historien ? Ces interrogations posent autrement la question de la place du passé dans le présent. Elles associent construction de l'histoire et construction de la société. Sur le plan de la conscience historique, elles visent à redonner à la population une meilleure connaissance et une plus grande maîtrise de sa culture, de sa mémoire et de son histoire. Elles situent la place et l'apport de la pédagogie du souvenir.

Elles rejoignent également un constat et un projet formulés par Jean Hamelin. Elles rappellent que c'est du moi et du présent que jaillissent les questions posées au passé. Elles reprennent, à leur façon, l'intention de rendre le monde ordinaire capable de construire son propre rapport au passé et, à cette fin, l'idée « d'enseigner comment on fabrique l'histoire » ; un rêve de Jean Hamelin demeuré en attente de réalisation.

Bibliographie

Jean Hamelin (1992), « L'histoire des historiens : entre la reconstruction d'une mémoire collective et la recherche d'une identité », dans Jacques Dagneau et Sylvie Pelletier (dir), *Mémoires et histoires dans les sociétés francophones*, Sainte-Foy, CÉLAT, p. 59-71.

Tu n'épouseras pas la cousine de ta défunte. La proche endogamie au Bas-Canada

Serge Gagnon
Centre interuniversitaire d'études québécoises
Université du Québec à Trois-Rivières

Les anthropologues l'ont répété : la prohibition de l'inceste est universelle, mais variable dans son application. Dans l'Occident contemporain, le concept d'inceste renvoie surtout à des rapports sexuels entre apparentés appartenant à deux générations différentes. La rencontre est réprouvée parce qu'elle est pédophilique. Elle exprime une variante de l'abus sexuel (Bawin-Legros et Salvaggio, 1990). Cette conception restreinte de l'idée d'inceste est toutefois récente.

Dans une étude publiée à la fin du XIXe siècle, Émile Durkheim (1896-1897 : 38) a certainement étonné ses lecteurs en leur apprenant que les « mariages entre pères et filles, frères et sœurs, étaient fréquents chez les Mèdes, chez les Perses [...] chez ces derniers surtout, l'usage était général ». Des mariages ont été conclus entre frères et sœurs, peut-être des mariages pères et filles, c'est moins sûr.

Une douzaine d'années après Durkheim, Freud publiait une première édition de *Totem et tabou* ([1912-1913] 1989). S'appuyant sur des hypothèses ethno-anthropologiques, sa « psychanalyse de la vie sociale des peuples primitifs » mettait en cause le récit de la Genèse : « les fils, rivaux du père auprès des femmes du clan, après avoir tué ce père, furent assaillis de remords et [...] décidèrent de renoncer à la satisfaction de leurs désirs et d'énoncer deux interdits : celui de l'inceste et celui du parricide » (Couchard, 1990 : 121). Pour lui, la morale, le sentiment religieux et le sentiment de culpabilité seraient nés du meurtre dans la horde primitive.

Selon Claude Lévi-Strauss ([1947] 1968 : 563), le meurtre du père pour accéder à la connaissance sexuelle de la mère n'aurait jamais eu lieu qu'en rêve « parce que la culture s'y est, toujours et partout, opposée ». Freud se serait laissé séduire par le mythe d'Œdipe qui tue son père et épouse sa mère jusqu'au jour où, découvrant son crime, il se crève les yeux, cependant que Jocaste, sa femme, ne pouvant elle non plus tolérer l'inceste, se donne la mort.

Tout en considérant la psychanalyse comme une science sociale, Lévi-Strauss a proposé une explication, toujours admise, à l'existence du tabou : la prohibition d'épouser un proche parent serait la contrepartie d'une règle positive visant à assurer la cohésion sociale. *Ego* refuse d'épouser sa proche parente pour se donner une belle-famille. L'échange de partenaires, la loi d'exogamie serait un gage de paix sociale. On ne tue pas son beau-frère. La thèse s'inspire de postulats économiques et sociopolitiques, alors que, chez Durkheim, le caractère sacré, voire religieux de la famille, serait à l'origine de la prohibition.

L'interprétation matérialiste a reçu du renfort au cours des années 1980. Dans le jeu des thèses et des antithèses, l'ethnoanthropologue Jack Goody (1985) s'est penché sur la prohibition propre à la tradition chrétienne. Selon son interprétation, les nombreux interdits de parenté, particulièrement ceux qui faisaient obstacle aux remariages avec des parents ou des parentes de l'épouse ou de l'époux décédé, avaient pour but l'appropriation des patrimoines familiaux. Le statut d'égalité reconnu aux veuves et l'encouragement qui leur était fait de ne pas se remarier facilitaient un travail de conviction qui assurait l'Église de toucher les patrimoines. La critique a souligné la hardiesse de Goody, mais elle a mis en doute la solidité de l'argument selon lequel l'institution religieuse, en multipliant le nombre de partenaires exclus du marché matrimonial, aurait été mue par une volonté de puissance.

Françoise Héritier (1994 : 364) a renouvelé la théorie anthropo-logique de l'inceste dans *Les deux sœurs et leur mère* : « la question, écrit-elle, est moins de comprendre pourquoi la prohibition de l'in-ceste concerne l'exogamie [Lévi-Strauss], que de savoir pourquoi elle s'étend à des alliés ». Pourquoi a-t-on interdit à un homme le mariage successif des deux sœurs ; pourquoi aussi s'est-il vu inter-dire l'accès à leur mère après qu'il eut connu l'une ou l'autre des filles ? Une « théorie de l'imprégnation » sert à expliquer la prohi-bition. Celle-ci résoudrait « un problème de circulation de fluides d'un corps à un autre [...] la mise en contact d'humeurs identiques » perturbe les « catégories de l'identique et du différent » (p. 11). Dans un remarquable chapitre sur « La mécanique des fluides », l'anthro-pologue recourt à la métaphore du court-circuit pour mieux rendre compte des peurs qui assaillent les populations par suite de la commission de l'inceste : « Court-circuit, écrit-elle, connote la mise en contact de deux identiques qui devraient s'éviter au contraire » (p. 238). L'inceste de premier type, c'est-à-dire consanguin, comme celui de deuxième type, c'est-à-dire avec des alliés, provoqueraient des dérèglements écologiques et cosmiques, non pas parce qu'ils seraient souillures, péchés d'impureté, mais parce qu'ils engendre-raient des déséquilibres dans la *nature* (p. 244-245).

La théorie de l'imprégnation serait corroborée par un historien du droit antique, Yaron Reuven, qui aurait fourni une explication étiologique à la gamme d'interdits prononcés par les élites chré-tiennes. En prohibant le remariage des consanguines de l'épouse défunte, les prêtres auraient voulu éviter « tromperies et [...] meur-tres » (Héritier, 1994 : 100, note 1). Je partage cette interprétation apparentée à celle de l'anthropologue Bronislaw Manilowski, consulté en 1940, par l'Église d'Angleterre à propos du remariage successif des deux sœurs.   Manilowski est confondu par Héritier (p. 138-139) parce qu'elle est à la recherche d'un invariant culturel. La science historique s'accommode des variantes. Pour Françoise Héritier, le « recours à l'histoire a valeur illustrative » (p. 29). Mon regard est différent. Je demeure historien.

Qu'elle soit fondée sur des facteurs matériels ou symboliques, la prohibition est certes beaucoup plus étendue au sein du chris-tianisme et singulièrement, à compter du XVIe siècle, à l'intérieur du catholicisme romain que dans toute autre grande religion. Chez les musulmans, épouser sa cousine est un acte louable, alors que chez les catholiques, ces proches parents font face à un interdit majeur.

J'ai étudié ailleurs (Gagnon, 1990, 1993) les difficultés d'épouser une cousine ou un cousin germain au Bas-Canada et, partant, la rareté des unions matrimoniales de ce niveau d'apparentement. Mon propos est maintenant de montrer qu'il était aussi difficile d'épouser la cousine de sa défunte femme ou le cousin de son époux décédé que de conclure un mariage avec un consanguin du deuxième degré. Selon le droit canonique, il faut faire suspendre l'interdit du second degré d'affinité – les cousins germains sont du second degré de consanguinité – si l'on veut se remarier avec un proche parent du partenaire décédé.

Quand les évêques reçoivent des *indults* leur permettant de lever des interdits du deuxième degré, ces pouvoirs sont attribués en faveur des *affins* comme des consanguins. La peur de la dégénérescence liée aux pratiques consanguines n'influence pas la gestion de la parenté. Il faut y reconnaître un souci de maximiser les chances de réussite du mariage, jusqu'à tout récemment indissoluble dans les populations de tradition catholique.

Lorsqu'un couple d'apparentés fait part de son projet de mariage, le curé cherche à les en détourner. À défaut d'y parvenir, il interroge les promis pour savoir si l'un ou l'autre aurait eu des rencontres sexuelles qualifiées d'incestueuses selon la définition très large des moralistes et des canonistes. L'interrogatoire peut porter sur d'éventuels rapports avec un futur beau-parent. Le refus d'avouer rend le mariage nul. J'ai retracé des dizaines d'aveux, soit antérieurs, soit postérieurs au mariage (Gagnon, 1990), ceux-ci donnant lieu à une revalidation ou « réhabilitation » du sacrement, car la nullité n'entraîne pas la possibilité de convoler de nouveau, comme ce fut le cas dans l'Europe médiévale.

Le mariage multiplie les dangers de commettre l'inceste. Quand des adultères se commettent entre beaux-frères et belles-sœurs, leur aveu en confession est assorti de pénitences plus lourdes que s'il s'agissait d'une rencontre entre non apparentés. La grande sociabilité familiale des populations préindustrielles pouvait transformer des beaux-parents en « occasions prochaines de péché ». La maladie d'une épouse ou l'agonie d'une mourante qui tarde à rendre l'âme amenaient une parente auprès de l'alitée. Lorsqu'une mère mourait en couches, fait courant jusqu'au XXᵉ siècle, la sœur ou la cousine venaient s'occuper des orphelins. Quelles occasions d'allumer le désir, de ranimer le souvenir d'anciennes rencontres, ces situations ne constituaient-elles pas ! La parente aurait-elle promis de se marier au veuf virtuel avant la mort de sa légitime ? Aurait-on abrégé la vie d'une épouse ? La complicité de crime était un empêchement de mariage que seule Rome avait le pouvoir de lever. Bref, en donnant au concept d'inceste une gamme étendue d'applications, l'Église catholique visait, il me semble, la réussite du mariage indissoluble et aussi, à l'occasion – on vient de le voir –, le respect de la vie humaine.

Je m'en voudrais, néanmoins, d'invalider tout à fait les thèses matérialistes. Au XVIᵉ siècle, l'Église de Rome dut faire face aux attaques des protestants parce qu'elle prélevait des taxes, appelées *componendes,* pour lever l'interdit. Pour Luther, les prêtres étaient des « marchands de vulves ». Que faire, s'est-on demandé au concile de Trente ? Concéder sans exiger de paiement ? On opta tantôt pour cette voie, tantôt pour l'idée qu'il s'agissait d'une aumône, du reste exigée seulement en fonction de la capacité de payer des familles. À la fin du XVIIIᵉ siècle, Rome voulut qu'au Québec on accordât gratuitement les dispenses. Les évêques répliquèrent que l'obstacle financier en limitait le nombre ; sacrifier les revenus des *componendes* eût signifié, selon eux, l'abandon de plusieurs œuvres. Les *componendes* furent maintenues, mais au prix de récriminations sans nombre (Gagnon, 1993).

En ce qui concerne les dispenses du second degré, on peut distinguer trois périodes entre le début du Régime britannique et les Rébellions de 1837-1838. Avant l'épiscopat de Mgr Joseph-Octave Plessis (1806-1825), les évêques recevaient en début de mandat des pouvoirs pour 20 ans, illimités quant au nombre de couples à grâcier. La rigueur qui s'installe sous Plessis est en partie imputable aux difficultés de communiquer avec le Saint-Siège au cours des guerres napoléoniennes. Elle est aussi l'effet d'un changement de politique à Rome même : au lieu de concéder des pouvoirs pour un nombre d'années déterminé, l'administration centrale attribua, jusqu'au début des années 1820, des facultés limitées à un nombre de couples. En revanche, Bernard-Claude Panet (1825-1832), mieux pourvu que son prédécesseur, paraît plus libéral que Plessis, puisqu'il concède beaucoup plus de dispenses que ce dernier.

Avant de présenter les indications statistiques témoignant de ces fluctuations, voyons comment se déroulaient ces affaires relatives au deuxième degré d'affinité[1].

En septembre 1790, André Archibald Campbell, depuis Saint-Charles-sur-Richelieu, réclame la faveur d'épouser la cousine de sa femme décédée. Sa prétendue est enceinte. Il espère que l'évêque, en le graciant, va l'aider à cacher « *what we would not wish to come to the eyes of the public* ». Parce que l'évêque refuse la dispense, le couple recourt aux offices d'un ministre protestant. Après leur mariage, le délinquant se présente à son curé, avouant regretter sa conduite. Il s'est séparé de sa conjointe « dans l'espérance d'obtenir la réhabilitation de son mariage ». L'évêque la refuse, craignant « que la présentation faite devant le ministre ne soit regardée comme le moyen d'extorquer une dispense. L'iniquité voudrait être récompensée, tandis que des gens plus religieux incapables de faire une pareille demande sont privés » de dispenses « pendant plusieurs années ». Campbell avait pourtant offert de payer les 600# réglementaires, ce qui prouve que la richesse n'achetait pas nécessairement les privilèges. Un habitant de Saint-Henri-de-Mascouche se fait par contre refuser l'année suivante. Son curé attribue la rebuffade « à la somme trop modique » offerte par les intéressés. L'incapacité de payer n'est donc pas absolument étrangère à certains refus. Les canonistes ne rangent-ils pas la *componende* au rang des causes de dispenses ?

---

1. Les dossiers de demande de dispense ont été constitués à partir de la correspondance des curés de paroisses. Cette correspondance est conservée aux archives diocésaines de Valleyfield, de Saint-Jean (Longueuil), de Saint-Jérôme, de Joliette, de Nicolet, de Trois-Rivières, de Rimouski, de Québec et de Montréal.

   Aux archives de ces deux derniers diocèses, on trouve les copies de réponses de l'évêque aux requêtes. Des sources d'appoint dans ces deux mêmes diocèses et dans quelques chancelleries des Maritimes ont permis le décompte du nombre de dispenses attribuées par l'évêque de Québec pour le Bas-Canada et les Maritimes.

En février 1792, le curé de Saint-Vincent-de-Paul sur l'île Jésus intervient en faveur d'un « jeune homme [...] qui veut épouser une veuve » établie sur un bien que lui a laissé son époux. Les deux candidats au mariage reconnaissent « que le père du prétendant était le frère de la mère du défunt mari de la prétendue », mais ils n'y voient pas un obstacle à leur mariage. Plusieurs couples par la suite penseront de même. À Sainte-Geneviève-de-Berthier, rapporte le curé en 1820, on « regarde cette parenté comme peu de chose ». De « fausses maximes [...] se propagent à l'occasion de ces sortes de dispenses ». Faute d'obtenir dispense, le couple de l'île Jésus contracte un mariage « à la gaumine » qui consiste à s'échanger des engagements lors d'une messe paroissiale ordinaire ; « je ne le sais pas par eux-mêmes », informe le célébrant, « mais il y avait plus de soixante personnes à la messe dont les trois quarts en sont témoins ». Dans ce genre d'affaire, toute la communauté est partie prenante. Avant la transgression, l'opinion et la rumeur publique jugeaient sévèrement l'évêque pour son refus de dispenser. Le mariage illicite perpétré devant l'assemblée paroissiale a probablement refroidi les sympathies des paroissiens. Pour punir les « coupables » vivant en union « incestueuse », le chef du diocèse leur interdit la fréquentation des sacrements (mars 1792). Les années passent, le curé est prié d'intervenir : « souvent on me parle en leur faveur. Ce qui saute aux yeux de mes paroissiens, c'est de les voir abandonnés, tandis qu'ils sont si exacts aux offices de l'Église » (nov. 1795). Pour obtenir grâce, la séparation d'habitation est obligatoire. Le couple vit séparé « depuis je ne sais quel temps », relate le curé. Le cousin par alliance « ne met le pied sur sa terre que pour y faire ses travaux », suivant le « témoignage des voisins chez qui il réside ». Le curé implore. « La dernière fois qu'il vint me trouver au presbytère, il y a plus de deux mois, il partit les larmes aux yeux de ce qu'il n'obtenait que des réprimandes. Je crains comme il lui paye une rente que leur séparation ne dure pas. » Aux yeux du prêtre comme aux yeux de la communauté entière, la souffrance et l'humiliation ont assez duré. Au jugement de l'évêque aussi : une dispense est délivrée gratuitement, assortie d'une pénitence tenant lieu de *componende*.

À Saint-Henri-de-Mascouche, au début des années 1790, se déroule une affaire semblable. Deux amoureux, Pierre Muloin et

Cécile Bélanger, veuve de Pierre Désaulniers, demandent en vain une dispense. En avril 1792, le curé qui les estime repentis — ils cohabitent — réclame la clémence. En juillet de l'année suivante, son confrère de Saint-Charles-de-Lachenaie implore à son tour le chef du diocèse. Les conjoints de fait qui ont un jeune enfant s'estiment trop attachés l'un à l'autre pour se séparer d'habitation. Or, la requête comporte un élément qui annule la force du plaidoyer : Pierre et Cécile n'ont pas la sympathie de la communauté. « Si, comme vous le dites, ils sont haïs de leurs voisins, méprisés de la paroisse entière [on les dit pauvres et simples d'esprit], si tous les cœurs sont fermés pour eux à la compassion, que peuvent-ils espérer de moi ? », de répliquer l'évêque. Un an plus tard, celui-ci reçoit de nouvelles informations. « Depuis longtemps il [Pierre] se retire dans une autre maison, et donne des preuves d'une parfaite continence ». Le curé assure que le cousin n'a pas « mangé, ni couché » dans la maison de sa « concubine ».

> Si quelquefois, une nécessité indispensable l'a contraint d'y entrer, des témoins ont éclairé [?] sa conduite et assurent qu'elle a été fidèle. Ni la misère de la femme criminelle, ni sa maladie, qui a été longue et dangereuse, n'ont pu le faire manquer à sa pénitence. Ses enfants mêmes ont souffert de son absence ; il a déploré leur sort, les a soulagés, mais leur a refusé constamment cette résidence paternelle [...] Enfin la haine, l'indignation publique se sont changées en compassion, et c'est, à mon avis, la plus forte preuve de la sincérité de ses sentiments.

Il faut la conversion des « coupables », sans laquelle aucune faveur n'est octroyée. Les curés le savent, les couples aussi.

Les scénarios que nous venons de lire vont se répéter sous l'épiscopat de Plessis, mais ils sont assortis de variantes qui traduisent deux évolutions parallèles. D'une part, l'évêque est plus rigoureux quant aux conditions exigées pour obtenir une dispense. D'autre part, les couples s'enhardissent, multipliant les moyens de pression, du moins dans l'ouest du Québec, car la majorité des demandes viennent de cette partie du Bas-Canada.

Le 1er novembre 1823, Plessis expose à Mgr Jean-Jacques Lartigue, son auxiliaire montréalais, les grandes lignes de sa politique : « si les postulants donnent lieu de craindre qu'ils ne soient capables de s'aller présenter au ministre protestant, ou de se mettre en concubinage, j'examine s'ils sont de qualité à donner du scandale, auquel cas je l'accorde ordinairement ». La discrimination sociale fait clairement partie des critères de concession. « Quand ce sont de petites gens dont le libertinage ou la présentation au ministre ne doit faire que peu ou pas de sensation, je les laisse courir leur chance ». Le traitement des demandes selon l'avoir ou le niveau culturel des intéressés est une constante. Le 11 avril 1815, Plessis informe la bureaucratie romaine qu'il fait face à « plusieurs demandes de dispenses » du second degré, « toutes par des petites gens de la campagne, dont plusieurs » cohabitent ; quelques couples se sont présentés au ministre d'un culte protestant. « Entre les sept demandes » sollicitées depuis peu, « deux sont un peu plus favorables que les autres ». Les futurs sont issus de « familles respectables. Il s'agit […] de réunir des biens nobles ou quasi nobles ». La politique discriminatoire justifiée auprès de Lartigue faisait référence à la dispense réclamée par un médecin de Varennes. La dispense a été accordée – mais non exécutée, par suite du décès du futur – même si celui-ci négligeait ses « devoirs » religieux, en guise de représailles après un premier refus. Comme il s'agissait d'un notable, l'épiscopat craint que l'insoumission ne déclenche un mouvement de dissidence. Dans ce cas, la dispense est concédée parce qu'elle est fondée, selon les canonistes, sur une *publicam causam*, nécessaire pour les degrés majeurs.

En 1816, à Longueuil, un couple de condition modeste réclame la même faveur, après être passé chez le notaire, et menace, advenant un refus, de conclure un mariage « à la gaumine » ou de recourir au pasteur protestant. Pour agir en toute légalité, les futurs se sont munis d'un permis du gouverneur ; « qu'ils aillent où ils voudront », réplique l'évêque, inflexible, ajoutant qu'il n'a pas de pouvoirs, ce qui est probablement exact. Mais on présume qu'il en aurait trouvés ou qu'il aurait demandé aux familles de patienter, s'il se fût agi de familles appartenant à l'aristocratie seigneuriale. Au reste, de riches habitants de Saint-Laurent n'ont-ils pas fait menace de recourir à Rome ? Pour les riches, cette démarche est toujours possible.

L'exemple est contagieux. À Longueuil, en même temps que s'agite l'intrigue de tout à l'heure, Jean-Baptiste Bouthillier a épousé la veuve de son cousin germain devant un ministre presbytérien.

Muni d'une « licence du gouvernement », Bouthillier proclame son union valide. Le clergé catholique le considère comme vivant un inceste public. Un peu plus tôt, un scénario semblable s'était produit à Saint-Constant, pas très loin. Des voisins protestants ont convaincu les délinquants qu'il n'était pas question de « componendes [...] dans la Bible ». En somme, il y a lieu de croire que, depuis la fin du XVIIIe siècle, l'accroissement de la population protestante exerce une influence sur la population catholique.

Les *componendes* sont perçues par les pauvres comme un prélèvement injustifié. On met en œuvre divers moyens de ne les point payer. En mai 1811, Judith Huneau, de Saint-Roch-de-l'Achigan, se déclare enceinte des œuvres de son cousin par alliance. Elle accouche dans l'été qui suit. François Dubois avec lequel elle cohabite depuis un an admet avoir engrossé sa compagne « pour forcer la dispense ». Les cas de ce genre font habituellement l'objet de refus, surtout si la dispense ne peut cacher au public l'enfant à naître. Par contre, quand les couples sont victimes d'un « accident », l'évêque est plus favorable à leur requête. Une célibataire de Repentigny, 40 ans, et son cousin par alliance de Saint-Henri-de-Mascouche, 25 ans, souhaitaient vraisemblablement des rencontres stériles...

À l'époque, être stérile à 40 ans n'est pas exceptionnel. C'est peut-être ce que présumait, en 1825, une veuve de Longueuil, 41 ans, mère de six enfants, dont un seul garçon (13 ans), trop jeune pour exploiter la ferme familiale. Un cousin *affin* de 49 ans « ayant une nombreuse famille, ne peut pas rester veuf ». Pourquoi ne s'épouseraient-ils pas ? La veuve n'a-t-elle pas élevé le petit dernier du veuf, âgé de seulement deux mois lors du décès de sa mère biologique ? À 15 mois, il est désormais « très attaché » à sa mère adoptive. Des démarches sont entreprises en vue d'obtenir une dispense. Le veuf ne se laisse pas rebuter par un refus. Il se rend à l'évêché. Lors de l'entrevue, il paraît se laisser convaincre que « deux veufs qui ont des enfants chacun de leur côté » éprouvent souvent de douloureux conflits de famille lorsqu'ils s'épousent. Le cousin déclare n'avoir « pas de passion pour la veuve », et croit pouvoir s'en éloigner « sans effort ». De retour à Longueuil, les événements se précipitent. Sa compagne est enceinte de lui. Le prétendant déclare au successeur de Plessis – mort en 1825 – qu'il n'a pas voulu forcer la main de l'évêque ; la dispense est accordée.

L'exemple précédent montre le rôle déterminant des facteurs matériels dans les démarches en vue d'obtenir une dispense. Avant de concéder un permis de mariage au médecin de Varennes, Plessis se demandait de quelle utilité serait l'union projetée. Les enfants de la veuve convoitée étaient opposés au projet. De surcroît, « les deux parties sont pauvres. Quel bien peut-il donc résulter [...] de joindre leur misère ensemble ». En un sens, ce cas exceptionnel confirme la règle dont voici des exemples concrets :

> La suppliante étant chargée d'enfants et sans appui pour gérer son bien il se proposait de l'aider de son travail et de ses soins [...] Son allié étant aussi chargé de petite famille et sans bien, elle se proposait de lui aider à les élever et à les nourrir [Pointe-Claire, 1795].

> [La cousine] une pauvre honteuse qui a déjà beaucoup souffert de la disette [...] amène avec elle une respectable mère et cinq enfants qui trouvent à vivre avec assez d'abondance [Saint-Michel de Vaudreuil, 1814].

> [...] le garçon a 43 ans et pauvre, et la veuve est avec deux enfants et un petit bien [Saint-Pierre-les-Becquets, 1819].

> Ce n'est point par inclination que la veuve lui donne la main, car elle le trouve bien déplaisant, mais elle est si dénuée de tout, qu'elle est décidée à le prendre plutôt que de périr de froid et de faim ; il sent bien sa position, aussi peut-il en faire son esclave [Sainte-Geneviève-de-Berthier, 1820].

> Un [...] riche habitant [...] désire depuis quatre ou cinq ans épouser une vieille fille aussi riche que lui mais cousine germaine de sa défunte femme [...] l'homme a besoin d'une épouse pour élever et conduire ses enfants [...] ils lui sont très attachés [...] ils ont ensemble des intérêts pécuniaires pour la valeur de 6 à 700 louis, qui ne se liquideraient qu'avec peine et au grand détriment de leurs débiteurs s'ils ne pouvaient se marier ensemble [Faubourg Saint-Laurent, 1821].

> Veuve [...] avec plusieurs enfants [...] son bien peut faire vivre [le ménage projeté] [Saint-Timothée, 1823].

Les facteurs affectifs et culturels sont parfois inextricablement mêlés aux problèmes de survie. En 1828, le missionnaire de Caughnawaga rappelle que, dans les communautés amérindiennes, une belle-mère n'est pas tenue de prendre en charge les enfants de son mari, de sorte que, quand « les pères se remarient, les orphelins restent ordinairement à la charge des parents de la mère ». Exceptionnellement, un « jeune homme étant resté avec plusieurs enfants ne trouve aucune autre personne capable de les élever » que sa proche alliée. La dispense est accordée – gratuitement, c'est l'exception amérindienne – « par rapport aux enfants dont d'autres parents ne voudraient pas se charger ». Le syncrétisme entre les facteurs matériels et psychoculturels n'est pas seulement populaire, il marque aussi la conscience des prêtres. En 1814, le curé de Saint-Roch-de-l'Achigan craint qu'une pauvre veuve ne se prostitue, si on lui refuse la permission d'épouser son proche allié. À Lavaltrie, au même moment, les parents de Lucille Dufour voudraient que celle-ci s'allie à François Étu. « Le père de la fille est fort marquant [...] et comme [...] l'été il n'est pas chez lui », il craint que Lucille, apparemment « très obstinée », ne commette une bêtise. De son côté, s'il donne son aval au projet, l'évêque redoute d'être « assailli » de plusieurs « demandes semblables de l'autre côté du fleuve » auxquelles il a jusqu'ici résisté. La dispense est néanmoins accordée contre le versement de la *componende* entière. On imagine les récriminations sur la rive sud... Qui sait ? Des besoins financiers urgents d'une œuvre en souffrance ont-ils eu raison des réserves habituelles ? Ou encore, le critère de discrimination sociale a-t-il joué en faveur du couple ?

Dans sa lettre-synthèse de 1823 à Lartigue, Plessis expose le traitement spécial imposé à « ceux qui ont déjà fait des sottises ». Cohabitation, mariage devant un ministre d'un autre culte et mariage « à la gaumine » sont passibles de sanctions. Les contrevenants sont soumis à « trois ans de séparation entière pour réparation du scandale ». On ne doit pas « récompenser leur libertinage par une dispense. Il faut qu'ils la gagnent par l'humiliation ». La durée de la séparation est habituellement abrégée suivant une bonne conduite. Mais le couple ne peut guère éviter l'amende honorable prononcée par lui-même ou par le ministère du curé, devant l'assemblée paroissiale. Quand la dispense est concédée, les cousins par alliance sont « mariés sans messe, sans bruit, devant le curé et deux témoins seulement ». Pas de publication, pas de noce pour ces mariages toujours trop connus, au jugement de l'évêque, par des couples et des familles qui espèrent la même faveur.

Pour expliciter ce qu'il entend par sottises, Plessis rappelle à son subalterne deux cas qui traînent depuis de nombreuses années. Un homme âgé de Saint-Mathias, qu'on dit « méprisé et sans caractère », a peu de chances d'être exaucé. Dix ans plus tôt, le curé décrivait comme des « honnêtes gens », ce veuf qui a maintenant 55 ans et la veuve qu'il convoite, âgée de 48 ans. Par suite d'un refus et jugeant leur parenté de peu de conséquence – la prétendue était veuve du cousin germain de son compagnon –, les deux amoureux tantôt intriguent, tantôt recourent à un homme de loi. Peine perdue. Ils n'obtiendront la permission tant convoitée qu'en 1828, à l'âge de 70 et 63 ans ! Mince consolation : ils n'eurent point à verser de *componendes*.

Dans sa fameuse lettre à Lartigue, Plessis évoque un autre cas en suspens. Il s'agit d'un homme de Saint-Eustache jouant « un rôle tant soit peu plus significatif » que le cousin de Saint-Mathias. Charles Dolbec et Rosalie Taillefer, sa domestique, cousine de sa défunte femme, est devenue enceinte de ses œuvres. Se déclarant dangereusement malade, Dolbec presse l'évêque d'autoriser son mariage. En héritant de ses biens, son épouse et l'enfant à naître seraient assurés de leur subsistance. Le curé de Saint-Eustache insiste à son tour : Dolbec pourrait bien recourir à un ministre protestant ; des voisins le lui ont conseillé. L'évêque ne cède pas. Le notable n'a pas besoin d'épouser sa concubine pour lui léguer ses biens. Une séparation est jugée nécessaire pour réparer le scandale et mériter la dispense, car la cousine par alliance a mis au monde son enfant. Le couple se sépare. Trois ans ? Ne pourrait-on pas abréger, plaide le curé, compenser par des œuvres ? L'évêque réprimande son subalterne, tout en admettant que la séparation pourrait durer moins longtemps que prévu. Dolbec n'est pas mort de sa maladie... Était-ce une feinte ? Lui et sa compagne sont conviés à « une vie pénitente avec exactitude édifiante au service divin, une conversation humble dans laquelle les coupables avoueraient franchement leurs torts ». Le couple reçoit la dispense, moyennant la *componende* habituelle après quelque deux ans de séparation. L'évêque impose l'amende honorable un dimanche durant la messe, « eux présents et à genoux », si c'est le curé qui implore le pardon pour eux. Hostile à l'humiliation publique, Dolbec prétend qu'elle pourrait lui attirer un charivari. C'est son mariage, non l'amende honorable, qui lui vaudrait du chahut, rétorque le titulaire du diocèse...

La séparation de cet homme à l'aise n'a pas été aussi pénible que celle d'humbles habitants des campagnes. En 1808, l'évêque se déclare disposé à réduire la durée de la séparation en faveur des enfants d'une veuve « laissés à Sainte-Rose [...] elle n'a point de parents capables de la loger et de la soutenir longtemps », invoque le curé en implorant la clémence épiscopale. Il revient de chez elle d'où elle l'a appelé parce qu'elle souffre d'un « étouffement causé en partie par la peine » de vivre une pénible séparation de ses enfants et de son allié. Celui qui la convoite ne peut « pas former le quart de la somme » exigée à titre de *componende*, « sans vendre une partie de son nécessaire ». Ce n'est sûrement pas le cas d'un marchand de Longueuil qui, au milieu des années 1810, estime que la séparation de lit est suffisante pour obtenir une dispense. Le couple fait chambre à part depuis un an. La cousine est en charge de son commerce et des enfants. Son allié est allé séjourner un mois sur ses terres de Châteauguay. Il vient de regagner son domicile. Le sort de Pierre Delisle et d'Angélique Létourneau de Longueuil paraît plus pénible. Ils vivent en union libre avec leurs cinq enfants. Le curé plaide en leur faveur : « la vue de ces enfants [...] leur fait trouver difficile de renoncer absolument au mariage ». Le curé les a séparés de lit. Delisle s'engage à aller séjourner à Deschambault. Combien de temps durera la séparation ? Plessis tient à la peine maximale. Chargés de trois ou quatre enfants de plus, Delisle et sa femme obtiennent, dix ans plus tard (en 1826), la permission de s'épouser. Dans sa paroisse, Delisle n'était pas seul à vivre en union de fait avec sa proche alliée. En 1817, Hyacinthe Poudret, 23 ans, exprimait son désir d'épouser Judith Lauzon, une veuve de 28 ans dont le mari était cousin de Poudret. Ce dernier a eu un enfant de son alliée. Les partenaires se séparent. Vont-ils persévérer ? Le curé craint que « l'amour » ne l'emporte sur le « devoir » et qu'à l'exemple de Delisle il ne retourne vivre avec elle. Le couple obtient une dispense après 21 mois de séparation. À Vaudreuil, l'acceptation de cette pénitence justifiait le refus signifié à Delisle qui attendra encore quelques années avant d'obtenir la même faveur.

Dispenses du second degré attribuées par l'évêque
de Québec,1800-1831 selon certaines sources

	Cousins par alliance	Cousins germains
1800		2
1801		1
1802	1	2
1803		2
1804		1
1805		
1806		
1807		
1808	1	
1809	1	4
1810	1	4
1811	1	4
1812	1 (?)	1 (?)
1813		1
1814	1	3 (?)
1815	1	4
1816		2
1817		2
1818		
1819		1
1820		1
1821	1	1
1822	1	5
1823	4	2
1824	2	3
1825	1 (?)	5
1826	3	12
1827	7	22
1828	4	9
1829	9	9
1830	4	8
1831	7	7

Les situations délabrées que nous venons de décrire sont dues en partie à la rigueur de Plessis, en partie au manque de pouvoirs. Au temps des guerres napoléoniennes, la communication avec Rome est interrompue. La paix revenue, Plessis reçoit des pouvoirs pour un nombre de cas limité, en 1816, par exemple, pour seulement sept couples de cousins germains ou par alliance, pour vingt, en 1817. Provisions insuffisantes, car il doit quelquefois satisfaire aussi quelques couples des Maritimes et de l'Ontario, territoires également sous sa juridiction. Bernard-Claude Panet, évêque en titre de 1825 à 1832, était plus compréhensif que Plessis, mais il était muni, contrairement à son prédécesseur, des pouvoirs qui manquaient à ce dernier.

Les évêques ne peuvent déléguer leurs pouvoirs de dispenser au second degré. Dès lors, l'évolution du nombre de dispenses peut être reconstituée à partir des *Cahiers de componendes*. Sous réserve d'un sous-enregistrement dont nous ne saurions estimer l'ampleur – quelques cas ont été repérés dans les *Cahiers de visite pastorale* ou la correspondance – nous en avons tiré une statistique. Bien qu'approximative, elle n'est pas sans enseignement.

* * *

En Europe, une demande de dispense du second degré doit être adressée à Rome. Des cousins acadiens réfugiés sur les côtes normandes ont surpris l'évêque normand de Coutances en lui déclarant que, dans leur pays d'origine, son homologue possédait le pouvoir de les dispenser. Le siège de Québec, éloigné de Rome, disposait en effet de pouvoirs spéciaux néanmoins limités, surtout à l'époque de Plessis. On ne pouvait y dispenser du premier degré de parenté. L'oncle et la nièce, la tante et le neveu sont liés du premier au troisième degré. Les cas rencontrés concernent des parents par affinité. Impossible pour un veuf de Rivière-Ouelle d'épouser « une nièce de sa défunte femme » avec laquelle il vit et dont il a eu un enfant, même si la situation paraît déplorable au curé (les trois enfants de sa première femme vivent avec le couple). Un oncle de Saint-Joseph-de-Beauce se désole en vain, même si « une personne en place lui a dit qu'il n'y avait aucun empêchement à son mariage ». Vingt ans plus tard, une tante et un neveu des Cèdres sont avertis qu'ils ne peuvent espérer s'épouser. S'il y a eu, à l'époque, de tels mariages, on a dû recourir à Rome.

Les dispenses du premier degré sont attribuées par l'administration centrale. Encore faut-il que la loi civile ne contrevienne pas aux règles canoniques. Tel est le cas du veuf qui veut épouser sa parente du premier degré d'affinité en ligne collatérale, soit la sœur de sa femme décédée. Il faut attendre les années 1880 avant que la loi canadienne interdisant le remariage successif des deux sœurs ne soit abrogée (Gagnon, 1993 : 222-227).

Bibliographie

Bawin-Legros, Bernadette, et Salvino A. Salvaggio (1990), « Promothée contre les moralistes. De l'inceste à l'abus sexuel. Une relecture éthique », *Cahiers internationaux de sociologie*, LXXXVIII (janvier-juin), p. 141-155.

Couchard, Françoise (1990), « Éthique et psychanalyse », *Cahiers internationaux de sociologie*, LXXXVIII (janvier-juin), p. 119-140.

Durkheim, Émile (1896-1897), « La prohibition de l'inceste et ses origines », *L'année sociologique, première année*, vol. 1, p. 2-70.

Freud, Sigmund ([1912-1913] 1989), *Totem et tabou. Interprétation par la psychanalyse de la vie sociale des peuples primitifs*, Paris, Payot. [D'abord paru sous forme d'articles de revue.]

Gagnon, Serge (1990), *Plaisir d'amour et crainte de Dieu. Sexualité et confession au Bas-Canada*, Sainte-Foy, PUL.

Gagnon, Serge (1993), *Mariage et famille au temps de Papineau*, Sainte-Foy, PUL.

Goody, Jack (1985), *L'évolution de la famille et du mariage en Europe*, Paris, Armand Colin.

Héritier, Françoise (1994), *Les deux sœurs et leur mère*, Paris, Odile Jacob.

Lévi-Strauss, Claude ([1947] 1968), *Les structures élémentaires de la parenté*, Paris/La Haye, Mouton.

Les rituels du mariage dans les campagnes de la Mauricie/ Bois-Francs et du Saguenay au XXe siècle : regards sur les spécificités régionales*

René Hardy
Université du Québec à Trois-Rivières

Gérard Bouchard
Université du Québec à Chicoutimi

Anne-Marie Desdouits
Université Laval

L'historiographie québécoise la plus récente s'interroge sur l'existence de cultures régionales. Ce qui fonde les découpages des régions administratives actuelles ou des grandes régions d'appartenance telles que la Mauricie et le Saguenay serait-il autre chose que le sentiment de partager une expérience collective commune ? Serait-ce aussi un ensemble de traits distinctifs inscrits dans les manières de vivre, constituant ce qu'on pourrait appeler des

---

* Cette recherche est subventionnée par le Fonds FCAR. Nous remercions Marie-Josée Boisvert, Josée Gauthier, Denyse Girard, Marie-France Saint-Laurent, Robin Simard et Martine Tremblay qui ont collaboré à la collecte des données et à l'élaboration des instruments de travail.

coutumes ou des traditions régionales ? Dans le passé, ces interrogations n'ont à peu près pas trouvé de prise sur l'historiographie
qui est restée confrontée aux postulats contradictoires du nationalisme traditionnel et du régionalisme, le premier supposant une
grande homogénéité de la culture sur l'ensemble du territoire, le
second accréditant l'idée de la diversité à l'échelle locale.

L'étude des rituels du mariage que nous abordons dans cet
article tente d'apporter quelques éléments de réponse à ces questions. En effet, les pratiques rituelles sont des indicateurs exceptionnels pour analyser dans l'espace les structures socioculturelles, les
diverses segmentations, les interactions et les changements. Elles
sont réglées par des codes, par des modèles en principe reproduits
d'une génération à l'autre. Leur déroulement, au lieu d'être livré au
hasard et à l'improvisation, obéit à une procédure plus ou moins
élaborée et contraignante, prescrite par la culture. Étant formalisées
et répétitives, elles sont aisément observables et comparables.
Comme toute tradition, elles baignent dans le social et dans l'histoire, se distinguant selon les classes et les milieux sociaux, évoluant
et s'adaptant aux nouvelles valeurs, aux modes et aux sensibilités
collectives. Elles offrent aussi l'avantage de pouvoir être abordées de
l'extérieur, sous leur aspect morphologique. Les rituels peuvent donc
être décomposés en fragments et donner lieu à une étude de
l'origine et de la diffusion de leurs divers éléments. On peut alors
reconstituer les transferts culturels dans l'espace et le tissu social et,
au moyen de la comparaison, évaluer le caractère plus ou moins
élaboré des contenus rituels.

Cette recherche sur les rituels du mariage s'inscrit dans un
programme plus vaste dont l'objectif est d'appréhender les dynamiques culturelles interrégionales[1]. Le programme regroupe trois
projets et explore plusieurs directions complémentaires. Les projets
portent sur les rituels du mariage, de la naissance et de la mort, sur
les chansons de noce et sur les soins et rituels thérapeutiques. Les
objectifs principaux du programme sont de vérifier l'influence de

---

1. Les objectifs et les orientations méthodologiques de ces recherches ont été exposés
    dans Gérard Bouchard, Anne-Marie Desdouits, René Hardy et Francine Saillant (à
    paraître).

l'ancienneté du peuplement parmi les facteurs de différenciation spatiale à l'échelle régionale et interrégionale, de rechercher les articulations entre les espaces régionaux, incluant les relations villes-campagnes, pour mettre au jour les pôles d'influence et les canaux de diffusion, enfin, de faire ressortir les changements survenus dans les formes rituelles depuis la fin du XIXe siècle.

L'ENQUÊTE SUR LE MARIAGE

Notre enquête sur les rituels du mariage s'étend à une douzaine de régions représentant tous les types d'habitats : métro-politain, régional laurentien et périphérique, urbain et rural, ancien et récent[2]. Elle recouvre aussi diverses catégories professionnelles afin de faire ressortir les clivages sociaux. Le mariage étudié est entendu au sens traditionnel du terme. C'est celui qui comprend au minimum une cérémonie officielle. Avant 1940, cette cérémonie officielle se déroule à l'église. Après 1980, elle peut être religieuse ou civile. La recherche ne porte que sur les manifestations socio-culturelles ou symboliques non obligatoires qui accompagnent l'union officiellement consacrée devant l'Église ou l'officier civil. Elle repose essentiellement sur des entrevues menées auprès de témoins choisis selon des critères rigoureux : avoir contracté mariage avant 1940 ou après 1980 ; être né dans la paroisse dont il témoigne ou dans une localité voisine ; être issu par la naissance du milieu professionnel auquel il appartient (cultivateur, enfant de cultivateur, par exemple).

Les entrevues sont conduites à l'aide d'un questionnaire semi-dirigé et très détaillé qui inventorie tous les éléments constitutifs du rituel du mariage, des fréquentations jusqu'à la réinsertion sociale après le mariage. Cependant, pour éviter certains désavantages du questionnaire qui appelle généralement des réponses relativement brèves, il est administré comme une entrevue afin de laisser place à la spontanéité du témoin. Ainsi, chacune des grandes questions est d'abord formulée en des termes généraux qui mettent le témoin[3] en

---

2.   Voir Gérard Bouchard, René Hardy et Anne-Marie Desdouits (1995).

3.   Le masculin est employé dans un sens générique.

situation, valorisent son expérience et le prédisposent à en parler librement. Ces questions introductives présentent les 16 parties qui structurent le questionnaire. Celles-ci portent sur les fréquentations, la demande en mariage, les fiançailles, le contrat, etc. L'intervieweur dira : « Parlez-nous de vos fréquentations. » Puis, selon les précisions fournies, il reprendra le sujet en plusieurs autres questions complémentaires, telles la durée, les jours de la semaine, le couvre-feu, etc., qui appellent des réponses brèves et précises. Des compléments d'enquête sont également effectués. Chacune de ces réponses, enregistrée sur magnétophone, est ensuite codée et saisie à l'aide d'un micro-ordinateur.

Dans la présente étape, la recherche et l'analyse documentaires ne sont pas encore terminées. Les résultats ont donc un caractère exploratoire. Étant les premiers dans ce programme de recherche à traiter de la comparaison interrégionale à l'aide d'un corpus informatisé[4], nous considérons surtout cette analyse comme un test de validation de l'ensemble de notre méthodologie.

Les deux régions comparées présentent des contrastes évidents. Le Saguenay est une région neuve, formée à partir du milieu du XIXe siècle à la suite de l'implantation de populations principalement venues de la région de Charlevoix. La région Mauricie/Bois-Francs est constituée, d'une part, d'un terroir ancien qui participe du peuplement de la vallée laurentienne sous le Régime français et, d'autre part, d'un espace plus récemment peuplé, soit à peu près en même temps que le Saguenay, à la faveur de la vague de colonisation du milieu du siècle dernier.

Dans notre enquête, l'espace de la Mauricie/Bois-Francs emprunte les limites de la région administrative 04 du gouvernement du Québec. La subdivision interne, cependant, diffère de celle de la région administrative. Afin de vérifier si l'ancienneté du peuplement est un facteur de différenciation des rituels du mariage, nous avons restreint la Mauricie à la rive nord du fleuve et convenu d'étendre

---

4. Dans le cadre du même projet, la comparaison interrégionale, qui nourrit la problématique depuis les débuts des travaux, a déjà fait l'objet de deux articles à partir d'une exploitation manuelle des données : Gérard Bouchard, Josée Gauthier et Marie-Josée Huot (1993 : 261-305) et Anne-Marie Desdouits (1993 : 307-328).

l'appellation Bois-Francs à la rive sud[5]. Ainsi la région administrative est subdivisée en deux entités comprenant chacune un segment neuf et un vieux terroir. Ces segments territoriaux, sur la rive nord, sont nommés Mauricie/Laurentides pour désigner l'espace peuplé à compter du milieu du XIXe siècle et Mauricie/littoral pour désigner le vieux terroir. Sur la rive sud, les espaces équivalents ont noms Bois-Francs/Appalaches et Bois-Francs/littoral. Les lignes de division des territoires neufs se situent à l'arrière des paroisses de Saint-Stanislas sur la rive nord et de Saint-Wenceslas sur la rive sud.

Précisons que toutes les entrevues ont été menées auprès de personnes rattachées à l'agriculture qui se sont mariées avant 1940.

---

5. Il arrive aussi que nous appliquions le terme région à la Mauricie et aux Bois-Francs tel que nous venons de les définir. Il va sans dire qu'il est pris dans le sens strict d'unité territoriale.

Nous disposons présentement de 19 entrevues pour témoigner du Saguenay et de 48 pour la Mauricie/Bois-Francs. Ces dernières se répartissent comme suit : 11 et 15 respectivement dans les segments Bois-Francs/Appalaches et Bois-Francs/littoral. La Mauricie est moins bien représentée avec 22 entrevues, dont seulement 5 pour le segment littoral. La dimension de ces échantillons d'entrevues par segments terrritoriaux n'est donc pas toujours conforme à la norme approximative de 15 entrevues généralement admise par les scientifiques pour ce genre d'enquête[6]. Certains de nos résultats doivent donc être considérés comme provisoires.

Notre objectif est de vérifier s'il existe en milieu paysan un modèle de rituel du mariage, si ce modèle diffère entre les deux régions comparées, s'il accrédite l'existence d'une culture régionale et si, à l'intérieur de la région Mauricie/Bois-Francs, l'ancienneté du peuplement peut être un facteur de différenciation culturelle.

COMPARAISON INTERRÉGIONALE

Pour nous conformer aux limites imparties à cet essai, nous n'avons retenu à des fins comparatives que sept éléments du rituel du mariage. Ils ont été choisis en raison de leur richesse documentaire et des possibilités de différenciation qu'ils paraissaient présenter entre les divers segments territoriaux. Ce sont :

1. Les stratagèmes en vue de rencontrer un bon parti. En utilise-t-on et quels sont-ils ? Pour activer la mémoire des témoins, les interviewers donnaient des exemples tirés des réponses obtenues d'autres témoins ou puisés à même le corpus ethnographique : manger avant de s'endormir ; mettre un objet sous l'oreiller ; lancer un objet par dessus son épaule ; faire une neuvaine, etc.

2. Les soirs de veillée. Quels jours et soirs de la semaine se rencontre-t-on ? Y a-t-il un couvre-feu ?

3. Les habits de noce. Se marie-t-on en blanc ? Y a-t-il une couleur indiquée par la coutume, par la mode ?

---

6. Voir la justification de cette norme dans Gérard Bouchard, René Hardy, Anne-Marie Desdouits (1995).

4. Les manifestations à la sortie de l'église après le mariage. Lance-t-on des confettis ? Se fait-on photographier ? La mariée lance-t-elle son bouquet ?

5. Le départ vers la noce. Y a-t-il un cortège ? Quel en est l'ordre ? Est-il exceptionnel que les pères des mariés ferment le cortège ?

6. Le repas du midi. Le prend-on chez les parents du marié ou chez ceux de la mariée ?

7. Le voyage de noces. Cette coutume, déjà bien ancrée au sein de la bourgeoisie au début du XIXe siècle, se pratique-t-elle également dans les familles d'agriculteurs ?

Ces questions constituent en quelque sorte les termes de la comparaison interrégionale que nous abordons ici. Le lecteur ne se surprendra pas d'être conduit à travers des descriptions minutieuses et des comparaisons qui confinent souvent aux détails. Cette démarche paraît nécessaire si l'on veut procéder à une étude comparative méthodique et rigoureuse des traits culturels susceptibles de caractériser les espaces régionaux.

LE CHOIX D'UN CONJOINT

Un peu partout dans ces régions, le choix du conjoint donne lieu, chez les filles, à des stratagèmes pour rencontrer un bon parti. L'importance de ces pratiques, qui rejoignent plus ou moins la moitié des personnes interrogées, atteste ce que plusieurs spécialistes de la culture rurale ont déjà signalé, soit la situation relativement précaire des filles. Elles sont souvent économiquement défavorisées et quasi contraintes au mariage pour assurer leur sécurité financière[7]. Ces pratiques relèvent de trois catégories : l'utilisation d'objets symboliques auxquels on prête certains pouvoirs, la prière en général ou l'invocation d'un saint et les jeux de rencontre à l'occasion de veillées. Cependant, toutes les personnes interrogées

---

7. Denise Lemieux et Lucie Mercier (1990 : 124) ajoutent de nouveaux témoignages à ceux de Horace Miner sur Saint-Denis-de-Kamouraska et sœur Marie-Ursule sur Sainte-Brigitte-de-Laval.

n'ont pas utilisé les mêmes objets ou mis en œuvre les mêmes moyens. Certaines pratiques caractérisent des segments territoriaux.

Objets symboliques utilitaires

Au Saguenay, près de la moitié des conjointes disent avoir mangé du sel, soit une soupe salée ou une galette de sel avant de s'endormir pour rêver à leur « futur ». Cette coutume est à peine pratiquée en Mauricie et dans les Bois-Francs. Un seul témoin de la rive nord du Saint-Laurent en a fait l'expérience. Elle ajoute que le rite était précédé des invocations : « Belle lune, jolie lune, faites-moi rêver[8]. » Deux interviewées des Bois-Francs en ont entendu parler sans l'avoir utilisé elles-mêmes[9]. Cette galette de sel, de préciser une dame du Saguenay, était faite de pâte salée aplatie sous un fer chaud ou entre deux fers : « Puis on mettait la p'tite galette là et on mettait le fer dessus [...] pas trop chaud là, puis elle venait toute plate. Puis là on mangeait ça[10]. »

Une autre pratique répandue au Saguenay consiste à placer sous l'oreiller ou le matelas une petite échelle découpée dans du papier. « En s'endormant le soir, elle demandait à l'Être suprême que son futur vienne monter dans l'escalier pendant son sommeil pour qu'elle le voie[11]. » Quatre témoins confirment cette pratique, contrairement à la Mauricie et aux Bois-Francs où elle est à peu près inconnue. Un seul témoin de la première région en a entendu parler, tandis que, dans la seconde, elle a été rappportée non pas chez des agriculteurs, mais chez les pensionnaires d'un couvent. Du reste, il s'agissait d'une variante, puisque le témoin précise que l'échelle de papier était placée sous le matelas par des amies qui vérifiaient ensuite son efficacité[12].

---

8. Mauricie, entrevue 24, Saint-Adelphe, 1935.

9. Bois-Francs, entrevue 10, Sainte-Sophie, 1932, et entrevue 12, Sainte-Gertrude, 1935.

10. Saguenay, entrevue 6, Saint-François-de-Sales, 1925.

11. Saguenay, entrevue 12, Sainte-Famille, 1936.

12. Bois-Francs, entrevue 24, Saint-Albert, 1939.

Prières et pratiques divinatoires

Le seul stratagème utilisé à peu près également dans les trois régions est la prière, soit une neuvaine ou l'invocation d'un saint. Il fut pratiqué par le quart des interviewées de la Mauricie/Bois-Francs. Deux dames rapportent avoir prié tous les jours depuis leur jeunesse pour se trouver un bon parti[13]. Mais qui invoquer ? L'une, saint Joseph, l'autre, la Vierge et une troisième, saint Antoine qui, dans la culture populaire, au Québec comme en France, est considéré comme le patron des objets perdus[14]. Il ne semble donc pas y avoir un saint reconnu unanimement comme efficace dans ce type de requête. Il existe par contre un moment de l'année pour s'adresser à Dieu, c'est la nuit de Noël. Il fallait communier à cette intention pendant la messe ou réciter « mille *Ave* avant la messe de minuit ». Le témoin qui rapporte cette dernière coutume affirme que « c'était courant pour rencontrer un conjoint »[15].

À ces coutumes religieuses, s'ajoutent des pratiques divinatoires qui semblent beaucoup moins fréquentes. L'une s'inspire de la neuvaine de prières. Elle nous est racontée par une dame des Bois-Francs : « Ma mère m'avait dit, vers 17-18 ans, de compter les étoiles. Neuf étoiles par soir pendant neuf soirs de suite et le neuvième soir de remarquer à qui j'allais rêver. Dans la nuit, j'ai rêvé à mon mari. Il avait une calotte. Pas longtemps après je l'ai vu et j'ai dit c'est à lui que j'ai rêvé[16]. »

---

13. Bois-Francs, entrevue 5, Sainte-Clothilde, 1935, et entrevue 12, Sainte-Gertrude, 1935.

14. Bois-Francs, entrevue 12, Sainte-Gertrude, 1935, entrevue 2, Saint-Eusèbe, 1938, et entrevue 5, Sainte-Clothilde, 1935 ; Mauricie, entrevue 25, Sainte-Flore, 1937.

15. Sources des deux témoignages, dans l'ordre : Bois-Francs, entrevue 27, Sainte-Sophie-de-Lévrard, 1938 ; Mauricie, entrevue 20, Saint-Léon, 1934.

16. Bois-Francs, entrevue 22, Saint-Jacques, 1928.

Veillées et jeux

Le monde rural de cette époque montre une grande ingéniosité dans l'invention des moyens pour faciliter la formation des couples. Les fréquentes veillées qui s'y déroulent ne s'expliquent pas uniquement par la convivialité de cette culture ou par le désir de briser l'isolement qui caractérise les travaux journaliers et le mode de vie rural. Ces soirées ou veillées visent aussi à répondre au besoin particulier des jeunes qui se cherchent un conjoint. Dans l'état actuel de notre documentation, les veillées de jeunes en Mauricie et dans les Bois-Francs, plus qu'au Saguenay, sont spécifiquement tournées vers l'objectif de rencontrer son conjoint. Elles donnent lieu à la pratique de jeux nommés *Ta place est demandée*, *La compagnie vous plaît-elle ?* ou à des variantes que les témoins ont décrites sans en connaître le nom. Le tiers des interviewées en Mauricie et le quart dans les Bois-Francs disent avoir pratiqué ces stratagèmes pour rencontrer un partenaire.

Dans ces jeux, rien n'est laissé au hasard ou à la spontanéité des acteurs. Il y a toujours un meneur dont la responsabilité est de veiller à l'atteinte de l'objectif recherché. Un témoin raconte le déroulement d'une veillée à Saint-Barnabé :

> Quand il se faisait des veillées chez les jeunes, ils invitaient une dizaine de filles, ça jasait, ça placotait et quand c'était le temps que la veillée commence, les filles s'asseyaient autour du salon. [Les garçons restaient dans la cuisine avec le meneur de jeu qui avait pour rôle de conduire un garçon à une fille.] Au bout de quelques minutes, il les changeait. C'était comme ça toute la soirée. Il y avait un violoneux. Les gars étaient dans la cuisine et ça chantait. Quand la fille avait un compagnon, ils jasaient ensemble ; ça ne dansait pas. Toute la veillée était pour jaser[17].

Dans une variante pratiquée dans les deux régions du centre du Québec, c'est le meneur qui choisit le partenaire. Il annonce son choix et le jeune homme se présente, délogeant celui qui s'y trouve déjà en lui disant : « Ta place est demandée »[18]. Dans *La compagnie vous plaît-elle ?*, version retracée chez des informateurs des Bois-

17. Mauricie, entrevue 14, Saint-Sévère, 1924.

18. Mauricie, entrevue 8, Saint-Barnabé, 1924.

Francs, c'est la fille qui choisit le garçon. Elle se frappe dans les mains et donne ainsi le signal qu'on lui en présente un autre. Ces jeux caractérisent la « veillée de clenche » par opposition à la veillée de danse. Au dire d'une interviewée, lorsqu'un jeune homme s'approche pour prendre la place d'un autre, il donne la main, ce qui « s'appelle clencher », au sens, sans doute, d'ouvrir ou de fermer une porte. Ainsi, les partenaires passent à tour de rôle, à des intervalles réglés par le meneur[19].

Ailleurs, dans les paroisses où l'interdit de la danse n'est pas respecté, ces jeux, au lieu d'occuper toute la soirée, préparent la danse qui suit. Une dame de Sainte-Flore rapporte :

> C'était des veillées où l'on était assises sur des chaises, un garçon venait, jasait avec nous un certain temps. Après cela, un autre arrivait en disant au gars : ta place est demandée [...] Il fallait rencontrer tous les garçons. Fallait que les garçons fassent le tour de toutes les chaises. [...] Le jeu durait environ une heure dans la soirée. Il y en a qui trouvaient leur fiancé ou leur mari dans ces jeux-là. Après le jeu, c'était la danse, alors les garçons choisissaient les filles pour danser[20].

Le temps des fêtes, de Noël jusqu'aux Rois, prolongé jusqu'au début du Carême (mi-février), selon plusieurs témoins, semble avoir été le moment privilégié pour ces veillées spécialement organisées par la jeunesse pour favoriser la formation des couples. Elles pouvaient survenir de deux à trois soirs par semaine durant cette période, puis se faisaient plus rares au cours de l'été où le travail devenait exigeant[21]. Leur diminution à l'approche du beau temps était compensée, dans certaines paroisses, par les veillées de danse que les condamnations du clergé ne sont pas parvenues à déloger complètement. Un interviewé de Saint-Tite raconte que les jeunes n'attendaient pas d'être invités pour s'y rendre :

> On descendait au village le dimanche au soir. On allait au restaurant et là c'était paqueté de voitures. La plateforme du restaurant était pleine de gars [...] On s'informait si quelqu'un savait s'il se faisait une veillée le soir. « En haut du lac, à une telle place, ça a l'air qu'ils en font une ».

19. Bois-Francs, entrevue 28, Victoriaville, 1938, et entrevue 12, Sainte-Gertrude, 1935.

20. Mauricie, entrevue 25, Sainte-Flore, 1937.

21. Mauricie, entrevue 14, Saint-Sévère, 1924.

Alors vers 8 heures, on entrait dans la cour. On faisait demander le vieux ou le gars de la maison pour demander la permission d'entrer pour danser. Il y avait des fois des gars seuls. Il y avait itou des filles toutes seules. On se faisait des blondes en même temps [...] On emmenait en partie chacun notre boisson, nos petites bouteilles. Là on dansait le set callé. Quand on arrêtait, il y en avait qui chantaient des fois. Violon – accordéon – On a bien dansé avec ça[22].

Ces veillées de danse ne sont cependant pas courues par toute la jeunesse des campagnes. Plusieurs témoins affirment qu'ils n'osaient pas braver les interdits du clergé.

LES FRÉQUENTATIONS

Soirs de veillée

Quand se fréquente-t-on ? La coutume prescrit-elle des soirs de veillée, comme il y en avait encore au cours des années 1960 dans le monde rural ? La comparaison interrégionale fait ressortir une première différence : au centre du Québec, tous rapportent qu'ils se rencontrent le dimanche, alors qu'au Saguenay, si on en juge par les quelques témoins qui ont répondu à cette question[23], le jeudi semble être préféré au dimanche.

Il n'existe pas de coutume qui prescrit de se fréquenter plus d'un soir par semaine. Dans les Bois-Francs, les deux tiers des couples ne se rencontrent que le dimanche. « C'est rare qu'il venait dans la semaine », de dire un témoin qui traduit ici le comportement de la majorité et l'explique par la coutume et le manque de temps[24]. En Mauricie, le dimanche est moins exclusif. Plusieurs jeunes de cette région se fréquentent deux à trois soirs par semaine. Le jeudi est souvent choisi, combiné parfois au samedi. Le mardi est rarement un soir de fréquentation en Mauricie comme dans les Bois-Francs.

---

22. Mauricie, entrevue 16, Saint-Tite, 1938.

23. Cette question n'entrait pas dans le questionnaire initial qui fut administré au Saguenay. Seuls cinq témoins y répondent.

24. Bois-Francs, entrevue 16, Saint-Célestin, 1932.

Dans cette dernière région, outre le dimanche, les « bons soirs » sont le samedi et le jeudi, mais ils sont trop rarement choisis pour y déceler une règle coutumière. Au Saguenay, le nombre d'entrevues abordant cette question est trop restreint pour supporter un constat valable.

L'enquête ne permet donc pas de dégager une norme commune à ces régions en dehors de la règle du dimanche. Le choix du jeudi semble aussi s'imposer en Mauricie et au Saguenay, mais non dans les Bois-Francs. Quoi qu'il en soit, les personnes interrogées ont presque toutes l'impression de suivre un modèle ou une coutume, qu'elles le respectent ou non. Ainsi, l'une dira pour expliquer sa conduite : « Ce n'était pas l'habitude de se voir le samedi », tandis qu'une autre se justifiera en disant qu'elle et son conjoint ne s'embarrassaient pas de la coutume et veillaient « quand bon il leur semblait »[25]. S'il existe effectivement des règles que nos analyses ne parviennent pas à déceler, peut-être s'agit-il de coutumes locales ou microrégionales qui ne pourront être connues sans un quadrillage encore plus serré du terrain d'enquête.

Couvre-feu

Les fréquentations ont généralement lieu au domicile de la fille sous la surveillance des parents. Le coutumier suggérait-il au prétendant une heure convenable pour quitter la maison ? Les parents usaient-ils d'un stratagème quelconque pour signifier le moment du départ ?

Si l'on en croit les auteurs des téléromans sur la vie rurale, les parents sonnaient le couvre-feu en allant remonter l'horloge. La coutume aurait inspiré une chanson populaire qu'un témoin attribue à la Bolduc : « Quand le bonhomme monte le cadran, ça veut dire de sacrer le camp ». Ces informations sont également corroborées dans deux entrevues en Mauricie/Bois-Francs qui montrent que le stratagème était aussi bien pratiqué par le père que par la mère. L'une dit :

---

25. Mauricie, entrevue 18, Sainte-Anne-de-la-Pérade, 1932, et entrevue 14, Saint-Sévère, 1924.

Ma mère montait l'horloge. C'était une horloge accrochée au mur. Elle la regardait bien des fois. Moi je la voyais surveiller l'horloge. Je ne me souviens plus quand il fallait qu'il s'en aille, mais quand c'était le temps, elle allait remonter l'horloge. Là, Wellie prenait son « stock » pis il s'en allait[26].

Mais il semble bien, compte tenu du faible nombre d'entrevues rapportant cette coutume, qu'on n'ait pas eu besoin d'utiliser le stratagème tant le code de conduite était intériorisé. L'heure du départ fixée à 11 heures ou à minuit, au plus tard, était une pratique généralisée qui reposait sur les conditions de travail en milieu rural et le respect de l'autorité parentale. Les prétendants devaient laisser le temps de sommeil aux parents qui avaient la responsabilité de surveiller leurs fréquentations. Plusieurs témoins le confirment : « Il fallait qu'il parte avant onze heures. S'il avait dépassé onze heures et demie, ça aurait brassé. Mes parents bâillaient pour indiquer le sommeil. » Une autre ajoute : « La veillée, à onze heures, fallait que ça décolle [...]. Le lendemain, le monde travaillait [...]. Il n'y avait pas d'heure fixe, mais une personne qui a de l'allure, un jeune homme, quand il arrivait onze heures, il avait dit pas mal ses amours qu'il avait. Le lendemain, lui, il fallait qu'il travaille et les surveillants, fallait qu'ils travaillent[27]. »

LA ROBE DE LA MARIÉE

Dans les milieux bourgeois, selon les auteures de l'ouvrage *Les femmes au tournant du siècle*, la robe blanche semble être répandue dès le début du XIXe siècle (Lemieux et Mercier, 1990 : 157-158). La mode aurait gagné ensuite les milieux ruraux par l'intermédiaire des filles ayant séjourné aux États-Unis. Plusieurs témoignages tirés des mémoires et des journaux intimes semblent leur donner raison. Selon Laurette Bouchard, par exemple, fille d'un journalier-bûcheron qui a épousé au Saguenay, vers 1928, « un gars de la ville de des-

---

26. Sources des deux témoignages : Bois-Francs, entrevue 24, Saint-Albert, 1939, et entrevue 7, Saint-Christophe d'Arthabaska, 1916.

27. Sources des deux témoignages : Bois-Francs, entrevue 25, Sainte-Victoire, 1925, et entrevue 13, Saint-Célestin, 1921.

cendance un peu bourgeoise », jamais à son époque « on aurait osé porter de la couleur le jour de son mariage. Qu'est-ce que les gens auraient dit : une mariée qui n'est pas en blanc ? » (Bouchard, 1981 : 17, 55). Du reste, l'enquête ethnographique menée par sœur Marie-Ursule à Sainte-Brigitte-de-Laval montre que la robe blanche était généralisée dans cette paroisse des Laurentides en 1944.

Et pourtant, on se marie rarement en blanc dans les deux régions étudiées. C'est au Saguenay que la proportion de mariages en blanc est la plus forte, soit le cinquième. Dans les Bois-Francs, la proportion baisse au sixième, tandis qu'en Mauricie il n'y a que deux mariages en blanc sur vingt et un. Le bleu est beaucoup plus populaire, étant la couleur de la moitié des mariages dans l'un et l'autre segment de la Mauricie/Bois-Francs. Ces entrevues montrent également que le tiers des mariées de cette période portent le tailleur au lieu de la robe.

La mode bourgeoise du mariage en blanc n'a donc pas encore pénétré ces campagnes avant 1940. Surviendrait-elle brusquement au cours des années suivantes ? Cela est possible, car les rares mariages en blanc retracés dans nos enquêtes semblent être des événements précurseurs : à l'exception du premier qui date de 1909 et du deuxième, au début des années 1920, les six autres sont répartis dans la décennie de 1930.

MANIFESTATIONS À LA SORTIE DE L'ÉGLISE

Les confettis, la photographie et le lancement du bouquet de noces sont-ils, dès cette époque, intégrés au rituel du mariage en milieu rural ?

Confettis

Lancer des confettis, « [ç]a se faisait pas dans ce temps-là. C'était pas une coutume comme il y a aujourd'hui », de répondre catégoriquement un témoin. Plusieurs autres le confirment : « Pas de confettis, ni riz ; ce n'était pas la mode » ; ou encore : « Non. Ça, c'est venu plus tard[28]. » D'autres entrevues, par contre, rapportent des opinions plus nuancées ou carrément contradictoires. L'un dit : « Oui, ça commençait à être la mode » ; ou encore : « C'était pas défendu parce qu'il y en a qui le faisaient[29]. » Et lorsqu'on fait le décompte du nombre de témoins qui mentionnent avoir reçu des confettis à leur mariage, on en trouve la moitié en Mauricie et au Saguenay et le tiers dans les Bois-Francs.

Comment rendre compte d'un pareil écart entre le comportement de la majorité et des témoignages aussi catégoriques qui soutiennent le contraire ? S'agirait-il d'une coutume microrégionale ou encore d'une mode apparue au cours de la période ? Est-ce plutôt le fait d'observateurs trompés par une mémoire défaillante ?

En Mauricie, sept des dix mariages qui ont connu la coutume des confettis sont célébrés au cours de la décennie 1930, ce qui accréditerait l'hypothèse d'une mode répandue au cours de ces années. Ceci ne se vérifie pas cependant dans le segment des Bois-Francs ni au Saguenay où ce rite se pratique pendant toute la période sans qu'on puisse déceler un mouvement particulier. L'hypothèse d'une coutume microrégionale est aussi renforcée par la concentration des mariages sans confettis à Saint-Tite et dans des paroisses voisines. Pour la vérifier, il faudra attendre que la collecte des données soit terminée[30]. Nous pourrons ainsi annuler les erreurs introduites par des témoins dont le témoignage est suspect.

---

28. Bois-Francs, entrevue 17, Sainte-Sophie, 1927 ; Mauricie, entrevue 10, Sainte-Thècle, 1920 ; Bois-Francs, entrevue 20, Sainte-Marie-de-Blanford, 1932 ; Saguenay, entrevue 21, Saint-Fulgence, 1919.

29. Saguenay, entrevue 9, Sainte-Anne de Chicoutimi-Nord, 1928 ; Bois-Francs, entrevue 18, Manseau, 1918.

30. Dans les segments Bois-Francs/Appalaches et Bois-Francs/littoral, ce rite est mentionné respectivement dans 9 et 12 entrevues. Dans les segments Mauricie/Laurentides et Mauricie/littoral, il l'est dans 14 et 5 entrevues.

Photos de noce

La photographie est répandue dans les campagnes du Québec au début des années 1920. Les nouveaux mariés ont pris l'habitude de se faire photographier en couple. Rares sont ceux cependant qui possèdent un appareil photo personnel et il n'y a pas toujours un photographe dans la paroisse, ce qui oblige les mariés à reporter la séance de photo au moment où ils pourront se rendre à la ville sans trop de frais. Ce jour-là, parfois la semaine suivante et même beaucoup plus tard, ils se costument à nouveau comme si c'était le jour des noces.

La coutume de la photo de mariage à la sortie de l'église n'est pas aussi courante. Elle est exceptionnelle au Saguenay, elle se répand en Mauricie et elle est plus fortement implantée dans les Bois-Francs. Au Saguenay, seulement deux mariages ont donné lieu à une photographie de groupe. « Dans ce temps-là, de dire un témoin, ça ne photographiait pas. » « C'était rare les photos », d'ajouter un autre qui corrobore, somme toute, que la photo de mariage n'était pas encore répandue dans cette région[31]. En Mauricie, un peu plus du tiers des mariages a donné lieu à une photographie de groupe. Et la coutume gagne du terrain avec les années, car la majorité se situe entre 1934 et 1940. Ces données un peu sommaires concordent avec deux témoignages[32] : l'un souligne que ce n'était pas encore la mode lors de son mariage en 1924, précisant : « Ça a commencé lorsque j'ai marié mes enfants » ; l'autre précise que, dix ans plus tard, en 1935 à Saint-Adelphe, c'était devenu « la mode de faire une photo de groupe sur le perron de l'église : les mariés, les pères et les garçons d'honneur, etc. » Mais on ne peut assurément pas parler d'une mode généralisée qui envahit les campagnes, car dans la paroisse voisine, Saint-Tite, sur trois mariages célébrés entre 1934 et 1938, un seul a produit une photo de groupe et c'est celui de 1934.

---

31. Saguenay, entrevue 13, Saint-Alexis-de-Grande-Baie, 1913, et entrevue 16, Sacré-Cœur-du-Bassin, 1929.

32. Mauricie, entrevue 14, Saint-Sévère, 1924, et entrevue 24, Saint-Adelphe, 1935.

L'appareil photo personnel est plus répandu dans les Bois-Francs, ce qui explique que la moitié des mariages de cette période ait donné lieu à une photo à la sortie de l'église et qu'en deux occasions seulement on ait fait appel à un photographe profession-nel. Un témoin se souvient que le rassemblement des invités pour la photographie se faisait selon un ordre précis qui, souligne-t-il, ne se rencontre plus aujourd'hui : « C'étaient les mariés, puis les pères et les mères, les plus vieux, ensuite les plus jeunes mariés et les céli-bataires en arrière. C'était régulier [33]. » Il s'agit aussi dans cette région d'une coutume qui s'implante plus fortement en fin de période. Sa progression est cependant tributaire des conditions économiques, car au cours de la Crise, sur les dix mariages célébrés entre 1930 et 1935, seulement trois ont donné lieu à des photos.

Le bouquet

Le lancement du bouquet de la mariée ne se pratique pas encore. On n'en trouve qu'une seule mention dans les trois régions. Il s'agit d'un mariage célébré en 1909 à Bécancour. La mariée dit avoir lancé son bouquet « à un cousin qui était là, pour qu'il puisse se marier »[34]. Serait-ce que la mode a disparu par la suite ? Il ne faut pas écarter cette hypothèse dans la suite de nos travaux, bien que la difficulté d'obtenir des témoignages oraux antérieurs à 1920 ne permettra peut-être pas de la vérifier. Tous les autres interviewés confirment que ce n'était pas une coutume. « Dans ce temps-là, on gardait notre bouquet. On ne le lançait pas », de dire deux témoins de la même paroisse des Bois-Francs, tous deux mariés en 1938[35]. Un autre témoin de cette région ignore la signification symbolique du lancement du bouquet : « Je l'ai gardé, dit-elle, cela était bien trop de valeur de jeter cela aux quatre vents[36]. »

---

33. Bois-Francs, entrevue 7, Saint-Christophe d'Arthabaska, 1916.

34. Bois-Francs, entrevue 14, Gentilly, 1909.

35. Bois-Francs, entrevues 2 et 3, Princeville, 1938.

36. Bois-Francs, entrevue 8, Saint-Sylvestre, 1927.

LE CORTÈGE

Le mariage donne lieu à l'organisation de divers cortèges. Ici, nous relatons les coutumes entourant celui qui se forme au sortir de l'église pour aller célébrer la noce. Car les cortèges ne se constituent pas au hasard. Des règles plus ou moins strictes, parfaitement assimilées par le plus grand nombre, dictent la manière de faire. Ces règles ne sont cependant pas uniformes. Sans que nous puissions cerner l'existence de traditions régionales ou microrégionales, deux manières distinctes, deux traditions existent. Dans la première, qui est nettement majoritaire, les pères suivent les mariés au second rang dans le cortège. C'est le cas de presque tous les mariages au Saguenay et de la moitié de ceux de la Mauricie et des Bois-Francs. Dans l'autre tradition, le cortège est ouvert par les mariés pour se fermer avec les pères réunis dans la même voiture. Cette pratique, peu connue au Saguenay (un mariage seulement), se rencontre dans trois mariages en Mauricie et dans cinq mariages dans les Bois-Francs. Elle est minoritaire ; néanmoins, ceux qui l'ont rapportée croient qu'elle existe partout. Comme le dit l'un d'entre eux : « La coutume voulait que les pères soient derniers dans le cortège[37]. »

Au-delà de la préséance accordée aux principaux participants, la suite du cortège peut être ordonnée selon un modèle hiérarchique de la parenté et des amis invités. Certains en déclinent l'ordre avec précision et le justifient, tel ce témoin qui rapporte : « Là, mon père était le dernier. Il fermait le cortège. Les invités avaient leur rang selon leur degré de parenté et l'âge. » Un autre dit : « C'était le garçon d'honneur qui s'occupait de ça. En dernier, il y avait les frères, les sœurs, les oncles et les amis. » Enfin, un autre se souvient qu'après les pères, placés en second dans l'ordre du cortège, « suivaient l'oncle du marié et son fils, ensuite la tante de la mariée embarquée avec le couple du voisinage le plus proche. Les amis

---

37. Bois-Francs, entrevue 5, Sainte-Clothilde, 1935. Une variante qui ne fut relevée qu'une seule fois dans notre enquête place « les gens d'honneur et le grand-père du marié » à la fin du cortège. Bois-Francs, entrevue 27, Sainte-Sophie-de-Lévrard, 1938.

venaient après[38]. » Ce protocole plus ou moins rigoureux est respecté dans la moitié des mariages de notre enquête, aussi bien en
Mauricie que dans les Bois-Francs[39]. Les autres témoins déclarent
l'ignorer : « Ils suivaient comme cela venait », disent-ils, pour montrer qu'il n'y avait pas de préséance dans la suite du cortège.

LE REPAS DE NOCES

« Le midi, on noçait chez la fille et le soir chez le garçon. Tout
le monde faisait cela comme cela », de dire un témoin[40] qui semble
confirmer le soi-disant modèle « traditionnel » de la noce décrit par
Denise Lemieux et Lucie Mercier (1990 : 162) : « Habituellement,
écrivent-elles, le premier dîner chez la fille était suivi d'une seconde
fête, chez le père du marié. » Un peu plus de la moitié des interviewés dans les trois régions étudiées disent s'être conformés à cette
coutume. Le pourcentage aurait été encore plus élevé s'il n'y avait
pas eu la contrainte de se marier tôt le matin, souvent à sept heures.
Dans ces cas, il arrive que les invités soient d'abord reçus chez la
mariée à un vin d'honneur et à un goûter, avant d'aller prendre le
repas du midi chez les parents du marié. Ceux qui suivent ce second
modèle ont aussi l'impression de se conformer à « la » coutume.
Ainsi, un témoin affirme catégoriquement : « La coutume du temps
était qu'après le mariage, on aille prendre le vin chez la mariée. Un
verre de vin chez ma mère. On avait préparé des petits gâteaux.
Ensuite, le midi, c'était chez les parents du marié[41]. »

En fait, si on y regarde de plus près, on constate que la coutume, ici aussi, s'accommode de plusieurs entorses pourvu que soit

---

38. Sources des trois témoignages cités : Bois-Francs, entrevue 7, Saint-Christophe
    d'Arthabaska, 1916, entrevue 19, Lemieux, 1932, et entrevue 9, Saint-Wenceslas,
    1934.

39. Au Saguenay, cinq entrevues abordent cette question avec précision et deux
    seulement indiquent l'existence d'un ordre à suivre après les mariés et les pères.

40. Mauricie, entrevue 1, Sainte-Flore, 1938.

41. Bois-Francs, entrevue 20, Sainte-Marie-de-Blanford, 1932.

respectée la préséance accordée à la mariée. Si, pour la majorité des interviewés, le premier repas est réservé à la mariée, d'aucuns retiennent que la coutume accorde à la mariée non pas le premier, mais le plus élaboré des repas : « D'ordinaire c'était chez le garçon qu'on allait prendre le déjeuner. Puis la grosse fête ça se faisait chez les parents de la fille », de dire un témoin du Saguenay[42].

LE VOYAGE DE NOCES

Le voyage de noces, coutume bourgeoise déjà bien implantée au siècle dernier, aurait gagné les milieux populaires au début du XXᵉ siècle. Telle est la chronologie proposée par les auteures de l'ouvrage *Femmes au tournant du siècle* qui s'appuient sur une longue liste d'autobiographies et de mémoires intimes. Qu'en est-il de la pénétration de cette coutume bourgeoise dans les milieux paysans des trois régions étudiées ?

En Mauricie et dans les Bois-Francs, la coutume est déjà implantée chez plus du tiers des cultivateurs interrogés. Il en est autrement au Saguenay où plusieurs déclarent que cela ne se faisait pas, que ce « n'était pas la mode ». Seulement trois témoins, mariés après 1930, ont fait un voyage de noces. Ils annoncent le changement qui viendra au cours des années 1940 dans cette région. Au centre du Québec, la coutume progresse plus rapidement en fin de période. On peut le vérifier dans les sept entrevues réalisées à Saint-Tite et Sainte-Thècle, deux paroisses voisines situées sur le contrefort des Laurentides. Trois témoins mariés en 1920, 1921 et 1923 déclarent qu'il « ne se faisait pas de voyage » ; un autre, marié en 1930, aurait bien voulu, mais s'est soumis au refus de sa mère ; un cinquième (1934), pour faire son voyage, a dû renoncer à la noce ; un sixième (1935) a choisi le modèle de la majorité, car le voyage, dit-il, « ce n'était pas courant » ; enfin, en 1938, le dernier témoin de ces deux paroisses a fait un voyage de noces sans paraître s'interroger sur la nouveauté du phénomène.

---

42. Saguenay, entrevue, 9, Sainte-Anne de Chicoutimi-Nord, 1928.

Les principaux obstacles à la progression de cette coutume dans le milieu paysan ne sont pas seulement d'ordre économique. Le voyage entre en conflit avec la noce habituelle à laquelle les parents restent attachés. La tradition de la noce longue de quelques jours était tombée en désuétude dans les régions étudiées. Deux familles seulement attestent avoir célébré pendant deux jours, aucune pendant trois jours[43]. Cette noce avait été remplacée par une pleine journée de festivités, ce qui laissait la possibilité aux parents de tenir chacun leur propre réception. Or, le voyage de noces, compte tenu des moyens de communication en milieu rural, oblige à un départ rapide après la cérémonie religieuse. Les parents ne l'acceptent pas toujours, comme en témoigne un marié de 1930 :

> On s'est marié à huit heures du matin [...] Moi je voulais partir pour la gare tout de suite (après le mariage à l'église), mais ma mère pleurait, elle ne voulait pas. Elle a dit, tu n'es pas pour nous faire cela [...] J'ai dit ça va, pour vous faire plaisir, mais ce n'est pas cela qui est mon idée. Alors après le mariage, on est retourné à la maison, on a pris le repas[44].

S'il a commencé à toucher les milieux populaires à partir du début du siècle, le voyage de noces ne se généralise pas avant 1940 dans le monde rural des régions étudiées. L'amélioration des moyens de transport permet de l'intégrer au rituel de la noce sans compromettre tout à fait la tenue d'une réception immédiatement après le mariage. Celle-ci sera cependant réaménagée. Les nouveaux conjoints pourront partir en voyage après le repas du midi, généralement offert par les parents de la mariée et ils seront reçus au retour par les parents du marié. Ainsi sera respectée, comme règle coutumière, la préséance accordée à la mariée.

* * *

Cette comparaison que nous avons voulue descriptive, terme à terme, de quelques éléments des rituels du mariage dans deux régions, met en lumière un ensemble de traits qui paraissent rela-

---

43. Les noces de deux jours ont été célébrées dans les segments du littoral, l'une à Saint-Joseph-de-Maskinongé (Mauricie, entrevue 22, 1939), l'autre à Sainte-Marie-de-Blandford (Bois-Francs, entrevue 20, 1932).

44. Mauricie, entrevue 12, Sainte-Thècle, 1930.

tivement mineurs lorsqu'ils sont sortis du contexte de la noce. Elle nous a cependant conduits à des constats qui justifiaient cette démarche. Les premiers sont d'ordre comparatif et répondent aux objectifs annoncés de cette recherche, les seconds sont d'ordre méthodologique.

Le modèle unique d'une noce dite traditionnelle, à supposer qu'il ait déjà existé, ne se retrouve plus chez les témoins des premières décennies du XXe siècle. La diversité des formes rituelles mise au jour dans cette comparaison interrégionale accrédite cependant l'hypothèse de l'existence de quelques modèles dont on trouve des traces dans les deux régions. Mais aucun n'est suivi par la majorité des personnes interviewées. L'organisation d'un cortège, par exemple, obéit à deux protocoles distincts connus dans les deux régions. Le lieu du repas de noces est aussi codifié selon deux modèles présents aussi bien au Saguenay que dans le centre du Québec. Mais cette recherche montre aussi qu'une bonne moitié des interviewés ne connaissent pas de norme très formalisée. Au-delà de l'application d'une règle élémentaire de préséance, comme placer les mariés et leurs parents en tête du cortège, les comportements sont laissés au hasard et à l'improvisation du moment.

Il en ressort que ces éléments du rituel du mariage sont tantôt formalisés et élaborés, tantôt simplifiés, sans que ces caractéristiques nous permettent de distinguer un clivage entre les régions ou entre les segments territoriaux du littoral du Saint-Laurent et des terres peuplées plus récemment. Il faut se garder d'en tirer la conclusion que l'ancienneté du peuplement n'est pas un facteur de différenciation culturelle. L'hypothèse de l'existence de rituels plus élaborés dans les espaces de peuplement ancien semble se vérifier dans une première comparaison entre la Beauce et le Saguenay (Bouchard, Gauthier et Huot, 1993 : 261-305 ; et Desdouits, 1993 : 307-328). Elle pourrait également s'appliquer à la région Mauricie/Bois-Francs, où nous avons trouvé, dans un seul élément, une légère différence entre le rituel du vieux terroir qui borde le Saint-Laurent et celui des espaces neufs qui s'étendent vers les Appalaches et les Laurentides. Il s'agit de la survivance de la tradition de la noce de deux jours dans le segment du littoral. L'indice est assez mince, il est vrai, mais comme nous l'avons dit précédemment, ces conclusions provisoires reposent sur un nombre insuffisant d'entrevues pour être représentatif du segment spatial de la Mauricie/littoral.

Nous avons également constaté la diffusion à peu près uniforme, dans les deux régions, de la prière comme stratagème pour rencontrer un conjoint. Ce trait commun s'ajoute à plusieurs autres indices[45] qui tendent à démontrer que la religion compte, au Québec, parmi les principaux facteurs d'uniformisation de la culture.

La comparaison a aussi permis d'établir qu'il y a peu de traits propres à ces deux régions. Ceux qui ressortent paraissent si peu significatifs qu'on imagine mal qu'ils puissent fonder l'existence d'une culture ou d'une identité régionale. Résumons-les. Parmi les stratagèmes pour rencontrer un bon parti, les jeunes au centre du Québec n'utilisent que très peu les objets symboliques dont on se sert au Saguenay. À cet égard, la région centrale se distingue aussi de Charlevoix, de la Beauce et de la Côte-de-Beaupré où on découvre les mêmes rituels qu'au Saguenay. Dans les veillées, les jeunes de la Mauricie/Bois-Francs pratiquent des jeux qui sont inconnus dans les régions précitées. L'organisation des cortèges obéit à deux traditions qui sont toutes deux bien implantées au centre du Québec, alors qu'au Saguenay l'une est très peu pratiquée. Il s'agit donc de traits qui, pour la plupart, ne sont pas particuliers à une région, mais sont plus marqués dans l'une que dans l'autre. Avant de conclure qu'ils caractérisent le profil culturel régional, il faudra chercher d'autres éléments de différenciation de manière à constituer un corpus plus consistant. Il faudra également poursuivre la comparaison avec d'autres régions, en particulier avec celles de l'ouest du Québec pour vérifier si les similitudes ne sont pas encore plus grandes de ce côté. En somme, les résultats de cette recherche ne concourent pas à démontrer l'existence de traits culturels propres aux régions étudiées ; ils tendent plutôt à prouver l'hypothèse, déjà bien étayée par les premiers travaux comparatifs, du caractère plutôt diffus des frontières culturelles régionales et du caractère éclaté des rituels.

---

45. Voir en particulier la conclusion de l'ouvrage d'Anne-Marie Desdouits (1987).

Cette étude a laissé l'impression que les rituels du mariage évoluent rapidement vers une plus grande uniformité. Ce n'est évidemment pas une conclusion que nous soutenons, car l'observation repose sur une sélection restreinte et particulière d'éléments qui fausse les perspectives d'ensemble. Ceci appelle une note à caractère méthodologique. En fait, les éléments choisis à des fins de comparaison dans cette étude sont peu nombreux et certains d'entre eux obéissent plus que d'autres à la progression d'une culture urbaine ou de masse qui déferle à partir du début du XXe siècle et uniformise peu à peu les manières de faire. Le voyage de noces, la robe de la mariée et la photo sont au nombre de ces éléments. Ces nouvelles coutumes s'implantent partout à compter des années 1930, donnant l'impression de changements rapides. Mais il n'y a pas de doute que cette perception aurait été atténuée, si nous avions pris en compte l'ensemble des rituels du mariage. Par ailleurs, étant donné le caractère de nouveauté de ces éléments, il va sans dire qu'ils ne peuvent servir à attester l'existence de cultures régionales. Il est cependant utile de mesurer et de comparer leur progression dans chaque segment spatial et dans chaque catégorie sociale afin de déterminer par quelles voies et à quel rythme elles gagnent le monde rural.

L'autre note à caractère méthodologique découle du constat de la grande diversité de ce que les témoins ont appelé eux-mêmes la tradition ou le mariage traditionnel. Heureusement, notre méthode a permis de confronter les témoignages pour vérifier si les certitudes de certains témoins sur la conformité de leur mariage avec la tradition tenaient devant les faits rapportés par d'autres. Cette critique serrée des sources n'a pu être réalisée qu'en maintenant l'obligation de faire plusieurs entrevues par segment territorial, dans une même catégorie sociale. Cette méthode est nécessaire pour conduire des études microsociales rigoureuses. Non seulement elle fournit la quasi-certitude de la fiabilité des données, mais encore elle permet d'approfondir l'analyse en précisant s'il s'agit d'une coutume nouvelle, plus ou moins généralisée, propre ou non à tel segment territorial. Ainsi, elle nous met à l'abri de généralisations auxquelles l'utilisation des concepts de « tradition » ou de « mariage traditionnel » se prête trop aisément.

Bibliographie

Bouchard, Gérard, Anne-Marie Desdouits, René Hardy et Francine Saillant (à paraître), « Les dynamiques culturelles interrégionales au Québec : objectifs et orientations d'une recherche », *L'ethnologie des francophones en Amérique du Nord, 1944-1994 : bilan et perspectives*, Québec.

Bouchard, Gérard, Josée Gauthier et Marie-Josée Huot (1993), « Permanences et mutations dans l'histoire de la culture paysanne québécoise », dans Gérard Bouchard (dir.) et Serge Courville (coll.), *La construction d'une culture. Le Québec et l'Amérique française*, Sainte-Foy, PUL (coll. Culture française d'Amérique), p. 261-305.

Bouchard, Gérard, René Hardy et Anne-Marie Desdouits (1995), « Les rituels du mariage au Québec : instruments et méthodologie d'une enquête », dans Gérard Bouchard et Martine Segalen (dir.), *Dynamiques culturelles interrégionales au Québec et en France. Construction d'une enquête*, Chicoutimi, IREP, p. 27-44.

Bouchard, Laurette (1981), *Courtepointe d'une grand-mère*, Hull, Asticou.

Desdouits, Anne-Marie (1993), « Les rituels du mariage paysan sur la Côte-de-Beaupré et dans la Beauce », dans Gérard Bouchard (dir.) et Serge Courville (coll.), *La construction d'une culture. Le Québec et l'Amérique française*, Sainte-Foy, PUL (coll. Culture française d'Amérique), p. 307-328.

Desdouits, Anne-Marie (1987), *La vie traditionnelle au pays de Caux et au Canada français. Le cycle des saisons*, Québec/Paris, PUL/CNRS.

Lemieux, Denise, et Lucie Mercier (1990), *Les femmes au tournant du siècle, 1880-1940. Âges de la vie, maternité et quotidien*, Québec, IQRC.

Les laïcs québécois et l'Église en période de sécularisation (1945-1970) : réflexions historiques

Les catholiques dans la Révolution tranquille : *aggiornamento* ou assimilation ?

Raymond Lemieux
Groupe de recherche en sciences de la religion
Université Laval

Après 30 ans, il est toujours difficile d'interpréter le catholicisme québécois des années 1960. Deux événements intimement liés en ont marqué l'histoire. Le concile Vatican II propose l'*aggiornamento* de l'Église universelle. Il l'appelle à s'« ouvrir au monde » par une présence évangélisatrice renouvelée et adéquate par rapport aux itinéraires humains contemporains. La Révolution tranquille entérine la modernité à laquelle la société québécoise est parvenue à la suite d'une longue marche. D'une part, on entreprend un important travail pour obtenir un christianisme épuré, nettoyé de la poussière des habitudes et capable d'un vrai dynamisme dans la modernité. D'autre part, on subit la force de séduction des pratiques et des idées modernes, exogènes à l'Église, mais capables d'en fasciner les fidèles, les engageant dans les défis de la rationalité, du pluralisme et de la liberté.

S'édifie alors une nouvelle structure de rapports entre l'Église et la société québécoise, structure qui déterminera la vie religieuse des décennies suivantes. Bien des questions des années 1960 sont encore aujourd'hui d'actualité : quel est le rôle de l'Église dans la société ? Quelle est sa place en éducation ? Comment peut-elle envisager le pluralisme culturel ? Comment peut-elle définir sa mission propre dans une société dont elle ne règle plus les mécanismes de contrôle ? Jusqu'à quel point doit-elle accueillir les valeurs de la modernité ? De quels héritages lui est-il permis de se délester ?

Or, on pouvait déjà, en 1966, signaler la difficulté d'analyser des événements de l'époque. On commence à peine à soulever le voile des idéologies que véhiculent les associations religieuses et la prédication, « tant est grande la ténacité des ancrages historiques que les spécialistes des sciences de l'homme eux-mêmes ont encore beaucoup de mal à aborder l'étude des idéologies, non plus sous l'angle des pouvoirs, mais sous celui des agents sociaux » (Dion, 1966 : 31). La remarque est encore valable. On a toujours tendance à appuyer la critique des événements de la Révolution tranquille sur ce que Jean Hamelin a appelé des « théories préconstruites » (Hamelin et Gagnon, 1979 : 101 s.). Ces événements deviennent alors, dans une pensée implicitement partisane, soit des actions libératrices, contre l'« emprise séculaire » de l'Église sur le Canada français, soit des tentatives de restauration propres à une élite religieuse mal adaptée à la sécularisation.

Je voudrais tenter ici de déplacer légèrement le problème, espérant de ce déplacement un éclairage différent. Qu'en est-il de la problématique du catholicisme québécois, au tournant de son histoire, dans les années 1960 ? *Aggiornamento* ou « assimilation » ?

LE DÉFI D'ÊTRE UN BON CATHOLIQUE

La problématique que résument ces deux mots, notons-le tout de suite, n'est pas propre à l'histoire du Québec. Paradoxalement, l'inspiration m'en est fournie par un spécialiste du judaïsme français ! Dans une communication présentée lors du congrès *Religions sans frontières ?* organisé sous le patronage du Comité de recherche en sociologie de la religion de l'Association internationale de sociologie, Freddy Raphaël (1994) posait le problème du risque de la modernité couru par la communauté juive de France dans l'après-guerre. Ce risque, disait-il, s'explicite en deux termes : l'« émancipation » ou l'« assimilation ». L'émancipation c'est, pour une collectivité quelle qu'elle soit, l'affirmation créatrice de sa singularité parmi d'autres groupes, mais surtout devant les éléments de la culture dominante qui la marginalisent. C'est un mode privilégié d'entrer en modernité. L'assimilation est certes aussi un mode d'entrer en modernité, mais elle implique alors d'effacer toute spécificité, par l'oubli ou la négation, pour accepter sans critique les valeurs dominantes.

Il y a une curieuse proximité entre l'*aggiornamento* des catholiques d'ici et l'« émancipation » des juifs de France. Certes les positions de départ de chacune des deux collectivités, dans son environnement respectif, sont fort différentes : les juifs de France, en 1945, sortaient d'une période historique de minorisation et de persécution, où ils furent proches de l'élimination ; les catholiques québécois, en 1960, venaient de connaître l'apogée de leur position dominante. Pourtant, il s'est agi pour l'une et l'autre communauté d'affirmer son identité et d'assurer sa créativité dans une société qui, par ailleurs, prenait l'allure d'une civilisation nouvelle. Et dans un cas comme dans l'autre, l'« assimilation » s'est avérée la tentation, récurrente jusqu'à aujourd'hui, d'évacuer toute singularité pour se fondre dans la masse.

Pour les juifs de France, « émancipation » a voulu dire essentiellement, dans l'après-guerre, affirmer la judaïcité en jouant le jeu démocratique de la société française et en s'ouvrant, quitte à garder son droit de réserve, aux valeurs qui s'y mettent en place. Une communauté engagée dans un tel choix devient évidemment critique, par rapport à elle-même et par rapport aux autres. Elle doit remettre en cause certaines de ses habitudes : des modes de vie traditionnels, capables d'assurer l'ordre et le dynamisme de groupes fermés et isolés, peuvent devenir des entraves au développement de groupes ouverts et interdépendants. Mais elle ne peut non plus accepter aveuglément tout ce que lui présente ce nouveau contexte : elle risquerait d'y perdre son âme. Il ne s'agit donc pas seulement pour elle d'assurer sa pérennité, ce qu'elle pourrait très bien faire en se réfugiant dans l'intégrisme. Il s'agit de prendre sa place.

Cela s'est joué, si on suit le discours de Raphaël, autour de la définition même de ce qu'est un « bon juif ». Un bon juif est celui qui « concilie la participation à la cité et la volonté de donner vie au meilleur des traditions ». Les autres, intégristes ou assimilateurs, sont renvoyés ou bien à l'exaspération anachronique de leur identité, ou bien à l'oubli tranquille de leur différence.

Cela ne correspond-il pas à une bonne part du discours catholique québécois confronté à la modernité ? Un bon catholique est, nous dit l'écho des années 1960, celui qui concilie l'accueil du monde et la fidélité à l'Évangile. La position est pour le moins délicate. Elle exige de constants efforts puisqu'elle prétend tenir en équilibre deux forces en tension... « Héritage » et « projet », titrait en 1971 la Commission d'étude sur les laïcs et l'Église. Mais n'est-ce pas le lot de toute singularité, qu'elle soit vécue individuellement ou collectivement, de devoir concilier de telles forces ? « Singularité » et « collectivité », « expérience » et « langage », « mémoire » et « avenir », « tradition » et « modernité ». N'est-ce pas le défi de toute option de sens d'être tiraillée par une double exigence de fidélité : celle qui l'assure d'une histoire et celle qui la pousse dans l'inconnu ? Cette fragilité dans l'équilibre, qui renvoie à l'acte de foi, ou si l'on préfère à la modestie du désir, n'a-t-elle pas un caractère paradigmatique ? S'il en est ainsi, on peut certes rapprocher « émancipation » et *aggiornamento*.

Les enjeux de l'*aggiornamento* nécessitent à la fois d'accepter et d'affronter le monde. Ils dépassent les polarités idéologiques qui s'affirment dans la communauté catholique. Cela ne veut pas dire pourtant que ces polarités sont insignifiantes. Dans un texte-phare publié dans le deuxième numéro de *Recherches sociographiques*, Fernand Dumont rappelle le double réseau de thèmes idéologiques qui animent alors les milieux catholiques. Chez les « intégristes » : opposition, selon une logique simple, de Dieu et du monde, indifférenciation des divers niveaux de la tradition ecclésiale, conservatisme social, autoritarisme ; chez les « progressistes » : dissociation institutionnelle du religieux et du temporel, purisme envers les traditions et nostalgie de communautés chrétiennes primitives, « eschatologisme » social, politiquement à gauche, insistance sur la liberté de l'engagement. Ces polarités idéologiques forment les matériaux mêmes des débats des années 1960. Mais les catégories « intégrisme » et « progressisme », si elles permettent « sur le plan de l'étude psychologique des attitudes, de rejoindre facilement les études classiques sur l'opposition radicalisme-conservatisme » (Dumont, 1960 : 167), n'épuisent pas pour autant la problématique de l'*aggiornamento*.

Celui-ci en effet, dans la mesure où cherche à s'y affirmer le « bon catholique » dans les conditions nouvelles d'une modernité en plein élan, représente une solution de rechange tant vis-à-vis de l'intégrisme réducteur que vis-à-vis du progressisme intégrateur. Il refuse de se laisser dévorer par l'un et l'autre, proposant plutôt une double fidélité : à l'Église, à condition de ne pas préférer le confort institutionnel au risque créateur, à la cité séculière, à condition de ne pas troquer la vérité contre la mode.

Le terme *aggiornamento* acquiert ainsi une densité sociologique. Il désigne ce qui se veut, dans le monde catholique, un véritable mouvement social : moins une catégorie idéologique qu'une position organisationnelle, animatrice de la vie de l'Église, qui se propose d'aménager ses rapports aux idéologies ambiantes.

Est-ce à dire que les réformes catholiques des années 1960 aient été complètement à l'abri des tentatives de restauration d'un pouvoir religieux, mythique ou réel, sur la société ? Non plus. Encore ici, la réalité est moins simple que les battages d'opinion peuvent le laisser croire.

LES ÉQUIVOQUES DE L'INSTITUTION OU L'IDENTITÉ CHRÉTIENNE EN JEU

Il serait hors de propos de tenter une classification des décisions et des événements de l'époque en termes de contributions à l'*aggiornamento* ou à l'« assimilation ». Ce serait aller à l'encontre même de notre problématique pour sacrifier encore une fois au dualisme. Acceptons plutôt l'hypothèse selon laquelle il est vraisemblable de trouver, dans les études de cas, les tensions que nous avons reconnues théoriquement.

Parmi les faits les plus marquants de la Révolution tranquille, personne ne contestera l'importance de la naissance du ministère de l'Éducation du Québec en 1964. Rappelons la séquence de base de l'événement : la Commission royale d'enquête sur l'enseignement dépose son rapport le 23 avril 1963 ; elle propose, après un imposant processus de consultation et d'animation, une vision renouvelée des structures pédagogiques, des programmes, de l'administration et du financement de l'éducation. La même année, le 26 juin, le gouvernement dépose le projet de loi 60 à l'Assemblée législative et celle-ci adopte, le 5 février 1964, la loi créant le ministère de l'Éducation et le Conseil supérieur de l'éducation. Entre-temps prend place un débat public d'une densité exceptionnelle, une « formidable campagne de pression » dit Léon Dion dans le livre qu'il lui a consacré (1967 : 16), où se révèlent les connivences et les antagonismes liés aux intérêts et aux valeurs de la société québécoise.

Ce débat forcera les principaux protagonistes à porter la discussion sur la place publique. Le gouvernement, de son côté, y fera l'expérience de la précarité de sa position dans l'espace culturel québécois, mais il y trouvera en même temps une reconnaissance de sa légitimité, étant appelé à « négocier avec l'agent le plus autorisé, le plus prestigieux et le plus puissant que le débat ait fait émerger, l'Assemblée des évêques » (Dion, 1967 : 16). Mais si l'État est poussé à s'entendre avec l'Église, cette dernière est amenée à « se définir dans le cadre d'un débat politique », c'est-à-dire à clarifier sa position et ses objectifs concrets, au vu et au su de tous. Le discours qu'elle développera à cette occasion établira, pour longtemps, les balises des autres débats qu'elle devra soutenir, notamment celui, plus large, concernant l'identité chrétienne[1].

Concrètement, l'objet du débat est le rôle de l'État en éducation, terrain propice pour l'affirmation des polarités idéologiques. Pourtant, ce ne sont pas les acteurs extrémistes qui vont le marquer en profondeur. Les partisans du *statu quo* (maintien du département de l'Instruction publique et d'un système scolaire en grande partie géré par l'Église), qui arguent que le projet de loi 60 met en danger la culture canadienne-française, vont être marginalisés[2]. Les parti-

---

1.   Notons que ce débat reste encore aujourd'hui une dimension clé de la réflexion sur les rapports de l'Église et de la modernité. Voir deux livres récents : Joseph Doré *et al.* (1990), Henri Bourgeois (1992). Au Québec : Henri-Irénée Beaubien (dir.) (1993).

2.   Il est remarquable que, des 17 associations qui s'étaient prononcées pour le maintien du département de l'Instruction publique et le *statu quo* dans un mémoire à la Commission Parent, aucune ne se soit manifestée dans le débat de l'été de 1963. « La plupart des associations conservatistes extrêmes sont demeurées silencieuses. [...] Seules des associations progressistes extrêmes se sont ouvertement inscrites en faux contre la déclaration » (Dion, 1967 : 137).

sans de la laïcité évitent eux-mêmes l'intransigeance. Par la voix du Mouvement laïc de langue française, ils se présentent en défenseurs de la liberté de conscience, déplorant la « confusion des pouvoirs religieux et civils » (que continue d'entretenir le projet de loi 60) tout en reconnaissant « la nécessité d'accorder aux groupes religieux toutes les garanties nécessaires à leurs droits scolaires ». Ils défendent un concept de laïcité qui représente « le consentement du citoyen, croyant et incroyant, à l'arbitrage garanti et institutionnalisé, par l'État, entre l'Église et la nation, de deux libertés indissociables, la liberté intérieure de l'acte de foi, et la liberté civile de religion » (Dion, 1967 : 16). Et ils ont déjà reconnu les limites à ne pas dépasser : « La laïcité se fera avec les chrétiens, ou elle ne se fera pas », annonçait Maurice Blain en 1961.

Derrière le débat sur l'éducation se profile dès lors une question encore plus fondamentale, celle de la démocratie. Le ministre-parrain du projet de loi, Paul Gérin-Lajoie, y inscrit la légitimité de sa propre autorité : « Libre choix de la population, la confessionnalité n'est jamais garantie, au fond, que par la volonté de cette population » (1963 : 99). L'argument est une arme à deux tranchants : il peut servir tout aussi bien à maintenir le *statu quo* qu'à justifier son assouplissement. Il est amplement repris par les membres du parti gouvernemental qui rappellent en écho les notes historiques dont le ministre a étayé son livre en défense du projet de loi. Les traditionalistes n'ont pas grand-chose à y opposer, non plus que les progressistes.

L'enjeu du débat, dans un tel cadre, concerne le partage des autorités, c'est-à-dire la structure même des relations entre l'Église et l'État dans un espace politicoculturel original. Aussi, en même temps que les catholiques s'inquiètent d'« identité chrétienne », assiste-t-on à l'émergence d'une nouvelle problématique de l'« identité nationale ». Celle-ci prendra d'ailleurs bientôt le devant de la scène politique, faisant passer sa référence principale de l'espace « canadien-français » à l'espace « québécois ». Elle provoquera un glissement du concept de « nation » : plutôt que d'exprimer la reconnaissance d'une culture commune (langue, tradition, religion), il désignera désormais l'émergence d'une superstructure, l'État-nation, certes enracinée dans une histoire particulière, mais dont la mission est d'encadrer des réalités plurielles, notamment sur le plan religieux. En filigrane du débat sur l'école, c'est donc un autre débat qui s'impose, celui par lequel la « communauté des citoyens » remplacera bientôt la « communauté de croyants » (qui était aussi une communauté ethnique et une communauté culturelle) comme lieu d'encadrement des comportements. Or, ce débat est bien celui de la modernité. Il s'est déroulé en Europe et aux États-Unis dès le XIXe siècle et il continue encore de marquer, souvent avec violence, les sociétés aujourd'hui confrontées avec la modernité, surtout celles qui ont subi un passé colonial[3].

Depuis 1856, rappelle le ministre, le monde scolaire québécois a connu un duopole religieux, catholique et protestant, qui ne laissait à l'État à peu près aucun espace décisionnel : « L'État s'occupait de fournir des fonds et remettait l'entière responsabilité de l'aspect « pédagogique » et de l'administration directe aux Églises... » (Gérin-Lajoie, 1963 : 28). Paradoxalement, on peut penser que c'est aux communautés protestantes que cette garantie confessionnelle devait être le plus utile au XIXe siècle. Elles étaient culturellement minoritaires et pouvaient craindre un catholicisme conquérant. Or, la situation s'est inversée. L'encadrement catholique de la culture canadienne-française, au Québec, s'est effrité à tel point qu'un réalignement des stratégies s'impose, dont seul l'État-nation semble désormais pouvoir assumer le leadership.

La conjoncture québécoise conjugue donc la question de l'identité chrétienne avec celle de l'identité nationale. Quelle sera la position officielle de l'Église dans le cas concret du projet de loi 60 ? Après avoir été longtemps réservés et en rappelant encore une fois leurs positions les plus traditionnelles (les droits de la famille, de l'Église et de l'État...), les évêques indiquent, en juin 1963, qu'ils ne considèrent pas le champ de l'éducation comme leur chasse gardée : ils « se réjouissent de l'intérêt croissant que dans tous les milieux on porte à l'éducation et à tout ce qui peut favoriser de réels progrès dans ce domaine » (*Communiqué de l'épiscopat du Québec sur l'éducation*, 11 juin 1963). Puis, dans les semaines suivantes, ils

---

3. Un cas exemplaire est sans doute actuellement celui de l'Algérie. Voir Thierry Michalon (1994).

proposent au gouvernement des amendements à son projet de loi et lui demandent de formuler une déclaration des droits fondamentaux en matière d'éducation. Ils insistent sur le fait que le « droit à la confessionnalité se place tout entier, lui aussi, dans la logique du droit à la liberté de conscience ; il permet à ceux qui professent une foi religieuse d'avoir des écoles conformes à leurs convictions intérieures et à leur idéal de vie »[4]. Par la suite, ils signaleront qu'ils entendent désormais limiter strictement leur rôle « à ce qui relève de leur charge pastorale »[5].

Jean Hamelin (1984 : 258) résume ainsi la problématique qui s'élabore :

> De 1960 à 1964, l'État et l'Église ne modifient pas leur objectif fondamental. Le premier recherche une structure de coordination et d'action, capable d'adapter le système scolaire aux besoins d'une société moderne, et la seconde, le maintien d'un enseignement catholique aux enfants catholiques. Dès le départ, l'Église fixe l'enjeu mais n'arrive pas à élaborer un modèle susceptible de satisfaire l'État. Chemin faisant, l'État, fort de la recommandation de la Commission Parent et de l'appui des forces de changement, déplace l'enjeu vers un ministère de l'Éducation. De son côté, l'Église chemine aussi. Le déclin de son emprise sociale et Vatican II qui accrédite une nouvelle vision du monde l'amènent à décanter son objectif des moyens de le réaliser. Elle découvre que d'autres structures peuvent soutenir son objectif. Par la négociation, les deux pouvoirs en arrivent à s'entendre sur une réforme qui répond à leurs attentes respectives. En cette affaire, aucun pouvoir n'a pu dominer l'autre. L'État a bien fixé l'enjeu et forcé l'Église à ouvrir publiquement son jeu, mais celle-ci a forcé son rival à négocier – et en coulisse – une nouvelle entente que les députés n'ont eu qu'à ratifier.

Entendons-nous bien. Les évêques ne renoncent pas aux privilèges hérités d'une société aux solidarités communautaires largement confessionnalisées. Ils continueront d'ailleurs de les défendre. Mais

---

4. Lettre de transmission du document rédigée par Mgr Maurice Roy, 29 août 1953. Notons que cette référence à la liberté préfigure *Dignitatis Humanæ*, déclaration sur la liberté religieuse issue de Vatican II (1966). Pour les catholiques, la « liberté religieuse » a un fondement religieux : « la dignité même de la personne telle que l'a fait connaître la Parole de Dieu et la raison elle-même ». Le contexte en fait cependant ici un argument revendicatif pour le maintien de positions traditionnelles.

5. Lettre de Mgr Maurice Roy, 12 décembre 1963.

ils acceptent d'inscrire ces privilèges dans l'état de droit. En bref, ils entendent bien « concilier la participation à la cité et la volonté de donner vie au meilleur des traditions ». Observateur privilégié, Léon Dion (1967 : 138-139) conclut :

> On peut être catégorique sur ce point : l'Assemblée des évêques s'est refusée à servir de point d'appui au grand nombre de ceux qui, très souvent pour des motifs, extérieurement tout au moins, liés à la religion, s'opposaient à la création d'un Ministère de l'éducation... Tout en ne se prononçant pas sur les modalités concrètes de l'exercice par l'État de son rôle en éducation, l'Assemblée des évêques s'est montrée favorable aux objectifs politiques fondamentaux du bill 60. Par son comportement général, elle se rangeait dans le camp des conservatistes modérés mais elle ne s'éloignait pas sensiblement de celui des progressistes modérés.

Le projet de loi 60 sera donc accepté en février 1964 avec la bénédiction de l'épiscopat, sinon l'assentiment de tous les catholiques.

CONTINUITÉS ET RUPTURES, MOBILISATIONS ET PÉRILS : LE LAÏCAT

On peut considérer le discours catholique qui s'élabore à l'occasion de la naissance du ministère de l'Éducation comme paradigmatique de celui des années suivantes. On en trouve la structure dans tous les débats impliquant l'Église et l'État : le système de santé, la colonisation, les Fabriques, les privilèges fiscaux du clergé. Il en est de même, à quelques nuances près, dans un ensemble de questions purement internes au monde catholique[6] : la catéchèse, la liturgie, les communautés de base, les transformations des commu-

---

6. La portée en est différente dans ces derniers cas parce que le principe démocratique évoqué dans les rapports avec l'État est étranger au fonctionnement interne de l'Église : celle-ci fonde sa légitimité non sur les opinions et les préférences de ses membres, mais sur sa mission d'annoncer l'Évangile, ce qui suppose l'inscription de son action dans une tradition. Certes, c'est là probablement la distinction la plus essentielle qu'on puisse faire entre la « communauté des citoyens » et la « communauté des croyants ». Si les leaders de l'Église reconnaissent la pertinence de la démocratie à l'extérieur de l'institution, rien ne les oblige à faire de même à l'intérieur : la démocratie y est relative au partage d'une même foi, c'est-à-dire, en définitive, d'une reconnaissance de l'autorité.

nautés religieuses, la discipline de la pratique dominicale (validation de la messe du samedi soir) et celle du sacrement de pénitence.

Quelle est la structure de ce discours ? Il présente, en gros, trois articulations majeures. Premièrement, il suppose une autorité reconnue, celle de l'Assemblée des évêques, soit en tant qu'autorité directement engagée dans le débat, soit comme référence de dernière instance. Deuxièmement, il évite de s'aventurer sur le terrain miné des idéologies et il en fuit les dérives extrémistes. Troisièmement, il est pragmatique : prenant en considération les changements socioculturels, il effectue une lecture prudente des réalités sociales, politiques et ecclésiales. Il se veut lucide devant la modernité tout en affirmant la valeur de l'héritage catholique. Ce pragmatisme se manifeste particulièrement vis-à-vis de la démocratie : il conduit à la reconnaissance de l'« état de loi » qui fonde la légitimité politique, sans pour autant renoncer à donner priorité à sa mission spécifique non assujettie, quant à ses principes, au fonctionnement démocratique.

L'alliage dont est fait le discours catholique comporte des matériaux réfractaires : le principe d'autorité rallie les forces traditionnelles et le pragmatisme ouvre à la modernité. Il suppose une analyse patiente des réalités, un effort soutenu pour garder l'équilibre et un sens éprouvé des nuances. Ce discours est facile à repérer quand les leaders officiels de l'Église prennent position ou négocient collectivement. Mais il est déjà moins évident quand ils agissent individuellement : les préférences idéologiques et les sensibilités culturelles se laissent voir alors beaucoup plus distinctement et leur dispersion dépasse les limites balisées par les documents officiels. Mais dès lors, qu'en est-il du peuple ? Qu'en est-il des fidèles qui, pourrait-on penser, sont plus sensibles à la passion identitaire qu'à la raison gestionnaire ? Le discours catholique peut-il être vraiment mobilisateur ? Sa complexité même ne compromet-elle pas d'avance les efforts d'animation que suppose l'*aggiornamento* ?

On sait combien les années suivantes verront se déchirer le tissu ecclésial. On connaîtra les défections dans le clergé, les remises en question tourmentées de la vie religieuse, souvent alimentées par une lecture diffamante de l'histoire[7], le tarissement des vocations et

---

7. Et cela jusqu'à aujourd'hui.

surtout la confusion de plus en plus grande, dans le peuple, devant les normes morales de la vie chrétienne, auxquelles les modes de vie urbains correspondent de moins en moins[8]. Certes, on a dénoncé dès les débuts de la Révolution tranquille diverses formes d'impuissance et d'effritement d'un discours catholique trop sûr de lui[9]. Les pasteurs, à la ville comme à la campagne, ont déploré aussi depuis longtemps la « religion sociologique » (pour reprendre un barbarisme qui, heureusement, a eu son heure) faite d'habitudes pratiques et de conformisme intellectuel sans intériorisation. Un intellectuel catholique comme Claude Ryan, dès 1955, a même énoncé, dans *La revue eucharistique du clergé*[10], cinq caractéristiques de la religion québécoise : « négative, individualiste, utilitaire, sentimentale et routinière » ...

En fait, on peut dire que trois positions types se partagent le laïcat. Une petite minorité accepte l'*aggiornamento* et entre de plain-pied dans sa logique. Elle formera, petit à petit, les noyaux d'animateurs qui, dans les paroisses ou dans les mouvements, s'engageront dans les réformes liturgiques, catéchistiques et pastorales. On en trouvera aussi les membres, plus ou moins francs-tireurs, sur le terrain de l'action sociale, en dehors des organisations catholiques proprement dites. Ils ne seront jamais nombreux, mais leur engagement sera réel et efficace. Ils côtoieront et parfois prendront la relève des clercs jusqu'en mission, ce qui les amènera à fraterniser de façon de plus en plus intense avec ces derniers et à partager leurs préoccupations pastorales et intellectuelles[11]. Petit à petit, ils déve-

---

8. Un point de rupture qui a sans doute marqué toute une génération de catholiques dans son identité religieuse a été la publication de l'encyclique *Humanæ Vitæ* en 1968.

9. Citons pour mémoire évidemment *Les insolences du Frère Untel* (Desbiens, 1960), mais aussi plusieurs interventions de *Cité Libre*, dont « Feu l'unanimité » de Gérard Pelletier (1960) et les livres-programme de Gérard Dion et Louis O'Neil, *Le chrétien et les élections* (1960) et *Le chrétien en démocratie* (1961).

10. Janvier 1955. Cité par Hamelin (1984).

11. Signalons la floraison de périodiques qui, comme *Maintenant*, *Communauté chrétienne*, *Prêtres et laïcs*, *Relations*, donnent de plus en plus de place aux laïcs et maintiennent les débats à un haut niveau intellectuel.

lopperont, notamment, la notion de « responsabilité pastorale des laïcs », signifiant un engagement effectif à la fois dans les structures de l'Église et dans celles du monde[12].

La deuxième position type est celle des fidèles qui continuent de fréquenter l'Église et d'en reconnaître les directives, sans pour autant s'engager aussi intensément que les premiers. Jeunes ou vieux, ils formeront la portion « mobilisable » du laïcat, celle qui, à la fin des années 1960 et pendant les années 1970, participera avec cœur et parfois massivement aux mobilisations catéchistiques, communautaires et charismatiques[13]. Ces dernières présentent toutes en effet un trait commun : elles manifestent la volonté de renouveler la vie chrétienne, en prônant une initiation chrétienne fondée sur l'expérience plutôt que la simple transmission de notions, en réinventant la communauté, chrétienne et humaine, ou encore en exacerbant le sentiment religieux jusqu'à la communion émotionnelle. Elles s'adressent cependant à des portions différentes du peuple : la première mise sur les enseignants et les parents ; la deuxième, sur les jeunes adultes intellectualisés ; et la troisième, plus massivement, offre aux individus dépourvus de pouvoir et désappropriés de leur univers symbolique traditionnel une identité nouvelle et un lieu de parole original (Zylberberg et Montminy, 1980 et 1981). Ces mobilisations, cependant, auront toutes une vie relativement courte : cinq ou six ans de développement, puis une plus ou moins lente régression. Elles seront aussi des occasions de dispute parmi les leaders d'opinion catholiques. Le mouvement catéchistique finira péniblement dans la « guerre des catéchismes », essentiellement médiatique, qui força les évêques à remettre en question, dans les années 1974-1975, ce qu'ils avaient lancé en plein *aggiornamento*, en 1965. Le mouvement communautaire, par son audace, sa prétention à « réinventer l'Église » et sa généalogie un peu suspecte (d'une part, les groupes contre-culturels américains et, d'autre part, la théologie de la libération latino-américaine), fera peur et se marginalisera. Quant au mouvement charismatique, il finira par être

---

12. Voir à ce propos Robitaille, Pelchat *et al.* (1993).

13. Pour un résumé de cette question, voir Lemieux (1990).

encadré complètement par l'institution ecclésiastique et son effervescence se transformera en piété reconnue.

La troisième position est celle du reste, ceux qui deviendront petit à petit dans le discours pastoral les « distants », qui espacent de plus en plus leur pratique religieuse. Ces derniers n'abdiquent pas nécessairement leur appartenance traditionnelle. Ils forment même désormais la masse des quelque 80 % de la population qui se dit catholique. Ils continuent de pratiquer les rites d'inscription sociale que leur propose l'Église : le baptême, l'initiation sacramentelle des enfants, le mariage et les funérailles. Mais en dehors de ces recours occasionnels, ils deviennent étrangers à la vie d'une Église dont ils reconnaissent de moins en moins les traits familiers, ceux qu'ils ont connus dans leur enfance.

Certes, cette portion du laïcat est appelée, elle aussi, à l'*aggiornamento*. Clercs et laïcs en responsabilité pastorale la convient au ralliement communautaire, jusqu'à risquer de vider le mot « communauté » de tout référent réel en l'appliquant à toutes sortes de rassemblements. Mais, encore une fois, le discours catholique est plus rationnel que passionnel. Sans être élitiste, il privilégie les chrétiens engagés, chez qui la distinction entre clercs et laïcs tend à s'effacer, et laisse les autres, l'espacement des pratiques aidant, de moins en moins intéressés par des débats dont ils saisissent mal les enjeux. Dès lors, dépourvu de balises, le peuple des fidèles devient vulnérable. Il commencera à chercher ailleurs une nourriture pour son imaginaire et des normes pour sa vie quotidienne. Il deviendra sensible aux sollicitations multiples du marché des biens de salut, il s'engagera dans les voies paradoxales des « nouveaux mouvements religieux », ou encore il se laissera porter par le fleuve de l'indifférence et gagnera, petit à petit, l'océan des valeurs matérialistes.

LE COMBAT CONTRE L'ANGE : L'ASSIMILATION

Pour les leaders ecclésiaux, trop se laisser entraîner dans des débats idéologiques aurait sans doute conduit à des impasses comparables à celles qu'ils avaient rencontrées 15 ans plus tôt, lors de la grève de l'amiante (David, 1969). Mais en choisissant l'*aggiornamento*, le discours catholique s'est engagé dans une voie difficile, celle de la conciliation des extrêmes par la mesure et la modération. La position est créatrice, mais peu mobilisatrice. De plus, le pragmatisme démocratique de ce discours tient davantage aux contraintes de la structure sociale qu'aux tempéraments, préférences, voire convictions des personnes engagées. Or, cette structure sociale est celle d'une modernité qui s'affirme de plus en plus et elle a déjà provoqué l'effritement visible des solidarités dont se nourrissait la vie traditionnelle de l'Église.

Sans doute pourrait-on parler ici de « servitude » de l'Église, dans un sens proche de celui que Marcel Trudel (1963) donnait au terme en l'appliquant au catholicisme du XIXᵉ siècle. Fernand Dumont en rappelle le contexte dans sa *Genèse de la société québécoise* (1993 : 92-93) :

> D'où l'ambiguïté de la position des évêques [...]. Institution à la dimension de la collectivité française, [l'Église] rassemble une population dont les croyances religieuses allient des attitudes et des pratiques qui, avec la langue, sont de culture quotidienne. Sa puissance est incontestable ; mais elle se trouve écartelée entre son ancrage autochtone et l'utilisation qu'en veut faire le pouvoir britannique. Sa servitude nourrit sa persistante lutte pour l'autonomie. Elle n'a d'autres recours que l'attachement à Rome, puissance concurrente de l'Empire ; est en germe ce qui sera plus tard l'ultramontanisme des chefs de l'Église canadienne. La volonté de représenter la collectivité se fera de plus en plus claire chez les dirigeants de l'Église ; Mgr Lartigue [1821-1840] en parle déjà, influencé sans doute par ses lectures de Lamennais, mais plus encore par une dynamique historique qui s'amplifiera par la suite.

Dans cette perspective, il faut souligner la remarquable continuité entre les stratégies du discours catholique dans la seconde moitié du XXᵉ siècle et celles du XIXᵉ siècle. Il suffirait, dans la citation précédente, de changer quelques mots, « culture moderne » et « modernité » à la place de « pouvoir britannique » et « Empire », « Roy » à la place de « Lartigue », « Rapport Parent » à la place de « Lamennais », pour l'appliquer aux années 1960. Évidemment, les conséquences politiques – jeux du possible – ne sont pas les mêmes aux deux époques. Au XIXᵉ siècle, le discours catholique a produit la « volonté de représenter la collectivité » dans un contexte où l'émergence nationale s'appuyait sur la représentation des solidarités confessionnelles. Avec la Révolution tranquille, il produira la « volonté de participer à la cité » comme un droit inhérent à la nature même de l'Église. Nul ne peut mettre en doute, dans ce dernier cas, que l'Église s'engage dans la voie de l'*aggiornamento*. Elle le fait en tout cas par l'action et la parole de ses leaders, dont plusieurs intellectuels laïcs. Mais les catholiques n'échappent pas non plus à l'assimilation et celle-ci, la plupart du temps, colonise leur discours à leur insu.

Prenons-en trois exemples.

L'*aggiornamento* se propose comme une ouverture sur le monde. Mais il arrive que ses enjeux soient mal compris et que cette ouverture se réduise à un maître-mot : « il faut s'adapter au monde moderne ». Dans cette idéologie de l'adaptation, il ne s'agit plus de poursuivre un projet, d'affirmer la singularité d'une histoire et d'un acte de foi dans le contexte de la modernité. Il s'agit d'avaliser des changements imposés, ou semblant imposés, à partir d'un système de valeurs et d'impératifs étrangers au groupe. L'idéologie de l'adaptation fait basculer le principe de l'action de l'intérieur vers l'extérieur de la communauté. Or, si l'enjeu des réformes est de « concilier la participation à la cité et la volonté de donner vie au meilleur des traditions », comme nous l'avons énoncé, l'idéologie de l'adaptation, en paraissant appuyer cet enjeu, le pervertit. Sous prétexte de participer à la vie de la cité, elle troque la tradition contre la mode, donnant pertinence à tout ce qui brille, confondant clinquant et authentique. Elle méduse dès lors ceux qui, à l'intérieur comme à l'extérieur du groupe, sont précisément en quête d'authenticité[14].

Le deuxième exemple provient de l'organisation même de la vie de l'Église. Il est remarquable qu'au moment où les solidarités communautaires à la base de la culture catholique québécoise arrivent à un point d'effritement sans espoir de retour, les diocèses, les paroisses et les mouvements se mettent à investir dans la technocratie administrative. Certes ils cherchent l'efficacité. D'expertises en

---

14. On peut trouver un bon exemple de cette situation dans la consternation des artistes, particulièrement les musiciens, devant certains aspects des réformes liturgiques.

concertations, d'organigrammes en plans quinquennaux, leurs projets de présence au monde en viennent à passer au second plan, quand ils ne sont pas simplement noyés dans la mer des contrôles et de la bureaucratie. La « mission propre » de l'Église, son rôle rassembleur, au nom du manque et de la souffrance des humains, s'estompe au profit d'outils, sophistiqués certes, mais impuissants s'ils restent sans âme. On parle beaucoup d'engagement, mais on troque alors la solidarité contre l'efficacité technique.

Le troisième exemple est celui des communications. On sait combien ce domaine est exigeant en ressources et compétences. Et par ailleurs, la communication est essentielle à l'acte de foi (Turmel, 1994). Historiquement, les catholiques sont loin d'en avoir négligé les techniques. Pensons simplement à la longue pratique de la prédication. Mais la communication suppose un « art de dire », un recours aux artifices du langage sans quoi le message resterait informulé. C'était autrefois la rhétorique qui présidait au développement de cet art. Aujourd'hui, il passe par la « médiation » de techniques de pointe, électroniques, audiovisuelles, journalistiques, informatiques. Les conséquences en sont évidemment plus lourdes : caractère éphémère, fragmentation, superficialité, banalisation de la communication. Or, les messages sont plus que jamais étroitement liés aux langages qui les portent et il est illusoire de prétendre changer de langage sans reconnaître les altérations que ce changement produit dans leur contenu. D'autre part, la logique de l'art de dire comporte son danger propre : donner primauté aux artifices sur le contenu et l'intentionnalité de la communication, confondant médium et message à un point tel que non seulement le premier structure le second en lui donnant vie, mais qu'il l'assujettit à sa loi. Le risque de la modernité est, ici, de troquer la textualité chrétienne contre sa mise en scène, la vie réelle contre le spectacle.

Ces trois tentations ont marqué le discours catholique de façon récurrente depuis les années 1960. Elles renvoient à une même problématique, celle qui consiste à laisser croire qu'un projet singulier comme celui du catholicisme, le projet d'évangélisation, peut se réaliser par la seule vertu des moyens techniques mis à son service. Elles consistent à donner primauté à la « rationalité instrumentale » sur les questions de « sens ». Or, c'est précisément là que réside le processus assimilateur de la modernité, qui mène à « troquer le vrai contre l'efficace ». La modernité s'y présente alors essentiellement comme « séductrice ». Elle déplace le lieu de la vérité, estompant la nécessité du travail, de l'effort, de la relativité, pour lui préférer, en reprenant l'expression de Baudrillard (1979), l'« horizon sacré des apparences ».

La crise des identités provoquée par le passage à la modernité n'est pas propre au catholicisme. Elle n'est pas réductible à une question d'idéologie, pas plus qu'aux tempéraments et convictions des acteurs sociaux. Le pouvoir assimilateur de la modernité ne provient pas d'abord de ses « discours » (au contraire de l'impérialisme du XIXe siècle que reflète par exemple le rapport Durham en 1839). Il s'impose plutôt comme un « processus » inhérent à une évolution sociale nécessaire, signifiée par des impératifs de faire plutôt que de dire.

Certes ces modes de faire imposés déterminent, le plus souvent à l'insu des acteurs sociaux, des modes d'être : ils engagent au respect de valeurs déterminées, supposant à leur tour un système idéologique, des croyances, voire une « religion implicite », essentiellement pragmatique (Bourque et Beauchemin, 1994), qui se manifeste non par l'affirmation de ses dogmes, mais par ses effets dans les pratiques. Et dès lors, du fait même que l'idéologie ne s'y dit pas, elle devient « désarmante » pour ceux qui voudraient, autrement, faire valoir leur propre idéologie, leurs convictions ou, tout simplement, leur projet de sens. Le combat contre l'assimilation ne peut être qu'un combat contre l'ange, c'est-à-dire l'invisible dont la présence se révèle après coup.

* * *

Le catholicisme canadien-français, par son histoire, a hérité d'une longue expérience de lutte contre l'assimilation. Cette expérience cependant lui aura été de peu de secours dans le contexte social de la Révolution tranquille. Dans l'*aggiornamento*, il aura cherché plutôt à se reconstruire, à la fois en luttant contre l'effritement de ses communautés naturelles, résultat de l'urbanisation et l'industrialisation, et en se donnant une « identité civilisée » (Glasser, 1972), celle qui représente le défi propre des sociétés où l'évaluation des performances, individuelles ou collectives, est devenue la clé de la régulation sociale.

La Révolution tranquille, en faisant passer l'identité culturelle des Québécois de l'« ethnicité » au « modernisme », a marqué « la dissolution de la société canadienne-française » (Simard, 1979). C'est désormais en tant que communauté de citoyens plutôt qu'en tant que communauté de croyants que les Québécois imagineront et réaliseront leur projet identitaire global. Certes le débat n'est pas clos sur la nature et surtout sur l'orientation politique de ce projet. Néanmoins, il faut admettre que « c'est comme société politique et non plus comme société à dominante culturelle ou religieuse que l'espace social régional cherche maintenant à se représenter » (Bourque, 1993 : 48-49).

Or, cela suppose un réalignement des pratiques discursives. Les discours religieux, comme ceux qui concernent la famille, l'État, l'économie, l'éducation, l'éthique, n'y échappent pas. La modernité suppose une « recomposition du champ religieux » (Hervieu-Léger, 1990 et 1993). Ni sécularisation ni retour du sacré, cette recomposition n'est pas non plus une forme de restauration des anciens encadrements. Elle est plutôt un glissement du religieux vers des formes particulières à la modernité, éclatées et pragmatiques (Lemieux et Meunier, 1993 ; Lemieux, Bouchard, Montminy et Meunier, 1993), fondant l'ordre social et nourrissant l'imaginaire de modèles et d'aspirations complètement étrangères au catholicisme. Faisant appel moins à la foi personnelle qu'à des impératifs économiques et socioculturels, la modernité impose sa loi à la conscience. Les valeurs qui déterminent ses processus agissent comme des transcendances empiriques. Elles ne laissent aux acteurs individuels et aux institutions que peu de choix. Ils doivent intégrer l'ordre du monde tel qu'il se donne et y faire vivre leur projet singulier dans les limites du possible.

Si l'on isole les termes du discours catholique, plutôt que de les conjuguer, on risque la schizophrénie culturelle : « choisir l'Église » d'une part, « choisir la cité séculière » d'autre part. « Choisir l'Église » dans le culte aveugle de la tradition, la célébration péremptoire de la différence, le refus de l'évolution, ce serait en bout de course préférer le confort institutionnel au risque de la créativité. Et refuser à sa tradition d'être vivante. « Choisir la cité séculière » dans l'oubli de la critique, l'amnésie identitaire, le gommage des différences, ce serait abdiquer toute parole pour tenir, le plus souvent inconsciemment, les discours conformistes dictés par les modes ambiantes. Entre la sublimation délirante de la différence et la dissolution assimilatrice, l'*aggiornamento*, dans le contexte de la Révolution tranquille, a attesté chez les catholiques la volonté de concilier mémoire et avenir. Le coût à payer est cependant important. C'est celui de la fragilité dans le présent, tiraillé entre le repli sur soi et la séduction du monde.

Bibliographie

Baudrillard, Jean (1979), *De la séduction. L'horizon sacré des apparences*, Paris, Denoël/Gonthier.

Beaubien, Henri-Irénée (dir.) (1993), *L'identité chrétienne en question*, Montréal, Fides.

Blain, Maurice (1961), « Situation de la laïcité », dans Jacques Mackay *et al.*, *L'école laïque*, Montréal, Éditions du jour, p. 50-59.

Bourgeois, Henri (1992), *Identité chrétienne*, Paris, Desclée.

Bourque, Gilles (1993), « Société traditionnelle, société politique et sociologie québécoise, 1945-1980 », *Cahiers de recherche sociologique*, 20, *Ethnicité et nationalismes*, p. 45-83.

Bourque, Gilles, et Jacques Beauchemin (1994), « La société à valeur ajoutée ou la religion pragmatique », *Sociologie et sociétés*, 26, 2 (automne), *Québec fin de siècle*, p. 33-56.

Commission d'étude sur les laïcs et l'Église (1971), *L'Église du Québec, un héritage, un projet*, Montréal, Fides.

David, Hélène (1969), « La grève et le Bon Dieu : la grève de l'amiante au Québec », *Sociologie et sociétés*, 1, 2 (novembre), p. 249-276.

Desbiens, Jean-Paul (1960), *Les insolences du Frère Untel*, Montréal, Éditions de l'Homme.

Dion, Gérard, et Louis O'Neil (1960), *Le chrétien et les élections*, Montréal, Éditions de l'Homme.

Dion, Gérard, et Louis O'Neil (1961), *Le chrétien en démocratie*, Montréal, Éditions de l'Homme.

Dion, Léon (1966), « La polarité des idéologies : conservatisme et progressisme », *Recherches sociographiques*, VII, 1-2 (janvier-août), p. 23-35.

Dion, Léon (1967), *Le bill 60 et la société québécoise*, Montréal, HMH (coll. Aujourd'hui).

Doré, Joseph, *et al.* (1990), *Sur l'identité chrétienne*, Paris, Desclée.

Dumont, Fernand (1960), « Structure d'une idéologie religieuse », *Recherches sociographiques*, I, 2 (avril-juin), p. 161-187.

Dumont, Fernand (1993), *Genèse de la société québécoise*, Montréal, Boréal.

Gérin-Lajoie, Paul (1963), *Pourquoi le bill 60*, Montréal, Éditions du jour.

Glasser, William (1972), *The Identity Society*, New York, Harper and Row.

Hamelin, Jean (1984), *Histoire du catholicisme québécois*, vol. 3, *Le XXᵉ siècle*, t. 2, *1940 à nos jours*, Montréal, Boréal Express.

Hamelin, Jean, et Nicole Gagnon (1979), *L'homme historien : introduction à la méthodologie de l'histoire*, Saint-Hyacinthe/Paris, Édisem/Maloine (coll. Méthodes des sciences humaines, 2).

Hervieu-Léger, Danièle (1990), « De quelques recompositions culturelles du catholicisme français », *Sociologie et sociétés*, 22, 2 (octobre), *Catholicisme et société contemporaine*, p. 195-206.

Hervieu-Léger, Danièle (1993), *La religion pour mémoire*, Paris, Cerf.

Lemieux, Raymond (1990), « Le catholicisme québécois : une question de culture », *Sociologie et sociétés*, 22, 2 (octobre), *Catholicisme et société contemporaine*, p. 145-164.

Lemieux, Raymond, Alain Bouchard, Jean-Paul Montminy et E.-Martin Meunier (1993), « De la modernité des croyances : continuités et ruptures dans l'imaginaire religieux », *Archives de sciences sociales des religions*, 81 (janvier-mars), *Croire et modernité*, p. 91-116.

Lemieux, Raymond, et E.-Martin Meunier (1993), « Du religieux en émergence », *Sociologie et sociétés*, 25, 1 (printemps), *La gestion du social : ambiguïtés et paradoxes*, p. 125-152.

Mackay, Jacques, *et al.*, (1961), *L'école laïque*, Montréal, Éditions du jour.

Michalon, Thierry (1994), « L'Algérie des cousins », *Le Monde diplomatique*, novembre, p. 16-17.

Pelletier, Gérard (1960), « Feu l'unanimité », *Cité libre*, XIe année (octobre), p. 8-15.

Raphaël, Freddy (1994), « La communauté juive de France entre la fidélité créatrice et le repli frileux », dans Roberto Cipriani (dir.), *« Religions sans frontières ? ». Present and future Trends of Migration, Culture, and Communication*, Roma, Presidenza del Consiglio dei ministri, p. 21-39.

Robitaille, Denis, Marc Pelchat *et al.* (1993), *Ni curés ni poètes. Les laïques en animation pastorale*, Montréal, Éditions Paulines (coll. Pastorale et vie, 12).

Simard, Jean-Jacques (1979), « Autour de l'idée de nation », dans *Nation, souveraineté et droits. Actes du IXe Colloque interdisciplinaire de la société de philosophie du Québec : la question nationale*, Montréal, Bellarmin, p. 11-47.

Trudel, Marcel (1963), « La servitude de l'Église catholique sous le Régime anglais », *Rapport annuel de la Société historique du Canada*, p. 42-64.

Turmel, André (dir.) (1994), *La communication et le monde de la foi*, Trois-Rivières, Pastor.

Zylberberg, Jacques, et Jean-Paul Montminy (1980), « Reproduction sociopolitique et production symbolique : engagement et désengagement des charismatiques catholiques québécois », *The Annual Review of the Social Sciences of Religion*, 4, p. 121-148.

Zylberberg, Jacques, et Jean-Paul Montminy (1981), « L'Esprit, le pouvoir et les femmes. Polygraphie d'un mouvement culturel québécois », *Recherches sociographiques*, XXII, 1 (janvier-avril), p. 49-103.

« Ma façon de servir l'Église »

Jean Hamelin

Raymond Brodeur
Faculté de théologie
Université Laval

UN CERTAIN CONTEXTE

Il y a un peu plus de dix ans, Jean Hamelin et Nicole Gagnon (1984) publiaient, chez Boréal Express, *Histoire du catholicisme québécois. Le XXᵉ siècle*. À la même époque, avec mon collègue Jean-Paul Rouleau, je travaillais à la préparation d'un colloque international sur la production des catéchismes en Amérique française. Je communiquai alors avec Jean Hamelin pour lui demander d'intervenir comme commentateur à une des communications présentées au colloque. Il me répondit poliment qu'il ne pouvait accepter. « Ce dans quoi je m'investis surtout, me dit-il alors, c'est dans l'histoire économique et dans l'histoire sociale. » Puis, sans attendre que je fasse allusion à son histoire du catholicisme, il ajouta : « Il m'arrive parfois de faire des choses en histoire de l'Église et du catholicisme avec Voisine. Ça, c'est ma façon de servir l'Église. »

Quand on m'a invité à participer à ce collectif de la CEFAN, organisé en hommage à Jean Hamelin, cette phrase m'est revenue à la mémoire. J'avoue avoir hésité à la rendre publique, me demandant si cet homme qui a tant écrit, tant parlé et dirigé tant de projets individuels et collectifs, me pardonnerait cette indiscrétion. Mais en même temps, il m'a semblé que cette affirmation d'une « manière de servir l'Église » exprimait davantage qu'une opinion personnelle. Elle soulevait d'emblée une double problématique, historique et théologique, qui a pris son ampleur à peu près à la même époque où Jean Hamelin est devenu professeur au Département d'histoire. En effet, cette sentence fait surgir le problème de la spécificité des méthodes et des objets d'études que revendiquent les disciplines de l'histoire, de l'histoire de l'Église, de l'histoire des religions et de l'histoire religieuse. Mais également, elle comporte une incidence théologique qui mérite d'être décryptée. Pour un historien, que signifie « servir l'Église » ? Si on accepte de pousser un peu plus loin la complexité de cette question, au risque d'être accusé de simplification excessive, on pourrait formuler la question en ces termes : pour un historien laïque, que signifie servir l'Église ? S'agit-il d'un positionnement qui invalide la démarche scientifique en raison d'une soumission idéologique de départ ? Ou encore, peut-il être question d'un positionnement disciplinaire qui, d'entrée de jeu, se soucie de produire un travail rigoureux qui puisse servir à ses éventuels destinataires ? Dans le contexte de cet article, je voudrais donc tenter de comprendre un peu plus clairement le sens de l'apophtegme de Jean Hamelin en jetant un coup d'œil sur l'historiographie récente et en parcourant la production de notre jubilaire relative à l'histoire de l'Église.

LA COMPLEXITÉ DU CHAMP DISCIPLINAIRE

Définir le champ de l'histoire religieuse demeure une entreprise complexe. En effet, ce domaine recouvre plusieurs facettes qui dépendent de la variété des définitions de l'objet que prétendent étudier les historiens. À l'occasion de sa présentation à l'Académie des lettres et des sciences humaines de la Société royale du Canada, en 1990, Paul-Hubert Poirier (1991) a tracé une présentation des multiples débats qui ont entouré cette question. Jusqu'aux années 1960, l'histoire de l'Église offerte dans les facultés de théologie avait une perspective déterminée par la théologie. Il s'agissait surtout du récit de l'authentique Église de Jésus-Christ, authenticité bien sûr vérifiée et confirmée, en dernier ressort, par le magistère romain pour les catholiques ou par les collèges synodaux ou presbytéraux dans les confessions protestantes.

Or, depuis le début des années 1960, on a assisté un peu partout, en Europe et en Amérique, à l'émergence de départements de sciences religieuses distincts des facultés de théologie. Des historiens et des sociologues, indépendants de l'institution ecclésiastique, ont entrepris des travaux. À la faveur du développement des méthodes de recherche et d'analyse, ils se sont affairés à définir des domaines disciplinaires que représentent l'histoire des religions et l'histoire religieuse. Ces nouvelles avenues ont provoqué une profonde remise en question de la traditionnelle histoire de l'Église. En 1969, Marcel Simon (1981) expose clairement l'ambiguïté de la situation dans un article dont le titre annonce à lui seul les enjeux : « Histoire des religions, histoires du christianisme, histoire de l'Église : réflexions méthodologiques ». Cet article, comme le fera remarquer Poirier, exprime clairement les raisons pour lesquelles Simon refuse une conception « engagée » de l'histoire de l'Église ou du christianisme.

> Un historien du christianisme ne peut que s'inscrire en faux contre cette conception de l'histoire de l'Église qui, s'attachant à une forme de christianisme jugée seule authentique, néglige les variétés multiples du christianisme réel. Pour lui, la distinction entre le réel et l'authentique n'est pas recevable, car elle repose sur un jugement de valeur qu'il ne saurait accepter comme prémisse de ses recherches (Simon, 1981 : 401).

Comment s'est positionné Jean Hamelin par rapport à cette « conception engagée » d'une histoire de l'Église ? Des éléments de réflexion sont avancés dans cette réponse qu'il donnait, en 1980, à la question : « Existe-t-il une manière chrétienne de bâtir la cité ? »

> Les catholiques québécois en ont longtemps eu la conviction. De fait, en apparence du moins, il n'y en a pas, si ce n'est qu'il y a une manière chrétienne de voir le monde et de vivre sa vie. La cité terrestre se construit à partir de valeurs profanes, temporelles, communes à toute l'humanité. Les chrétiens de ma génération ont d'abord à redécouvrir par et pour eux-mêmes l'autonomie de ces valeurs et à en méditer l'inépuisable richesse.

> C'est à une véritable conversion des attitudes face à la cité que nous convient les récents textes conciliaires. L'opération n'est pas facile à réussir pour des chrétiens profondément marqués par les valeurs ultra-montaines qui ont dominé la pensée de l'Église québécoise jusque dans les années 1960. On ne modifie pas ses attitudes en secouant la tête comme on se débarrasse du sable en secouant ses sandales : adhérer intellectuellement à des valeurs est une chose, modifier ses attitudes

profondes en est une autre (Hamelin, 1980 : 120).

Au terme du bilan historiographique qu'il a élaboré, Poirier (1991 : 407) conclut que « le point litigieux qui est au cœur du débat n'est pas tant celui de la méthode de l'histoire de l'Église que celui de son objet ». En effet, ajoute-t-il, « peu importe que l'histoire de l'Église que l'on prône soit théologique ou non, tous s'entendent sur la nécessité absolue d'une pratique de cette histoire qui prenne appui sur l'exploitation de sources dont la valeur a été critiquement établie et dont la lecture et l'interprétation ne sont entravées par aucune présomption confessionnelle ».

Un autre bilan historiographique, produit en 1992 par Brigitte Caulier à l'occasion du 25e anniversaire du Centre de recherches en histoire religieuse du Canada de l'Université Saint-Paul, à Ottawa, montre l'évolution des travaux québécois relatifs au sentiment religieux. Dans son parcours, Caulier situe, elle aussi, en 1960 l'accélération d'un fort bouillonnement de la recherche et de nouvelles productions relatives au sentiment religieux. D'entrée de jeu, elle prend acte d'une évolution de l'historiographie religieuse qui, d'approche institutionnelle et cléricale fortement hiérarchisée et apologétique, connaît rapidement une inversion de l'objet d'étude : « du clerc au laïc » (Caulier, 1994 : 47). Désormais, on aborde la place du catholicisme dans la société québécoise en l'observant de la base plutôt que du sommet de la hiérarchie ecclésiastique. Vu sous l'angle du populaire, du peuple de Dieu, on assiste à une sorte d'éclatement polymorphe de cet objet d'étude jadis réservé à l'histoire de l'Église. Caulier écrit : « L'une des caractéristiques de ce domaine de recherche est d'avoir suscité l'intérêt de plusieurs disciplines : folkloristes, sociologues, historiens et spécialistes de sciences religieuses dont la formation peut être diverse (théologie, sociologie, psychologie) » (p. 49).

Or, si un tel éclatement est riche pour la recherche, il ne faut pas imaginer que cela puisse se faire sans heurter des mentalités, des habitudes profondément inscrites. Jean Hamelin décrit bien ces attitudes et ces opinions dont le Québécois catholique avait besoin de se débarrasser, après les années 1960, pour réinventer son engagement social et politique :

De quelles attitudes et de quelles opinions faut-il donc se débarrasser ? Il y en a beaucoup. La croyance que les écritures recèlent le prototype de la cité idéale serait la première à éliminer. D'autres, pour être plus cachées, n'en sont pas plus difficiles à déraciner. Trop de chrétiens croient encore que la politique, parce que lieu des affrontements et des intérêts particuliers, est une chose sale et dégradante ; que l'autorité, parce que vécue d'abord comme participant à un ordre divin et non pas comme une exigence de n'importe quelle communauté de citoyens libres et responsables, commande une soumission aveugle ; que les valeurs chrétiennes sont si radicalement différentes des valeurs humaines qu'elles nécessitent des associations, des partis et des structures politiques officiellement chrétiennes pour être traduites dans des organisations sociales ; que la « hiérarchie » a seule mission de définir le bien et le mal, dispensant de la sorte la masse des chrétiens de rechercher la vérité, d'inventer des valeurs, de mener les combats qui s'imposent (Hamelin, 1980 : 121).

Comment situer l'œuvre de Jean Hamelin dans ce monde bouillonnant de l'histoire de l'Église ?

Dans l'ensemble de ses travaux, Jean Hamelin n'a pas cherché à définir ou à justifier un domaine particulier de recherche comme le fait par exemple Urs Altermatt (1994) dans son récent ouvrage *Le catholicisme au défi de la modernité. L'histoire sociale des catholiques suisses aux XIXe et XXe siècles.* Pour expliquer ce silence, je pourrais probablement recourir à l'expression de son ami, Nive Voisine : « Tu sais, moi je n'ai pas tellement une tête épistémologique ! » À vrai dire, je ne l'ai jamais cru, mais j'ai compris que ces hommes sont de la trempe des défricheurs toujours alertes pour recueillir des sources et élaborer des récits. Leur projet vise non seulement à faire surgir le plus objectivement possible la mémoire des événements passés au bénéfice de leurs interlocuteurs, mais il cherche également à faire pressentir l'importance des enjeux. Ils veulent non seulement construire des savoirs inébranlables, mais surtout éveiller chez leurs lecteurs l'intérêt et le sens des responsabilités par rapport à un héritage culturel et à une identité.

À considérer la bibliographie des œuvres d'Hamelin qui touche directement au domaine du religieux, on peut déjà avoir un aperçu de ses champs d'intérêts. Par la diversité même des sujets traités, on se rend compte de sa sensibilité aux manifestations diverses du christianisme québécois. En 1971, avec Nive Voisine et André Beaulieu, il participait à l'*Histoire de l'Église catholique au Québec,*

1608-1970. En 1984, avec Nicole Gagnon, il publiait le tome 1 de l'*Histoire du catholicisme québécois. Le XXᵉ siècle* et, seul, le second tome. L'année suivante (1985), il présentait, avec Nive Voisine, *Les ultramontains canadiens-français*, ouvrage offert en hommage à Philippe Sylvain. Puis, en 1990, il dirigeait et écrivait en grande partie *Les Franciscains au Canada, 1890-1990*. Enfin, il a dirigé un ouvrage dans la prestigieuse collection belge « Les fils d'Abraham » (Hamelin, 1995). Il y signe un important chapitre d'introduction sur l'histoire de l'Église des francophones d'Amérique du Nord.

Mais alors, est-ce qu'en parcourant les ouvrages d'Hamelin sur l'histoire religieuse au Québec on peut soulever le voile sur le sens à donner à son affirmation : « c'est ma manière de servir l'Église » ? Le travail d'Hamelin sied fort mal à la perspective d'une œuvre « au service de l'Église » apparentée à une histoire ecclésiastique jadis présente dans les facultés de théologie. Son discours n'a rien d'apologétique. Il produit toujours « en collaboration » son histoire à caractère religieux. Nive Voisine, Philippe Sylvain, Fernand Dumont et Nicole Gagnon sont des partenaires privilégiés. Mais il y en a également de nombreux autres parmi lesquels se trouvent aussi les historiens de la relève. Les œuvres de Jean Hamelin concernent soit les grands courants sociohistoriques qui traversent l'Église québécoise, soit des études sur des institutions particulières comme les Franciscains, ou encore des dossiers sur des idéologies domi-nantes comme l'ultramontanisme. Mais chaque fois, ce qu'Hamelin fait en ce domaine est relié à des complicités, à des fidélités. Il a été élevé dans un contexte catholique, il a étudié chez les Franciscains, il a travaillé pendant de nombreuses années avec Voisine, Sylvain et les autres. En fait, les travaux d'histoire religieuse de ce chercheur sont toujours par un côté ou un autre une affaire de fidélité, des histoires d'amour, oserais-je dire. On trouve, déjà là, la participation d'un individu qui accepte de rendre des services d'historien à l'égard de collègues ou d'institutions.

Pour cet historien, « sa façon de servir l'Église » n'a rien de servile. Son histoire du catholicisme ou celle des Franciscains n'ont rien de « soumises ». « Sa manière de servir l'Église », lorsqu'il fait de l'histoire religieuse, ressemble étrangement à « sa manière de servir le Québec » lorsqu'il fait de l'histoire économique et sociale. J'en prends pour preuve quelques-unes des œuvres qu'il a produites ou dirigées : le *Dictionnaire biographique du Canada*, le *Guide d'histoire du Canada*, l'*Histoire économique du Québec*, le *Guide du chercheur en histoire canadienne*, pour ne citer que quelques titres parmi les 43 monographies auxquelles il a contribué. Hamelin écrit toujours en vue d'offrir des outils de travail qui puissent être utiles, soit pour la consultation, soit pour susciter de l'intérêt en vue de poursuivre des recherches.

Ceux qui travaillent avec Hamelin sont unanimes à reconnaître à la fois son sens de la gestion (il sait s'adjoindre des collaborateurs), sa grande érudition et son talent pour raconter. Ses travaux en histoire religieuse sont menés rondement, dans des délais qu'il respecte. C'est une histoire précise, sans être pointilleuse. Dans *Les Franciscains au Canada*, tout comme dans l'*Histoire du catholicisme québécois*, il fournit une quantité incroyable d'informations qui témoignent de la richesse de ses contacts et de la confiance que lui manifestent les gardiens d'archives. Que de fois j'ai entendu des proches dire : « Comment a-t-il fait pour avoir tel document ? » Chez lui, le quantitatif n'est jamais absent. Les nombreux tableaux en font foi. Mais le qualitatif n'est jamais mis en retrait. Hamelin veut aider à comprendre les choses.

C'est une histoire qui tient ses distances, dans la mesure du possible, avec les opinions non éprouvées. Dans son introduction à l'*Histoire du catholicisme québécois*, il affirme clairement sa méfiance devant « les courants idéologiques contemporains [qui] sont de piètres véhicules pour explorer les quarante dernières années » (Hamelin et Gagnon, 1984 : 10). Dans la lignée de tous ces historiens dont parlait Poirier, ce qu'il apprécie, ce sont « ces bois durables avec lesquels les historiens d'un certain âge aiment échafauder leur construction, soit les correspondances, les journaux intimes, les mémoires confidentiels où les hommes se livrent sans fard ni masque » (p. 10).

Mais allons un peu plus loin. Pour lui, cette manière de servir l'Église prend quelques traits particuliers. Dans ses travaux, il ne cherche pas à faire une œuvre d'Église, du moins au sens où il s'agirait d'une œuvre ecclésiastique. Ce qui ne l'empêche pas de savoir très bien s'y prendre avec les clercs. Il les respecte réellement, tout comme il respecte ceux avec qui il est en relation. Toutefois, devant sa planche à travail, il est historien, et historien des institutions. Il est de cette trempe d'historiens qui ont acquis la sagesse de traiter d'une institution comme l'Église et de son fonctionnement sans renier le « plus qu'il ne paraît » qui appartient au domaine inépuisable des raisons de vivre, jamais réductibles aux initiatives et aux décisions prises.

Poirier (1991 : 408) a cette éloquente formule à propos des travaux des historiens de l'Église : « C'est alors que se pose la question, et c'est ici que le théologien ou le croyant qui risque de sommeiller en tout historien de l'Église relève la tête, de l'extension et de la compréhension qu'il convient de donner au terme « Église ». Quand Hamelin accepte de faire une histoire de l'Église, il a le souci de marquer cette distance radicale entre un univers où la foi est à l'œuvre et les œuvres des institutions ecclésiales. En 1980 (p. 120), il écrivait : « Les phénomènes comme les êtres ont toujours deux faces : un avers et un revers. Le piège serait de n'en regarder qu'une. » Des années plus tard, dans son introduction à l'*Histoire du catholicisme québécois*, il exprimait en ces termes cette dialectique du citoyen et du croyant :

> Dans la foulée du christianisme, le catholicisme québécois se tourne vers le Tu sans visage de la bible pour trouver les cohérences qui rétabliront l'harmonie entre son Église et son peuple. Ce Tu, à la fois immanent et transcendant, sorte « d'au-delà dans le centre » selon certains théologiens, pourrait servir de fondement à l'édification d'une chrétienté humaniste dont le cri, jaillissant des entrailles des sociétés humaines, les projetterait toujours en avant d'elles-mêmes. Rien de ce qui est humain ne m'est étranger, proclame *Pacem in terris* » (Hamelin, 1984 : 9-10).

Cette idée de projection, cette notion de dépassement et de prospective témoignent, non pas de conformisme ni de soumission, mais d'espérance. Celle-ci correspond à la dimension théologique ou croyante de celui qui demeure aux aguets pour reconnaître Celui sur qui repose sa foi et sa raison d'exister. Jean Hamelin, historien laïque, a une manière historienne et laïque de servir l'Église. Il n'est pas au service de l'Église dans un sens vieillot. Il n'est au service d'aucun cléricalisme. Il est toutefois en lien avec des hommes et des femmes et il cherche constamment à faire la part des choses. Comme historien, il sait rechercher des sources éprouvées qui racontent le faire de l'histoire et les analyser pour en dégager des compréhensions justes. Comme théologien ou croyant, il demeure ouvert et disponible aux témoignages et promesses du « dire Dieu » qui contribuent à nourrir l'espérance et les engagements des croyants.

Jean Hamelin demeure libre et aux aguets afin de ne jamais réduire la foi à une institution contextualisée. Après avoir fait écho à la déstabilisation générale qui a caractérisé l'Église québécoise dans la seconde moitié du XXe siècle, il laisse échapper cette relecture d'historien en dialogue avec le théologien :

> Commence alors l'exaltante aventure de la découverte de la liberté, de la récupération de la conscience individuelle et de l'évaluation du patrimoine. Cette remise en question culmine au sein d'une mutation de la culture occidentale d'une profondeur telle que même le visage de Dieu s'estompe dans les nuages de l'immanence. La mort d'une certaine représentation de Dieu tient à distance des Églises les masses des fidèles sécularisés (Hamelin, 1984 : 9).

* * *

Quand Jean Hamelin fait de l'histoire de l'Église, il fait d'abord de l'histoire. Ses œuvres le démontrent. Mais existe-t-il alors une façon particulière de faire cette histoire, lorsque celle-ci est « au service de l'Église ? ». La réponse mérite d'être nuancée. Non, il n'y a pas de manière particulière sur le strict plan des méthodes de travail. Oui, il y a quelque chose de particulier sur le plan du retentissement que la croyance religieuse peut avoir sur une pratique d'historien, laquelle est inséparable de l'action politique. Mais laissons Jean Hamelin s'en expliquer :

> Quel retentissement les options religieuses du chrétien ont-elles donc sur son action politique ? Sa foi en Jésus, en établissant une distance entre sa culture et les exigences fondamentales de l'homme, confère à son action un accent prophétique : le chrétien ne sera jamais satisfait d'aucun ordre car son besoin de dépassement le constitue en critique permanent. Son espérance dans la promesse du royaume, commencé ici et maintenant, lui donne la sérénité que procure la certitude de ne pas œuvrer seul ni en vain. L'amour de l'autre le rend libre, imaginatif, audacieux car nul ne sait sur quoi débouche une logique de la charité ni comment sera faite une société bâtie sur l'AMOUR. Ce qui pourrait être spécifique aux chrétiens

pris collectivement serait donc d'être des citoyens exemplaires (Hamelin, 1980 : 124).

En lisant cet extrait, j'ai encore une fois réalisé combien l'histoire est toujours affaire de cohérence. Par son œuvre et son discours, Jean Hamelin relance ses collègues et ses concitoyens face à leur responsabilité de définir ce qu'ils cherchent à faire réellement à travers ce qu'ils font quotidiennement. Pour conclure, qu'on me permette de parodier cette phrase de Giono dans *L'homme qui plantait des arbres* : « En voyant son œuvre, je me suis dit : Jean Hamelin a trouvé une fichue manière d'être au service de l'Église dont Dieu rêve pour le bonheur des personnes humaines. »

Bibliographie

Altermatt, Urs (1994), *Le catholicisme au défi de la modernité. L'histoire sociale des catholiques suisses aux XIXe et XXe siècles*, Lausanne, Payot.

Caulier, Brigitte (1994), « Le sentiment religieux », dans Pierre Hurtubise (dir.), *Status Quæstionis*, Ottawa, Université Saint-Paul, p. 47-59.

Hamelin, Jean (1980), « Être citoyen aujourd'hui », *Communauté chrétienne*, 19, 110 (mars-avril), p. 118-124.

Hamelin, Jean (1984), *Histoire du catholicisme québécois*, vol. III, *Le XXe siècle*, t. 2 : *de 1940 à nos jours*, Montréal, Boréal Express.

Hamelin, Jean (dir.) (1990), *Les Franciscains au Canada, 1890-1990*, Sillery, Septentrion.

Hamelin, Jean (dir.) (1995), *Les Catholiques d'expression française en Amérique du Nord*, Belgique, Éditions Brépols (coll. Fils d'Abraham).

Hamelin, Jean, et Nicole Gagnon (1984), *Histoire du catholicisme québécois*, vol. III, *Le XXe siècle*, t. 1, *1898-1940*, Montréal, Boréal Express.

Hamelin, Jean, et Nive Voisine (dir.) (1985), *Les ultramontains canadiens-français*, Montréal, Boréal Express.

Poirier, Paul-Hubert (1991), « De l'histoire de l'Église en faculté de théologie. réflexions sur la nature et l'objet d'une discipline », *Laval théologique et philosophique*, 47, 3 (octobre), p. 401-416.

Simon, Marcel (1981), « Histoire des religions, histoires du christianisme, histoire de l'Église : réflexions méthodologiques », *Le christianisme antique et son contexte religieux. Scripta varia*, Tübingen, Mohr (coll. Wissenschaftliche Untersuchungen zum Neuen Testament, 23), vol. II, p. 390-403.

Voisine, Nive, en collaboration avec Jean Hamelin et André Beaulieu (1971), *Histoire de l'Église catholique au Québec, 1608-1970*, Montréal, Fides.

L'évolution de l'histoire religieuse au Québec depuis 1945 : le retour du pendule ?

Guy Laperrière
Département d'histoire
Université de Sherbrooke

C'est principalement comme spécialiste de l'histoire économique et sociale que Jean Hamelin aura marqué sa génération. Mais là ne s'arrête pas sa contribution. Comme il l'a déjà dit, les circonstances l'ont amené à de nombreuses interventions auprès du personnel religieux catholique au moment du concile Vatican II et de la Révolution tranquille. On comprend dès lors que son ami Nive Voisine l'ait sollicité, d'abord pour les chapitres sur le XXᵉ siècle de l'*Histoire de l'Église catholique au Québec, 1608-1970* (1971) puis, pour la grande synthèse sur l'*Histoire du catholicisme québécois* inaugurée par les deux tomes sur le XXᵉ siècle (Hamelin, 1984 ; Hamelin et Gagnon, 1984). Réalisé avec le sens de la synthèse qui caractérise Hamelin, cet ouvrage de plus de 900 pages reste le point de référence obligé pour qui s'intéresse à ce qui fut, jusqu'en 1970, un vecteur essentiel de la vie collective.

Aussi avons-nous cru utile de le situer dans une plus vaste fresque, qui irait de 1945 à nos jours, à partir d'une analyse des principaux ouvrages en histoire religieuse du Québec publiés durant ces 50 ans. Un regard d'ensemble sur l'historiographie religieuse depuis la fin de la guerre et l'apparition, en 1947, des deux instituts d'histoire des Universités Laval et de Montréal ainsi que de l'Institut d'histoire de l'Amérique française permet de la diviser grossièrement en trois périodes selon une dialectique du type thèse-antithèsesynthèse. Thèse : une histoire qui place la religion et l'Église catholique au centre de tout et en fait le moteur de l'histoire et une caractéristique de la société canadienne-française. Antithèse : un courant de contestation, de rénovation, sur toile de fond de sécularisation, qui, de 1960 à 1980, à l'enseigne de la Révolution tranquille, vient renouveler de fond en comble l'écriture de l'histoire et assure le transfert de la domination d'une élite cléricale à une élite universitaire, tout aussi sûre d'elle-même que la précédente. Synthèse ? Beaucoup plus difficile à percevoir, mais il me semble que, depuis une dizaine d'années, les deux visions précédentes, absolutistes chacune à leur manière, ont perdu de leur attrait. On assiste à un renouvellement des perspectives et des approches, qui accepte d'examiner le fait religieux pour lui-même, dans une perspective plus globale et plus interdisciplinaire. Les deux premières périodes couvrent chacune une vingtaine d'années, la troisième dix ans seulement, mais elle se poursuit. Dans dix ans peut-être, on pourra mieux caractériser la période actuelle, dont je peux dire tout simplement qu'elle est emballante pour ceux et celles qui pratiquent l'histoire religieuse.

Non seulement nous analysons l'évolution globale de l'histoire religieuse, dans laquelle l'ouvrage de Jean Hamelin occupe une place charnière, mais aussi nous nous interrogeons, dans la ligne du thème proposé par Brigitte Caulier, sur la place que tiennent les laïcs, les fidèles, dans cette historiographie[1]. S'il est vrai que l'historiographie religieuse québécoise se réclame beaucoup – en paroles – de la dynamique école historique française, qui a tant produit dans ce secteur depuis 30 ans, j'émets l'hypothèse que cette influence n'est guère apparente dans les ouvrages québécois, jusqu'à tout récemment du moins. Ceux-ci me paraissent être beaucoup plus tributaires du contexte local, contexte de triomphalisme religieux dans les années 1950, contexte de contestation et de sécularisation dans les années 1965-1980, contexte que j'ai plus de difficulté à définir pour les années récentes, mais qui pourrait peut-être, chez les plus jeunes du moins, se caractériser par l'ouverture et le questionnement.

---

1. Brigitte Caulier a déjà produit une synthèse stimulante sur cette question : « Le sentiment religieux », dans Pierre Hurtubise (1994), *Status Quæstionis*, p. 47-59.

La méthode utilisée consiste à analyser les principaux ouvrages en histoire religieuse, à l'exclusion des articles de revue et des ouvrages collectifs. Une première liste nous a permis de regrouper quelque 130 ouvrages. Bien à regret, nous l'avons réduite de moitié ; mais l'échantillon est, croyons-nous, suffisamment représentatif pour permettre de dégager une interprétation générale. Les bilans historiographiques existants cités en bibliographie permettront de compléter l'information. Notre parcours nous conduira donc – boutade oblige – de *L'influence de Voltaire au Canada* de Marcel Trudel (1945) au *Louis-Antoine Dessaulles, un seigneur libéral et anticlérical* d'Yvan Lamonde (1994).

À LA GLOIRE DE L'ÉGLISE ET DE LA RELIGION, 1945-1965

En consultant l'énorme bibliographie de Paul Aubin et de Louis-Marie Côté (1987) pour y repérer la production de la période 1946-1965, j'ai trouvé une série de noms qui sont familiers aux plus érudits et rappellent toute une époque : en tête de liste, le grand prophète, Lionel Groulx, et toute une kyrielle d'abbés et de monseigneurs avec lui : Olivier Maurault, Honorius Provost, Victor Tremblay ; sans compter une pléiade de jésuites : Paul Desjardins, Léon Pouliot, Lorenzo Cadieux, René Latourelle ; et d'autres religieux : Thomas Charland, Romain Légaré ; ou religieuses : Marie-Emmanuel Chabot ou Estelle Mitchell. La liste est loin d'être exhaustive, mais elle est indicative et montre bien le rôle déterminant tenu par le clergé dans l'histoire, l'historiographie et, évidemment, l'histoire religieuse.

Le titre dont nous avons coiffé cette période, « À la gloire de l'Église et de la religion », a quelque chose de trompeur. Il ne veut certes pas tourner cette époque en dérision ; il ne veut pas non plus, comme on le fit sans doute trop durant la Révolution tranquille, la présenter comme l'ère de la grande noirceur en attendant le siècle des Lumières, caractérisé par la montée des nouveaux universitaires. Il reste que les années 1950 furent une époque dominée par les élites cléricales, du moins dans le domaine de la culture, de l'éducation et des représentations collectives, et l'histoire, l'histoire religieuse notamment, tenait une place de premier rang dans tous ces secteurs.

L'époque commence avec les grands fastes de la célébration du tricentenaire de Montréal (1942) : en témoignent les travaux de Marie-Claire Daveluy (1880-1968) – car il n'y a pas que des clercs et des hommes à écrire *in illo tempore* –, en particulier sur *Jeanne Mance* (1962) et *La Société de Notre-Dame de Montréal, 1639-1663* (1965). L'accent y est mis sur les origines et les jésuites embouchent joyeusement la trompette. Parmi une foule de biographies et de thèses, notamment sur les huit martyrs « canadiens » canonisés en 1930, retenons les recherches doctorales de René Latourelle, *Étude sur les écrits de saint Jean de Brébeuf* (1952-1953), et un choix de textes présentés par François Roustang dans une collection française, *Jésuites de la Nouvelle-France* (1961).

Pour le XIXᵉ siècle, un autre jésuite, Léon Pouliot, étudie à fond Mgr Bourget et publie les deux premiers tomes d'une biographie de l'évêque qui a tant marqué Montréal entre 1840 et 1875 (1955-1956). Les grandes initiatives de l'Église catholique au XXᵉ siècle trouvent également leur abbé-historien au Canada français. Jean Hulliger publie une thèse encore commode aujourd'hui qui synthétise bien les différents aspects de *L'enseignement social des évêques canadiens de 1891 à 1950* (1958), tandis que, dans son dernier ouvrage historique d'importance, Lionel Groulx (1962) relate à travers les différents pays du monde la grande aventure des missions catholiques établies par les Canadiens français. Notons au passage que ces deux ouvrages, comme la majorité des œuvres marquantes de cette époque, sont publiés chez Fides, le mot latin pour foi, qui décrit par lui-même le climat religieux de cette période.

Il n'y a pas que des catholiques au Québec. Les protestants privilégient surtout à ce moment-là l'histoire de leurs différentes confessions. Les anglicans notamment écrivent sur leur vie institutionnelle : les biographies des deux premiers évêques de Québec, Jacob Mountain (1793-1825) et Charles James Stewart (1825-1837), par Thomas R. Millman (1947, 1953), une monographie sur la paroisse de Trois-Rivières par Arthur E.E. Legge (1956), une histoire du diocèse de Montréal par l'historien John Irwin Cooper (1960) et celle de son collège théologique par Oswald Howard (1963)[2]. De même, la Grande Loge de Québec publie une histoire de la franc-maçonnerie au Québec à l'occasion de son bicentenaire (Milborne, 1960).

L'équivalent chez les catholiques se trouve dans les biographies de membres du clergé ou dans les histoires de communautés religieuses qui donnent lieu à de gros volumes. L'abbé Armand Yon lance une biographie de l'abbé H.-A. Verreau (1946) ; Antoine Bernard publie plus de mille pages sur *Les Clercs de Saint-Viateur* (1947-1951) à l'occasion du centenaire de leur implantation au Canada ; tandis que le père Gaston Carrière entreprend sa monumentale *Histoire documentaire de la Congrégation des Missionnaires Oblats de Marie-Immaculée dans l'est du Canada* (1957-1963) que viendra compléter un très utile *Dictionnaire biographique* (1976-1989) en quatre volumes. Un autre oblat, le canoniste Germain Lesage essaie de démêler l'écheveau de la fondation des Sœurs de l'Assomption de la Sainte Vierge de Nicolet (1957, 1965). Et on ne compte plus les histoires de communautés de femmes, écrites habituellement par des religieuses compétentes, zélées et pieuses – le dosage de ces qualités varie selon les ouvrages : nous avons relevé celles des Sœurs de la Charité de Québec par sœur Sainte-Blanche (1948), des Sœurs de Sainte-Anne, par sœur Marie-Jean de Pathmos (1950), des Petites Franciscaines de Marie, par sœur Marie-Michel-Archange (1956). Cependant, la bibliographie de Bernard Denault et de Benoît Lévesque (1975) en relève une quinzaine d'autres pour cette période.

Il serait faux cependant de croire que l'histoire des laïcs n'intéresse personne à cette époque. Quelques études nous en convaincront. Dès 1949, le franciscain Fernand Porter publie un important

---

2. C'est là cependant que s'arrêtent leurs travaux. Les autres confessions protestantes étudient leur histoire dans le cadre canadien. Et, depuis 1963, nous n'avons relevé aucun ouvrage significatif sur l'histoire du protestantisme au Québec – y inclus les anglicans – alors que, depuis une dizaine d'années surtout, se multiplient les travaux de qualité en histoire religieuse au Canada anglais, comme en témoignent les bilans de Laverdure (1989), Westfall et Laperrière (1990) et McGowan (1990), ou la remarquable collection des McGill-Queen's Studies in the History of Religion, dirigée par G.A. Rawlyk.

ouvrage sur *L'institution catéchistique au Canada*, qui étudie deux siècles de formation religieuse de 1633 à 1833. À l'occasion du tricentenaire de la confrérie de Sainte-Anne, le rédemptoriste David Levack (1956) publie, dans un style fort traditionnel, une histoire de cette confrérie, qui avait longtemps regroupé les menuisiers avant de donner naissance aux Dames de Sainte-Anne. Surtout, les ethnologues des archives de folklore décrivent avec précision la vie traditionnelle, où le religieux tenait tant de place. On pense en particulier à *Civilisation traditionnelle des Lavalois* (non ! pas ceux de l'île Jésus, mais ceux de Sainte-Brigitte de Laval, au nord de Québec), le classique de sœur Marie-Ursule (1951). La méthode ethnographique apporte ici un riche complément et permet de saisir sur le vif pratiques, croyances et coutumes.

On sait cependant que les années 1945-1960 n'ont pas été que conformisme et respect de l'ordre établi : des contestataires relèvent la tête et paient parfois de leur emploi leur audace. Faut-il ranger Marcel Trudel dans cette catégorie, en ce qui concerne l'histoire religieuse ? À lire ses *Mémoires d'un autre siècle* (1987), on pourrait croire que oui, mais l'article de Serge Jaumain (1985-1986) sur la production historique de l'éminent professeur montre bien que ce n'est qu'à partir de 1958, à l'orée de la Révolution tranquille, que le discours de Trudel s'est « laïcisé ». Jusque-là, les trois ouvrages qui nous intéressent ici, *L'influence de Voltaire au Canada* (1945), *Chiniquy* (1955) et les deux tomes de *L'Église canadienne sous le Régime militaire, 1759-1764* (1956-1957), s'ils témoignent d'un esprit indépendant par le choix des sujets, font montre d'un traitement somme toute assez traditionnel, pour ne pas dire conformiste.

On le voit donc : vue d'un certain angle, la période 1945-1965 est, en histoire religieuse du Québec, toute à la gloire de l'Église et de la religion – on pourrait aussi bien dire à la gloire de Dieu et de la patrie, si on ne s'embarrasse pas trop de nuances. Les mentalités cependant se transforment. Les instituts d'histoire universitaires mettent de l'avant des méthodes positivistes qui relèguent aux oubliettes bien des gloires du passé. Surtout, on voit des intellectuels, les Falardeau, Pelletier, Lemoyne, Ryan, remettre en question le rôle de l'Église au Canada français, soit dans *Cité libre*, soit dans des numéros spéciaux de revues françaises comme *Esprit* (août-septembre 1952) ou la *Chronique sociale de France* (septembre 1957). Le rôle de la télévision, qui se répand dans les années 1950, est sans doute déterminant. Cette volonté de changement éclatera dans le grand public avec *Les insolences du Frère Untel* (Desbiens, 1960) et culminera durant la Révolution tranquille. En histoire religieuse, les livres qui en portent la trace paraissent à partir de 1966.

UNE NOUVELLE LECTURE DE L'HISTOIRE, 1966-1983

La remise en question du rôle de l'Église catholique dans la société, dans le présent comme dans le passé, est l'une des principales caractéristiques de la Révolution tranquille. Une nouvelle idéologie apparaît et, y participant à plein, les historiens cherchent à mettre en lumière les mécanismes de la domination cléricale, particulièrement dans la seconde moitié du XIXe siècle.

Cela n'empêche pas les membres du clergé, souvent compétents et formés dans les départements d'histoire, de continuer à produire des travaux importants. Deux d'entre eux furent bien reçus au début de la période : celui du jésuite William F. Ryan (1966), avec une thèse quelque peu apologétique, qui voulait montrer, à partir des cas de la Mauricie et du Saguenay, que le clergé avait eu une attitude favorable au développement économique durant la période de décollage de 1896 à 1914 ; et l'autre, la thèse considérable de Lucien Lemieux (1968), un monument de solide histoire ecclésiastique qui démêlait l'écheveau de l'établissement des sièges épiscopaux au Canada entre 1783 et 1844, dont le cas particulièrement épineux de Montréal. Les autres thèses ou études de cette veine plus institutionnelle et proprement religieuse publiées au début des années 1970 eurent beaucoup moins d'échos auprès des historiens, que ce soit la synthèse de l'abbé Hermann Plante (1970), le grand œuvre de dom Oury sur Marie de l'Incarnation (1973), qui suivait de peu l'édition de sa correspondance (1971), ou les thèses de Guy Plante sur le rigorisme de Mgr de Saint-Vallier (1971) ou de Noël Baillargeon sur le séminaire de Québec (1972). À cause de la montée du féminisme, la thèse de droit canonique sur la fondation et les structures des communautés religieuses de femmes de sœur Marguerite Jean (1977) fut déjà mieux reçue.

Cependant, le grand courant qui triomphait alors tant à l'Université Laval qu'à l'Université de Montréal et dans tout le réseau nouvellement créé de l'Université du Québec, notamment sa tête de pont, l'UQAM, est celui de l'analyse des idéologies, dans le climat d'ébullition qui marquait les combats et les débats de ce début des années 1970. Jean Hamelin fut également pionnier dans ce secteur de l'histoire des idéologies, avec les séminaires qu'il publia en collaboration avec Fernand Dumont et Jean-Paul Montminy à partir de 1969 ; c'est un champ que ce collectif a laissé dans l'ombre. Les historiens de Québec y avaient pris une longueur d'avance, dans une veine plus doctrinale, avec les travaux pionniers sur l'ultramontanisme : on pense à la thèse de Pierre Savard sur Tardivel (1967) ou à la savante contribution de Philippe Sylvain sur le libéralisme et l'ultramontanisme dans un ouvrage curieusement placé sous l'égide du *Bouclier d'Achille* (1968). Jean-Paul Bernard allait suivre avec éclat, avec sa thèse sur *Les Rouges* (1971), brillante monographie analysant les années 1847-1867 tant du point de vue politique et religieux que de celui du journalisme et du mouvement des idées. Les vannes du libéralisme et de l'ultramontanisme étaient ouvertes : allaient s'y engouffrer, dans des thèses tantôt remarquables et parfois lassantes, Nadia F. Eid (1978), René Hardy (1980), Nive Voisine (1980) et Marcel Lajeunesse (1982). Le même esprit, avec une touche cléricale en sus, traverse la présentation de Jean Laflamme et de Rémi Tourangeau sur *L'Église et le théâtre au Québec* (1979).

Le XXe siècle était analysé dans la même perspective. Ici, l'anticommunisme constituait le fer de lance, qu'on pense à la thèse de Richard Jones sur *L'Action catholique* (1974) ou à celle d'Andrée Lévesque sur la gauche au Québec durant la dépression (thèse écrite en 1973, publiée en 1984). Le même esprit révisionniste amenait Jacques Rouillard à une relecture des premières années du syndicalisme catholique, jusqu'en 1930 (1979). La Nouvelle-France elle-même ne restait pas à l'écart de ce nouveau coup d'œil. Dans une étude fouillée sur les religieuses de l'Hôpital Général de Québec (1971), Micheline D'Allaire classait allègrement les groupes sociaux en dominants et dominés. Cornelius J. Jaenen (1976) réévaluait le rôle de l'Église sur le front missionnaire et dans la colonie. À la recherche des minoritaires, Marc-André Bédard (1978) effectuait une recherche minutieuse qui lui permettait de recenser 477 protestants en Nouvelle-France.

De cette période 1966-1983, il nous reste un dernier bouquet d'auteurs qui ont fait leur marque et qui, tout en participant du courant révisionniste, ont vis-à-vis de l'Église une attitude influencée par leur position universitaire, reliée à une faculté de théologie ou à un département de sciences religieuses. À Montréal, la première moitié du XIXe siècle a donné lieu à deux travaux de qualité, mais regardés d'un peu haut par les historiens, l'analyse de la prédication des sulpiciens de 1800 à 1830 par Louis Rousseau (1976) et la biographie de Mgr Lartigue par Gilles Chaussé (1980). À Paris, tout un groupe de sociologues québécois venaient s'abreuver au Groupe de sociologie des religions, sous l'inspiration notamment d'Henri Desroche et de Jean Séguy. Cela nous a valu un ouvrage pionnier sur les communautés religieuses, de Bernard Denault et Benoît Lévesque (1975), et deux thèses remarquables : celle de Gabriel Dussault sur *Le curé Labelle* (écrite en 1975, publiée en 1983) et de Paul-André Turcotte (1981) sur la façon dont une communauté religieuse, les Clercs de Saint-Viateur, a absorbé le choc de la Révolution tranquille de 1957 à 1972. Ces travaux, qui sont tous de la seconde moitié des années 1970 et du début des années 1980, annoncent les transformations à venir, à partir de 1983-1984.

Au-delà du contexte idéologique de leur production, on peut se demander quelle part ces quelque 25 ouvrages réservent aux chrétiens ordinaires. L'approche de l'histoire sociale est nettement prépondérante dans des ouvrages comme ceux de D'Allaire, de Bédard ou de Hardy. Pour le reste, il faut bien constater que les sources et les sujets choisis nous enferment dans le monde des élites, que ce soit les évêques avec Chaussé ou Voisine, le haut clergé avec Ryan, Eid ou Dussault, les communautés de Turcotte ou de Lajeunesse, les journalistes de Savard, de Bernard ou de Jones, ou les grandes institutions avec Baillargeon ou Rouillard. Alors qu'on aurait pu s'attendre à ce que les nouvelles perspectives mises de l'avant par l'historiographie religieuse française soient reprises au Québec, il faut constater que c'est bien davantage le contexte local qui guidait les chercheurs. Oui, ce fut bien, en histoire religieuse comme ailleurs, l'âge d'or des idéologies au Québec.

VERS UNE HISTOIRE RELIGIEUSE PLUS SEREINE, 1984-1994

La troisième période commence en 1984, avec la visite du pape au Québec et la parution, quelques jours auparavant, des deux livres de Jean Hamelin (1984 ; Hamelin et Gagnon, 1984) sur l'histoire du catholicisme québécois au XXe siècle. Cet ouvrage me paraît occuper une position charnière. Il marque, en quelque sorte, un renversement de courant de l'historiographie, et ce, de deux manières. D'abord, l'historien le plus prestigieux de sa génération publie un ouvrage en histoire religieuse, ce qui réhabilite le genre, d'autant que le livre est auréolé du prix du gouverneur général[3]. Et puis, l'ouvrage propose, somme toute, une vision ouverte du rôle de l'Église, malgré, il est vrai, bien des critiques : on ne renie tout de même pas sa génération ! Sur le plan du contenu et de l'interprétation, l'ouvrage constitue une synthèse qui examine la réalité à partir du sommet : en cette époque d'industrialisation, d'urbanisation et de sécularisation, les auteurs – Nicole Gagnon signe le tome I avec Hamelin – analysent l'évolution et le rôle de l'Église catholique au Québec à partir de sources qui sont surtout celles de l'épiscopat et du clergé le plus actif.

Mais cet ouvrage et les manifestations de 1984 constituent un tournant. La vingtaine d'ouvrages que nous avons retenus depuis 1984 ne semblent plus se présenter avec la même volonté de démontrer l'action de l'Église qui habitait les auteurs de la période précédente. La passion de la description des phénomènes religieux du passé a changé d'objet, comme on le voit aussi dans le domaine de l'histoire des femmes.

Ce qui frappe dans cette production qui couvre pour l'instant une dizaine d'années, c'est qu'elle provient d'horizons fort divers, des légendes à la religion populaire, de l'histoire des Amérindiens à celle des femmes, jusqu'à l'histoire des affaires ou de la sexualité. Dans tous ces cas, ce sont les sources d'histoire religieuse qui ser-

---

3. Témoignent de ce même « retournement » les initiatives prises par le gouvernement du Québec lors de la visite de Jean-Paul II : organisation d'une grande exposition au Musée du Québec et publication de deux ouvrages de prestige sur *Le grand héritage*, qui voulaient mettre en valeur le rôle de l'Église catholique dans la société et les arts.

vent de matériau de base. Sources orales d'abord : sœur Denise Rodrigue (1983), utilisant les comparaisons Québec-ouest de la France qui se sont beaucoup développées à cette époque, découvre les contenus et les croyances relatives au cycle de Pâques, de la Chandeleur au mois de Marie. Le folklore est de nouveau à l'honneur, mais ces études semblent nettement en perte de vitesse depuis que les Archives de folklore ont été fondues dans des vastes ensembles aux sigles compliqués... On peut cependant en rapprocher un autre ouvrage, un savant dossier établi par Léo-Paul Hébert autour de la légende du père Jean-Baptiste de La Brosse (1984). L'étude de ce missionnaire jésuite conduit tout naturellement à un chapitre essentiel, celui des relations entre Blancs et Amérindiens, par le biais des missionnaires. Dans la foulée des Bruce Trigger et Cornelius J. Jaenen, de grands ouvrages donnent le ton nouveau, celui de la rencontre ou, plutôt, de l'affrontement des cultures : on pense à James Axtell (1985) ou à Denys Delâge (1985), quoique ce dernier se préoccupe davantage de géopolitique et de facteurs économiques. De son côté, le père Lucien Campeau, de la Compagnie de Jésus, poursuit vigoureusement la publication érudite de ses *Monumenta* et met inlassablement de l'avant le point de vue missionnaire dans ses écrits, comme son ouvrage sur *La mission des jésuites chez les Hurons, 1634-1650* (1987). On rompt encore bien des lances sur ces questions...

Toujours sur le plan de la rencontre des cultures, il faut signaler l'action du père Jacques Langlais. Après une thèse sur *Les jésuites du Québec en Chine, 1918-1955* (1979), travail pionnier qui n'a guère suscité d'émules dans ce champ si riche de l'histoire des missions du dernier siècle, il a publié avec David Rome une synthèse sur les rapports entre *Juifs et Québécois français* (1986) qui fait une large place à la question brûlante de l'antisémitisme des Canadiens français.

Un des champs qui a provoqué le plus de recherches depuis 1975 – même s'il est absent de notre collectif, si masculin à tant d'égards – est l'histoire des femmes. En histoire religieuse, cela se traduit le plus souvent par l'histoire des communautés religieuses. Micheline D'Allaire (1986) a poursuivi ses recherches sur les dots des religieuses jusqu'en 1800, tandis que, dans une perspective nettement féministe, Marta Danylewycz (1988) et l'équipe de Nicole Laurin (1991) explorent les facteurs de la vocation, respectivement aux XIXᵉ et XXᵉ siècles. Il est beaucoup plus difficile d'atteindre les femmes « ordinaires », si on peut les appeler ainsi. C'est ce que fait pourtant avec talent Andrée Lévesque (1989), dans son livre qui étudie la norme (maternité, sexualité) et la déviance (contraception, avortement, illégitimité, prostitution) pendant l'entre-deux-guerres. Pour une rare fois, on touche des femmes réelles, si tant est que les religieuses participent en quelque sorte d'un autre monde...

Comme Andrée Lévesque, Marie-Aimée Cliche s'est tournée, ces dernières années, vers une analyse féministe d'un certain nombre de problèmes vécus par les femmes. Mais puisque nous nous limitons aux livres, nous retenons plutôt sa thèse sur *Les pratiques de dévotion en Nouvelle-France* (1988). Voici la seule monographie sortie de tout le tapage sur la religion populaire orchestré par le père Benoît Lacroix. Et encore, traite-t-il véritablement de comportements populaires ? On peut en douter quand on voit que les trois quarts de l'ouvrage analysent les aumônes, les confréries et les testaments, où les « dominants », pour reprendre l'expression de D'Allaire, tiennent sûrement le haut du pavé !

Si on veut suivre la religion dans le quotidien, on trouvera beaucoup plus dans la synthèse de Lucien Lemieux sur *Les années difficiles (1760-1839)* (1989). Les archives diocésaines de Montréal et de Québec ont été passées au peigne fin et tous les aspects de la vie ecclésiale sont présentés, vus de la lunette cléricale, puisque les principales sources sont les correspondances des évêques et des curés. C'est à la même source qu'a puisé Serge Gagnon pour sa trilogie sur la mort (1987), la sexualité (1990) et le mariage (1993) au Bas-Canada (1790-1830), mais le fait de rechercher les cas déviants nous amène beaucoup plus sur le plancher des vaches, si je puis dire[4] ...

---

4. Deux autres grands chantiers de recherche devraient beaucoup éclairer les croyances et les pratiques religieuses des Québécois. Il s'agit des recherches sur le catéchisme, par l'équipe de Raymond Brodeur, et des travaux sur le renouveau religieux montréalais menés par l'équipe de Louis Rousseau. Après la production d'instruments de recherche qui ont requis des énergies considérables, on peut espérer que ces chercheurs publieront de courtes synthèses contenant leurs principales conclusions.

La seconde moitié du XIXᵉ siècle a continué à intéresser les chercheurs. Spécialiste de l'histoire des affaires, Brian Young (1986) étudie comment les sulpiciens se sont adaptés à la transition du féodalisme au capitalisme dans leur administration entre 1816 et 1876. Mettant à profit sa connaissance intime de la période, Nive Voisine dresse une synthèse réussie des années 1871-1898 dans sa contribution à l'*Histoire du catholicisme québécois* (Sylvain et Voisine, 1991). Ses chapitres étoffés sur les évêques, le clergé et la politique ne l'empêchent pas de réserver une place significative aux pratiques et aux dévotions. Les Quarante-Heures, saint Antoine de Padoue et le petit catéchisme y font bon ménage avec ses chers Laflèche et Taschereau... Il n'est pas jusqu'aux libéraux qu'on ne ressuscite de leurs cendres, mais dans un climat nettement plus serein, comme l'atteste le *Louis-Antoine Dessaulles* d'Yvan Lamonde (1994).

Je terminerai ce survol par ce que j'appelle le véritable renouveau en histoire religieuse. Il nous vient de deux jeunes femmes, dont les doctorats viennent d'être soutenus[5], sur le terrain même de l'Église au XIXᵉ siècle, puisqu'il s'agit de travaux sur une paroisse et un diocèse. Lucia Ferretti (1992) étudie les paroissiens de Saint-Pierre-Apôtre de Montréal et montre comment la société paroissiale a été, pour ces immigrants des alentours de la métropole, le lieu d'intégration à la ville. Quant à Christine Hudon, elle vient de soutenir sa thèse à l'Université du Québec à Trois-Rivières (1994). Nous nous permettons de l'inclure dans notre relevé, convaincu que, vu sa qualité et sa nouveauté, la publication de cette thèse ne saurait tarder. L'auteure utilise le terrain du diocèse de Saint-Hyacinthe entre 1820 et 1875, éclairant parce qu'il comprend à la fois les anciennes seigneuries toutes catholiques et le front pionnier des Cantons de l'Est à majorité protestante. Elle privilégie deux questions : d'abord, l'extension du réseau paroissial et la vie religieuse de ses communautés : baptême, mariage, sépulture, mais aussi

---

5. J'ai hâte de pouvoir y ajouter les thèses de deux autres jeunes chercheuses, dont les multiples tâches familiales et universitaires retardent la publication, Dominique Deslandres sur les missions au XVIIᵉ siècle (1990) et Brigitte Caulier sur les confréries de dévotion à Montréal du XVIIᵉ au XIXᵉ siècle (1986).

pénitence et eucharistie ; puis, l'analyse de la théologie et de la spiritualité qui permet de donner enfin une nouvelle interprétation de l'ultramontanisme et qui nous situe sur le terrain pastoral plutôt que dans l'arène des luttes idéologiques. Le tout sur toile de fond de l'interprétation du renouveau de 1840, où Hudon propose une thèse mitoyenne entre celles de Rousseau et de Hardy[6]. Ces travaux nous transportent – enfin ! – sur le terrain d'une histoire véritablement religieuse.

* * *

Que conclure de l'ensemble de ce survol de près d'un demi-siècle d'histoire religieuse au Québec ? Nous constatons deux choses : la production est abondante[7] et son orientation varie dans le temps. Nous avons volontiers ratissé large dans notre moisson, classant sous l'étiquette « histoire religieuse » une foule d'ouvrages qui ressortissent d'autres disciplines ou d'autres champs du domaine historique. Cela se justifiait le plus souvent par le sujet ou par les sources, qui sont religieux, alors que le traitement ou la problématique relèvent des horizons les plus variés. La mise en veilleuse des idéologies dans les années 1980 – sans que disparaissent pour autant les polémiques – amène une réduction des frontières entre différents types d'histoire : faut-il vraiment tracer une ligne entre histoire religieuse, histoire des mentalités, histoire culturelle, histoire intellectuelle et même, dans leurs aspirations les plus globales, histoire politique, histoire des femmes, histoire sociale ? Chacun puise son bien où il le trouve et on voit de plus en plus tomber les barrières, tant il faut des coups d'œil différents pour percevoir la réalité historique dans toutes ses harmoniques.

---

6. René Hardy (1994) fait bien le point sur le débat sur le réveil religieux de 1840 dans la première partie d'un article récent. Il propose de substituer au concept de « réveil » celui de « renouveau » religieux.

7. Une vue plus complète aurait aussi comporté des articles, souvent à l'avant-garde de la recherche. Depuis 1991, le *Bulletin de liaison* de la Société canadienne d'histoire de l'Église catholique, qui paraît deux fois l'an, publie une liste aussi complète que possible des ouvrages récents et des articles de revue d'intérêt scientifique pour l'histoire religieuse du Canada français.

En terminant, on peut se demander, en ce qui concerne l'histoire religieuse proprement dite, si l'on assiste à un retour du pendule ? Un examen rapide pourrait le laisser croire. Ainsi, à partir de 1980, la mode des béatifications et canonisations reprend de plus belle au Québec et de nombreuses biographies – dont certaines fort savantes – de fondatrices de communautés religieuses accompagnent ce mouvement. Dans la même veine, les anniversaires de fondation des congrégations sont l'occasion d'en écrire l'histoire, et on recourt assez souvent pour ce faire à des historiennes professionnelles. Ces travaux se situent en droite ligne avec les ouvrages équivalents publiés entre 1945 et 1965, après une relative discrétion durant la période 1966-1983. De même, les débats idéologiques autour du libéralisme, de l'anticléricalisme ou de l'ultramontanisme des années 1970 ont laissé place à des prises de bec encore trop mesquines sur l'actualité du XXe siècle, notamment autour de l'antisémitisme, du nationalisme ou des attitudes face au régime de Vichy. Cela ne me paraît plus guère ressortir à l'histoire religieuse.

Durant ces dernières années, l'histoire religieuse a vu se développer des préoccupations nouvelles, qui l'amènent d'ailleurs à établir des comparaisons fructueuses avec d'autres chrétientés, celles de France ou d'Irlande pour n'en nommer que deux. Ces approches, qui visent à mieux qualifier le type de religion vécu en terre québécoise, devraient être assez fortes pour renouveler la vue d'ensemble qu'à la suite et à l'exemple de Jean Hamelin les historiens et les historiennes tentent de donner de l'histoire du Québec.

Bibliographie

Aubin, Paul, et Louis-Marie Côté (1987), *Bibliographie de l'histoire du Québec et du Canada, 1946-1965*, Québec, IQRC.

Axtell, James (1985), *The Invasion Within: the Contest of Cultures in Colonial North America*, New York, Oxford University Press.

Baillargeon, Noël (1972), *Le séminaire de Québec sous l'épiscopat de monseigneur de Laval*, Québec, PUL (trois autres ouvrages suivront, en 1977, 1981 et 1994).

Bédard, Marc-André (1978), *Les protestants en Nouvelle-France*, Québec, Société historique de Québec (coll. Cahiers d'histoire, 31).

Bernard, Antoine (1947-1951), *Les Clercs de Saint-Viateur au Canada*, Montréal, Les Clercs de Saint-Viateur, 2 vol.

Bernard, Jean-Paul (1971), *Les Rouges : libéralisme, nationalisme et anticléricalisme au milieu du XIXe siècle*, Montréal, PUQ.

Campeau, Lucien (1987), *La mission des jésuites chez les Hurons, 1634-1650*, Montréal, Bellarmin.

Carrière, Gaston (1957-1963), *Histoire documentaire de la Congrégation des missionnaires oblats de Marie-Immaculée dans l'est du Canada*, Ottawa, Éditions de l'Université d'Ottawa, 5 vol. (sept autres volumes paraîtront de 1967 à 1975).

Carrière, Gaston (1976-1989), *Dictionnaire biographique des Oblats de Marie-Immaculée au Canada*, Ottawa, Éditions de l'Université d'Ottawa, 4 vol.

Caulier, Brigitte (1994), « Le sentiment religieux » dans Pierre Hurtubise (dir.), *Status Quæstionis*, Ottawa, Université Saint-Paul, p. 47-59.

Chaussé, Gilles (1980), *Jean-Jacques Lartigue, premier évêque de Montréal*, Montréal, Fides.

Cliche, Marie-Aimée (1988), *Les pratiques de dévotion en Nouvelle-France : comportements populaires et encadrement ecclésial dans le gouvernement de Québec*, Québec, PUL.

Cooper, John Irwin (1960), *The Blessed Communion. The Origins and History of the Diocese of Montreal, 1760-1960*, Montréal, The Archives' Committee of the Diocese of Montreal.

D'Allaire, Micheline (1971), *L'Hôpital Général de Québec, 1692-1764*, Montréal, Fides.

D'Allaire, Micheline (1986), *Les dots des religieuses au Canada français, 1639-1800*, Montréal, Hurtubise HMH.

Danylewycz, Marta (1988), *Profession : religieuse. Un choix pour les Québécoises (1840-1920)*, Montréal, Boréal.

Daveluy, Marie-Claire (1962), *Jeanne Mance, 1606-1673*, 2e éd., Montréal, Fides.

Daveluy, Marie-Claire (1965), *La Société de Notre-Dame de Montréal, 1639-1663 : son histoire, ses membres, son manifeste*, Montréal, Fides, (suivi du texte « Les véritables motifs [...] »).

Delâge, Denys (1985), *Le pays renversé : Amérindiens et Européens en Amérique* du Nord-Est, 1600-1664, Montréal, Boréal Express.

Denault, Bernard, et Benoît Lévesque (1975), Éléments pour une sociologie des communautés religieuses au Québec, Montréal, PUM.

Desbiens, Jean-Paul (1960), Les insolences du Frère Untel, Montréal, Éditions de l'Homme.

Dussault, Gabriel (1983), Le curé Labelle : messianisme, utopie et colonisation au Québec, 1850-1900, Montréal, Hurtubise HMH.

Eid, Nadia F. (1978), Le clergé et le pouvoir politique au Québec : une analyse de l'idéologie ultramontaine au milieu du XIXᵉ siècle, Montréal, Hurtubise HMH.

Ferretti, Lucia (1992), Entre voisins : la société paroissiale en milieu urbain, Saint-Pierre-Apôtre de Montréal, 1848-1930, Montréal, Boréal.

Gagnon, Serge (1987), Mourir hier et aujourd'hui. De la mort chrétienne dans la campagne québécoise au XIXᵉ siècle à la mort technicisée dans la cité sans Dieu, Québec, PUL.

Gagnon, Serge (1990), Plaisir d'amour et crainte de Dieu. Sexualité et confession au Bas-Canada, Sainte-Foy, PUL.

Gagnon, Serge (1993), Mariage et famille au temps de Papineau, Sainte-Foy, PUL.

Groulx, Lionel (1962), Le Canada français missionnaire : une autre grande aventure, Montréal, Fides.

Hamelin, Jean (1984), Histoire du catholicisme québécois, vol. 3, Le XXᵉ siècle, t. 2, de 1940 à nos jours, Montréal, Boréal Express.

Hamelin, Jean, et Nicole Gagnon (1984), Histoire du catholicisme québécois, vol. 3, Le XXᵉ siècle, t. 1, 1898-1940, Montréal, Boréal Express.

Hardy, René (1980), Les zouaves : une stratégie du clergé québécois au XIXᵉ siècle, Montréal, Boréal Express.

Hardy, René (1994), « À propos du réveil religieux dans le Québec du XIXᵉ siècle [...] », RHAF, 48, 2 (septembre), p. 189-200.

Hébert, Léo-Paul (1984), Histoire ou légende ? Jean-Baptiste de La Brosse, Montréal, Bellarmin.

Howard, Oswald (1963), The Montreal Diocesan Theological College: a History from 1873 to 1963, Montréal, McGill University Press.

Hudon, Christine (1994), « Encadrement clérical et vie religieuse dans le diocèse de Saint-Hyacinthe, 1820-1875 », thèse de Ph.D. (études québécoises), UQTR.

Hulliger, Jean (1958), L'enseignement social des évêques canadiens de 1891 à 1950, Montréal, Fides.

Jaenen, Cornelius J. (1976), The Role of the Church in New France, Toronto, McGraw Hill Ryerson.

Jean, Marguerite (1977), Évolution des communautés religieuses de femmes au Canada de 1639 à nos jours, Montréal, Fides.

Jones, Richard (1974), L'idéologie de L'Action catholique (1917-1939), Québec, PUL.

Laflamme, Jean, et Rémi Tourangeau (1979), L'Église et le théâtre au Québec, Montréal, Fides.

Lajeunesse, Marcel (1982), Les sulpiciens et la vie culturelle à Montréal au XIXᵉ siècle, Montréal, Fides.

Lamonde, Yvan (1994), Louis-Antoine Dessaulles, 1818-1895, un seigneur libéral et anticlérical, Montréal, Fides.

Langlais, Jacques (1979), Les jésuites du Québec en Chine, 1918-1955, Québec, PUL.

Langlais, Jacques, et David Rome (1986), *Juifs et Québécois français : 200 ans d'histoire commune*, Montréal, Fides.

Latourelle, René (1952-1953), *Étude sur les écrits de saint Jean de Brébeuf*, Montréal, Immaculée-Conception, 2 vol.

Laurin, Nicole, *et al.* (1991), *À la recherche d'un monde oublié : les communautés religieuses de femmes au Québec de 1900 à 1970*, Montréal, Le Jour.

Laverdure, Paul (1989), « Tendances dominantes de l'historiographie religieuse au Canada anglais, 1979-1988 », *RHAF*, 42, 4 (juin), p. 579-587.

Legge, Arthur E. E. (1956), *The Anglican Church in Three Rivers, Quebec, 1768-1956*, s.l., s.e.

Lemieux, Lucien (1968), *L'établissement de la première province ecclésiastique au Canada, 1783-1844*, Montréal, Fides.

Lemieux, Lucien (1989), *Histoire du catholicisme québécois*, vol. II : *Les XVIIIe et XIXe siècles*, t. 1 : *Les années difficiles (1760-1839)*, Montréal, Boréal.

Lesage, Germain (1957), *Les origines des Sœurs de l'Assomption de la Sainte Vierge*, Nicolet, Assomption de la Sainte Vierge.

Lesage, Germain (1965), *Le transfert à Nicolet des Sœurs de l'Assomption de la Sainte Vierge, 1858-1874*, Nicolet, Assomption de la Sainte Vierge.

Levack, David (1956), *La confrérie de Sainte-Anne à Québec : tricentenaire, 1657-1957*, Sainte-Anne de Beaupré, Librairie de la bonne Sainte-Anne.

Lévesque, Andrée (1984), *Virage à gauche interdit : les communistes, les socialistes et leurs ennemis au Québec, 1929-1939*, Montréal, Boréal Express.

Lévesque, Andrée (1989), *La norme et les déviantes : des femmes au Québec pendant l'entre-deux-guerres*, Montréal, Remue-ménage.

Marie-Jean de Pathmos, sœur (1950), *Les Sœurs de Sainte-Anne, un siècle d'histoire*, t. 1 : *1850-1900*, Lachine, Sœurs de Sainte-Anne.

Marie-Michel-Archange, sœur (1955), *Par ce signe tu vivras. Histoire de la Congrégation des Petites Franciscaines de Marie (1889-1955)*, Baie-Saint-Paul, Maison-mère.

Marie-Ursule, sœur (1951), *Civilisation traditionnelle des Lavalois*, Québec, PUL (coll. Archives de folklore, 5-6).

McGowan, Mark G. (1990), « Coming Out of the Cloister: some Reflections on Developments in the Study of Religion in Canada, 1980-1990 », *International Journal of Canadian Studies/Revue internationale d'études canadiennes*, 1-2, p. 175-202.

Milborne, A.J.B. (1960), *Freemasonry in the Province of Quebec, 1759-1959*, Québec, Grand Lodge of Quebec.

Millman, Thomas R. (1947), *Jacob Mountain, First Lord Bishop of Quebec: a Study in Church and State, 1793-1825*, Toronto, University of Toronto Press.

Millman, Thomas R. (1953), *The Life of the Right Reverend, the Honourable Charles James Stewart... Second Anglican Bishop of Quebec*, London, Ontario, Huron College.

Oury, Guy-Marie (1971), *Marie de l'Incarnation, ursuline (1599-1672) : correspondance*, Solesme, Abbaye Saint-Pierre.

Oury, Guy-Marie (1973), *Marie de l'Incarnation (1599-1672)*, Québec, PUL.

Plante, Guy (1971), *Le rigorisme au XVIIe siècle : Mgr de Saint-Vallier et le sacre-*

ment de pénitence (1685-1727), Gembloux, Duculot.

Plante, Hermann (1970), L'Église catholique au Canada (1604-1886), Trois-Rivières, Bien public.

Porter, Fernand (1949), L'institution catéchistique au Canada : deux siècles de formation religieuse, 1633-1833, Montréal, Éditions franciscaines.

Pouliot, Léon (1955-1956), Monseigneur Bourget et son temps, Montréal, Beauchemin, 2 vol. (trois autres volumes seront publiés chez Bellarmin de 1972 à 1977).

Rodrigue, Denise (1983), Le cycle de Pâques au Québec et dans l'ouest de la France, Québec, PUL (coll. Archives de folklore, 24).

Rouillard, Jacques (1979), Les syndicats nationaux au Québec de 1900 à 1930, Québec, PUL (coll. Les Cahiers d'histoire de l'Université Laval, 24).

Rousseau, Louis (1976), La prédication à Montréal de 1800 à 1830 : approche religiologique, Montréal, Fides (coll. Héritage et projet, 16).

Roustang, François (dir.) (1961), Jésuites de la Nouvelle-France, Paris, Desclée de Brouwer.

Ryan, William F. (1966), The Clergy and Economic Growth in Quebec (1896-1914), Québec, PUL.

Sainte-Blanche, sœur (1948), La charité en marche... L'Institut des Sœurs de la Charité de Québec, 1871-1896, Québec, Maison mère.

Savard, Pierre (1967), Jules-Paul Tardivel, la France et les États-Unis, 1851-1905, Québec, PUL (coll. Les Cahiers de l'Institut d'histoire, 8).

Sylvain, Philippe (1968), « Libéralisme et ultramontanisme au Canada français : affrontement idéologique et doctrinal

(1840-1865) », dans W. L. Morton (dir.), Le bouclier d'Achille, Toronto, McClelland/Stewart, p. 111-138 et 220-255.

Sylvain, Philippe, et Nive Voisine (1991), Histoire du catholicisme québécois, vol. II : Les XVIIIe et XIXe siècles, t. 2 : Réveil et consolidation (1840-1898), Montréal, Boréal.

Trudel, Marcel (1945), L'influence de Voltaire au Canada, Montréal, Fides, 2 vol.

Trudel, Marcel (1955), Chiniquy, Trois-Rivières, Bien public.

Trudel, Marcel (1956-1957), L'Église canadienne sous le Régime militaire, 1759-1764, Québec, PUL, 2 vol.

Trudel, Marcel (1987), Mémoires d'un autre siècle, Montréal, Boréal.

Turcotte, Paul-André (1981), L'éclatement d'un monde : les Clercs de Saint-Viateur et la Révolution tranquille, Montréal, Bellarmin.

Voisine, Nive (1980), Louis-François Laflèche, deuxième évêque de Trois-Rivières, t. 1 : 1818-1878, Saint-Hyacinthe, Edisem.

Voisine, Nive (1984), Histoire du catholicisme québécois, Montréal, Boréal Express.

Voisine, Nive, en collaboration avec Jean Hamelin et André Beaulieu (1971), Histoire de l'Église catholique au Québec, 1608-1970, Montréal, Fides.

Westfall, William, et Guy Laperrière (1990), « Religious Studies », dans Alan F.J. Artibise (dir.), Interdisciplinary Approaches to Canadian Society a Guide to the Literature, Montréal/Kingston, McGill/Queen's University Press, p. 39-76.

Yon, Armand (1946), *L'abbé H.-A. Verreau, éducateur, polémiste, historien*, Montréal, Fides.

Young, Brian (1986), *In its Corporate Capacity: the Seminary of Montreal as a Business Institution, 1816-1876*, Kingston/Montréal, McGill/Queen's University Press.

*Apparition
et développement
de la presse
quotidienne
(1840-1975)*

Évolution sociodémographique de la presse quotidienne québécoise

Jean de Bonville
Gérard Laurence
Département d'information et de communication
Université Laval

Le nom de Jean Hamelin occupe une place de choix dans l'historiographie québécoise. Il est de surcroît étroitement associé à l'histoire de la presse. À tel point que sa contribution principale est désormais mieux connue sous le label « le Beaulieu et Hamelin », signe sans équivoque de sa notoriété et de son utilité. Outil de premier ordre au service des historiens, *La presse québécoise des origines à nos jours* (1973-1990) – tel est son titre – n'est pas qu'une simple bibliographie, utile aux seuls chercheurs intéressés à des informations ponctuelles sur un titre particulier. L'ouvrage ouvre, au contraire, des perspectives éminemment plus vastes, celles d'une véritable histoire sociale de la presse. André Beaulieu et Jean Hamelin avaient d'ailleurs tracé la voie en rédigeant, à la suite d'un premier inventaire, un article substantiel publié en 1966 dans *Recherches sociographiques*. Cet article a fait date et suscité de nombreuses recherches. D'autres historiens ont aussi exploité « le Beaulieu et Hamelin » et continuent de le faire. Plutôt que d'établir la nomenclature de ces travaux, nous voudrions, ici, explorer une autre avenue ouverte à l'historiographie québécoise par « le Beaulieu et Hamelin ». Nous limiterons notre propos, non à une période de l'histoire de la presse comme l'ont fait beaucoup d'historiens (voir de Bonville, 1995), mais bien à une catégorie particulière de journaux, le quotidien, depuis son apparition au Québec, au milieu du XIXe siècle, jusqu'à 1975, date butoir du répertoire. Notre analyse est la première réalisée à partir d'Hiperbec[1], une banque de données sur la presse québécoise, en production actuellement sous les auspices du Groupe de recherche sur l'histoire des médias au Québec. Cette banque rassemble des données sur la presse québécoise provenant de plusieurs sources complémentaires, mais le noyau dur est constitué par les données du répertoire de Beaulieu et Hamelin ; sans lui rien n'aurait été possible.

Sans doute, dans cet ensemble de plus de 6 000 titres, les quotidiens ne représentent qu'un peu plus de 2 % des périodiques publiés au Québec. Cependant, il s'agit du type de journal bénéficiant de la plus grande visibilité et exerçant sans doute la plus forte influence, du fait de la récurrence inhérente à sa publication journalière. Celle-ci est, en effet, le premier terme de notre définition : un quotidien est un périodique paraissant au moins six jours par semaine. Cette définition minimale fonde, en partie, notre sélection et nous amène à exclure les rares périodiques ayant paru quatre ou cinq fois la semaine et surtout les jumelages de deux trihebdomadaires qui, dans les années 1830-1840, se concertaient pour paraître alternativement dans la semaine et offraient une publication quotidienne, sous deux titres différents. Mais il faut encore que cette publication soit quotidienne tout au long de l'année. Et c'est là le second terme de notre définition. Dès lors, nous ne prenons pas en compte cette autre forme embryonnaire du quotidien, apparue, elle aussi, dans les années 1830, qu'était le quotidien saisonnier. Il paraissait chaque jour durant la « saison des affaires », c'est-à-dire d'avril à octobre, et il redevenait trihebdomadaire ou bihebdomadaire dès que les glaces menaçaient de figer le Saint-Laurent. De ce fait, notre analyse commence au moment où sont créés ce qu'on appelle alors les « quotidiens à l'année ». Ce sont des considérations analogues, qui nous ont fait écarter toute publication quotidienne dont le terme était prévu parce qu'associé à un événement lui-même étroitement circonscrit dans le temps, tels une fête, un congrès, une

---

1.   Pour Banque sur l'Histoire de la presse Périodique au Québec.

tombola, etc. Enfin, il faut, pour satisfaire à nos critères de sélection, que le quotidien s'adresse virtuellement à toute la population d'une région donnée, quelle que soit la nature particulière de ses contenus. Aussi, avons-nous exclu les quotidiens destinés à un public étroitement spécialisé, telles les feuilles d'actualité judiciaire ou financière qui intéressent les seuls juristes ou les seuls courtiers en valeurs mobilières. En revanche, nous avons retenu les titres qui, bien que spécialisés, ne s'adressent pas à un groupe professionnel, mais visent le public le plus large. Ainsi en est-il d'un quotidien d'actualité économique. Compte tenu de ces critères, nous dénombrons donc 132 titres créés entre 1850 et 1975[2].

Nous avons limité notre analyse à quelques caractéristiques sociodémographiques : l'année de fondation et de disparition du quotidien, sa longévité et, enfin, la taille de la population des quotidiens. À ces caractéristiques premières et essentielles de toute histoire de la presse, nous ajoutons des observations concernant les tirages, autre dimension importante, mais de nature plus socio-économique que démographique. Ces divers éléments sont considérés d'un triple point de vue : le lieu de publication, la langue et l'affiliation politique officielle du quotidien. Cependant, il ne faut pas voir dans ces deux séries d'éléments des variables dépendantes ou indépendantes, celles-ci servant à expliquer l'évolution de celles-là. Car s'il fallait expliquer les variations du régime démographique des quotidiens québécois, il nous faudrait sans doute faire appel moins à des facteurs endogènes qu'à des facteurs exogènes relevant de la socio-économie du Québec en général. Il s'agit là d'une entreprise beaucoup plus ambitieuse et sans doute prématurée. Aussi

---

2. Nous comptons parmi les quotidiens certains titres qui adoptent ou abandonnent la périodicité quotidienne sans pour autant que leur existence en tant que journal ne commence ou ne finisse. Mais nous ne les saisissons que durant la période où ils furent quotidiens. Nous avons dénombré 32 de ces journaux dont une douzaine cessent d'être quotidiens sans pour autant cesser de paraître et dont plus d'une vingtaine paraissaient déjà depuis un certain temps avant d'adopter la périodicité quotidienne. Onze sont de langue française et sept paraissent en dehors de Montréal et de Québec. Le *Progrès du Saguenay*, hebdomadaire lors de sa fondation en 1887, paraît même comme quotidien durant deux périodes distinctes de son histoire, de 1927 à 1932 et de 1953 à 1961.

nous nous sommes limités à une étude plus strictement descriptive du phénomène des quotidiens au Québec, et les caractéristiques retenues l'ont d'abord été pour leur capacité d'organiser systématiquement les données. Ce qui ne veut pas dire que nous nous interdirons tout à fait d'avancer des hypothèses sur les changements dans la sociodémographie des quotidiens québécois.

FONDATION ET DISPARITION, LONGÉVITÉ ET ESPÉRANCE DE VIE

Si nous les considérons individuellement, la fondation et la disparition d'un journal semblent des événements aléatoires relevant de l'initiative individuelle et répondant à des motivations d'ordre politique, culturel, social ou économique. Mais si nous les observons collectivement et sur une longue période, des tendances générales se manifestent tandis que, au-delà de chaque journal, se profile une population cohérente aux caractéristiques changeantes.

Ainsi en est-il de la courbe des naissances et des décès (figure 1). Cette courbe laisse clairement apparaître deux périodes très contrastées, chacune d'elles subdivisées en deux phases au

Figure 1

Nombre de fondations
et de disparitions de quotidiens au Québec

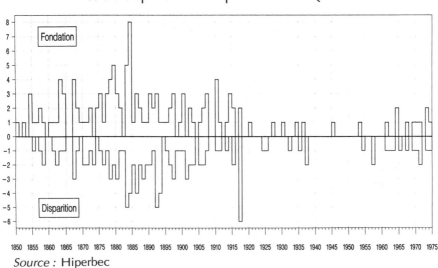

Source : Hiperbec

cours desquelles les tendances générales de la période s'infléchissent. La première période, allant de 1850 à 1917, est caractérisée par une très forte activité démographique. D'abord, nous observons un taux de natalité soutenu : chaque année, à de rares exceptions près, est lancé au moins un nouveau quotidien. Avec 117 fondations en 67 ans, nous obtenons une moyenne de presque deux nouveaux quotidiens par an. Ensuite, nous notons un taux de mortalité élevé, corollaire obligé d'une forte natalité : 100 quotidiens disparaissent entre 1850 et 1917, soit 1,5 par an. À l'intérieur de cette période relativement homogène, nous distinguons deux phases distinctes. Durant la première phase, globalement ascensionnelle, de 1850 à 1885, le nombre de naissances demeure supérieur à celui des décès (67 contre 43), ce qui donne, au bout du compte, un solde démographique positif : le nombre des quotidiens effectivement disponibles grimpe durant ces trois décennies et culmine en 1884, avec 24 titres au 31 décembre. Fait notable, c'est l'époque à laquelle le Québec a disposé du plus grand effectif de quotidiens, car, par la suite, leur nombre ira en diminuant. En effet, à partir du milieu de la décennie 1880-1890, s'amorce une seconde phase durant laquelle le solde démographique annuel est le plus souvent légèrement négatif ou, à tout le moins, nul. De 1885 à 1917, on compte 58 décès pour 51 naissances. Le record est atteint en 1917, année durant laquelle nous dénombrons six disparitions contre seulement deux naissances.

L'année 1917 constitue donc une charnière majeure et marque le début d'une seconde période, caractérisée par un ralentissement très net de l'activité démographique des quotidiens. De 1917 à 1975, nous ne recensons que 16 créations, soit 0,27 quotidien par an. Sur 58 ans, nous en dénombrons 43 pendant lesquelles n'est lancé aucun quotidien, c'est-à-dire pendant les trois quarts de la période considérée. La courbe du taux de mortalité est à l'avenant, bien que légèrement supérieure, avec 20 disparitions. Le solde démographique est donc négatif et le tassement des effectifs observé depuis 1885 se confirme. Au 31 décembre 1975, nous ne dénombrons que 14 quotidiens effectivement disponibles au Québec. Néanmoins, à l'intérieur de cette période généralement stable, nous discernons deux phases. Celle qui va de la fin de la Première Guerre mondiale aux années 1950 est marquée par une quasi-léthargie. Cette phase se termine par une série de décès qui précèdent un léger regain de l'activité démographique à partir des années 1960.

Comme les humains, les journaux ne sont pas tous promis à une vie d'égale durée. Certains vivent centenaires, tandis que d'autres ne durent que quelques jours. Dans un marché mouvant et difficile, le passage de certains caps climatériques constitue pour un journal un titre de gloire et fait souvent l'objet d'une tapageuse exploitation publicitaire. La longévité est alors présentée comme un gage de crédibilité, une garantie de qualité et, de la part du public, un témoignage de fidélité. Mais, analysée sur l'ensemble de la population, pendant 125 ans, la longévité des quotidiens est indicative de la situation de la presse. L'espérance de vie, qui calcule la durée de vie du journal en la considérant à partir de sa naissance, nous servira d'indicateur de longévité[3].

Pour l'ensemble de nos quotidiens, l'espérance de vie moyenne s'établit à 16 ans, ce qui dénote la fragilité de l'institution. Fait notable, l'espérance de vie des quotidiens nés entre 1850 et 1870 est nettement plus élevée que celle des quotidiens des décennies suivantes. Ce phénomène s'explique du fait que les premiers quotidiens sont, pour plusieurs, d'anciens journaux qui disposent déjà d'une clientèle établie lorsqu'ils se convertissent à la périodicité quotidienne[4]. En outre, la concurrence entre les quotidiens est encore faible. Au contraire, à partir des années 1870, les nouveaux

---

3. L'espérance de vie d'une cohorte de journaux est calculée en établissant leur âge moyen au moment de leur disparition. Les cohortes en question peuvent être constituées de journaux d'une même année ou d'une même décennie, de titres de même langue ou de même affiliation politique, etc.

4. Huit des dix quotidiens à paraître dans les années 1850 sont des journaux déjà établis. Ils sont tous de langue anglaise, sauf La Patrie, et tous situés à Montréal, sauf le Chronicle. C'est le cas notamment du Commercial Advertiser et du Pilot, qui paraissaient respectivement depuis 1835 et 1844. Le premier quotidien anglophone de la ville de Québec avait été fondé en 1847, sept ans avant de devenir quotidien. Parmi les premiers quotidiens de langue française aussi, plusieurs titres existaient depuis déjà des années, comme La Minerve et Le Journal de Québec, fondés respectivement en 1826 et en 1842, qui deviennent quotidiens en 1864, ou encore Le Pays, dont la fondation remonte à 1852 et qui ne pénètre le marché quotidien qu'en 1868.

titres naissent, d'entrée, quotidiens et doivent se tailler une place sur un marché encombré. De manière générale, les feuilles anglaises ont une espérance de vie plus grande que leurs vis-à-vis françaises[5]. Par ailleurs, le lieu de publication ne paraît pas exercer une influence systématique. Même si, théoriquement, les quotidiens disposent de ressources supérieures à Montréal par rapport à Québec ou aux centres régionaux, l'espérance de vie ne varie pas sensiblement d'un lieu à l'autre[6].

Les éditeurs l'ont proclamé à satiété pour persuader leurs lecteurs d'acquitter leur abonnement : le moment crucial de la vie d'un journal est la période d'une ou deux années qui suit la fondation. Le taux de mortalité durant cette période est un indice des conditions sociopolitiques et économiques qu'ont à affronter les journaux, particulièrement au moment de leur création et durant leurs premières années.

En effet, la mortalité précoce pèse lourdement dans le calcul de l'espérance de vie[7]. Ce sont 39 % des titres qui disparaissent ou abandonnent la périodicité quotidienne avant d'avoir bouclé une première année d'existence. Et 57 % de tous les quotidiens n'atteignent pas deux ans, tandis que près des trois quarts (73 %)

---

5. L'espérance de vie des quotidiens anglais est de 20 ans au moment de leur fondation, de 29 ans si l'on exclut les quotidiens disparus dans l'année suivant leur fondation et de 51 ans si l'on exclut les quotidiens disparus durant les cinq premières années. Les quotidiens de langue française ont une espérance de vie moyenne de 14, 22 ou 41 ans selon le cas. Cependant, un test sur l'âge moyen des deux groupes de quotidiens au moment de la disparition révèle que la langue n'exerce pas d'influence statistiquement significative sur l'espérance de vie. Il faut donc invoquer avec prudence le facteur linguistique dans l'explication des différences dans l'espérance de vie.

6. L'espérance de vie à la naissance, après un an et après cinq ans, des quotidiens montréalais, des quotidiens de Québec et des quotidiens régionaux sont respectivement de 16, 22 et 44 ans ; de 14, 27 et 47 ans ; de 18, 28 et 41 ans.

7. Nous rangeons dans la catégorie des quotidiens disparus précocement les titres qui n'ont pas dépassé leur 24e mois d'existence. En général, les démographes expriment le taux de mortalité de la manière suivante : *n mort-nés par mille naissances*. Comme notre population n'atteint pas 1 000 individus, nous exprimons ce taux en pourcentage.

disparaissent avant cinq ans. Aussi, lorsque nous calculons l'espérance de vie des quotidiens sur les titres encore vivants après un an,
puis après cinq ans, nous obtenons des moyennes sensiblement ren-
forcées : respectivement de 24 et de 44 ans. Phénomène intéressant,
durant leurs deux premières années d'existence, tous les quotidiens
sont égaux devant la mort : langue, lieu de publication et affiliation
politique[8] sont des facteurs tout à fait négligeables[9].

Si nous analysons l'évolution du taux de mortalité précoce,
nous observons que le phénomène culmine au tournant du siècle
puisque, entre 1880 et 1910, 68 % des nouveaux quotidiens sont
forcés de quitter le marché durant les deux années qui suivent leur
lancement. À l'opposé, les taux sont plus bas de 1850 à 1870 ; 70 %
des nouveaux quotidiens franchissent alors le seuil de leur deuxième
année. En effet, durant ces deux décennies, les nouveaux venus
pénètrent sur un marché vierge, mais leurs successeurs doivent au
contraire affronter une forte concurrence.

---

8. Un grand nombre de quotidiens changent d'affiliation politique officielle au cours de
    leur existence, certains à plusieurs occasions. La vente du journal, l'élection d'un
    nouveau gouvernement, le remplacement du directeur sont autant d'occasions sus-
    ceptibles d'influencer l'orientation politique du journal. Il n'est pas exclu, en retour,
    qu'un changement d'affiliation entraîne la disparition d'un titre. Mais rien ne permet
    de croire que l'affiliation des quotidiens à un moment précis de leur existence (à leur
    fondation en particulier) n'exerce d'influence à long terme et, par conséquent, sur
    leur espérance de vie. C'est pourquoi un calcul de l'espérance de vie en fonction
    de ce facteur nous apparaît invalide. Cependant, rares sont les titres qui changent
    d'affiliation politique au cours de leurs premiers mois d'existence. Il devient alors
    possible de vérifier l'existence d'une association entre l'affiliation politique et la
    mortalité précoce.

9. Nous avons réparti les quotidiens en deux catégories quant à leur longévité : dispa-
    rus au cours des deux premières années d'existence ; disparus après les deux
    premières années d'existence, et nous avons vérifié si la langue : anglais ; français,
    le lieu de publication : Montréal ; Québec ; régions, une affiliation politique quel-
    conque : libéral ; conservateur ou indépendant, ou le fait d'avoir une affiliation
    politique : partisan ; indépendant, avaient une influence sur la mortalité précoce des
    feuilles quotidiennes. Le test du *khi carré* démontre l'absence totale d'association
    entre la mortalité précoce et chacun de ces facteurs.

L'OFFRE DE QUOTIDIENS

Le solde, positif ou négatif, des fondations par rapport aux disparitions détermine l'évolution de la population de quotidiens, c'est-à-dire du nombre de titres effectivement disponibles à un moment donné[10]. Il existe donc des relations étroites entre l'offre des quotidiens et leur régime démographique, et il n'est pas étonnant de trouver dans l'évolution de l'offre un profil déjà familier. C'est ainsi que durant les trois premières décennies, le nombre de titres auxquels ont accès les Québécois est en pleine expansion. Le sommet est atteint en 1884 : durant cette année le Québec a disposé de 28 quotidiens, un chiffre qui reste inégalé[11]. Une phase de contraction s'amorce ensuite, et, en dix ans, les effectifs descendent sous la vingtaine. Mis à part un brusque sursaut, à l'occasion de la Première Guerre mondiale, de 15 à 18 quotidiens se maintiennent, bon an mal an, jusque dans les années 1950.

C'est à Montréal qu'aurait paru, en 1850, le tout premier véritable quotidien[12]. Il faut ensuite attendre 1854 avant que Québec ait le sien. Mais, au cours des années suivantes, la métropole distance très nettement la capitale où, jusqu'à la fin des années 1860, on dénombre moins de titres (3 ou 4 contre près d'une dizaine). La crise économique des années 1870, qui frappe plus durement Montréal,

---

10. Ce « moment donné » peut être une date ponctuelle, ainsi le 31 décembre de chaque année : on comptabilise alors le nombre de titres à cette date précise, prenant en compte celui qui aurait été créé la veille tout comme celui qui était disparu le lendemain. Ce « moment donné » peut aussi être une période plus diffuse, en l'occurrence l'année entière : on dénombre les journaux ayant vécu entre le 1er janvier et le 31 décembre, quelque fugace qu'ait pu être leur passage. L'un et l'autre mode de comptabilisation ont leurs avantages et leurs inconvénients, mais présentent, finalement, deux profils tangents. Nous avons, dans cet article, opté pour le second mode de calcul.

11. Selon l'autre mode de calcul, le 31 décembre 1884, ce sont 24 quotidiens qui sont effectivement disponibles.

12. C'est avec réserve que nous avançons le nom du *Montreal Courier* comme premier quotidien à part entière. Créé en 1835, il serait devenu quotidien en mai 1850. Mais faute de pouvoir disposer d'une collection complète (il n'en reste que quelques numéros épars), nous ne pouvons rien affirmer de façon certaine.

permet à Québec de regagner du terrain, voire de devancer sensiblement sa rivale. À la charnière des années 1870-1880, avec une population deux fois supérieure, Montréal dispose d'un nombre inférieur de quotidiens. Mais, à partir des années 1890, la répartition s'inverse à l'avantage de Montréal qui, jusqu'en 1975, dispose d'un nombre de quotidiens pouvant, certaines années, représenter le double de ceux de Québec.

Le phénomène des quotidiens régionaux est plus tardif. Le tout premier, *Le Courrier de l'Outaouais* (juin 1871 - mars 1873), est à citer pour mémoire[13]. *Le Quotidien* de Lévis, créé en 1879, a été le premier quotidien régional à jouir d'une existence prolongée, puisqu'il ne disparaît qu'en 1937. Dans les années 1880-1890, plusieurs autres titres sont lancés à Sherbrooke, Trois-Rivières, Saint-Hyacinthe, mais, à l'exception du *Sherbrooke Record*, encore en vie, aucun ne connaît une carrière très longue. L'offre des quotidiens en région augmente alors sensiblement, mais avec d'importantes fluctuations jusqu'en 1920. À partir de cette époque, le nombre des titres se stabilise. Les nouveaux venus, à Sherbrooke (*La Tribune* en 1910), à Trois-Rivières (*Le Nouvelliste*, en 1920) et à Granby (*La Voix de l'Est*, en 1945)[14] se maintiennent, en effet, constituant avec le *Record* de Sherbrooke et *Le Quotidien* de Lévis, un fonds permanent de quatre à cinq titres. Les deux tentatives avortées de quotidiens au Saguenay-Lac-Saint-Jean (*Le Progrès* du Saguenay, en 1928 et 1953) et la création du *Quotidien* à Chicoutimi[15] sont les seules autres modifications aux effectifs des quotidiens régionaux entre 1925 et 1975. Durant ce même temps, leur nombre se maintient au niveau de ceux de la ville de Québec. À partir de 1960, avec la baisse du nombre de quotidiens montréalais, la quinzaine de titres se répartissent plus également entre la capitale, la métropole et les

---

13. D'une part, parce que son existence a été très courte et, d'autre part, surtout, parce que créé d'abord à Ottawa en janvier 1870, il déménage ses bureaux à Hull en 1871, mais continue d'être imprimé dans la capitale fédérale et dessert principalement les quelque 8 000 francophones qui y vivent.

14. Il s'agit en réalité d'un hebdomadaire fondé en 1935, qui devient quotidien en 1945.

15. Il prend, en 1973, la succession d'une édition régionale du *Soleil*.

Figure 2

Nombre de quotidiens publiés au Québec,
selon le lieu de publication

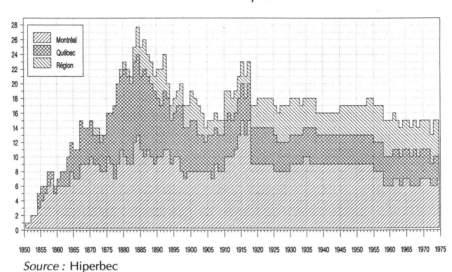

Source : Hiperbec

régions (figure 2). Pour autant, on ne peut considérer le quotidien régional comme un phénomène bien implanté, l'« hebdo régional » ayant, dès la seconde moitié du XIXᵉ siècle, vampirisé le marché.

L'offre des quotidiens selon la langue présente des caractéristiques plus contrastées (figure 3). De 1850 jusqu'au milieu de la décennie 1870-1880, les titres de langue anglaise dominent nettement la presse quotidienne. Il faut attendre plus d'une décennie pour voir apparaître le premier titre de langue française[16], *La Presse* (octobre 1863-septembre 1864). Dans les années 1870, un équilibre s'instaure entre le nombre de quotidiens dont disposent respective-

---

16. Exception faite du *Courrier du Canada*, qui demeure quotidien pendant les six premiers mois de son existence (2 février - 30 juillet 1857), mais qui revient à la périodicité trihebdomadaire et la conserve jusqu'au 4 juin 1877. Nous n'avons pas assez de données pour déterminer si *La Patrie* (septembre 1854 - novembre 1857 et avril 1858 - juillet 1858), qui se proclame « le pionnier du journalisme quotidien » de langue française, fut un quotidien à part entière ou seulement un quotidien saisonnier.

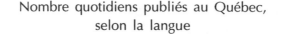

Figure 3

Nombre quotidiens publiés au Québec,
selon la langue

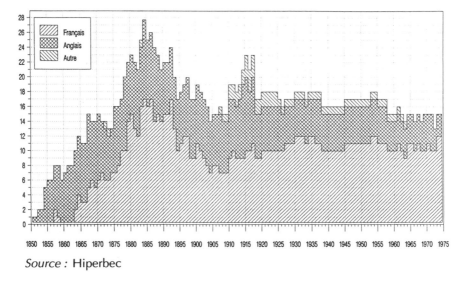

Source : Hiperbec

ment les deux collectivités ethniques. Puis, à partir de 1880, les titres français prennent l'avantage, le rapport allant même, jusqu'au début du XXe siècle, du simple au double. Dans la dernière décennie du XIXe siècle, le nombre des titres de langue française chute radicalement et, à la charnière des deux siècles, quotidiens anglophones et francophones sont en nombre à peu près égal. À partir des années 1920, les titres de langue française reprennent l'avantage, tandis que les titres de langue anglaise accusent une baisse marquée. Les proportions avec les titres de langue anglaise restent alors relativement stables, autour de deux tiers et un tiers. Les quelques tentatives de titres bilingues, au XIXe siècle, ne sont guère significatives. Par contre, l'apparition des premiers quotidiens allophones, au début du siècle, constitue un phénomène intéressant. Mais l'existence de ces feuilles demeure fragile ; le *Kanader Adler*, publié en yiddish à Montréal, et quotidien de 1907 à 1963, fait exception.

La distribution linguistique et géographique des titres répond à des critères faciles à discerner. Mais la prise en compte de l'affiliation politique dans l'évolution de l'offre des quotidiens pose des problèmes plus délicats[17]. À défaut de pouvoir procéder à une analyse très fine, nous pouvons distinguer les grandes tendances (figure 4). Celles-ci correspondent, à quelques années près, aux périodes que nous avons déjà découpées. Durant la première période, qui couvre toute la seconde moitié du XIXᵉ siècle, les quotidiens partisans dominent (trois titres sur quatre en moyenne). À l'intérieur de la période, nous distinguons deux temps, qui correspondent globalement à ceux de l'histoire politique du pays. Jusqu'au milieu de la décennie 1890, les titres conservateurs sont les plus nombreux. Avec l'arrivée des libéraux aux commandes, nombre de quotidiens conservateurs sombrent, tandis que les titres favorables au parti de sir Wilfrid Laurier augmentent. Toutefois, nous n'observons pas une inversion totale des choses et, à la charnière des deux siècles, entre 1895 et 1905, les quotidiens conservateurs, libéraux et indépendants se partagent assez également le marché. Les feuilles partisanes demeurent donc majoritaires, mais les titres sans affiliation politique commencent à s'imposer.

La seconde période, au contraire, est caractérisée par la domination des quotidiens indépendants. La transition entre les deux régimes est progressive, mais elle s'accélère dans les années 1910. En effet, dans les années 1900, les titres indépendants et partisans

---

17. Si la langue et le lieu d'édition ne posent guère de problèmes d'interprétation, il n'en va pas de même en ce qui concerne l'affiliation politique, car la partisanerie n'est pas une caractéristique dichotomique. Au contraire, elle s'exprime en degrés et en nuances ; elle varie dans le temps et selon les événements. Certains hommes politiques s'attirent plus de sympathie que d'autres, etc. Pourtant, à l'ère de la presse de partis, les éditeurs, les journalistes, les hommes politiques et même les lecteurs distinguent assez facilement trois catégories principales de journaux. Tout d'abord, l'organe de parti : fondé, dirigé, rédigé et financé par des membres d'un parti politique, il exprime explicitement et systématiquement les opinions officielles de ses chefs. La seconde catégorie regroupe les journaux partisans indépendants qui appuient explicitement un parti politique, mais ne se soumettent pas systématiquement aux directives de ses chefs, avec lesquels ils entretiennent même, à l'occasion, des relations tendues. Enfin, les journaux indépendants affirment ne se soumettre à aucune discipline ou doctrine partisanes. Les milieux de la presse s'entendent donc assez facilement pour distribuer les différents titres dans l'une ou l'autre de ces catégories, et les répertoires de la presse consignent systématiquement ce que les éditeurs eux-mêmes affirment de leur journal. C'est pourquoi nous avons retenu l'expression affiliation politique officielle.

Figure 4

Nombre quotidiens publiés au Québec,
selon l'affiliation politique officielle

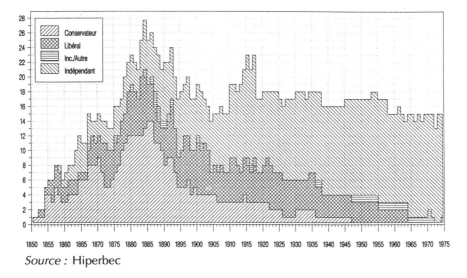

Source : Hiperbec

sont en nombre presque égal, mais, dès la décennie suivante, les quotidiens indépendants surclassent nettement les feuilles partisanes, car, dès lors, les titres nouvellement lancés sont, dans une forte proportion, libres de la tutelle des partis. Toutefois, il s'en faut de beaucoup que les quotidiens partisans disparaissent soudainement. Le sevrage est progressif. *Le Soleil* et *Le Canada*, par exemple, demeurent très longtemps au service du Parti libéral. Des vestiges de la presse partisane persistent même jusque dans les années 1970 : *Montréal-Matin* ne rompt ses liens avec l'Union nationale qu'en 1971, et *Le Jour* défend explicitement, entre 1974 et 1976, le programme du Parti québécois.

LA DEMANDE DE QUOTIDIENS

Le nombre de titres disponibles est un indice de l'offre et, dans une certaine mesure, de la demande. Mais les tirages donnent une indication plus sûre de cette demande. Nous trouvons très logiquement dans l'évolution des tirages[18] des phénomènes conformes aux tendances notées dans l'analyse sociodémographique. Mais, en même temps, nous observons, des différences très grandes, voire des oppositions, dans le profil des courbes que nous avons tracées.

Ainsi, les tirages ne suivent absolument pas le mouvement de contraction du nombre des titres amorcé dans la dernière décennie du XIXᵉ siècle. En effet, le tirage des quotidiens connaît une croissance presque ininterrompue, passant de près de 1 000 exemplaires par jour au moment de leur apparition, jusqu'à plus d'un million d'exemplaires en 1975. Cependant, cette croissance est loin d'être régulière. De 1855 à 1876, la hausse est continue mais lente. De 1876 à 1908, la croissance est plus prononcée, tout en demeurant régulière. À partir de 1909, la courbe se redresse brutalement : en cinq ans, les tirages doublent presque, passant de 325 000 à 600 000. En 1915, nouvelle rupture : les chiffres chutent abruptement, mais sans descendre au-dessous de la ligne des 500 000 exemplaires. Un palier a été atteint, et les tirages s'y maintiennent pendant 25 ans. À partir de 1942, survient une nouvelle et brève période de croissance accélérée : le nombre d'exemplaires quotidiens se hisse, en cinq ans, de 600 000 à 825 000. Après 1948, la courbe continue de grimper, mais affectée par une alternance de brefs épisodes de croissance et de baisse qui, au total, se soldent par une augmentation sensible. En 1975, les tirages s'établissent à 1 050 000 exemplaires.

Toutefois, ces tendances générales ne sont pas observables systématiquement pour toutes les catégories de quotidiens. Ainsi, quand nous considérons le lieu de publication des journaux, le rôle moteur de Montréal apparaît en toute évidence : dès les années 1880, les tirages de la métropole représentent quatre fois ceux de Québec et des régions (figure 5). Du fait de cette prépondérance, le tirage des quotidiens montréalais présente un profil d'un

---

18. Les principales sources de tirages sont Geo. P. Rowell and Co., *American Newspaper Directory*, New York, Geo. P. Rowell and Co., 1869 - 1881 [fusionne avec le suivant] ; N. W. Ayer and Son, *American Newspaper Annual*, Philadelphie, New York, N. W. Ayer and Son, 1881 [le titre change à plusieurs occasions].

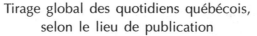

Figure 5

Tirage global des quotidiens québécois,
selon le lieu de publication

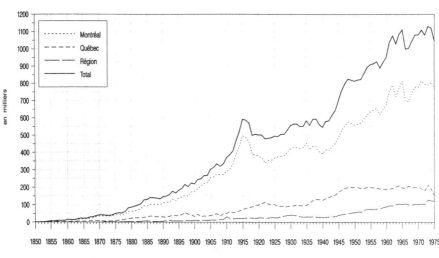

Source : Hiperbec

parallélisme parfait avec la courbe générale. On y trouve au même
moment les mêmes hausses et les mêmes ruptures. Le contraste est
frappant avec la courbe des quotidiens régionaux qui connaît une
augmentation régulière, mais très lente : ce n'est qu'à la veille de
1950 qu'elle atteint la ligne des 50 000 exemplaires. La progression
est plus marquée, mais sans à-coups, jusqu'au début des années
1970, alors que sont atteints les 125 000 exemplaires. La courbe des
tirages pour la ville de Québec ne présente pas non plus un profil
heurté. La croissance est très lente jusqu'en 1912, puis plus nette
entre 1912 et 1922, période durant laquelle elle passe de 50 000 à
100 000 numéros. Suit, de 1922 à 1935, une faible baisse puis une
stagnation. La courbe se redresse alors, effleurant en 1948 la ligne
des 200 000 exemplaires, où elle se maintient jusqu'en 1970, pour
plonger à près de 150 000 cinq ans plus tard.

Sur le plan linguistique, l'évolution est plus complexe
(figure 6). Jusqu'en 1915, quotidiens anglophones et quotidiens
francophones présentent des courbes de tirage relativement tan-
gentes. Jusqu'en 1883 ce sont les feuilles anglaises qui ont
l'avantage. À partir de 1883, les titres français prennent les devants

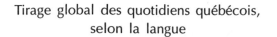

Figure 6

Tirage global des quotidiens québécois,
selon la langue

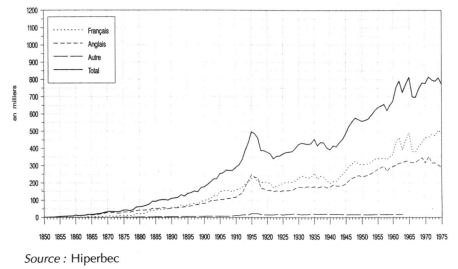

Source : Hiperbec

et connaissent une croissance légèrement plus rapide ; en 1910, l'écart est de 50 000 exemplaires. À la suite d'un brusque sursaut amorcé en 1912, les tirages anglophones se hissent au niveau des tirages francophones en 1915. À partir de 1915, les deux courbes divergent irréversiblement. La diffusion des quotidiens anglais diminue, puis stagne aux alentours de 200 000 jusque vers 1945. Dans le même temps, les feuilles françaises augmentent lentement leur audience, mais avec de nombreuses fluctuations de faible amplitude. À partir des années 1940, les quotidiens anglophones amorcent une laborieuse remontée, de 200 000 en 1945 à 350 000 au début de la décennie 1970. Les quotidiens francophones connaissent, au contraire, une forte croissance : en 25 ans, leurs tirages font plus que doubler, passant de 350 000 en 1940 à une fourchette de 700 000 à 800 000 entre 1965 et 1975.

L'analyse de la répartition des tirages en fonction de l'affiliation politique fait apparaître des différences encore plus sensibles (figure 7). Jusqu'à la fin des années 1880, la somme des tirages des quotidiens inféodés à un parti politique excède celui des quotidiens indépendants. Parmi les titres partisans, ce sont, jusqu'au milieu de

Figure 7

Tirage global des quotidiens québécois,
selon l'affiliation politique officielle

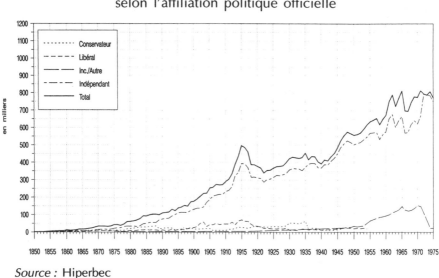

Source : Hiperbec

la décennie 1890, les feuilles conservatrices qui affichent les plus forts tirages. Au moment où les quotidiens libéraux prennent l'avantage, les tirages des feuilles indépendantes amorcent une très forte croissance et distancent largement les quotidiens partisans, tous tirages conjugués. Ce sont ces journaux indépendants qui ont été responsables, pour l'essentiel, de l'évolution des tirages de la presse quotidienne au cours des décennies suivantes. Même au moment où, de façon très ponctuelle, les tirages des rares titres partisans atteignent leurs plus hauts niveaux dans les années 1960, ils ne représentent guère que 20 % des tirages totaux.

Pour intéressantes qu'elles soient, les statistiques relatives au tirage sont affectées d'une certaine distorsion puisque, à la croissance même de la presse, se mêle celle de la population. Aussi convient-il de mettre en relation les deux données afin d'obtenir le taux de pénétration[19], qui incorpore l'augmentation démographique

---

19. Le taux de pénétration s'obtient en divisant le nombre d'exemplaires distribués dans un territoire donné par le nombre de ménages habitant ce territoire. Il indique donc le nombre d'exemplaires achetés par foyer. On considère, en effet, que le journal est

Figure 8

Taux de pénétration des quotidiens québécois,
par décennie

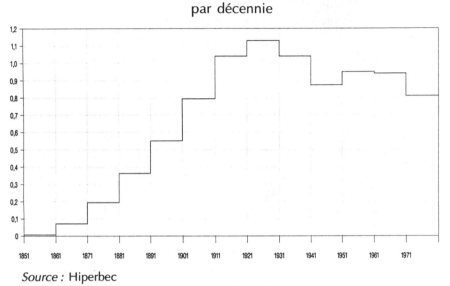

Source : Hiperbec

et rend compte avec plus d'exactitude[20] des progrès réels de la presse.

Si nous considérons l'ensemble des quotidiens québécois, la courbe des taux de pénétration laisse paraître des caractères très marqués (figure 8). Durant les six premières décennies, de 1851 à 1911, les taux progressent très régulièrement, mais ils sont partis

---

un article de consommation surtout familial. Ce taux tend vers le chiffre 1 : lorsque chaque foyer reçoit 1 exemplaire, on peut considérer qu'il y a, théoriquement, saturation. Il est bien évident qu'en réalité le nombre moyen d'exemplaires reçus par ménage peut dépasser ce seuil.

20. En fait, pour la plus grande partie de ces 125 ans, nous nous exposons, éventuellement, à certaines distorsions parce qu'un nombre indéterminé d'exemplaires de quotidiens sont distribués à l'extérieur du Québec. Nous en avons des témoignages officiels, mais non chiffrés ; de ce fait, nous n'avons pu en tenir compte dans le calcul du taux de pénétration. En conséquence, les taux que nous établissons sont, sans doute, supérieurs à la réalité, surtout avant la Seconde Guerre mondiale. Il est probable, en effet, qu'après 1945 la proportion des numéros qui quittent le Québec est négligeable. Tout au moins, nous en faisons l'hypothèse, que nous nous proposons de vérifier ultérieurement.

d'un niveau très faible (en 1851, on compte un millier d'exemplaires pour 141 445 foyers, ce qui donne un taux presque nul) et demeurent peu élevés jusqu'à la fin du XIXe siècle. De 1851 à 1881, la lecture du quotidien demeure l'apanage d'une minorité, c'est-à-dire l'élite, celle qui sait lire et écrire, qui a les moyens de consentir à des prix d'abonnement élevés, qui s'intéresse aux questions politiques ou qui a besoin d'informations commerciales et financières. Dans les deux dernières décennies du siècle, de nouvelles couches sociales accèdent au quotidien : petits commerçants, artisans, fonctionnaires, commis et employés divers, ouvriers, dont le nombre augmente du fait de l'industrialisation. Concentrée dans les villes, à la portée immédiate du journal, cette population a acquis les rudiments essentiels de la lecture. Ses moyens pécuniaires augmentent. Le prix du quotidien lui-même, grâce à l'afflux de publicité, diminue de moitié et les éditeurs, pour conquérir cette clientèle nouvelle, ont commencé à adapter leurs contenus. C'est à cette époque qu'apparaissent les journaux populaires comme *La Presse*, *La Patrie*[21] ou le *Daily Telegraph* qui, à l'exemple du *Star* créé quelques années plus tôt, prennent le tournant du journalisme moderne « à l'américaine ». En 1911, pour la première fois, le taux de pénétration s'établit à plus de 1,0. Ce qui signifie que, théoriquement, chaque foyer reçoit un exemplaire de quotidien. On peut dès lors considérer, globalement, la presse quotidienne comme un média de masse, c'est-à-dire un média qui atteint le niveau de saturation de son marché virtuel. Le taux grimpe ensuite à 1,13 en 1921, pour redescendre, en 1931, à son niveau de 1911 (1,04). Ce léger fléchissement se poursuit en 1941, et le taux de pénétration tombe sous le seuil de saturation, à 0,87. En 1951 et 1961, nous assistons à une légère remontée de la pénétration puis, en 1971, à un nouveau tassement du taux qui est presque redescendu au niveau du début du siècle. Ainsi donc, malgré la hausse des tirages, les quotidiens québécois ont, en 1971, un taux de pénétration identique à celui de 1901. Si l'on se fie à ces indices, le quotidien aurait connu son âge

---

21. Lors de sa fondation, *La Patrie* se présente comme un journal politique et le demeure jusque dans la seconde moitié des années 1890, bien que son prix d'abonnement soit peu élevé. Par la suite, sous la gouverne des fils d'Israël Tarte, *La Patrie* se convertit au « nouveau journalisme » ou « journalisme intensif », déjà pratiqué avec succès par *La Presse*.

d'or entre les deux guerres mondiales. Après avoir subi les contre-coups de la crise économique des années 1930, il est atteint par les restrictions imposées durant la Seconde Guerre mondiale. Surtout, il reçoit l'onde de choc des médias électroniques.

* * *

Si, au total, nous mettons en rapport les courbes de toutes ces figures, nous voyons se dessiner le profil général de l'évolution du quotidien. Des phases assez nettes s'en dégagent, que l'on peut expliquer par les rapports qu'entretient le quotidien avec son environnement et particulièrement avec la quantité de ressources dont il dispose dans le milieu. Ces ressources proviennent princi-palement des lecteurs et des annonceurs. Des changements dans le volume, l'origine et la part de ces ressources sont donc susceptibles d'entraîner des mutations dans le régime sociodémographique des quotidiens et plus globalement dans l'écologie de la presse.

La première phase couvre un peu plus des trois premières décennies et va de 1850 au milieu des années 1880. Ce sont les débuts du véritable quotidien, qui émerge à un moment où se trouve rassemblée une masse critique de lecteurs et d'annonceurs. L'ins-tauration d'une politique impériale de libre-échange, dans les années 1840, suivie quelques années plus tard de l'adoption d'un traité de réciprocité avec les États-Unis, une conjoncture écono-mique favorable dans les années 1850, l'installation du télégraphe électrique (1847) et la construction d'un réseau ferroviaire, même embryonnaire, favorisent les affaires et en accélèrent le rythme. Les nouveaux moyens de transport et de communication libèrent les activités commerciales des contraintes de l'hiver. Le quotidien à l'année devient possible dès que les affaires peuvent s'étendre sur 12 mois. Dès lors, le journal est assuré d'un flux d'annonces régulier, mais aussi de nouvelles commerciales et financières, la denrée essentielle et la raison première des quotidiens de ces années 1850[22]. Leur nombre est donc limité et, pendant plus d'une décen-

---

22. Les titres des journaux, dans lesquels les mots *commercial* et *advertiser* reviennent souvent, de même que les déclarations des éditeurs, au moment du lancement d'une nouvelle feuille, témoignent de l'importance de la motivation économique à l'origine de la fondation d'un grand nombre de titres parmi les journaux les plus importants, dont les quotidiens.

nie, réduit à la collectivité anglophone, plus active dans le commerce et, partant, plus intéressée au contenu des premiers quotidiens. Les tirages demeurent inévitablement bas, les abonnés étant principalement recrutés dans le monde des affaires. Le quotidien à l'année devenu possible et se révélant viable, les feuilles qui paraissent deux ou trois fois par semaine semblent bientôt inadéquates[23]. Dans le climat de concurrence politique de cette époque, les partis ne peuvent plus se contenter de bihebdomadaires ou de trihebdomadaires. Il leur faut investir dans le quotidien, moyen de lutte plus aiguisé et plus moderne. C'est ce qui explique la croissance foisonnante des titres, des années 1860 aux années 1880, et l'arrivée, bientôt massive, des quotidiens francophones.

Le régime sociodémographique du quotidien est adapté aux conditions économiques, techniques et socioculturelles de cette époque. Les annonceurs sont surtout des maisons d'affaires locales ; le contenu, qui fait une large place à la partisanerie politique, n'intéresse que des publics définis et restreints[24]. Enfin, l'équipement des imprimeurs n'autorise pas de très grands tirages. Le croisement des paramètres linguistique, politique et géographique fait apparaître plusieurs lectorats distincts qui se partagent cette première cohorte de quotidiens. Dans ce contexte, les fondations sont donc relativement nombreuses, mais, comme les ressources provenant des annonceurs et des lecteurs sont limitées, les taux de mortalité demeurent élevés.

À partir des années 1880 jusqu'à la fin de la décennie 1910, nous traversons une phase de transition. Une nouvelle dynamique

---

23. Les journaux du XIXe siècle contiennent un grand nombre de témoignages de propriétaires de journaux qui expliquent soit l'augmentation de leur format, soit le resserrement de leur périodicité par la croissance de la demande d'espace publicitaire.

24. Ces deux qualificatifs sont importants. Globalement, le public est restreint comme nous l'indiquent les données sur les tirages et le taux de pénétration. Mais ce public est aussi constitué d'un ensemble de clientèles délimitées par des caractéristiques complémentaires : localisation, langue, allégeance politique se croisent pour donner naissance à des lectorats bien circonscrits que ne peuvent satisfaire qu'un large éventail de publications.

s'instaure, qui modifie considérablement la situation des quotidiens. Les abonnements, l'argent des caisses de parti, le favoritisme gouvernemental, les profits de l'atelier d'imprimerie et les revenus, toujours réduits, des annonceurs traditionnels ne sont plus suffisants pour financer les lourds équipements désormais nécessaires à la production d'un quotidien. La seconde phase d'industrialisation, qui touche l'ensemble de l'Amérique du Nord, permet la production à grande échelle de biens de consommation courante. La concurrence qui s'ensuit donne naissance aux produits de marque. Il faut, pour les faire connaître et les vanter, un moyen efficace. Ce sera tout naturellement le quotidien, le « tramway de l'esprit » comme l'a si justement appelé l'historien Daniel Boorstin. Dès lors, la publicité s'impose. En commençant par les grands annonceurs nationaux qui exigent que leurs annonces, dont le volume gonfle rapidement, soient vues par le public le plus vaste possible, mais qui se désintéressent du contenu des journaux. La publicité devient tout aussi nécessaire, voire indispensable, aux quotidiens, car sans elle leur croissance est compromise. Pour satisfaire les annonceurs, les éditeurs doivent donc rechercher le plus large auditoire possible. Ce qui veut dire baisser le prix du journal (ce que seul permet la croissance des recettes publicitaires), rendre les contenus attrayants au plus grand nombre et donc éviter de s'aliéner une partie du public par des prises de position partisanes.

C'est alors que l'on voit s'amorcer un double mouvement : la diminution du nombre de titres disponibles et l'augmentation des tirages. La conquête du public exige des équipements plus lourds et un personnel plus nombreux, donc des investissements coûteux qui entraînent un mouvement de concentration des entreprises de presse. En outre, la recherche d'un large public n'est pas compatible avec la multiplication des titres. Cette phase de mutation, largement attribuable à l'accroissement sans précédent de la publicité nationale dans l'économie de la presse, s'achève à l'aube de la décennie 1920-1930.

La période suivante est celle de la maturité. La fondation et la disparition d'un quotidien sont devenues des événements exceptionnels à cause de la très forte augmentation des coûts associés à cette entreprise. Cependant, maturité n'implique pas tranquillité. Toute concurrence nouvelle vient perturber ce marché toujours fragile. Le quotidien subit successivement le contrecoup de l'arrivée de la radio qui, à partir de la Seconde Guerre mondiale, devient un média d'information[25], puis de la télévision, dans les années 1950 et 1960. Les médias électroniques commencent alors à gruger la part du gâteau publicitaire, mais aussi entament le temps de lecture du public, dont ils émoussent l'intérêt pour l'information écrite. La presse cherche alors, laborieusement, à s'adapter à ces nouvelles conditions, d'où ces soubresauts et ces turbulences observés dans les années 1950 et 1960. Et il semble bien que, depuis 20 ans, la pression n'ait pas cessé de s'intensifier.

---

25. En effet, la radio fut, pendant des lustres, conçue comme un moyen de divertissement et d'éducation. La presse fit longtemps et délibérément obstacle à sa vocation d'information. Rappelons, par exemple, que Radio-Canada attend janvier 1941 pour mettre sur pied un service de nouvelles.

Bibliographie

Beaulieu, André, et Jean Hamelin (1965), *Les journaux du Québec de 1764 à 1964*, Québec, PUL (coll. Cahiers de l'Institut d'histoire, 6).

Beaulieu, André, et Jean Hamelin (1966), « Aperçu du journalisme québécois d'expression française », *Recherches sociographiques*, VII , 3, p. 305-346.

Beaulieu, André, et Jean Hamelin (1973-1990), *La presse québécoise des origines à nos jours*, Québec, PUL. 10 vol.

De Bonville, Jean (1995), *La presse québécoise de 1764-1914 : bibliographie analytique*, Sainte-Foy, PUL.

La presse quotidienne de Québec en 1900, à une croisée de siècles et de mondes

Jean-Marie Lebel
Département d'information et de communication
Université Laval

Les historiens de la presse ont coutume, d'une façon toute naturelle d'ailleurs, d'aborder l'évolution des journaux sur de grandes périodes, privilégiant ainsi la dimension diachronique, la « longue durée », se passionnant souvent davantage pour les phénomènes d'ensemble que pour les cas d'espèce. « Ce qui m'intéresse, a dit Alvaro Mutis (1991), ce ne sont ni les chameaux, ni les chameliers, ni même la caravane mais le déplacement de cette dernière... » Pour notre part, nous nous permettons d'arrêter la marche de la caravane à un moment précis de sa progression afin d'observer les chameaux et les chameliers, leurs résistances et leur acclimatation au périple. Ce sont les journaux et les hommes de journaux de la ville de Québec de l'année 1900, la dernière année du XIXᵉ siècle[1], qui seront ici objets et sujets d'observation. La

---

1. Beaucoup de Québécois étaient persuadés au début de l'année 1900 qu'ils entraient alors dans le XXᵉ siècle. Le *Daily Telegraph* publia un cahier spécial à l'occasion de l'arrivée du nouveau siècle. Mais un doute persistait et les journaux s'interrogeaient : « Quand débute le XXᵉ siècle ? » Le 5 janvier 1900, le *Courrier du Canada* publia un texte d'Arthur Loth qui, s'appuyant sur le décret *urbi et orbi* de la Congrégation des rites relatif à l'année sainte du Jubilé, stipulait que le XIXᵉ siècle finirait le 31 décembre 1900 et que le XXᵉ débuterait le 1ᵉʳ janvier 1901. Ne pouvant mettre en doute la sagesse des autorités romaines, Thomas Chapais conclua le débat en page éditoriale de son *Courrier du Canada* : « Il nous semble tout à fait inutile de discuter cette question davantage. »

dimension synchronique, tout en rendant possible de nombreux constats, permet de considérer la dynamique des relations et des interactions de journaux appartenant à diverses tendances sociales ou politiques, mais aussi à des conceptions divergentes du journalisme et de la presse.

En 1900, la presse québécoise se trouve à une époque charnière de son évolution : une période de mutations qu'ont montrée les ouvrages de synthèse de Paul Rutherford (1982) et de Jean de Bonville (1988). On assiste alors au passage du média de classe au média de masse, du journal d'une élite au journal de la masse, du journal d'opinion au journal d'information. Passage qui ne se fait pas sans soubresauts ni victimes. Les journaux soumis à des réflexes et des contraintes de diverses natures évoluent à des rythmes différents. Michel Serres (1992 : 88) affirme que « sans cesse, nous faisons en même temps, des gestes archaïques, modernes et futuristes ». Et les journaux n'y échappent point. L'observation des journaux de Québec en 1900 révèle à la fois des caractéristiques des presses du XIXe et du XXe siècles, de la France, de l'Angleterre et des États-Unis. « L'histoire de la presse, comme bien d'autres branches de l'histoire, disait Pierre Albert (1980 : 1572-1573), ne peut arriver au terme de la vérité. Son domaine sans limites précises est trop vaste et trop peuplé pour que son exploration soit jamais complète. » Les historiens de la presse ne peuvent que jeter des « regards », plus ou moins intenses, sur certains aspects et acteurs et tenter d'avoir une compréhension du fonctionnement de l'ensemble.

LE JOURNAL DANS LA VILLE

En cette année 1900, six journaux paraissent quotidiennement à Québec : trois de langue française, *Le Soleil*, l'*Événement* et *Le Courrier du Canada* ; trois de langue anglaise, le *Daily Telegraph*, le *Quebec Chronicle* et le *Quebec Daily Mercury*[2]. Le journal est

---

2. Nous désignerons dorénavant ces trois journaux anglophones sous les noms abrégés qu'utilisaient communément les contemporains : le *Telegraph*, le *Chronicle* et le *Mercury*.

présent dans la ville depuis plus d'un siècle. Il est lu, commenté et confronté. La diversification de la presse offre des choix selon l'adhésion politique, la nationalité et la religion. À la presse quotidienne se joignent, la complètent ou la concurrencent, des presses religieuse, financière, pédagogique et culturelle. L'hebdomadaire *La Vérité*, animé depuis 1881 par l'ultramontain Jules-Paul Tardivel, a souvent l'influence d'un quotidien. *La Semaine religieuse de Québec* est publiée depuis 1888 par le curé de Charlesbourg, David Gosselin, réputé pour son franc-parler. *La Semaine commerciale*, produite dans le quartier des affaires de la basse-ville, a été fondée en 1894 et publie des éditoriaux mordants. Ces hebdomadaires ne vivent pas repliés sur eux-mêmes. Ils attaquent et répliquent aux quotidiens. *Le Soleil* s'en prend au curé Gosselin : « nous l'avons attaqué comme journaliste, et tout le monde sait qu'il rédige une feuille conservatrice, qui est d'autant plus dangereuse qu'elle se vante d'être l'organe autorisé de l'archevêché » (15 janvier 1900).

Le quotidien va vers le lecteur. Des « petits vendeurs » offrent le journal dans les rues commerciales. Des « petits porteurs » livrent le journal aux abonnés. Il est vendu à l'unité dans les boutiques des « tabaconistes », où l'accès aux femmes est difficile. Un chroniqueur de Québec dénonce ces flâneurs « qui parlent fort, gesticulent et fument [...] c'est très gênant pour une femme d'entrer acheter quand il lui faut passer à travers tous ces hommes qui s'empressent de lorgner avec plus ou moins de délicatesse » (*Le Moniteur du commerce*, 14 octobre 1898). Antoine Langlois fils, ancien gérant de *l'Électeur*, est un populaire marchand de journaux dans la côte de la Montagne. « Il n'y a pas à Québec un établissement du genre, dit *Le Soleil*, qui soit plus fréquenté. La côte de la Basse-Ville est comme le pont d'Avignon : « tout le monde y passe » » (24 février 1900). M. W. Phelan de la rue Saint-Jean s'annonce comme un « *tobacconist and News dealer, American and Canadian newspapers, magazines* ». D'autres établissements ont fait de la vente de journaux leur spécialité première : le Montmorency News Depot de la rue Saint-Paul, à proximité des gares, et le kiosque de la Quebec News Company de la rue Buade, propriété du *Telegraph*. Les Québécois peuvent se procurer des périodiques de Montréal et de l'étranger, qui font ainsi concurrence aux journaux de Québec. Le kiosque de la Quebec News Company offre le *Star* et la *Gazette* de Montréal, le *World* et le *Herald* de New York, et plusieurs magazines : les *Munsey, Pearson's, Wide World, Strand, Blackwood's, Metropolitan, Cosmopolitan, McClure* et *Le Monde moderne* (*Telegraph*, 19 janvier 1901). *La Presse* et *La Patrie* de Montréal s'intéressent au marché de Québec. *La Presse* a un « fermier », c'est-à-dire un agent des ventes et de la distribution, et un reporter à Québec. Les journaux publiés dans l'après-midi à Montréal arrivent par le train du Canadien Pacifique en soirée.

LA VILLE DANS LE JOURNAL

En 1900, ce que le Québécois sait ou peut appréhender de sa ville, de son passé et de son futur, provient en grande partie du journal. Ce dernier livre un portrait quotidien et façonne une image de la ville. Les propos se veulent optimistes : le XIXe siècle et ses malheurs prennent fin, le XXe et ses progrès arrivent. Si les premiers journaux québécois, transcrivant les nouvelles étrangères, se faisaient presque silencieux sur les événements de leur ville (seules les publicités renseignaient sur l'animation de la ville), les journaux de 1900 sont beaucoup plus bavards et davantage enracinés dans leur milieu. Ils se préoccupent, décrivent et commentent le développement de Québec. Ils révèlent une ville à la fois inquiète et confiante. Les dernières décennies du XIXe siècle avaient été éprouvantes et la presse le rappelle constamment pour expliquer les difficultés que traverse la ville. Le déménagement du siège de la capitale nationale, le départ des troupes britanniques, la fin de la construction navale, le déclin du commerce du bois et de l'activité portuaire ont ébranlé les structures socio-économiques. L'industrie de la chaussure, qui n'a amené qu'une prospérité bien précaire, est en crise en 1900. Plusieurs manufactures ferment au cours de l'année, qui s'achève par un conflit de travail commenté par la presse qui émet des mises en garde aux patrons et ouvriers. La canalisation du fleuve et le développement des réseaux ferroviaires n'ont guère profité à Québec, qui a vu son arrière-pays économique et le rayonnement de sa presse se rétrécir et se circonscrire à l'est du Québec, à la Beauce et au Saguenay. Déclassés, aigris, les Québécois de 1900 et leurs journaux se mesurent continuellement aux Montréalais. Lorsque *Le Soleil* parle de sa voiture de livraison, il ne manque point de souligner qu'elle est « tout aussi belle que n'importe laquelle portant le nom de n'importe quel journal de Montréal » (11 décembre 1900).

Toutefois, plusieurs signes sont encourageants. Le maire Simon-Napoléon Parent s'avère efficace et ses réalisations sont mises en valeur par les journaux libéraux, *Le Soleil* et le *Telegraph*. La construction d'un gigantesque élévateur à grains et des installations du chemin de fer Great Northern est décrite quotidiennement par les journaux, qui souhaitent que Québec devienne un terminus portuaire important. Arthur Buies (1893 : 18) n'avait-il pas déclaré : « Qu'on dise et qu'on fasse tout ce qu'on voudra, Québec est le futur grand port de l'Amérique canadienne». Longtemps attendue, la construction du pont débute enfin. Au-delà des dissensions politiques, les journaux s'intéressent au développement économique et en font leur cheval de bataille. Une ville et une presse qu'on ne peut donc plus dissocier.

LE JOURNAL POUR LE LECTEUR

Les Québécois de 1900 ont souvenir, ou ont eu écho, des journaux publiés dans leur ville au cours du XIXe siècle, notamment la *Gazette* des Neilson, le *Mercury* des Cary, les versions du *Canadien* des Pierre Bédard, Étienne Parent et Israël Tarte, *Le Journal* de Québec de Joseph-Édouard Cauchon, *Le Courrier du Canada* des Léger Brousseau père et fils, l'*Événement* d'Hector Fabre. Le journal est fait de mémoire. Aux yeux des lecteurs, les six quotidiens de 1900 se distinguent par leur contenu et leur présentation physique, mais aussi par leur adhésion politique et leur histoire. *Le Soleil*, un journal libéral au passé quelque peu sulfureux, a succédé en 1896 à l'*Électeur* qui, ayant soulevé l'ire de l'épiscopat, avait été condamné. L'*Événement*, qui a souvent plaidé son indépendance, mais dont le soutien au parti conservateur est connu, a été fondé en 1867. Il est donc le plus vieux quotidien français. Son nom est associé à Hector Fabre qui le dirigea jusqu'à sa nomination en 1875 au Sénat canadien. « Dès son apparition, dira Nazaire Levasseur (1917 : 8), l'*Événement* avait conquis tous les suffrages. D'un format élégant, imprimé en caractères à l'œil ouvert, il invitait la lecture. L'ensemble de sa rédaction tranchait, comme je l'ai dit, sur le ton un peu lourd, plutôt lutrin, des autres journaux ». *Le Courrier du Canada*, journal conservateur et ultramontain fondé en 1857, dont la devise est « Je crois, j'espère et j'aime », a un passé associé aux combats menés par l'Église qui joua un rôle important dans sa fondation. De grands rédacteurs, les Joseph-Charles Taché, Hector Langevin, Narcisse-Eutrope Dionne et Thomas Chapais en ont fait le journal des bien-pensants. Le *Telegraph*, de tendance libérale, lancé en 1875, a bouleversé la presse à Québec. Originaire d'un milieu modeste, James Carrel, qui avait appris son métier au *Mercury*, avait créé un *penny paper* s'adressant à l'ouvrier. Le *Chronicle*, fondé en 1847 par deux anciens employés de la *Gazette*, Robert Middleton et Charles Saint-Michel, est un journal conservateur du milieu des affaires et des élites anglophones. Le *Mercury*, fragile, dont la fondation remonte à 1805 et qui fut longtemps le porte-parole des anglophones de la ville, jouait un rôle de second puis de troisième plan depuis l'arrivée du *Chronicle* et du *Telegraph*. Ce que le lecteur connaît de l'identification des producteurs, par le biais du journal, est limité. Aucun texte de la rédaction n'est signé. Aucun nom d'individus de la direction n'apparaît dans *Le Soleil* et ni dans le *Chronicle*. Dans ce dernier, le nom de la Quebec Chronicle Printing Company n'est même pas mentionné.

On ne peut prétendre savoir exactement ce que le Québécois de 1900 cherche dans un journal, on peut toutefois connaître ce qu'il y trouve. Le journal informe, commente, renseigne, divertit.

Les nouvelles ne servent plus uniquement à faire du « remplissage » au bas de textes tirés de publications étrangères. Elles sont mises en valeur et regroupées à l'intérieur de rubriques bien identifiées : la « Chronique municipale » du *Soleil*, les « News of the City and District » du *Telegraph*, les « Local News » du *Chronicle*. Des nouvelles nationales ou internationales sont insérées à l'intérieur de rubriques évoquant avec fierté la célérité de la voie télégraphique : les « Échos télégraphiques » de l'*Événement*, les « Flashes from the wire » du *Telegraph*. Comme le veut la coutume, les avis de décès, mariages et naissances sont insérés à la fin des textes ou en dernière page. On peut donc « arrêter les presses » et ajouter des avis. Insérés avec frais, ils sont cependant loin d'être exhaustifs. On connaît les tarifs de l'*Événement* : « Les annonces de Décès, Mariages, Naissances, 25 cts pour 25 mots ». Les « Notes personnelles » du *Soleil*, le « Social Circle » du *Telegraph* et le « Personal » du *Mercury* sont des carnets mondains.

Le journal commente l'actualité et surtout la scène politique. Les commentaires (l'intitulé « éditorial » n'apparaît point) sont publiés en seconde page des journaux sous un en-tête rappelant le nom du journal et la date. Toutefois, les propos partisans du *Soleil* sont plutôt publiés en « premier Québec », en première page.

Le journal renseigne, il est calendrier. Évidemment, il rappelle la date, mais *Le Soleil* et le *Telegraph* font plus : chaque jour, en seconde page, ils illustrent et ornent une page miniature du calendrier du mois. Le journal est répertoire ou bottin. Jour après jour, occupant le même endroit, sont répétées les annonces des commerces et les cartes professionnelles. Quand le lecteur a besoin d'un nom ou d'une adresse, il sait où repérer l'information. Le journal est aussi guide-horaire. Les heures de départ ou d'arrivée des trains et des navires sont publiées quotidiennement. Certaines compagnies ferroviaires et maritimes annoncent dans tous les quotidiens, d'autres « négligent » principalement *Le Courrier du Canada* et le *Mercury*. Le journal renseigne sur les activités portuaires. Québec, qui approvisionne les marchands de l'est de la province, compte plusieurs importateurs de marchandises en gros. Les rubriques « Around the docks » du *Mercury*, « About the docks » du *Telegraph*, « Marine News » du *Chronicle* (la plus complète et la plus réputée) et la « Colonne maritime » du *Soleil* (qui fait plus d'une colonne) décrivent les mouvements des navires et leurs cargaisons. Le journal renseigne les investisseurs. Les rubriques « La bourse » du *Soleil*, « Stock » du *Chronicle*, « On Change » ou « Stock Reports » du *Telegraph*, préparées par des représentants à Québec des courtiers montréalais, commentent les activités des bourses de Montréal et de New York. Le journal renseigne sur les prix du marché des grains, des denrées et du bétail. Le *Telegraph* et le *Chronicle* donnent des nouvelles des marchés de New York et de Chicago. La publication de *La Semaine commerciale* explique probablement pourquoi les quotidiens francophones consacrent moins d'espace aux questions économiques. De tout temps sujet de conversation, la température est dorénavant matière à rubrique. *Le Soleil*, dans son « oreille gauche » (espace situé au haut de la première page, à côté du nom du journal), présente les « Probabilités pour les prochaines 24 heures » et, en seconde page, illustre un thermomètre où est inscrite la température. En dernière page, mais d'un accès aisé (la page arrière est aussi une vitrine), le *Telegraph* publie son « Weather' Outlook ». *Le Courrier du Canada* décrit en quelques mots la température du jour dans sa rubrique « Faits divers ». Tous les pronostics proviennent du Meteorological Office de Toronto.

Le journal divertit aussi. Poursuivant une longue tradition, les journaux francophones publient un feuilleton. Celui de l'*Événement* loge, selon la coutume des journaux de France, au « rez-de-chaussée » de la première page. *Le Soleil*, qui a bien d'autres attraits que son feuilleton, l'a relégué en sixième page. Le sport est devenu spectacle. Québec a des équipes dans les ligues interprovinciales de hockey et de crosse. La rivalité entre les clubs de crosse de Québec, le *Victoria* (francophone) et le *Quebec* (anglophone) « passionne passablement les amateurs de sport de notre ville » (*Le Soleil*, 7 août 1900). Le *Telegraph*, le *Chronicle* et *Le Soleil* donnent les résultats d'événements sportifs tenus aux États-Unis ou en Angleterre. Les numéros du samedi se veulent familiaux. Celui du *Soleil* contient « La page de la famille », « Le coin des enfants » et une « page de musique » avec partitions. L'*Événement* présente la rubrique « Contes et Nouvelles ». Le *Chronicle* publie la seule rubrique à Québec s'adressant surtout aux femmes : le « Woman's Cosy Corner. Facts and Fancies Compiled for the Fair Sex ».

LE LECTEUR POUR LE JOURNAL

Six quotidiens, c'est beaucoup pour une ville de la taille de Québec (68 840 habitants selon le recensement de 1901), d'autant plus que Montréal, ville considérablement plus importante aux points de vue économique et démographique (267 730 habitants), en compte le même nombre. Six quotidiens qui se partagent un lectorat et un bassin d'annonceurs restreints et qui s'efforcent d'améliorer leur position ou, du moins, de la maintenir. Et la situation évolue rapidement. Confiant, l'*Événement* déclarait le 15 mai 1896 : « sans voguer au milieu des richesses – ce qui est d'ailleurs inconnu dans le journalisme canadien –, notre journal continue à progresser et peut envisager l'avenir avec quiétude ». Quatre ans plus tard, sa situation est compromise. L'arrivée au pouvoir des libéraux à Ottawa en 1896 et à Québec en 1897 favorise la montée du *Soleil* (en 1901, l'*Événement* sera poussé à la faillite). Il avait aussi soutenu en 1896 : « nous pouvons affirmer sans crainte que la circulation de l'*Événement* à Québec est au moins le double de la circulation de tous les journaux français de notre ville ». Il n'aurait certes pu tenir de tels propos en 1900. *Le Soleil* a le vent dans les voiles. De 1899 à 1901, son tirage quotidien passe de 12 500 à 14 800 exemplaires, tandis que celui de l'*Événement*, de 15 780 à 13 780 et celui du *Courrier du Canada*, de 3 081 à 2 800. Du côté montréalais, *La Presse* tire en 1900 à 59 265 exemplaires et *La Patrie* à 19 449. Chez les quotidiens anglophones, le *Telegraph* est le seul à augmenter son tirage : de 4 200 en 1899 à 4 900 en 1901, alors que celui du *Chronicle* passe de 4 000 à 3 100. Le tirage du *Mercury* serait bien en deçà des 3 000 exemplaires qu'il prétend publier[3]. Les journaux anglophones se disputent un bassin de lecteurs de plus en plus réduit ; les recensements de 1861 et de 1901 nous révèlent que le nombre d'anglophones de la région de Québec est passé de 30 656 à 13 746.

Afin d'être accessible au plus grand nombre, les quotidiens de Québec, ayant imité le *Telegraph*, sont offerts à l'unité à un sou (nous n'avons pas repéré le coût de vente du *Courrier du Canada*, qui peut-être n'était disponible que par abonnement). Le tarif de l'abonnement annuel est lui aussi uniforme pour tous : trois dollars. Ne pouvant donc plus séduire des lecteurs par l'attrait du coût, on offre plus de pages et de matières à lire pour le même prix. C'est l'éclatement du traditionnel journal de quatre pages. Du lundi au vendredi, *Le Soleil* est un journal de huit pages, et le samedi, de

---

3. Nos données sur les tirages proviennent des répertoires N.W. Ayer and Son, *American Newspaper Annual*, Philadelphie et New York.

douze pages. Le *Telegraph* et le *Chronicle* ont chacun six pages du lundi au vendredi et huit le samedi. *Le Courrier du Canada* et le *Mercury* demeurent des journaux de quatre pages. On offre aussi plus d'éditions. À compter d'octobre 1900, le *Chronicle* ajoute à son édition du matin une édition de fin d'après-midi. Depuis sa fondation en 1847, s'intitulant alors *Morning Chronicle*, il avait eu peu de rivaux matinaux et, en 1900, il continue à se proclamer « *The Only Morning Paper in Quebec* ». *Le Soleil* publie, en plus de son édition de 4 h de l'après-midi, une édition à 11 h le matin. Les quatre autres quotidiens paraissent uniquement en après-midi (des « quotidiens du soir »). Le *Telegraph* n'offre pas moins de trois éditions d'après-midi, à 3 h, 4 h 30 et 5 h. Selon une coutume remontant au milieu du XIXe siècle, quatre quotidiens produisent une édition hebdomadaire à l'intention des campagnes, reprenant des textes des parutions quotidiennes. L'édition hebdomadaire de 16 pages du *Soleil* paraît chaque jeudi. La *Quebec Gazette* (1764), le *Saturday Budget* (1870) et *Le Journal des campagnes* (1875) sont respectivement devenus les éditions hebdomadaires du *Chronicle*, du *Telegraph* et de l'*Événement*.

Évoluant dans un système qui a ses règles et ses conventions rigides, chaque journal a pourtant sa propre personnalité. Le choix des caractères et la disposition des éléments textuels et publicitaires donnent au journal sa spécificité. Le journal s'attire le respect du lecteur par le poids de la tradition et du sériel. On peut lire en couverture du *Mercury* : « *95th Year* » et le *Chronicle* en est rendu à son « No. 19 674 » au 1er août 1900, un nombre qui ne peut qu'impressionner. Tous les quotidiens incluent des gravures dans les publicités, et le *Telegraph* et *Le Soleil,* dans certains textes. Seul le *Telegraph* publie parfois des photographies. À l'occasion de son numéro de Noël de 1899, *Le Soleil* publie les dessins de son premier artiste à temps plein, J.-A. Ferland, et inaugure son « département de photogravure » (16 décembre 1899). *Le Soleil* tente en 1900, avec peu de succès, ses premières impressions en couleurs. Lorsqu'il utilise des encres rouges et bleues pour agrémenter des gravures de son numéro pascal, l'opération s'avère un échec humiliant. « Deux pages maculées d'un rouge comme il s'en voit sur les tabliers des bouchers, aux jours de la saignée », s'empresse de commenter *La Semaine commerciale.*

Le journal s'efforce d'attirer l'attention par divers moyens. Même l'édifice devient attrait. C'est dans la vitrine du *Telegraph* que les Québécois observent la gravure illustrant le futur pont. Le *Chronicle* expose des pièces antiques trouvées au château Bigot. Lors de la mort du premier ministre Félix-Gabriel Marchand, les bureaux du *Soleil* « sont enveloppés de banderoles noires qui tombent du toit aux portes d'entrée » (28 septembre 1900). Les voitures de livraison sont objets de promotion. Le *Soleil* décrit l'une de ses voitures : « C'est une grande voiture élevée, très voyante, avec un soleil rayonnant peint sur chaque côté » (11 décembre 1900). Des événements sont créés. Le 3 octobre 1900, *Le Soleil* lance un ballon haut de 25 pieds avec ces inscriptions : « Laurier-Parent » et « *Le Soleil* ». Pour la soirée du scrutin fédéral du 7 novembre 1900, il loue le Quebec Skating Rink de la Grande-Allée afin d'y rendre publics, au moyen d'une lanterne magique, les résultats fournis par le télégraphe. La soirée est un grand succès. De 5 000 à 6 000 personnes s'entassent dans l'édifice.

LA PRESSE POPULAIRE POLITIQUE

À l'Exposition universelle de Paris de 1900, les visiteurs peuvent voir, parmi les objets exposés du pavillon canadien, des « volumes reliés » de deux journaux de Québec : *Le Soleil* et le *Mercury* (Scott, 1900 : 96, 98). Ironie du sort, l'un a sa carrière devant lui, l'autre, derrière lui. L'observateur constate des différences, l'un a un caractère plus attrayant, plus « moderne », l'autre, un caractère plus sobre, plus traditionnel. Tous deux sont cependant vendus à un sou. Tous deux publient des pronostics météorologiques, des carnets mondains, des nécrologies, les listes de prix des denrées sur les marchés, des descriptions des activités portuaires, des horaires des trains et des navires. Néanmoins, l'observateur attentif peut percevoir qu'il a devant lui des journaux de deux mondes différents. Tout en ayant à l'esprit la mise en garde de Gerald J. Baldasty (1992 : 6) dans son étude de la presse américaine du XIXe siècle (« *Comparisons often invite oversimplification, and it is important not to exaggerate or oversimplify the characteristics of the press* »), on note que certaines caractéristiques du *Soleil* en font déjà un véritable journal « populaire » du XXᵉ siècle : textes illustrés de gravures, manchettes, nouvelles sensationnelles. Mais il n'en demeure pas moins partisan sur le plan politique. Tandis que le *Mercury*, où le commentaire prédomine, est, malgré ses efforts, un journal politique qui se veut « populaire ». Nous parlons donc d'une presse populaire politique (dans laquelle nous incluons *Le Soleil* et le *Telegraph*) et d'une presse politique populaire (l'*Événement, Le Courrier du Canada*, le *Chronicle* et le *Mercury*). « L'ami Pacaud, écrira-t-on après sa mort, avait bien compris l'esprit de son siècle, comme Berthiaume [propriétaire de *La Presse*] fut le premier à le saisir. Il fit tous les sacrifices pour sortir son journal du vieux jeu » (*Le Soleil*, 21 octobre 1905). À quel « vieux jeu » faisait-on allusion ?

Vraisemblablement au « vieux jeu » des journaux politiques partisans voulant convaincre à coups d'arguments et d'accusations. Ernest Pacaud fait entrer *Le Soleil* dans le monde du journalisme qui veut informer, divertir et rejoindre un vaste public, quitte à utiliser le sensationnalisme. Ce que lui reproche Chapais (17 février 1900) : « Le « *Soleil* » a définitivement pris place dans les rangs de la presse jaune. Hier, à propos du meurtre commis par le constable Cazes, il a publié une gravure hideuse. Portrait de la victime, portrait du meurtrier, pistolet, balles, corde lugubrement emblématique enroulée déjà autour du cou du prisonnier, vue de la rue et de la maison du crime, rien ne manque à ce tableau sensationnel ». *Le Soleil* et le *Telegraph* ont le souci de donner toujours plus d'informations avec le plus de célérité possible. Ce slogan apparaît dans une « oreille » du *Telegraph* : « *Read the Telegraph And be Up-to-Date in Everything !* ». En fait de « nouveau journalisme », *Le Soleil* et le *Telegraph* n'inventent rien. Nos hommes de presse ne sont pas isolés et ils vivent à la même heure que ceux des autres villes occidentales, étant en contact avec des journaux français, américains et britanniques qu'ils reçoivent en échange et dans lesquels ils puisent informations et inspirations. Ils observent l'évolution de la presse étrangère qui les interpelle. Les journaux ne cessent de s'emprunter. Ne nous méprenons point, *Le Soleil* et le *Telegraph* n'en demeurent pas moins aussi partisans que les journaux dits « politiques ». En première page, *Le Soleil* se proclame l'« Organe du Parti libéral ». Lors des élections fédérales de 1900, *Le Soleil* est prêt à parier avec ses lecteurs que Laurier sera réélu et accepte les mises de 25 $ à 2 000 $. Pour nuire au Parti libéral, des gens s'en prennent au *Soleil* : « un des charretiers du « *Soleil* », qui avait dans son véhicule plus de trois mille copies du journal pour distribution à divers dépôts dans St-Roch et St-Sauveur, a été arrêté sur la rue, dans St-Roch, jeudi soir, par les partisans de M. Lane. Ils ont réussi à lui enlever plus de huit cents exemplaires du « *Soleil* », avant qu'il ait eu le temps de leur échapper ou de lancer son cheval au grand galop, et ils sont allés les brûler sur la place Jacques-Cartier » (*Le Soleil*, 11 décembre 1900).

LA PRESSE POLITIQUE POPULAIRE

La presse populaire politique fait des victimes. *Le Soleil* et le *Telegraph* soutirent constamment des lecteurs à la presse politique populaire. Celle-ci, surtout le *Chronicle*, fait des efforts, mais devenir un « journal de masse » demande des capitaux qu'elle n'a pas et un public qu'elle ne peut saisir. Non seulement le *Mercury* et le *Chronicle* tentent de contrer le *Telegraph*, mais encore ils sont confrontés à la diminution du bassin de lecteurs anglophones. Des facteurs économiques et démographiques amènent donc des exclusions de la presse populaire politique. D'autres exclusions sont volontaires et dues à des conceptions différentes de la presse. Nous sommes en présence de deux mondes. *Le Courrier du Canada* et le *Mercury* font peu de concessions au « modernisme ». Pour Chapais, qui reste fidèle à lui-même, le journalisme est une vocation. *Le Courrier du Canada* est plus qu'un simple journal politique, il est imbu d'une mission : la défense des valeurs catholiques. Chapais, qui s'en fait un ardent défenseur, n'avait-il pas un jour déclaré : « Nous n'avons nulle prétention à être plus catholique que le pape ; mais nous voulons nous efforcer de l'être autant que lui » (*Le Courrier du Canada*, 4 mars 1884).

Défendant des valeurs conservatrices, les directions des journaux de la presse politique, principalement *Le Courrier du Canada* et le *Mercury*, expriment leurs valeurs dans un journal aux présentations et aux structures traditionnelles, liant ainsi contenu et contenant. Déjà en 1900, leurs journaux ont un air vieillot ou du moins délibérément statique. Simple coïncidence, peut-être, mais les journaux politiques traditionnels, *Le Courrier du Canada*, le *Mercury* et le *Chronicle*, inscrivent leur nom en caractères « gothiques ». *Le Soleil*, l'*Événement* et le *Telegraph*, pour leur part, présentent des caractères « modernes » aisément déchiffrables par le client. À la fin du XIXe siècle, la presse partisane est remise en question. *Le Nouveau Monde* de Montréal du 4 septembre 1892 affirmait : « Le public est fatigué de cette presse muselée, absolue, triste et systématiquement querelleuse, ne recevant son inspiration que de ceux qui ont intérêt à farder les événements et à mettre la lumière sous les boisseaux ». Si la presse du parti conservateur à Québec (l'*Événement*, *Le Courrier du Canada*, le *Chronicle*) est ébranlée par les échecs électoraux, celle du parti libéral (*Le Soleil*, le *Telegraph*) a d'autant plus l'élan du vainqueur qu'elle pratique un journalisme qui se veut populaire. Et *Le Soleil*, victorieux, se permet de faire la leçon au journal de Chapais : « Qu'on en prenne notre parole, c'est cette étroitesse de vues qui se manifeste chaque jour dans la rédaction du *Courrier du Canada*, qui continuera à tenir le parti conservateur dans une complète impuissance » (10 novembre 1900).

Élargissant son territoire, *Le Soleil* relance *Le Courrier du Canada* jusqu'à ses derniers retranchements. Chapais accepte mal de voir *Le Soleil* « parler de religion », d'autant plus qu'ayant mis de côté les élans d'anticléricalisme il se veut plus pieux que *Le Courrier du Canada*. Le 3 mai 1900, Chapais dénonce ce mélange de « jaunisme » et de piété : « *Le Soleil* est entré à pleines voiles dans cette exploitation misérable et honteuse contre laquelle se sont élevées avec raison nos autorités religieuses et civiles. Il en fait délibérément un ignoble métier. Ce qui ne l'empêche pas d'ailleurs de cultiver le genre pieux. Vous le verrez samedi, à côté de saletés que nous venons de signaler, étaler pompeusement la page de la famille, avec effusions religieuses, évangile du jour et portrait d'évêque ! » Lorsque débute en février la parution d'un feuilleton, *Le Soleil* proclame : « il est d'une moralité irréprochable », et précise, « il ne s'y trouve pas une phrase, pas un mot qui puisse blesser même l'âme pudibonde de la plus candide jeune fille ». Il se fait aussi moralisateur. Le 2 août, il dénonce « les ravages de l'alcoolisme ». Tardivel lui reprochant de l'avoir fait avec exagération, *Le Soleil* réplique le 10 août : « M. Tardivel est-il bien sûr que parmi ceux plus en autorité que le *Soleil*, il n'y en pas qui exagèrent un peu les horreurs de l'abîme (de l'enfer) pour empêcher les foules d'y tomber !» Chapais est-il au courant du revirement de l'archevêque Louis-Nazaire Bégin à l'égard du *Soleil* ? L'annaliste du séminaire de Québec nous apprend que « Bégin, non seulement a passé l'éponge sur le passé, mais il a dit de plus que désormais il défendrait Pacaud, si cela était nécessaire. Ce journaliste qu'on ne pouvait ni lire, ni recevoir il y a quelques semaines, sans encourir toute espèce de disgrâce [...] le voilà sacré à peu près l'organe de l'évêché » (Archives du Séminaire, Journal SEM, 1898). Un tel revirement n'avait rien de rassurant pour Chapais.

LES ENTREPRISES DE PRESSE

Au cours de la matinée du 19 avril 1900, Augustin Côté, l'ancien imprimeur du *Journal de Québec*, visite le *Telegraph*. « He admired, nous dit un rédacteur du journal, the action of the type-setting machines, and the Duplex press worked by electricity, which formed a strong contrast to the hand-machines on which he laboriously acquired his knowledge and skill in the art. » La révolution industrielle transforme les entreprises de presse qui passent de l'artisanat à l'industrie, de la presse à bras à la presse rotative.

En 1900, Québec n'a pas encore de « palais de la presse »[4]. Les entreprises logent dans des maisons conçues pour des boutiques d'artisans ou de marchands. *Le Soleil* et le *Mercury* ont pignon sur rue dans la côte de la Montagne où la *Gazette de Québec* était demeurée plus de 70 ans ; le *Chronicle* et le *Telegraph*, dans la rue Buade ; l'*Événement* et le *Courrier du Canada*, dans la rue de la Fabrique. Ces rues à la file, le long desquels les entreprises de presse s'établissent durant tout le XIXe siècle, forment un axe constituant, selon Claude Galarneau (1984 : 148), une « espèce de *via sacra* de la ville de Québec (logeant) tout ce qui comptait en fait de religion,

---

4. Il faut attendre 1907 pour que Frank Carrel du *Telegraph* fasse réaliser, par l'architecte Georges-Émile Tanguay, un édifice conçu pour la publication d'un grand journal. On peut encore voir cet édifice au coin des rues Buade et du Trésor. Le vieil édifice avait été détruit par les flammes en février 1907.

de négoce et d'affaire ». Installé dans les locaux que Pacaud avait acheté pour l'*Électeur* en 1882, *Le Soleil* ajoute un étage à son établissement en 1897. L'édifice a deux façades, six étages donnent sur la rue Notre-Dame et trois sur la côte de la Montagne. Les presses pour le journal sont au rez-de-chaussée, au niveau de la rue Notre-Dame, et celles pour les « ouvrages de ville » à l'étage au-dessus. Le troisième étage, avec ses vitrines sur la côte de la Montagne, est le « bel étage ». On y trouve à l'entrée la salle de l'administration, de la publicité et de la comptabilité, et au-delà, la salle de rédaction et le cabinet du directeur politique. L'étage au-dessus loge les ateliers de typographie ou de composition. L'atelier de photogravure est sous les combles[5].

Ce sont dans des édifices étroits et encombrés que doivent entrer de nouveaux et lourds équipements. En 1900, *Le Soleil* a fait l'achat de trois nouvelles machines à composer, rendant inutiles environ 80 000 livres de caractères d'imprimerie. À la fin de l'année, il songe à mettre en vente sa presse Claus parce qu'elle n'imprime que quatre pages à la fois et qu'il a fait l'acquisition d'une presse Claus imprimant 8, 10 ou 12 pages à la fois et ne tirant pas moins de 15 000 à 18 000 exemplaires à l'heure (28 janvier 1901). L'*Événement*, fondé sur le site actuel du bureau de poste de la haute-ville, ne quitte ses locaux qu'au moment de son achat par les frères Demers en 1883. Depuis lors, le journal est produit dans l'édifice acquis en 1880 pour publier le *Canadien*. En 1891, un incendie dévaste les ateliers, endommageant la presse rotative Marinoni. L'établissement, remis sur pied, abrite aussi depuis 1896 *Le Courrier du Canada* de Chapais, dont le bureau est au second étage. Le rez-de-chaussée est occupé par les bureaux d'administration et les ateliers d'imprimerie des deux journaux. Le *Telegraph*, « *housed in an antiquated building* », occupe les mêmes locaux depuis sa fondation en 1875 (Teakle, 1939). Le *Chronicle* quitte au printemps de 1899 le bas de la côte de la Montagne où il logeait depuis 1861 dans l'ancien Neptune Inn (Greater Quebec, 1908 : 7). Il acquiert de Jean-Docile Brousseau l'édifice où *Le Courrier du Canada* a été publié jusqu'en 1896 (L'*Événement*, 3 avril 1899).

---

5. Cet édifice fut détruit par les flammes le 5 avril 1930, mais depuis 1928 *Le Soleil* était établi dans son nouvel édifice au coin des rues Saint-Vallier et de la Couronne.

Quelques dizaines d'hommes composent les effectifs des six quotidiens. La direction des entreprises prend divers visages, de l'individu isolé à la compagnie liée à un parti politique. La Compagnie d'imprimerie de Québec est l'« éditeur du *Soleil* ». En 1880, les chefs du parti libéral avaient fondé une compagnie à responsabilité limitée. Le véritable patron du journal est le directeur politique Pacaud. C'est lui qui a « la charge de la confection du journal lui-même. Il contrôle le ton et l'esprit de la rédaction du journal ; il choisit ses collaborateurs » (*Le Soleil*, 19 décembre 1914). Il ne se confine pas aux questions politiques et se révèle un bon administrateur. Il s'efforce de moderniser son entreprise. « J'ai arpenté bien des rues à Montréal avec lui, témoigne Rodolphe Lemieux, en faisant la chasse à un outillage efficace mais conforme à ses moyens. Quand il venait inspecter le matériel de la « *Presse* », il retournait chez lui découragé. « Jamais, disait-il, je ne pourrai me payer ce luxe » (*Le Soleil*, 21 octobre 1905). Ulric Barthe, qui travaille sous ses ordres, dit qu'il était un « organisateur merveilleux, il excellait à faire quelque chose de rien ; je veux dire qu'il avait plus de ressources dans sa tête que d'argent dans sa poche » (1939 : 281). Contrairement à Chapais et à George Stewart du *Mercury*, Pacaud écrit peu. On affirme qu'il « ne sait pas écrire ». Le 20 avril 1900, *La Semaine commerciale* prétend : « ce monsieur n'écrit guère lui-même, dans l'acceptation propre du mot, la grammaire et l'orthographe étant pour lui presque aussi embêtantes que la géographie ». La société L.-J. Demers & Frère, que dirige seul Louis-Joseph depuis la mort de son frère, Alphonse-Eugène, en 1888, est propriétaire et éditeur de l'*Événement*. Demers est d'abord un homme de chiffres. Il a fait des études commerciales et c'est en tant que commis comptable qu'il entre au *Canadien* vers 1874. Il achète l'*Événement* en 1883. Chapais est le propriétaire et directeur du *Courrier du Canada* depuis 1891. Frank Carrel a hérité le *Telegraph* de son père et dirige l'administration et la rédaction. Ancien membre de la tribune de la presse, il ne se désintéresse pas du contenu éditorial. « *News-gathering was and always has been his passion* » (*The Chronicle-Telegraph*, 1939 : 11). Il ne possède toutefois pas la connaissance des rudiments et des techniques de l'imprimerie de son père. « *The founder of the Telegraph took pride in the fact that he was a practical printer* » souligne George Gale (1939 : 4). Après la mort de J. J. Foote en 1897, propriétaire depuis 1863, le *Chronicle* risque de disparaître. Cependant, un des employés, David Watson, se débat afin de trouver des appuis et que soit constituée une compagnie éditrice (Ross, 1939). La Quebec Chronicle Printing Company est formée en 1898 et le conseil d'administration, présidé par le président de la Banque de Québec, John Sharples, est composé de sympathisants au parti conservateur. Horace Wallis devient l'*Editor* et le *Manager*. Dans une entreprise de presse, le *Manager*, ou gérant, est « le père nourricier » et « l'axe central autour duquel toute l'entreprise pivote dans sa rotation quotidienne » (*Le Soleil*, 19 décembre 1914). C'est lui qui voit au matériel, aux ressources financières, à la trésorerie et à la comptabilité. Watson se voit confier la tenue des livres. George Stewart, qui occupait le fauteuil éditorial depuis 1879, quitte son poste et, en 1898, acquiert le *Mercury*. Il se dit « *editor, printer and publishe*r ». Homme de lettres, celui que l'on appelle le « Dr. Stewart » est associé à plusieurs institutions culturelles (Fullerton, 1986).

La « rédaction» des journaux peut n'avoir comme effectif qu'un membre, c'est le cas du *Courrier du Canada* où Chapais rédige ou trouve tous les textes requis. Le rédacteur en chef ou le rédacteur, « celui que, écrit *Le Soleil*, les Anglais dénomment le *City Editor*, « dirige la récolte des nouvelles »… Il est le chef d'état major qui assigne à chacun, chaque jour, sa mission, son poste. C'est lui qui centralise toutes les nouvelles recueillies, les juge, les pèse… et ensuite surveille à l'atelier la mise en page » (*Le Soleil*, 19 décembre 1914). Lorenzo Prince est le rédacteur du *Soleil*. Isidore Carrier, qui a débuté comme rédacteur au *Quotidien de Lévis*, s'est joint à l'*Événement* en 1890 et en est le rédacteur. Les rédacteurs sont appuyés par des reporters, Pierre Lépine au *Soleil*, Joseph-Wilfrid Sirois et Édouard Aubé, ancien traducteur au Sénat, à l'*Événement*. À la rédaction du *Telegraph* depuis 1887, Thomas F. Teakle, dont le père avait été le *manager* du *Mercury*, affirme que « *the tang of printer's ink was strong in my blood and I could see no other trade but that of printing* » (1939). Aussi à la rédaction de ce journal, travaille le vétéran *journalist and correspondent*, John A. Jordan, de qui Teakle dit : « *He was a man of many gifted qualities and a born writer, having that culture that there was hardly any subject he was not qualified to write upon or editorially discuss* » (1939). George Jackson, le *marine reporter*, né en Irlande, était arrivé au Canada tout jeune et était entré à l'atelier du *Mercury* à 12 ans. Plus tard, il se voit confier la chronique maritime du *Chronicle* et il fait sa ronde quotidienne sur les quais. Les membres de la direction et de la rédaction sont regroupés dans la Presse associée de la province de Québec, fondée en 1882 à Québec. Dans l'acte d'incorporation, on spécifie que le but est de « travailler à l'avancement du journalisme ».

Les effectifs des ateliers de composition et d'impression sont sous la direction d'administrateurs, de protes ou de contremaîtres (*foremen*). On appelle alors « administrateur » ou « chef d'imprimerie » celui qui gère les ateliers et ne rend des comptes qu'au propriétaire. Au *Soleil*, Louis Lamontagne, ancien administrateur du *Journal de Québec*, qui, à 71 ans, est le doyen des hommes d'imprimerie et porte une longue barbe blanche fleurie, est l'administrateur de l'atelier des travaux de ville. Le chef d'imprimerie du journal est le prote Hector J. Poitras. À l'*Événement*, Siméon Dugal est le « contremaître typographe » et Félix Marois est le « contremaître pressier ». Au *Telegraph*, le *foreman* est George Gale (il sera plus tard le premier historien de la presse anglophone de Québec). Au *Chronicle*, le *foreman* est Charles Miles Teakle, anciennement du *Quebec Mercury* et frère aîné du *journalist* Thomas du *Telegraph*. Au *Chronicle* depuis 1855 où il entra à l'âge de 11 ans, Pierre Grenier est le « *foreman of the job department* ».

Les conditions de travail sont difficiles. Il faut « besogner dix heures chaque jour, toujours debout à la même place » écrit un ancien typographe (Vachon, 1964 : XXIII). Le maniement des presses est dangereux. On apprend dans *Le Soleil* du 8 octobre 1900 qu'un jeune pressier des ateliers de Brousseau « était à imprimer sur une presse Gordon, quand, en voulant redresser une feuille de papier, il se fit prendre la main droite entre les rouleaux et eut les doigts horriblement écrasés ». Les ouvriers des imprimeries prisent fort la dive bouteille et chiquent le tabac (Gaboury, 1964 : XVII). « *Some of them had the idea that the chewing of tobacco was a preventive against lead poison... Others were pipe smokers, but very few of them would use milk to quench their thirst* » (Fusk, 1939). Les pénibles conditions n'empêchent pas les ouvriers d'y trouver « du bon temps ». « Il se passait toujours quelque chose de comique dans ces établissements-là autrefois, et malgré un travail ardu nous prenions le temps de rire et l'on ne se gênait pas » (Vachon, 1964 : XXIII).

On peut voir dans le *Mercury* l'emblème de la Typographical Union (pour des raisons que l'on ignore, c'est le seul journal à reproduire cet emblème). En 1893, les unions francophone et anglophone fusionnèrent pour former l'Union typographique de Québec, constituant la section 302 de l'Union typographique internationale de l'Amérique du Nord. De 1895 à avril 1900, le président de l'union de Québec est Edward Jackson fils, typographe du *Chronicle*. À compter d'avril, lui succède Thomas Carter, aussi typographe au même journal. L'union a ses salles dans la halle du marché Montcalm où elle loge sa bibliothèque. On y garde la bannière déployée lors des processions et une statue de Gutenberg (*Le Soleil*, 24 septembre 1932).

LA PRESSE DES ENTREPRISES

La Révolution industrielle transforme les entreprises de presse en les nourrissant de revenus et de techniques. La *Control Revolution* (expression conçue par James R. Beniger (1986)) les met au service de l'industrie et du commerce. La révolution industrielle multipliant et complexifiant les activités économiques, l'augmentation des renseignements et l'accélération de leur transmission deviennent impérieuses pour les nécessités des affaires. Et comme le souligne Beniger (1986 : 433) : « *the Control Revolution was essentially a response to the Industrial Revolution* ». Les journaux, autrefois confinés à leurs rôles d'éveilleurs politiques et sociaux, deviennent d'indispensables outils de la *Control Revolution*. Dans les journaux de Québec en 1900, on trouve des informations sur les heures des trains et des navires, tout ce qui regarde les activités du port y est inscrit, les prix des denrées sur les marchés sont minutieusement notés, les avis officiels et les annonces immobilières bien alignés. Ce sont tous des « éléments de contrôle ». Le journal est devenu un instrument de travail aux mains des gens d'affaires et des gestionnaires. Comme le chef de gare, le douanier, le banquier, l'entrepreneur de presse devient un « contrôleur » à la solde des activités économiques, participant à la transmission des connaissances nécessaires à la marche des nouvelles structures. L'appui financier des partis politiques et de leurs partisans comptant de moins en moins, la presse des partis se transforme en presse des entreprises.

Nos hommes de presse, à la recherche de revenus, sont tous soumis aux impératifs de la publicité. Même un Chapais, malgré ses nobles idéaux, n'a point les moyens d'imiter un Tardivel qui dans sa *Vérité* du 24 mars 1894 proclamait : « Nous espérons que dans trois ou quatre mois, il n'y aura plus une seule annonce dans nos colonnes. *La Vérité* sera alors le seul journal du pays, peut-être du monde entier, qui ne publie pas de réclames. Les pages consacrées aux annonces nous ont toujours déplu. » Certains annonceurs, principalement les fabricants de remèdes, se permettent d'annoncer sans discernement dans tous les quotidiens, quel que soit le tirage. Cependant la plupart des annonceurs n'en ont pas les moyens et ciblent donc leurs messages. Aucun grand magasin de Québec n'utilise *Le Courrier du Canada*. Zéphirin Paquet annonce son « magasin à départements » dans les cinq autres quotidiens. D'autres privilégient des journaux selon la langue. Ainsi les marchands de fourrures Holt, Renfrew & Co. n'annoncent que dans les trois quotidiens anglais.

La « révolution commerciale » de la fin du XIXe siècle, la mise en marché de produits manufacturés en série, emballés et identifiés au nom du fabricant, a transformé la consommation et la presse. Les fabricants utilisent les journaux pour atteindre un vaste public sur de larges territoires. Les journaux deviennent vitrines. Les publicités illustrent souvent le contenant. Des fabricants de Québec annoncent leurs produits, notamment M. Timmons & Son, ses boissons gazeuses, ou Miller & Lockwell, son cigare Tod Sloan. Mais ce sont surtout de grandes firmes nord-américaines qui annoncent dans les journaux de Québec par le biais des agences de publicité : les fils Corticelli, le thé Salada, le savon Baby's Own et autres produits. Les fabricants de remèdes, des Carter's Little Liver Pills aux Pilules Rouges, constituent des annonceurs fidèles lucratifs. Afin de s'attirer et de conserver ceux-ci, les entreprises de presse sont forcés d'agrandir constamment leur rayonnement. Elles qui jusque-là ne s'étaient adressées qu'aux élites à convaincre veulent dorénavant séduire tous les publics. Et, tout comme les produits qu'ils annoncent, les hommes de presse de Québec, principalement les Pacaud et Carrel, enrobent leur journal d'un emballage de plus en plus attrayant : manchettes, nouvelles « sensationnelles », rubriques variées, jeux, illustrations. Leur journal devient un produit de consommation faisant la promotion d'autres produits de consommation. Misant sur de nouvelles techniques et divers attraits, tout en s'appuyant sur des acquis et des héritages, le quotidien de 1900, tendu vers le XXe siècle, est à la recherche de lecteurs et de consommateurs. « C'était en 1900, écrit Jean Giono (1988), l'époque du futur par excellence ; tout était tendu vers demain. »

Bibliographie

Baldasty, Gerald J. (1992), *The Commercialization of News in the Nineteenth Century*, Madison, The University of Wisconsin Press.

Barthe, Ulric (1939), « Souvenirs d'un vieux journaliste », dans *Les quarante ans de la Société historirque franco-américaine*, Boston, Société historique franco-américaine, p. 275-283.

Beniger, James R. (1986), *The Control Revolution. Technological and Economics Origins of the Information Society*, Cambridge, Harvard University Press.

Buies, Arthur (1893), *Québec en 1900. Conférence donnée à l'Académie de musique de Québec*, Québec, Léger Brousseau.

De Bonville, Jean (1988), *La presse québécoise de 1884 à 1914. Genèse d'un média de masse*, Québec, PUL.

Fullerton, Carol W. (1986), « George Stewart, Jr., a nineteenth century Canadian man of letters », *Cahiers de la Société bibliographique du Canada*, 25, p. 82-108.

Fusk, Vincent A. (1939), « Veteran printer sees many changes in 45 years of service with this paper », *The Chronicle-Telegraph. 175th Anniversary 1764-1939. The Empire's Oldest Surviving Newspaper Enterprise*, p. 14.

Gaboury, Léo (1964), « Souvenirs d'un ancien qui a passé 26 ans de sa vie à *La Semaine* », *La Semaine commerciale*, 71, 5 (4 septembre), p. XVI-XVIII.

Galarneau, Claude (1984), « Les métiers du livre à Québec (1764-1859) », *Les Cahiers des Dix*, 43, p. 143-165.

Gale, George (1939), « Story of the *Quebec Daily Telegraph* is saga of early days of journalism », *The Chronicle-Telegraph. 175th Anniversary 1764-1939. The Empire's Oldest Surviving Newspaper Enterprise*, p. 4, 97.

Giono, Jean (1988), *La chasse au bonheur*, Paris, Gallimard.

Greater Quebec (1908), Édition du *Quebec Chronicle* (album commémoratif).

Levasseur, Nazaire (1917), « Souvenirs à la hâte », *L'Événement*, 12 mai, p. 1, 8.

Mutis, Alvaro (1991), *Le dernier visage*, Paris, Grasset.

Ross, John T. (1939), « Former President of *The Chronicle* », *The Chronicle-Telegraph. 175th Anniversary 1764-1939. The Empire's Oldest Surviving Newspaper Enterprise*, p. 47.

Rutherford, Paul (1982), *A Victorian Authority: the Daily Press in Late Nineteenth-Century Canada*, Toronto, University of Toronto Press.

Scott, William D. (1900). *The Dominion of Canada, Official Catalogue of the Canadian Section*, Paris International Exhibition.

Serres, Michel (1992), *Éclaircissements : cinq entretiens avec Bruno Latour*, Paris, François Bourin.

Teakle, Thomas F. (1939), « Veteran newsman recalls big changes wrought in printing, publishing trade », dans *The Chronicle-Telegraph. 175th Anniversary 1764-1939. The Empire's Oldest Surviving Newspaper Enterprise*, p. 15.

The Chronicle-Telegraph (1939), « Many journalists started careers with this newspaper or it's predecessors », *The Chronicle-Telegraph, 175th Anniversary 1964-1939. The Empire's Oldest Surviving Newspaper Enterprise*, p. 11.

Vachon, S. (1964), « L'imprimerie à la fin du siècle dernier à Québec », *La Semaine commerciale*, 71, 5, (4 septembre), p. XXI-XXV.

La haute rédaction des quotidiens québécois entre 1850 et 1920[1]

Fernande Roy
Département d'histoire
UQAM

Jocelyn Saint-Pierre
Reconstitution des débats
Assemblée nationale

On soutient généralement que la presse québécoise connaît, au tournant du siècle, une profonde transformation que l'on pourrait résumer par le passage d'une presse d'opinion, axée sur le commentaire partisan, à une presse d'information, orientée vers la nouvelle. Dans ces bouleversements du monde médiatique, qu'arrive-t-il à la profession de journaliste ?

En dépit du recours fréquent des historiens aux journaux, en tant que sources historiques sur différents sujets et en tant que diffuseurs d'idéologies, on connaît mal l'ensemble des journalistes chargés de répandre les informations et les idéologies, de même que les conditions d'exercice de leur métier. Les travaux sur la presse, comme ceux d'André Beaulieu et de Jean Hamelin (1966), ceux de Jean de Bonville (1988) et, pour une période antérieure à celle qui est considérée ici, ceux de Claude Galarneau (1984), ont apporté

---

1. Nous souhaitons remercier chaleureusement Dominique Marquis, Isabelle Lambert, Marc Bolduc, Isabelle Ouellette et Ulric Deschênes qui nous ont assistés dans cette recherche.

des renseignements précieux sur le personnel journalistique. Plusieurs biographies ont fait connaître des journalistes (par exemple, Henri Bourassa, Arthur Buies, Françoise (Robertine Barry), Olivar Asselin ou Robert Sellar), tout comme les travaux de Jean-Marie Lebel (1983) ont éclairé l'entreprise de presse de Ludger Duvernay. Cependant, ces monographies consacrées à des individus ne permettent pas de dégager un portrait d'ensemble. La thèse de doctorat de Jocelyn Saint-Pierre (1993) fait exception à propos d'un groupe particulier de journalistes, ceux de la tribune de la presse à Québec. Le mémoire de maîtrise de Line Gosselin (1994) constitue aussi une exception, mais il ne porte que sur un groupe encore relativement restreint : les femmes journalistes. Bref, on ne dispose pas pour le Québec d'étude semblable, par exemple, à celles de Marc Martin (1981) ou de Bernard Voyenne (1985) sur les journalistes français.

Nous avons déjà entrepris une vaste recherche sur les journalistes québécois entre 1870 et 1920. Cependant, dans cet article, nous nous intéressons à un sous-groupe au sein du monde journalistique, un sous-groupe susceptible d'être particulièrement marqué par les changements évoqués dans la presse, c'est-à-dire le personnel de la haute rédaction des journaux quotidiens. Le rédacteur principal du journal d'opinion, un avocat engagé dans le combat politique, fait-il place dans le journal d'information à un professionnel de la rédaction dont c'est la seule occupation ?

Notre article présente d'abord la méthodologie et les sources utilisées ; puis, il aborde un problème propre à notre objet d'études, soit celui des appellations des diverses fonctions de journaliste ; enfin, il brosse un portrait préliminaire de la haute rédaction des quotidiens.

LA MÉTHODE : UNE APPROCHE PROSOPOGRAPHIQUE[2]

Notre méthode est celle de la prosopographie. Comme monsieur Jourdain, les historiens et les historiennes ont souvent fait de la prosopographie sans le savoir (Verger, 1986 : 346). *Le Grand*

---

2. Le mot n'est pas tellement nouveau, il daterait de 1743 (Stone, 1971 : 73).

Larousse de la langue française (1963 : t. 8, p. 845, et 1976 : t. V, p. 4706)[3] la définit ainsi : « Science auxiliaire de l'épigraphie et de l'histoire ancienne, qui étudie la filiation et la carrière des grands personnages. » Étymologiquement, la prosopographie est la description des caractères externes d'un corps ; dans le cas qui nous occupe, c'est une sorte de « biographie collective » et de « multi-biographie » (Autrand, 1986 : 14), une collection d'individus rassemblés à partir de caractéristiques observables, comme l'éducation ou la carrière. La prosopographie rassemble des données biographiques d'un groupe d'acteurs historiques qui ont quelque chose en commun, soit, par exemple, une fonction, une activité ou un statut social (p. 13) ; elle est donc « une étude collective » de leur vie (Stone, 1971 : 46). L'objectif consiste, en étudiant le singulier, à connaître le « singulier pluriel » (Andreau, 1986 : 546). « La prosopographie suppose la mise en série, elle ne met en évidence l'individuel et l'exceptionnel que pour dégager, par contraste, le collectif et le normal » (Nicolet, 1970 : 1226). En somme, la prosopographie permet, grâce à la biographie, un genre historique plus traditionnel, de traiter un groupe social dans son ensemble.

La prosopographie n'est pas une panacée, elle a ses limites. Les critiques mettent souvent en évidence le fait que cette méthode ne permet que l'étude de l'élite, celle des « privilégiés de l'histoire » (Genet, 1986 : 9). Il est bien évident que la prosopographie ne peut se faire que sur des groupes bien documentés et que la qualité et la quantité des informations la limitent parfois considérablement. Bien sûr, les représentants de la strate inférieure du métier de journaliste seront moins connus. Comme l'écrit Stone : « *the lower one goes in the social system the poorer becomes the documentation* » (Stone, 1971 : 58). Mais, pour ce qui est des journalistes québécois, puisque la documentation est relativement abondante, notre prétention est que nous allons à tout le moins élargir l'élite jusqu'ici considérée.

---

3. Les autres dictionnaires définissent ainsi le terme « prosopographie » : « espèce de description qui a pour objet de faire connaître les traits extérieurs, la figure, le maintien d'un homme, d'un animal » (*Littré*, 1957 : vol. 3, p. 5059) ; « description d'une personne » (*Le Grand Robert*, 1976 : t. 7, p. 843) ; « description des qualités physiques d'un personnage réel ou fictif » (*Trésor de la langue française*, 1988 : t. 13, p. 1358). La définition du Larousse est plus proche du sens que nous donnons à ce mot.

Un reproche fréquent à propos des enquêtes prosopographiques basées sur des échantillons est la difficulté d'évaluer le rapport entre les individus étudiés et le nombre total de membres du groupe envisagé (Nicolet, 1970 : 1226). Dans notre cas, cette difficulté est réelle, puisqu'on ne connaît pas le nombre total d'individus engagés dans le journalisme durant la période. Toutefois, nous avons choisi, dans le projet de recherche global, de conserver l'ensemble du personnel journalistique plutôt que de procéder par échantillon. Néanmoins, le portrait attendu n'est pas représentatif de l'ensemble des journalistes, mais, sans être atypique, il est plutôt celui des strates supérieures de la profession.

Par définition, les enquêtes prosopographiques ignorent le qualitatif, l'individuel et l'exceptionnel. Bien qu'on puisse considérer ce fait comme une limite de la méthode, c'est ce que nous entendons sacrifier au profit du quantitatif et du pluriel.

Toute approche prosopographique comporte trois étapes (Chastagnol, 1970 : 1229). L'établissement d'une liste générale des individus formant la population est la première chose à faire. C'est à l'aide du répertoire de Beaulieu et Hamelin (1973-1985) que nous avons constitué cette population : le projet global touche plus de 3 000 individus. Une fois cette liste établie, la deuxième étape consiste à recueillir la documentation et à créer une notice pour chaque individu, en reprenant les moments importants de sa vie et de sa carrière. Cette étape est cruciale et elle exige beaucoup de rigueur. Il faut bien veiller à l'uniformité dans la saisie des données : il s'agit là, en effet, d'un des principaux écueils de la prosopographie. La troisième étape consiste à analyser comparativement, à partir du matériel réuni, l'ensemble des notices pour dégager les points communs et les particularités, pour enfin en arriver à une synthèse.

Les possibilités de la prosopographie sont décuplées grâce à l'ordinateur. Mettre en relation un grand nombre de variables tirées d'une masse d'informations rassemblées sur une même base, voilà précisément ce que l'ordinateur peut faire de mieux (Stone, 1971 : 72). La création d'un répertoire informatisé consiste à transformer une source documentaire constituée de textes linéaires en une série de fiches informatisées qui formeront la base de données. Le traitement informatique s'est fait avec le logiciel *Édibase*.

SOURCES ET MÉTASOURCE

Pour l'ensemble du projet, les sources sont très variées et, par ailleurs, fort considérables. Cependant, à cette étape-ci, nous n'avons utilisé qu'une douzaine de répertoires biographiques qu'il est opportun de commenter quelque peu.

Le principal problème à résoudre est celui de la fiabilité des données. Ernest Labrousse a déjà expliqué fort justement qu'on ne sort de l'ordinateur que ce qu'on y a mis[4]. Or, nos sources ne sont pas exemptes d'erreurs ni de contradictions. Elles se copient les unes les autres et sont ainsi fort semblables. Les différences se trouvent dans les répertoires spécialisés qui ont été conçus dans un but précis. Dans chaque cas, les auteurs doivent faire une sélection dans les biographies à publier et, dans ce processus de sélection, les moins connus sont toujours écartés (Katz, 1987 : 262). Les titres dépouillés sont de quatre sortes : le Beaulieu et Hamelin, les ouvrages d'époque, le *Dictionnaire biographique du Canada (DBC)* et les répertoires spécialisés (littéraires, politiques, presse juive). Passons-les en revue dans cet ordre.

L'ouvrage de base en histoire de la presse demeure, malgré certains défauts, le répertoire dressé par André Beaulieu et Jean Hamelin (1973-1985), ces deux précurseurs de l'histoire de la presse au Québec. Il a servi de point de départ pour déterminer la population à l'étude. La longueur et la richesse des notices varient selon la publication recensée. Chaque notice fournit notamment des listes de journalistes et les éléments essentiels du périodique. Cette collection fut pour nous ce que Verger appelle « une source-souche » (Verger, 1986 : 351).

Comme œuvre biographique d'époque, mentionnons en premier lieu le *Canadian Men and Women of the Time*, d'Henry James Morgan, dont la première édition est parue en 1898 et la

---

4. « Quelles que soient la finesse des méthodes et la puissance de la machine avec lesquelles nous traitons la matière première, nous retrouvons cette matière à la sortie de l'ordinateur, avec ses tares et ses richesses » (tiré de « Entretiens avec Ernest Labrousse », (1980), p 122.

seconde en 1912 (Ryder, 1981 : 49)[5]. Il contient près de 8 000 biographies concises[6]. C'est un ouvrage de base qui a souvent été copié
par d'autres, et pas toujours fidèlement, par William Stewart Wallace
notamment. Le livre de George Maclean Rose, sorti en 1886, contient environ 2 000 biographies (Ryder, 1981 : 50) de personnes qui
se sont distinguées dans la vie professionnelle ou politique, dans le
monde du commerce et de l'industrie au Canada. Le Borthwick[7],
paru en 1892, se consacre exclusivement à 534 personnages de
Montréal[8] et à l'histoire de la ville. Le dictionnaire en deux tomes
de Charles G. D. Roberts et Arthur L. Tunnell comprend environ
800 biographies (Ryder, 1981 : 50) de personnages décédés entre
1875 et 1937[9]. Le volume d'Hector Willoughby Charlesworth,
publié en 1919, compte environ 600 biographies de personnes
provenant des milieux professionnels, militaires, politiques, commerciaux ou industriels du Canada au XXe siècle (Ryder, 1981 : 48).
Le *Macmillan Dictionary*, de Wallace, dont la première édition date
de 1926, renferme environ 5 000 courtes biographies de personnages (Ryder, 1981 : 49) ayant occupé des postes importants
dans la gouverne de l'État, d'hommes politiques, de juristes, de
scientifiques, d'artistes, d'explorateurs, de soldats et d'hommes

---

5. Morgan, qui a publié plusieurs autres répertoires, s'est inspiré d'un ouvrage
    britannique, *Men and Women of the Time*, publié à Londres de 1852 à 1895 (Ryder,
    1981 : 49).

6. Les Archives nationales du Canada conservent les grilles envoyées par Morgan aux
    personnages importants de son époque. La grille de François Langelier, que nous
    avons découverte, comprend 13 questions qui vont du nom jusqu'à l'adresse de
    résidence (Archives nationales du Canada, *Fonds Henry-James-Morgan*, MG 29,
    D61, vol. 13, p. 4700).

7. Jean-Claude Robert fait une bonne critique de cet ouvrage qu'il a utilisé pour étudier
    les notables de Montréal (Robert, 1975).

8. John Douglas Borthwick veut offrir à ses lecteurs « a book of reference and a guide
    in which many interesting items (in connection with the old and modern families of
    the City) will be found therein » (Borthwick,1892 : 5).

9. « *Every effort has been made, and is being made, to secure new and independant
    references about even well known national figures* », écrivent Roberts et Tunnell
    dans leur préface (Roberts et Tunnell, 1934 : v).

d'affaires. Cet ouvrage copie ses devanciers et comporte beaucoup d'erreurs[10].

En tête de liste des principales sources vient le *Dictionnaire biographique du Canada (DBC)*, le plus fiable de tous. Ses fondateurs se sont inspirés d'un ouvrage anglais et d'un ouvrage américain : le *Dictionary of National Biography* et le *Dictionary of American Biography*[11]. Le *DBC* contient plusieurs biographies de journalistes. Comme nous le savons tous, il propose aux chercheurs des « biographies détaillées, précises et concises de tous les habitants de marque » (1966 : t. 1, xi) du pays, conformément aux vœux de son donateur, James Nicholson. Les notices sont plus longues que dans les autres dictionnaires ; elles contiennent entre 200 et 10 000 mots. Nous avons remarqué que, depuis l'arrivée de Jean Hamelin à la tête de cette vaste entreprise, les biographies de personnages ayant fait du journalisme sont plus complètes et mieux documentées qu'auparavant.

Un mot maintenant sur les répertoires parlementaires produits par la Bibliothèque de l'Assemblée nationale, qui relatent la carrière des parlementaires québécois avant, pendant et après leurs activités politiques, le *Répertoire des parlementaires québécois, 1867-1978 (RPQ)* (1980) et le *Dictionnaire des parlementaires du Québec, 1792-1992 (DPQ)* (1993). Les biographies contenues dans ces ouvrages ont été rédigées à partir de sources primaires et officielles et de fonds d'archives. Dans les deux cas, on est en présence « d'un inventaire méthodique des événements et des faits qui forment la trame de la carrière professionnelle et politique » des parlementaires, sans jugement ni analyse (*RPQ*, 1980 : ix). Pour Ottawa, l'équivalent est le Johnson, paru en 1968, qui comprend plus de

---

10. Nous avons trouvé plusieurs erreurs dans cet ouvrage. Pourtant, le bibliothécaire américain Eugene E. Sheehy le considère comme le meilleur dictionnaire biographique du Canada pour toutes les périodes et pour toutes les classes d'individus (Sheehy, 1986 : 292). Le dictionnaire de Wallace reste néanmoins utile tant que le *Dictionnaire biographique du Canada* n'aura pas avancé davantage dans le XXᵉ siècle.

11. Il est intéressant de noter que les historiens britanniques qui ont fait de la prosopographie ont eux aussi utilisé le *Dictionary of National Biography*.

3 000 biographies de parlementaires fédéraux membres du Sénat ou de la Chambre des communes. Ces brèves biographies (500 mots) ont été rédigées à partir de la documentation officielle et du *Canadian Parliamentary Guide* (Johnson, 1968 : vii).

Les journalistes ont souvent été des écrivains. Certains ont même plusieurs ouvrages à leur actif. Nous en avons trouvé un certain nombre dans l'excellent *Dictionnaire des œuvres littéraires du Québec* (1978), de Maurice Lemire, et dans le *Dictionnaire pratique des auteurs québécois* (1976), de Réginald Hamel, John Hare et Paul Wyczynski. Pour ce qui est de la haute rédaction des journaux de la communauté juive, nous avons dépouillé le répertoire de Zvi Cohen, publié en 1933, et celui d'Arthur Daniel Hart, paru en 1926.

La cueillette de l'information et son introduction dans une base de données structurée entraînent la création d'une nouvelle source, une « métasource » (Genet, 1985 : 354), un document qui englobe et qui dépasse l'ensemble des sources biographiques dépouillées. Cette métasource, plus fiable (en principe !) et plus complète que toutes les autres, rend possibles la confrontation de ces dictionnaires ou répertoires entre eux et la comparaison des notices entre elles, ce qui permet ainsi de corriger leurs lacunes ou leurs imprécisions. Le résultat est donc supérieur à la somme des parties. En outre, la mise à jour de cette base de données informatisée peut se faire facilement.

LES JOURNALISTES : QUI FAIT QUOI ?

Dans cette recherche, un premier défi consistait à se retrouver dans le casse-tête des vocables multiples employés pour désigner les diverses fonctions exercées par le personnel de presse. Plus particulièrement, pour cet article, il s'agissait de savoir qui exerçait au XIXe siècle la fonction qu'on appelle de nos jours rédactrice ou rédacteur en chef.

Les diverses fonctions de la presse étaient parfois cumulées, au début, par un seul homme : un imprimeur fondait un journal, il en devenait le rédacteur-imprimeur-propriétaire (Galarneau, 1984 :

156-157). Cette pratique s'est poursuivie pendant longtemps. Le personnel de presse était désigné de façons très diverses. Le titre que l'on prenait ou que l'on recevait ne représentait pas toujours la fonction que l'on exerçait. Ainsi, Trefflé Berthiaume, propriétaire de *La Presse*, sans être engagé dans la rédaction se disait journaliste (de Bonville, 1988 : 158). Souvent, les employés des journaux étaient désignés par des termes qui correspondaient à leur tâche. La principale fonction, celle de rédacteur[12], est la première activité intellectuelle à être apparue dans le journal. Au fur et à mesure que les journaux se sont développés, cette fonction s'est fractionnée en plusieurs autres activités. De nouvelles catégories sont alors apparues, notamment les reporters qui se déplaçaient pour aller recueillir l'information et la rapporter au journal (de Bonville, 1988 : 158). Dans un journal le moindrement important, là où le directeur n'était pas à la fois chef de l'administration et de la rédaction, on nommait un rédacteur en chef[13]. Ce terme désigne le responsable de tous les services de rédaction d'un journal ou d'un périodique. Parfois, le rédacteur en chef rédigeait lui-même un article, mais la plupart du temps, il confiait cette tâche à d'autres rédacteurs. La *Classification nationale des professions* parle de directeur d'un journal ou de directeur de la rédaction qui organise, dirige et surveille les activités d'un journal sous l'autorité de l'éditeur (*CNP*, 1993 : fiche 0512). C'est un animateur qui conseille, stimule, guide et propose des sujets d'articles (Henry-Coston, 1952 : 101-102).

Il ne faut pas confondre le terme « rédacteur en chef » avec celui d' « éditeur »[14]. À la fin du XVIIIe siècle, ce dernier vocable désigne la personne qui assure la publication et la mise en vente

---

12. Le mot provient du latin « redactus », participe passé de « redigere » qui signifie « arranger » (*Petit Larousse illustré*, 1983 : 853).

13. Aujourd'hui, par « journaliste », on entend une personne qui recherche, vérifie, commente et communique des nouvelles et des informations locales, nationales ou internationales (*CNP*, 1993 : fiche 5123).

14. « Éditeur » est un emprunt au mot latin « editor » qui veut dire « celui qui produit » (*Dictionnaire historique de la langue française*, 1992 : t. 1, 662). Au sens de « personne qui prépare un texte pour l'impression », le mot est un anglicisme (*Dictionnaire historique de la langue française*, 1988 : t. 1, 662).

d'ouvrages imprimés. Au XIXᵉ siècle, le mot a pris spécialement le sens de directeur politique d'une publication périodique. Jadis, on traduisait souvent le mot anglais « editor » par « éditeur » alors qu'il aurait plutôt fallu choisir le terme « rédacteur en chef ». L'éditeur est le responsable devant les actionnaires et devant la loi d'une publication périodique (Aslangul, 1991 : 52). Son rôle est de planifier, d'organiser, de diriger et de contrôler une entreprise de presse avec la collaboration de subalternes[15].

Au XIXᵉ siècle et au début du XXᵉ siècle, cette terminologie n'est pas toujours respectée. La confusion vient très souvent des journaux eux-mêmes pour qui les mêmes fonctions sont appelées différemment. Ainsi, Henri Bourassa était directeur du *Devoir*, Arthur Dansereau était directeur politique à *La Presse*, Guillaume-Alphonse Nantel avait le même titre à *La Minerve* alors qu'Henri d'Hellencourt était rédacteur en chef au *Soleil*. Pourtant, tous quatre occupaient des fonctions similaires. Il arrive que l'inverse se produise, des individus portant le même titre exercent des fonctions entièrement différentes. Ce fouillis persiste encore de nos jours ; le nom des fonctions n'est pas uniforme d'un journal à l'autre. Afin de venir à bout de ce casse-tête, nous préférons parler de haute rédaction.

LA HAUTE RÉDACTION DES QUOTIDIENS

Établissement du corpus

Par haute rédaction, nous entendons le personnel de direction lié à la rédaction plutôt qu'à la propriété, à l'administration ou à l'impression du journal, c'est-à-dire les personnes responsables du contenu du journal, de sa production intellectuelle, de ce que Jacques Kayser appelle la surface rédactionnelle (Kayser, 1963 : 85).

En partant du répertoire de Beaulieu et Hamelin, nous avons retenu 90 quotidiens publiés avant 1920, c'est-à-dire que nous avons exclu un certain nombre de quotidiens éphémères (moins de trois semaines) ou sur lesquels il n'existe aucune information, ou

---

15. *CNP* (1993), fiche 0016, et *CCP* (1971), t. 1, p. 40.

encore des publications dont la périodicité est quotidienne, mais dont la fin est prévue dès le début de l'existence, comme des feuilles électorales ou publicitaires, des journaux de tombola, bazar, etc. Ensuite, nous avons sélectionné, parmi les membres de la direction du journal, ceux qui pouvaient avoir eu un lien avec la rédaction, que leur fonction soit désignée par les termes de directeur, de rédacteur en chef ou même simplement de rédacteur (lorsque le titre de rédacteur en chef n'existe pas), d'éditeur ou de propriétaire-éditeur, ce qui a donné une liste de 277 individus.

Nous avons conçu une grille comportant 40 zones qui rassemblent les étapes de la vie et de la carrière des journalistes : noms et pseudonymes, dates et lieux de naissance et de décès, noms et professions des père, mère et conjoint, langues parlées et religion, formation, voyages et migrations, activités sociales et culturelles, allégeances et activités politiques, carrière journalistique, associations professionnelles et syndicales, événements liés à la censure, carrières dans des domaines autres que celui de la presse, publications, etc. Enfin, pour chaque information, un lien entre la source et la base de données est conservé. En établissant la biographie de ces individus, nous avons pu constater que 102 d'entre eux n'avaient rien à voir avec la rédaction, ce qui nous a laissé une population de 169 membres de la haute rédaction des quotidiens.

Portrait sociodémographique

L'étude qui suit est forcément préliminaire parce que nous n'avons pas épuisé toutes les sources disponibles, n'utilisant pour le moment que la quinzaine de répertoires ou dictionnaires biographiques évoqués plus haut. Malgré tout, cette première série de sources donne des renseignements sur 116 responsables de la rédaction des quotidiens, soit 69 % du corpus. Les 53 individus pour lesquels nous ne connaissons à peu près rien, ni la date de naissance ni la date de décès, ont été exclus de la présente analyse.

En espérant pouvoir saisir une évolution dans le temps des caractéristiques de ces journalistes, nous avons divisé le corpus en deux, en utilisant la date de naissance médiane, soit 1845. Comme

Tableau 1

La haute rédaction des quotidiens avant 1920,
selon la langue usuelle et la date de naissance

	Nés avant 1845	Nés depuis 1845	Total	Rejetés
Anglophones	23	18*	41	17
Francophones	35	40	75	36
Total	*58*	*58*	*116*	*53*

* Onze anglophones plus sept rédacteurs juifs.

le montre le premier tableau, les responsables de la rédaction sont majoritairement francophones, c'est-à-dire 75 sur 116 ; 34 sont anglophones, auxquels nous avons ajouté les sept rédacteurs juifs dont la deuxième (ou la troisième) langue est l'anglais.

Deux constatations qui n'offrent aucune surprise : ce sont tous des hommes et la grande majorité d'entre eux, c'est-à-dire au moins 89 (puisque certains mariages peuvent nous échapper), sont mariés.

Tableau 2

La haute rédaction des quotidiens avant 1920,
selon le lieu d'origine des francophones

	Nés avant 1845	Nés depuis 1845	Total
Québec	32	35	67
France	1	2	3
Suisse	1	0	1
Inconnu	1	3	4
Total	*35*	*40*	*75*

Les francophones sont tous nés au Québec, à l'exception de trois Français et un Suisse. Quatre sont de provenance inconnue (voir tableau 2). Au contraire, la majorité des anglophones sont nés à l'étranger : sur 41, 12 seulement sont nés au Québec et 5 dans le reste du Canada, tandis que 16 viennent de l'Angleterre, de l'Écosse, de l'Irlande ou des États-Unis et que 6 sont nés en Europe de l'Est ; 2 sont de provenance inconnue (voir tableau 3).

Tableau 3
La haute rédaction des quotidiens avant 1920,
selon le lieu d'origine des anglophones

	Nés avant 1845	Nés depuis 1845	Total
Québec	6	6	12
Ontario	0	3	3
Île-du-Prince-Édouard	1	0	1
Nouveau-Brunswick	1	0	1
Angleterre	7	2	9
Écosse	3	0	3
Irlande	3	0	3
États-Unis	0	1	1
Europe de l'Est	0	6*	6
Inconnu	2	0	2
Total	*23*	*18*	*41*

* Ce chiffre se divise comme suit : 3 de Russie, 1 de Lithuanie, 1 d'Ukraine et 1 de Pologne.

L'étude de la profession des pères, connue pour 46 des 75 rédacteurs francophones, montre que ceux-ci proviennent de milieux assez divers, mais surtout de l'agriculture (17 occurrences) et du commerce (12 occurrences). Il n'y a pas de variation sensible selon que l'on considère les rédacteurs nés avant ou depuis 1845. Deux sont fils de notaires dans chacun des deux groupes et un est fils de médecin dans le deuxième groupe (voir tableau 4).

On ne peut, par la profession du père, mesurer le niveau d'aisance de ces milieux d'origine. Par contre, si l'on ajoute à cette donnée l'étude du niveau de scolarité des rédacteurs francophones, on constate que celui-ci est élevé (voir tableau 5). Ces rédacteurs ont sans doute connu une nette ascension sociale, mais ils provenaient

Tableau 4

La haute rédaction des quotidiens avant 1920,
selon la profession des pères des francophones

	Nés avant 1845	Nés depuis 1845	Total
Agriculture	8	9	17
Cultivateurs	7	9	16
Jardiniers	1	0	1
Commerce et affaires	9	3	12
Entrepreneurs	1	0	1
Libraires	1	0	1
Marchands ou commerçants	7	3	10
Professions libérales	2	3	5
Médecins	0	1	1
Notaires	2	2	4
Métiers ou artisans	2	3	5
Menuisiers	1	2	3
Potiers	1	0	1
Tanneurs	0	1	1
Journaliers	1	0	1
Autres	2	4	6
Artistes	0	1	1
Huissiers	1	0	1
Navigateurs	0	2	2
Propriétaires fonciers	1	0	1
Sacristains	0	1	1
Non disponible	11	18	29
Total	*35*	*40*	*75*

en général de milieux suffisamment aisés pour que les enfants soient instruits, et ce, même si l'on tient compte des quelques cas où le curé payait pour le jeune homme d'avenir. Ainsi, à quelques exceptions près (deux n'ont qu'un cours commercial), ils ont tous fait leur cours classique (deux ne l'ont pas achevé) et se sont ensuite dirigés vers les professions libérales, notamment le droit (alors qu'on

Tableau 5

La haute rédaction des quotidiens avant 1920,
selon le niveau de scolarité des francophones

	Nés avant 1845	Nés depuis 1845	Total
Études commerciales	1	1	2
Études classiques	3	9	12
Complètes	2	8	10
Incomplètes	1	1	2
Barreau	24	19	43
Études classiques	15	8	23
Études classiques incomplètes	2	0	2
Études universitaires	6	6	12
Études universitaires incomplètes	0	3	3
Cléricature incomplète	1	2	3
Notariat	1	2	3
Études classiques	1	1	2
Études universitaires	0	1	1
Médecine	1	2	3
Études classiques	1	0	1
Études universitaires	0	2	2
Autres études universitaires	0	1	1
Autres	0	2*	2
Non disponible	5	4	9
Total	*35*	*40*	*75*

* Il s'agit dans les deux cas d'études au collège militaire de Saint-Cyr.

ne comptait que cinq professionnels et aucun avocat parmi les pères des journalistes). Trente-sept rédacteurs francophones ont été admis au barreau et six individus ont commencé des études de droit sans les terminer.

Si, à ces avocats, on ajoute les trois notaires, on constate que, chez les francophones, plus des deux tiers des rédacteurs du premier groupe et plus de la moitié de ceux du deuxième groupe sont d'abord attirés par le droit.

Tableau 6

La haute rédaction des quotidiens avant 1920,
selon la profession des pères des anglophones

	Nés avant 1845	Nés depuis 1845	Total
Agriculture	0	1	1
Cultivateurs	0	1	1
Commerce et affaires	6	1	7
Banquiers	2	0	2
Marchands ou commerçants	4	1	5
Professions libérales	2	1	3
Avocats	1	0	1
Ingénieurs civils	0	1	1
Médecins	1	0	1
Métiers ou artisans	0	1	1
Fabricants de fourneaux	0	1	1
Autres	4	2	6
Fonctionnaires	1	0	1
Pasteurs	2	0	2
Propriétaires d'entreprise de presse	1	2	3
Non disponible	11	12	23
Total	*23*	*18*	*41*

Malheureusement, d'une manière générale, nos renseigne-ments sont plus faibles en ce qui concerne les anglophones. Ainsi, les données concernant les professions des pères des rédacteurs anglophones, dont la majorité est née à l'étranger, sont insuffisantes pour être significatives (18 connues sur 41), surtout pour ceux qui sont nés depuis 1845 (6 connues sur 18) (voir tableau 6). L'étude de leur niveau de scolarité montre aussi un groupe de personnes instruites ; là encore, un bon nombre sont attirés par le droit, mais les données ne nous permettent pas d'élaborer davantage (voir tableau 7).

Non seulement ils ont une formation poussée, mais ces mem-bres de la haute rédaction des quotidiens anglais et français

Tableau 7

La haute rédaction des quotidiens avant 1920,
selon le niveau de scolarité des anglophones

	Nés avant 1845	Nés depuis 1845	Total
Études secondaires	4	8	12
Barreau	8	1	9
Études classiques	1	0	1
Études universitaires	1	1	2
Cléricature	4	0	4
Cléricature incomplète	2	0	2
Autres études universitaires	2	3	5
Études universitaires incomplètes	0	1	1
Non disponible	9	5	14
Total	*23*	*18*	*41*

appartiennent aussi à l'élite culturelle de leur époque. Bien sûr, les journalistes sont en principe des professionnels de l'écriture. Mais, en l'occurrence, le sous-groupe qui nous intéresse compte un fort contingent d'écrivains. Ainsi, 72 des 116 rédacteurs (c'est-à-dire 65 % des francophones et 56 % des anglophones) ont publié des livres ou des brochures. Les genres principaux sont la littérature et l'essai politique. De plus, 14 rédacteurs (9 francophones et 5 anglophones) ont reçu un doctorat honorifique, et ce, le plus souvent, pour des contributions littéraires ou culturelles. Autre indice d'un haut niveau culturel : 18 rédacteurs (15 francophones et 3 anglophones) étaient membres de la Société royale du Canada. Enfin, ces journalistes ont aussi une ouverture sur le monde puisqu'une bonne proportion d'entre eux (41 % des francophones et 29 % des anglophones) font des voyages à l'étranger.

Profil de carrière

Qu'en est-il maintenant de leur carrière journalistique ? On constate d'abord qu'ils entrent assez tôt dans la carrière, dans la jeune vingtaine pour les francophones et aux alentours de 26 ans pour les anglophones (voir tableau 8). Dans la très grande majorité des cas, ils ont déjà une expérience journalistique avant de prendre

Tableau 8

La carrière journalistique des responsables
de la rédaction des quotidiens avant 1920*

	Francophones		Anglophones	
	Nés avant 1845	Nés depuis 1845	Nés avant 1845	Nés depuis 1845
Âge moyen à la première participation à un périodique	23,7	23,6	27,2	25,8
Expérience avant la rédaction d'un quotidien				
Aucune	0	4	6	5
Un seul périodique	10	11	6	6
Nombre moyen de périodiques	3,9	2,6	2,5	2,1
Âge moyen à l'arrivée comme responsable de la rédaction d'un quotidien	38,3	31,0	42,2	33,1
Nombre moyen d'années à la rédaction d'un ou de plusieurs quotidiens	5,1	9,6	11,2	8,9
Expérience journalistique subséquente				
Aucune	13	17	10	8
Un seul périodique	4	7	4	5
Nombre moyen de périodiques	2,6	3,1	1,1	1,1

* Ces mesures sont grossières puisque, pour calculer l'expérience journalistique antérieure et postérieure à la rédaction d'un quotidien, nous ne considérons que le nombre de périodiques auxquels les rédacteurs ont collaboré, sans égard à la fonction occupée ni à la durée de ce travail. Pour ce qui est du nombre moyen d'années passées à la rédaction d'un quotidien, nous avons arrondi à l'année près.

la responsabilité de la rédaction des quotidiens. L'âge moyen auquel ils accèdent à cette responsabilité se situe dans la trentaine. L'âge moyen un peu plus élevé des rédacteurs nés avant 1845 s'explique par le fait que les quotidiens n'apparaissent qu'à partir des années 1850.

Dans l'ensemble, la période au cours de laquelle est assumée la fonction de responsable de la rédaction d'un quotidien est assez importante : 11 ans et 9 ans respectivement pour les deux groupes d'anglophones et 5 ans et 10 ans respectivement pour les deux groupes de francophones. On peut donc croire à une certaine persistance dans le métier et, chez les francophones, la tendance à l'augmentation de la durée d'exercice du métier est remarquable. Pour ces derniers, à tout le moins, sans doute peut-on parler d'une professionnalisation plus marquée chez les rédacteurs nés depuis 1845. Enfin, pour 41 % de tous les rédacteurs de quotidiens, cette fonction marque la fin de leur carrière journalistique.

La carrière journalistique s'exerce en étroite relation avec la politique. La moitié des membres de la haute rédaction ont exercé une activité politique et, dans la plupart des cas, au moment où ils étaient rédacteurs. Ainsi, on dénombre 39 députés, 17 ministres, 9 sénateurs, 8 conseillers législatifs, 15 maires, 6 échevins. La proportion d'hommes politiques est assez élevée chez les anglophones (37 %), mais encore plus élevée chez les rédacteurs francophones où elle atteint 57 % (voir tableau 9). Le phénomène, même s'il a

Tableau 9

La haute rédaction des quotidiens avant 1920,
selon l'activité politique et la langue usuelle

	Nés avant 1845		Nés après 1845		Total	
	Nombre	*%*	*Nombre*	*%*	*Nombre*	*%*
Anglophones	10 sur 23	44	5 sur 18	28	15 sur 41	37
Francophones	21 sur 35	60	22 sur 40	55	43 sur 75	57
Total	*31 sur 58*	*53*	*27 sur 58*	*47*	*58 sur 116*	*50*

tendance à diminuer légèrement pour les journalistes nés depuis 1845, reste néanmoins encore très important, plus important que nous aurions pu le croire, en particulier chez les francophones. La diminution plus marquée chez les anglophones est sans doute attribuable en partie à la présence au sein de la deuxième cohorte d'un groupe de juifs anglophones d'immigration récente et globalement en dehors de l'activité politique.

On pourrait peut-être prétendre que les 53 dossiers rejetés en raison d'un manque d'information viennent ici fausser les données. En effet, il est à peu près certain que ces 53 individus n'ont pas assumé de fonctions politiques au provincial ou au fédéral (sinon nos sources auraient fourni des notices biographiques) ; par contre, un certain nombre pourraient avoir été actifs au niveau municipal. Nous avons donc tenté de donner à chacun de ces « inconnus » une date de naissance approximative en partant de l'âge moyen auquel un journaliste devient rédacteur en chef d'un quotidien. Ensuite, nous avons supposé qu'aucun d'entre eux n'exerçait de fonction politique. Le résultat est présenté au tableau 10 et l'on peut constater que la proportion de journalistes ayant occupé des fonctions politiques reste très forte et que la tendance à la baisse reste légère. Pour les francophones, elle passe de 41,2 % à 36,6 %.

Tableau 10
La haute rédaction des quotidiens avant 1920,
selon l'activité politique et la langue usuelle
(en prenant en compte les dossiers rejetés)

	Nés avant 1845		Nés après 1845		Total	
	Nombre	%	Nombre	%	Nombre	%
Anglophones	10 sur 30	33,3	5 sur 28	17,9	15 sur 58	25,9
Francophones	21 sur 51	41,2	22 sur 60	36,6	43 sur 111	38,7
Total	*31 sur 81*	*38,3*	*27 sur 88*	*30,7*	*58 sur 169*	*34,3*

Enfin, une dernière analyse concerne la relation entre la carrière journalistique et l'obtention d'un poste dans la fonction publique. Il apparaît qu'un poste de fonctionnaire est une fréquente récompense pour les services journalistiques : 51 journalistes, dont 41 francophones, deviendront fonctionnaires. Ce phénomène typiquement francophone est aussi marqué pour la première cohorte que pour la deuxième (54 % et 55 %). Si l'on ajoute à cette donnée les cinq journalistes nommés juges, les neuf nommés sénateurs et les huit nommés conseillers législatifs, on peut affirmer que les partis politiques ont été remarquablement reconnaissants envers « leurs » rédacteurs de quotidiens.

* * *

C'est, en effet, une des conclusions qui se dégagent de notre analyse. Le personnel de la haute rédaction des quotidiens parus avant 1920 forme une élite culturelle au sein de la société québécoise. Les quotidiens sont confiés à des journalistes instruits, voire lettrés dans bien des cas, et expérimentés. En moyenne, cette fonction est assumée pendant un nombre d'années raisonnablement important, et cette durée a tendance à augmenter, très nettement chez les francophones, d'où l'idée d'une certaine professionnalisation du métier. Par ailleurs, la haute rédaction des quotidiens est inséparable de la politique, et ce, tout au long de la période considérée, malgré une légère tendance à la baisse. Il nous semble donc impossible de croire que l'arrivée, au tournant du siècle, de la presse dite d'information élimine le caractère partisan de la presse. Au contraire, la politique continue certainement à jouer un rôle majeur au sein de la presse quotidienne.

Bibliographie

Ouvrages biographiques dépouillés

Beaulieu, André, Jean Hamelin et al. (1973-1985), *La presse québécoise des origines à nos jours*, Québec, PUL, 10 vol.

Borthwick, John Douglas (1892), *History and Biographical Gazetteer of Montreal to the Year 1892*, Montréal, John Lovell.

Charlesworth, Hector Willoughby (1919), *A Cyclopedia of Canadian Biography*, Toronto, Hunter Rose.

Cohen, Zvi (1933), *Canadian Jews. Prominent Jews of Canada*, Toronto, Canadian Jewish Historical Publishing Company.

Dictionnaire biographique du Canada (1966 -), Québec, PUL, 13 vol. parus.

Dictionnaire des parlementaires du Québec, 1792-1992, (1993), Québec/Sainte-Foy, Assemblée nationale/PUL.

Hamel, Réginald, John Hare et Paul Wyczynski (1976), *Dictionnaire pratique des auteurs québécois*, Montréal, Fides.

Hart, Arthur Daniel (1926), *The Jew in Canada*, Montréal, Jewish Publications.

Johnson, J. K. (1968), *The Canadian Directory of Parliament, 1867-1967*, Ottawa, Public Archives of Canada.

Lemire, Maurice (dir.) (1978), *Dictionnaire des œuvres littéraires du Québec*, t. 1 et 2, Montréal, Fides.

Morgan, Henry James ([1898] 1912), *The Canadian Men and Women of the Time: a HandBook of Canadian Biography*, 2e édition, Toronto, William Briggs.

Répertoire des parlementaires québécois, 1867-1978 (1980), Québec, Bibliothèque de la législature.

Roberts, Charles G. D., et Arthur L. Tunnell (1934, 1938), *A Standard Dictionary of Canadian Biography. Canada Who Was Who*, Toronto, Trans-Canada Press, 2 vol.

Rose, George Maclean (1886-1919), *A Cyclopædia of Canadian Biography*, Toronto, Rose Publishing Company, 3 vol.

Wallace, William Stewart ([1926] 1978), *Macmillan Dictionary of Canadian Biography*, 4e édition, Toronto, Macmillan.

Bibliographie

Andreau, Jean (1986), « Prosopographie », dans André Burguière, *Dictionnaire des sciences historiques*, Paris, PUF, p. 546-548.

Aslangul, Madeleine (1991), *Lexique des termes de presse*, Paris, Centre de formation et de perfectionnement des journalistes.

Autrand, Françoise (1986), « Y a-t-il une prosopographie de l'État médiéval ? », dans Françoise Autrand (dir.), *Prosopographie et genèse de l'État moderne*, Paris, École normale supérieure de jeunes filles, p. 14-18.

Beaulieu, André, et Jean Hamelin (1966), « Aperçu du journalisme québécois d'expression française », *Recherches sociographiques*, VII, 3 (septembre-décembre), p. 303-348.

Chastagnol, André (1970), « La prosopographie, méthode de recherche sur l'histoire du Bas-Empire », *Annales : Économies Sociétés Civilisations*, 3, p. 1229-1235.

CCP (Classification canadienne descriptive des professions) (1971), Ottawa, Main-d'œuvre et Immigration, 2 vol.

CNP (Classification nationale des professions. Description des professions) (1993), Ottawa, Groupe Communication Canada.

De Bonville, Jean (1988), *La presse québécoise de 1884 à 1914. Genèse d'un média de masse*, Québec, PUL.

« Entretiens avec Ernest Labrousse » (1980), *Actes de la recherche en sciences sociales*, 32/33, avril-juin, p. 111-125.

Galarneau, Claude (1984), « La presse périodique au Québec de 1764 à 1859 », *Mémoire de la Société royale du Canada*, 4e série, 22, p. 143-166.

Genet, Jean-Philippe (1985), « Conclusion », dans Hélène Millet, *Informatique et prosopographie. Actes de la table ronde du CNRS, Paris, 25-26 octobre 1984*, Paris, Centre national de la recherche scientifique, p. 353-358.

Genet, Jean-Philippe (1986), « Prosopographie et genèse de l'État moderne : introduction », dans Françoise Autrand (dir.), *Prosopographie et genèse de l'État moderne*, Paris, École normale supérieure de jeunes filles, p. 9-12.

Gosselin, Line (1994) « Les journalistes québécoises, 1880-1930 », mémoire de maîtrise (histoire), UQAM.

Henry-Coston, Gilberte (1952), « L'A.B.C. du journalisme. Cours élémentaire en trente leçons », *Clubinter-Presse*, numéro spécial (janvier).

Katz, William A. (1987), *Introduction to Reference Work. Basic Information Sources*, vol. 1, New York, McGraw-Hill.

Kayser, Jacques (1963), *Le quotidien français*, Paris, Librairie Armand Colin (coll. Cahiers de la fondation nationale des sciences politiques, 132).

Lebel, Jean-Marie (1983), « Ludger Duvernay et *La Minerve*, étude d'une entreprise de presse montréalaise de la première moitié du XIXe siècle », mémoire de maîtrise (histoire), Université Laval.

Nicolet, Claude (1970), « Prosopographie et histoire sociale : Rome et l'Italie à l'époque républicaine », *Annales : Économies Sociétés Civilisations*, 3, p. 1209-1228.

Robert, Jean-Claude (1975), « Les notables de Montréal au XIXe siècle », *Histoire sociale/Social History*, 8, 15 (mai), p. 54-76.

Ryder, Dorothy E. (1981), *Canadian Reference Sources. A Selective Guide*, 2e édition, Ottawa, Canadian Library Association.

Saint-Pierre, Jocelyn (1993), « Les chroniqueurs parlementaires, membres de la tribune de la presse de l'Assemblée législative de Québec, 1871 à 1921 », thèse de Ph. D. (histoire), Université Laval, 755 p.

Sheehy, Eugene P. (1986), *Guide to Reference Books*, Chicago, American Library Association.

Stone, Lawrence (1971), « Prosopography », *Dædalus*, 100, 1, p. 46-79.

Verger, Jacques (1986), « Conclusion », dans Françoise Autrand (dir.), *Prosopographie et genèse de l'État moderne*, Paris, École normale supérieure de jeunes filles, p. 345-355.

Voyenne, Bernard (1985), *Les journalistes français : d'où viennent-ils ? qui sont-ils ? que font-ils ?*, Paris, Centre de formation et de perfectionnement des jeunes journalistes.

Table des matières